AutoUni – Schriftenreihe

Band 120

Reihe herausgegeben von/Edited by
Volkswagen Aktiengesellschaft
AutoUni

Die Volkswagen AutoUni bietet Wissenschaftlern und Promovierenden des Volkswagen Konzerns die Möglichkeit, ihre Forschungsergebnisse in Form von Monographien und Dissertationen im Rahmen der „AutoUni Schriftenreihe" kostenfrei zu veröffentlichen. Die AutoUni ist eine international tätige wissenschaftliche Einrichtung des Konzerns, die durch Forschung und Lehre aktuelles mobilitätsbezogenes Wissen auf Hochschulniveau erzeugt und vermittelt.

Die neun Institute der AutoUni decken das Fachwissen der unterschiedlichen Geschäftsbereiche ab, welches für den Erfolg des Volkswagen Konzerns unabdingbar ist. Im Fokus steht dabei die Schaffung und Verankerung von neuem Wissen und die Förderung des Wissensaustausches. Zusätzlich zu der fachlichen Weiterbildung und Vertiefung von Kompetenzen der Konzernangehörigen, fördert und unterstützt die AutoUni als Partner die Doktorandinnen und Doktoranden von Volkswagen auf ihrem Weg zu einer erfolgreichen Promotion durch vielfältige Angebote – die Veröffentlichung der Dissertationen ist eines davon. Über die Veröffentlichung in der AutoUni Schriftenreihe werden die Resultate nicht nur für alle Konzernangehörigen, sondern auch für die Öffentlichkeit zugänglich.

The Volkswagen AutoUni offers scientists and PhD students of the Volkswagen Group the opportunity to publish their scientific results as monographs or doctor's theses within the "AutoUni Schriftenreihe" free of cost. The AutoUni is an international scientific educational institution of the Volkswagen Group Academy, which produces and disseminates current mobility-related knowledge through its research and tailor-made further education courses. The AutoUni's nine institutes cover the expertise of the different business units, which is indispensable for the success of the Volkswagen Group. The focus lies on the creation, anchorage and transfer of knew knowledge.

In addition to the professional expert training and the development of specialized skills and knowledge of the Volkswagen Group members, the AutoUni supports and accompanies the PhD students on their way to successful graduation through a variety of offerings. The publication of the doctor's theses is one of such offers. The publication within the AutoUni Schriftenreihe makes the results accessible to all Volkswagen Group members as well as to the public.

Reihe herausgegeben von / Edited by
Volkswagen Aktiengesellschaft
AutoUni
Brieffach 1231
D-38436 Wolfsburg
http://www.autouni.de

Weitere Bände in der Reihe http://www.springer.com/series/15136

Hannes Traut

Die Bedeutung prozessbegleitender Maßnahmen bei Mitarbeiterbefragungen für die Teilnahme- motivation

Eine empirische Studie aus Sicht von Führungskräften und Mitarbeitern

 Springer

Hannes Traut
Wolfsburg, Deutschland

Zugl.: Dissertation, Universität der Bundeswehr München, 2018

Die Ergebnisse, Meinungen und Schlüsse der im Rahmen der AutoUni – Schriftenreihe
veröffentlichten Doktorarbeiten sind allein die der Doktorandinnen und Doktoranden.

AutoUni – Schriftenreihe
ISBN 978-3-658-22041-9   ISBN 978-3-658-22042-6   (eBook)
https://doi.org/10.1007/978-3-658-22042-6

Die Deutsche Nationalbibliothek verzeichnet diese Publikation in der Deutschen National-
bibliografie; detaillierte bibliografische Daten sind im Internet über http://dnb.d-nb.de abrufbar.

© Springer Fachmedien Wiesbaden GmbH, ein Teil von Springer Nature 2018
Das Werk einschließlich aller seiner Teile ist urheberrechtlich geschützt. Jede Verwertung, die
nicht ausdrücklich vom Urheberrechtsgesetz zugelassen ist, bedarf der vorherigen Zustimmung
des Verlags. Das gilt insbesondere für Vervielfältigungen, Bearbeitungen, Übersetzungen,
Mikroverfilmungen und die Einspeicherung und Verarbeitung in elektronischen Systemen.
Die Wiedergabe von Gebrauchsnamen, Handelsnamen, Warenbezeichnungen usw. in diesem
Werk berechtigt auch ohne besondere Kennzeichnung nicht zu der Annahme, dass solche
Namen im Sinne der Warenzeichen- und Markenschutz-Gesetzgebung als frei zu betrachten
wären und daher von jedermann benutzt werden dürften.
Der Verlag, die Autoren und die Herausgeber gehen davon aus, dass die Angaben und Informa-
tionen in diesem Werk zum Zeitpunkt der Veröffentlichung vollständig und korrekt sind.
Weder der Verlag noch die Autoren oder die Herausgeber übernehmen, ausdrücklich oder
implizit, Gewähr für den Inhalt des Werkes, etwaige Fehler oder Äußerungen. Der Verlag bleibt
im Hinblick auf geografische Zuordnungen und Gebietsbezeichnungen in veröffentlichten Karten
und Institutionsadressen neutral.

Gedruckt auf säurefreiem und chlorfrei gebleichtem Papier

Springer ist ein Imprint der eingetragenen Gesellschaft Springer Fachmedien Wiesbaden GmbH
und ist ein Teil von Springer Nature
Die Anschrift der Gesellschaft ist: Abraham-Lincoln-Str. 46, 65189 Wiesbaden, Germany

Inhalt

Verzeichnis der Tabellen

Verzeichnis der Abbildungen

Abkürzungsverzeichnis

bspw.	beispielsweise
bzgl.	bezüglich
DeGEval	Deutsche Gesellschaft für Evaluation
d.h.	das heißt
MAB	Mitarbeiterbefragung
m.E.	meines Erachtens
Kap.	Kapitel
S.	Seite
Stiba	Stimmungsbarometer
Vgl.	Vergleiche

1 Einleitung

1.1 Problemstellung

Mitarbeiterbefragungen (MAB) haben sich in den letzten 20 Jahren zu einem integrierten Bestandteil des gesamten Change Managements entwickelt und dabei auch international mit großem Erfolg Einzug in die „[…] Wirtschaftspraxis als strategisches Führungsinstrument bei kontinuierlichen Verbesserungsprozessen (KVP), im Rahmen von Organisationsentwicklungsmaßnahmen sowie beim Innovations- und Qualitätsmanagement" (Domsch, Ladwig 2006, S. 3) gehalten. Hossiep und Frieg (2013) sehen es als erwiesen an, dass sich dieser Trend fortsetzen wird: „Nicht zuletzt vor dem Hintergrund der Globalisierung ist davon auszugehen, dass die im deutschsprachigen Raum eingesetzte Entwicklung sowohl in der Befragungsfrequenz als auch Verbreitung eine Fortsetzung findet"(S.57).

Ein Grund dafür sehen Domsch und Ladwig (1999) darin, dass das moderne Personalmanagement kundenorientiert ausgerichtet werden muss. Als Kunden verstehen sie in diesem Zusammenhang die Mitarbeiter eines Unternehmens. Bungard (2007a) schreibt der MAB im Kontext des Organisationsentwicklungsprozesses die Eigenschaften eines Interventionsinstruments zu. Das Kernproblem der MAB sehen sie in dem Dilemma, dass die Zielsetzung einer MAB im Wesentlichen darin besteht, eine Feedbackkultur zu schaffen, wobei in den meisten Fällen das Fehlen einer solchen Kultur die MAB zum Scheitern bringt (vgl. S. 2).

Bei internationalen Unternehmen ist der zunehmende Trend zu beobachten, dass MAB weltweit mit dem gleichen Fragebogen durchgeführt werden, um „corporate culture" und „values" erfassen und vergleichen zu können. Des Weiteren ist festzustellen, dass sie auch immer häufiger Verknüpfungen zum Qualitätsmanagement und zur Kundenzufriedenheitsanalysen herstellen (vgl. Domsch, Ladwig 2006, S. 23 f.). Damit die MAB zum Erfolg wird und die Ergebnisse einen entsprechenden Nutzen entfalten können, „[…] muss die Führungskraft in die Pflicht genommen werden, die MAB als Promotor zu unterstützen" (Liebig 2006, S. 185).

Generell stellen Hodapp et al. (2007) fest, dass es eine Vielzahl unterschiedlichster Literatur zum Thema MAB sowie eine Vielzahl von unterschiedlichsten Einsatzformen in der Praxis gibt. Demgegenüber steht die Erkenntnis, dass die Studien,

© Springer Fachmedien Wiesbaden GmbH, ein Teil von Springer Nature 2018
H. Traut, *Die Bedeutung prozessbegleitender Maßnahmen bei Mitarbeiterbefragungen für die Teilnahmemotivation*, AutoUni – Schriftenreihe 120,
https://doi.org/10.1007/978-3-658-22042-6_1

welche die Wirksamkeit von MAB betrachten, eher rar gesät sind. In diesem Zusammenhang haben sie zwei Ursachen identifiziert (vgl. dazu Hodapp et al. 2007,
S. 104):

1. Wirksamkeitsevaluationen würden in der Praxis vermutlich von den Personen durchgeführt, die mit der Umsetzung der MAB beauftragt sind. Kommen
diese Untersuchungen nun zu dem Schluss, dass die MAB keine Wirkung
zeigt, würden sich die Evaluatoren selbst beweisen, dass ihre Arbeit keinen
Mehrwert bringt.
2. Es wird als kompliziert erachtet, Kriterien zu finden, mit denen sich der Erfolg einer MAB beschreiben lässt.

In Anlehnung an die Studie von Bowers (1973) zum Erfolg von Organisationsent-
wicklungsinstrumenten wird der Beweis gesehen, dass „Survey-Feedback-Instru-
mente" ohne Nachfolgeprozesse und ohne nachfolgende Interventionen [...; H. T.]
einen signifikant nachteiligen Effekt [haben; H. T.]" (ebenda, S. 106).

Studien zum Einfluss von speziellen Merkmalen des Follow-up-Prozesses auf die
Effektivität einer MAB sind ebenfalls eher selten. Den Grund sehen Hodapp et al.
(2007) in der Komplexität des Forschungsdesigns. Gleichzeitig wird deutlich, dass
sich Unternehmen im Laufe der Zeit eine zunehmende Kompetenz im Umgang
mit der MAB aneignen. Dabei wurde festgestellt, dass der größte Einflussfaktor
im Bereich der Information und Kommunikation liegt, danach folgen das Verhalten des Vorgesetzten und der allgemeine Umgang mit Veränderungen.

Vor dem Hintergrund dieser Ergebnisse gelangen Hodapp et al. (2007) zu dem
Schluss, dass die Fokussierung auf den Follow-up-Prozess die größte Einflussmöglichkeit darstellt, die Effektivität von MAB zu erhöhen. Dabei müssen vor
allem die Faktoren Feedbackkultur, Innovationsklima und Rolle des Vorgesetzten
beachtet werden (vgl. ebenda, S. 108).

Bei der Betrachtung des Follow-up-Prozesses stellt Hodapp (2007) fest, dass es
nur wenige Autoren gibt, die dieses Thema genauer untersuchen. Er sieht Hinweise darauf, dass sich nur eine geringe Anzahl von Unternehmen mit einer systematischen Betrachtung des ganzheitlichen MAB-Prozesses beschäftigen (vgl. S.
170 f.). Hodapp (2007) betont dabei, dass sich die Analyse nicht ausschließlich
nur auf die Anzahl der abgeleiteten Maßnahmen beschränken darf, da so keinerlei
Aussagen über die Qualität und Bedarfsorientierung ableiten lassen.

Den Ansatzpunkt der hier vorliegenden Arbeit, bildet die systematische Betrachtung des ganzheitlichen MAB-Prozesses. Dabei soll speziell untersucht werden

wie sich die prozessbegleitenden Maßnahmen einer MAB auf die Teilnahmemotivation der Mitarbeiter auswirken. Dazu ist es notwendig, ein entsprechendes
Evaluationsdesign auf der Basis von theoretischen Überlegungen herzuleiten und
dies an einem praktisch verorteten Untersuchungsgegenstand anzuwenden.

Betrachtet man MAB unter den Aspekten des Projektmanagements, empfiehlt sich
die Begleitung durch eine Evaluation. Dies macht es möglich zu überprüfen inwiefern die Ziele erreicht werden konnten und welche Wirkungszusammenhänge
vorliegen (vgl. Höhne 2006, S. 197). Das wesentliche Ziel dabei ist es, aus den
vorangegangenen Prozessen zu lernen und diese dabei gleichzeitig für die nächste
Durchführung zu optimieren. „Die Evaluation von Ergebnissen, Erfolgen und
Misserfolgen, aber auch von Unvorhergesehenem dient der systematischen Bestandsaufnahme und schafft damit die Voraussetzung für das Nach-Denken und
evtl. Modifizieren [...]" (Borg 2003, S. 404). Allerdings gibt es bzgl. der Erfolgs-
evaluation einen erheblichen Mangel. In diesem Zusammenhang stellt Häring
(2003) nach dem Vergleich von internationalen Studien zum Einsatz von Evalua-
tionsmethoden fest, dass sich „[...] nur bedingt ein vermehrter Einsatz von Evalu-
ationsinstrumenten in der Praxis beobachten lässt" (S. 76).

Die hier durchgeführte Untersuchung soll Hinweise aufzeigen, welche Wirkung
prozessbegleitenden von MAB auf die Teilnahmemotivation der Mitarbeiter und
Führungskräfte haben. Dazu muss erhoben werden, wie die Akteure im organisationalen Kontext diese Maßnahmen wahrnehmen und welchen Einfluss auf die
Teilnahmemotivation daraus abgeleitet werden kann. Die Unterteilung dieser Akteure erfolgt dabei in die Gruppe der betrieblichen Vorgesetzten und die Gruppe
der Mitarbeiter. In diesem Zusammenhang muss die konkrete Funktion von prozessbegleitenden Maßnahmen analysiert werden. Auf den ersten Blick sollen sie
den Prozess der MAB unterstützen und eine erhöhte Teilnahmemotivation auslösen. Auf den zweiten Blick können diese Maßnahmen auch ein Indikator für die
Funktionsweise der Unternehmenskultur bzw. Feedbackkultur sein. Sieht man die
MAB als Feedbackinstrument und begleitet dieses durch eine Vielzahl von Maßnahmen die zur Teilnahme animieren sollen, ist zu vermuten das etwas mit der
Feedbackkultur nicht stimmt.

Auf der Basis dieser Erkenntnisse können Ansätze zur Maßnahmen- und zur Pro-
zessoptimierung entwickelt werden. Um der Anforderung einer ganzheitlichen
Prozessbetrachtung gerecht zu werden, ist es notwendig die Perspektiven aller am
Prozessbeteiligten Akteure auf das Untersuchungsfeld miteinander zu verglei-
chen. Gleichzeitig sollen dabei auch wissenschaftliche Aspekte beleuchtet werden.
Hierbei geht es zum einen um die Entwicklung eines Forschungsdesigns für den
Kontext von MAB, aber auch um Verknüpfung von Theorie und Praxis. Dies er-
folgt durch die Erklärung des Verhaltens und der Motivationsmotive. Dazu wird

die VIE-Theorie nach Vroom auf den Prozess der MAB und der begleitenden
Maßnahmen angewendet. Dadurch soll die Grundlage geschaffen werden, die
Wirkungsweise der prozessbegleitenden Maßnahmen beschreiben und diskutieren
zu können.

1.2   Stand der Forschung

Der Gegenstandsbereich dieser Arbeit untersucht die prozessbegleitenden Maßnahmen von MAB. Dabei sollen die Wirkungszusammenhänge ebendieser Maßnahmen beschrieben und ihre Auswirkung auf die Teilnahmemotivation der Mitarbeiter an der MAB diskutiert werden.

Zur Erklärung, was die Mitarbeiter dazu bewegt, an einer MAB teilzunehmen, soll
die VIE- Theorie nach Vroom auf dieses Themenfeld angewendet werden. Pruckner (2000) bemerkt zu diesem Ansatz, dass er „[…] nicht auf dem Gedanken der
intrinsischen Motivation [beruht; H. T.], sondern stellt auf ein externes Beloh-
nungssystem (extrinsische Motivation) ab" (S. 66). Weinert (2004) schreibt diesem Motivationsmodell das Potenzial zu, Erklärungsansätze für das Arbeitsverhalten von Mitarbeitern liefern zu können (vgl. S. 207). Damit schafft Vroom die
Möglichkeit, Verhaltensunterschiede von Personen am Arbeitsplatz zu erklären
und auch etwaige Handlungsalternativen sichtbar zu machen (vgl. Weinert 2004,
in Anlehnung an Mento et al. 1992). Bezogen auf den Kontext von MAB ist zu
untersuchen inwiefern die Teilnahme an der MAB als Teil des Arbeitsverhaltens
betrachtet werden kann. Da MAB in der Regel auf Freiwilligkeit beruhen sind hier
eher intrinsische Motivationsfaktoren zu vermuten. Unterliegt die Teilnahme allerdings einer Schein-Freiwilligkeit kann über die prozessbegleitenden Maßnahmen ein gegenteiliger Eindruck vermittelt werden. In diesem Fall stellt sich die
Frage, ob dann extrinsische Motivationsfaktoren vorliegen. Ist die Teilnahme für
den Mitarbeiter eine Selbstverständlichkeit, kann vermutet werden dass die Teilnahmemotivation als Teil der Arbeitsleistung verstanden wird.

Daraus ergeben sich die folgenden Bedingungen, die gegeben sein müssen, damit
der Mitarbeiter eine gute Arbeitsleistung vollbringt (vgl. ebenda, S. 206):

1.   Es muss eine hohe Wahrscheinlichkeit gegeben sein, dass die Bemühungen
     des Mitarbeiters auch zu einer hohen Arbeitsleistung führen werden.
2.   Es muss eine hohe Wahrscheinlichkeit gegeben sein, dass eine gute Arbeits-
     leistung auch zu den gewünschten Zielen führt.
3.   Diese Ziele muss der Mitarbeiter als positiv für sich selbst empfinden.

Ist nur eine dieser drei Bedingungen nicht erfüllt, wird die Verhaltensänderung des Mitarbeiters als eher unwahrscheinlich eingeschätzt. Rosenstiel und Nerdinger (2011) ergänzen, dass die VIE-Theorie keine motivinhaltlichen Aussagen macht. Es steht die „[…] -subjektiv zu bestimmende- Nutzenmaximierung […]" (S. 398) im Vordergrund. Sie kann genutzt werden, um echte Entscheidungen zu erklären. Die Autoren attestieren den VIE-Ansätzen eine hohe Relevanz zur Erklärung von Verhalten in Organisationen (vgl. ebenda, S. 399).

Die Teilnahmequote wird in diesem Zusammenhang von Ahlemeyer et al. (2005) als zentrales Qualitätskriterium gesehen, denn „[mit; H. T.] dem Grad der Beteiligung bringt die Belegschaft gerade in Wiederholungsbefragungen zum Ausdruck, wie vertrauenswürdig, nützlich und praktisch folgenreich eine MAB sich für sie darstellt. Die Teilnahmequote legitimiert das Vorhaben MAB; sie legitimiert die Ergebnisse und die praktischen Maßnahmen im Unternehmensalltag" (S. 480). Borg (2003) unterscheidet ergänzend dazu acht wesentliche Faktoren, die zu einer hohen Beteiligungsquote führen: überzeugende Positionierung, Reduktion des Risikos durch Anonymität und Vertraulichkeit, klare Informationen, Appelle und Motivierung, Incentives, Rücklaufkontrolle und Nachfassen, Fragebogen, Anschreiben (S. 226 ff.). Dabei geht er allerdings nicht auf mögliche Wechselwirkungen zwischen den Maßnahmen ein, die sich verstärkend oder hemmend auf die Beteiligung auswirken könnten.

Hodapp et al. (2007) legen Kriterien fest, die ihrer Ansicht nach gegeben sein müssen, damit eine MAB erfolgreich durchgeführt werden kann (vgl. S. 106):

- Vorgesetzte und Mitarbeiter haben eine positive Einstellung gegeben über dem Instrument MAB,
- Vorgesetzte und Mitarbeiter fühlen sich der MAB gegenüber verpflichtet,
- Vorgesetzte und Mitarbeiter sind bereit für Veränderungen.

Als Indikatoren für eine erfolgreich durchgeführte MAB beschreiben die Autoren dabei die Beteiligungsquote, die Mitarbeitereinstellung, wahrgenommene Verbesserung von organisationalen Prozessen und die Beurteilung der Effektivität des Instruments (vgl. ebenda, S. 106 f.).

Im Rahmen der vorliegenden Arbeit soll ergänzend dazu beschrieben werden, wie diese Kriterien durch die begleitenden Maßnahmen einer MAB ggf. unterstützt werden können. Darüber hinaus beschreiben Hodapp et al. (2007) „[…] die positiven Effekte der Rückspiegelung und die sich daran anschließende Intervention als zentralen Erfolgsfaktor der MAB" (S. 106). In diesem Zusammenhang muss geklärt werden, ob diese Fokussierung ausreichend ist oder ob ggf. der gesamte Prozess der MAB betrachtet werden muss.

Nach bisherigem Kenntnisstand fand die Auseinandersetzung bzgl. der Evaluation von begleitenden Maßnahmen einer MAB, bezogen auf den gesamten Prozess sowie die zugrunde liegenden Wirkungszusammenhänge, nur rudimentär statt (Hodapp, 2007). Die vorliegenden Analysen und Betrachtungen beziehen sich hauptsächlich auf die Betrachtung der Folgeprozesse. Erklärungsansätze zum Einfluss auf die Teilnahmemotivation sowie die Beschreibung von Wechselwirkungen zwischen einzelnen Maßnahmen sind kaum vorhanden.

Die primäre Zielsetzung dieser Arbeit ist es darum, die Wahrnehmung und Einschätzung der Wichtigkeit der begleitenden Maßnahmen von MAB zu untersuchen. Gleichzeitig soll dabei die Auswirkung auf die Teilnahmemotivation der Mitarbeiter betrachtet werden. Dafür sollen die aufgezeigten Wissenslücken geschlossen und empirisch überprüft werden. Die Datenerhebung wird exemplarisch in Kooperation mit der Volkswagen AG am Standort Salzgitter durchgeführt.

1.3   Fragestellung und Zielsetzung

Aus den vorhergehenden Erläuterungen ergeben sich die folgenden übergeordneten Fragestellungen:

1. Wie werden die begleitenden Maßnahmen einer MAB von den Mitarbeitern und Führungskräften wahrgenommen und wie beurteilen sie deren Wichtigkeit?
2. Gibt es Maßnahmen, die aus der Sicht der Mitarbeiter und Führungskräfte als sinnvoll eingeschätzt werden? Und wenn ja, welche?
3. Welche Aussagen lassen sich über den Einfluss auf die Teilnahmemotivation der begleitenden Maßnahmen der MAB aus den Fragen 1 und 2 ableiten?

Diese Arbeit soll Erkenntnisse darüber liefern, wie die Wirkung von prozessbegleitenden Maßnahmen einer MAB mit einem Modell aus der Motivations- und Verhaltenstheorie erklärt werden können. Dazu erfolgt zunächst die Feststellung welche Maßnahmen als wirksam gelten und welche Unterstützung darüber hinaus noch von den beteiligten Akteuren (Mitarbeiter und betriebliche Vorgesetzte) gewünscht wird. Weiterhin soll die Evaluation der Führungskräfte und der Mitarbeiter so konzipiert sein, dass auf dieser Basis qualifizierte Aussagen über die Wahrnehmung, Einschätzung der Wichtigkeit und Auswirkung auf die Teilnahmemotivation ableitbar sind.

1.4 Vorgehensweise

Ein Überblick über die Vorgehensweise dieser Arbeit, findet sich in Abbildung 1.

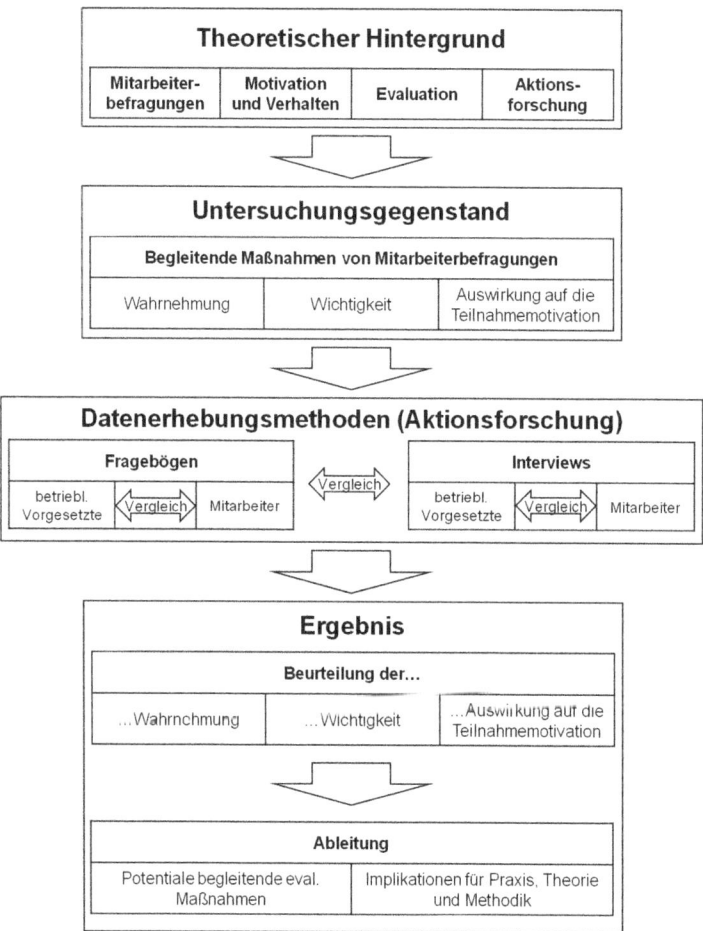

Abbildung 1: Vorgehensweise (eigene Darstellung)

Die Grundlage bildet die Erarbeitung des theoretischen Rahmens (Kap.2). Dazu wird zunächst der theoretische Kontext von Mitarbeiterbefragungen im Überblick dargestellt (Kap. 2.1). Das Verständnis darüber wie Motivation und Verhalten im

Kontext von Mitarbeiterbefragungen aufzufassen sind, wird in Kap. 2.2 entwickelt. Um Wirkungszusammenhänge von Prozessen und Methoden im Rahmen von Organisationen begreifbar zu machen, ist es notwendig diese zu evaluieren. Zur Klärung der dafür notwendigen Anforderungen, erfolgt die thematische Hinführung in Kap. 2.3. Aufgrund der praktischen Ausrichtung dieser Arbeit sowie die Einbettung in einen organisationalen Kontext, scheint die Aktionsforschung als geeigneter konzeptioneller Gesamtrahmen. Die ausführliche Begründung dazu erfolgt in den Kap. 2.4.

Aus den Ableitungen der Erkenntnisse der Kap. 2.1 bis 2.4 erfolgt dann die Anwendung von Vrooms VIE-Theorie auf den Kontext von MAB sowie die Ableitung der Thesen und Forschungsfragen.

Der Fokus dieser Arbeit liegt auf dem Themenfeld der MAB und deren Evaluierbarkeit. Aufgrund der Zielsetzung die theoretischen Überlegungen auch in der Praxis anzuwenden, ist es sinnvoll dafür zunächst den hier gewählten Untersuchungsgegenstand darzustellen und theoretisch zu verorten (Kap. 3.1). Daran anschließend wird die Vorgehensweise sowie die Auswahl und Begründung der verwendeten Methoden dargestellt (Kap. 3.2). Zur Sicherstellung der notwendigen Transparenz ist die Herleitung der Erhebungsinstrumente notwendig, die im Rahmen dieser Arbeit zu Anwendung kommen sollen. Die Datenerhebung mittels Fragebogen wird in Kap. 3.3 und die Datenerhebung mittels Interview wird in Kap. 3.4 ausführlich beleuchtet. Bei der Befragung ist es vorgesehen, die betrieblichen Vorgesetzten und die Mitarbeiter getrennt voneinander zu untersuchen. Das Ziel ist dabei, die begleitenden Maßnahmen von MAB hinsichtlich der Wahrnehmung, Einschätzung der Wichtigkeit und Auswirkung auf die Teilnahmemotivation von beiden Untersuchungsgruppen beurteilen zu lassen. Die so erzeugten Ergebnisse der Befragung werden miteinander verglichen, um Gemeinsamkeiten und Unterschiede herauszustellen. Im Vorfeld muss ein Pretest mit den verwendeten Erhebungsinstrumenten durchgeführt werden.

Im Anschluss daran erfolgt die Auswertung und Dateninterpretation (Kap. 4). Dabei werden die Ergebnisse der Fragebogenerhebung getrennt nach den betrieblichen Vorgesetzten und Mitarbeitern ausgewertet (Kap. 4.1). Daran anschließend erfolgt der Vergleich der jeweiligen Ergebnisse. Auch die Auswertung der Interviews wird unterteilt in die Ergebnisse der betrieblichen Vorgesetzten und der Mitarbeiter (Kap. 4.2). Auch hier soll ein Vergleich der jeweiligen Inhaltsanalysen durchgeführt werden. Unter Beachtung der methodischen Unterschiede wird in Kap. 4.3 eine Gegenüberstellung der Ergebnisse aus den unterschiedlichen Datenerhebungsmethoden durchgeführt, umso die wesentlichen Unterschiede herauszuarbeiten. Daran anschließend erfolgt die Reflexion auf die Aktionsforschung im Kontext der durchgeführten Untersuchung (Kap. 4.4). Dies bildet insgesamt die

Grundlage zur Beantwortung der Forschungsfragen (Kap. 4.5). Aus der Reflexion der so entstandenen Erkenntnisse werden die Kriterien zur Beurteilung von prozessbegleitenden Maßnahmen einer MAB abgeleitet (Kap. 4.6).

Auf Basis der so gewonnenen Erkenntnisse werden in Kap. 5 Implikationen für Praxis, Theorie und Methodik abgeleitet und diskutiert.

In der Schlussbetrachtung (Kap. 6) erfolgen die kritische Würdigung des hier durchgeführten Forschungsvorhabens sowie die Zusammenfassung der Kernpunkte der Ergebnisanalyse.

2 Theoretische Grundlagen

In diesem Kap. werden die theoretischen Grundlagen der Arbeit im Überblick dargestellt. Den Kern dieser Arbeit bildet das Themenfeld der MAB. Domsch und Ladwig (2006, S. 3) beschrieben die steigende Relevanz der MAB in der wirtschaftlichen Praxis. Der Einsatzzweck ist hauptsächlich im Rahmen von Organisationsentwicklungsprozessen zu sehen (Bungard 2007a). Dabei kommt den Führungskräften eine besondere Rolle im MAB-Prozess zu. Sie werden als wichtigster Faktor für eine erfolgreiche Umsetzung der MAB charakterisiert. (Liebig 2006, S. 185). Hodapp et al. (2007) kritisieren in diesem Zusammenhang die geringe Auseinandersetzung in Form von Wirksamkeitsevaluationen. Im Rahmen dieser Arbeit soll dazu ein Beitrag geleistet werden. Der hier gewählte Fokus bezieht sich jedoch nicht direkt auf die MAB, sondern betrachtet die Rahmenbedingungen bzw. die prozessbegleitenden Maßnahmen, in die sie eingebettet ist. Dafür ist es zunächst notwendig den theoretischen Rahmen der MAB zu beleuchten. Es fällt auf, dass die Beteiligungsquote als zentrales Qualitätskriterium beschrieben wird (Ahlemeyer et al., 2005). Ist nun diese Teilnahmequote der zentrale Aspekt einer MAB, drängt sich die Frage auf, was die Mitarbeiter zur Teilnahme motiviert bzw. was sie davon abhält. Dabei ist der Einfluss die prozessbegleitenden Maßnahmen einer MAB auf die Teilnahmemotivation nicht ausreichend beschrieben. Borg (2015) stellt fest, dass es im theoretischen Bereich der MAB „...in den letzten Jahren kaum Innovationen und Weiterentwicklungen..." (S. 12) gab.

Hieraus folgt für das Vorgehen der Untersuchung, dass zunächst geklärt werden muss was Motivation bedeutet und wie ein bestimmtes Verhalten erzeugt werden kann. Bezogen auf das vorliegende Setting, handelt es sich um die Teilnahme von Mitarbeitern und Führungskräften an einer MAB. Dazu müssen die Begriffe Motivation und Verhalten zunächst theoretisch erarbeitet und voneinander abgegrenzt werden. Auf dieser Basis kann dann die Verortung im Themenfeld der MAB bzw. die Übertragung auf die prozessbegleitenden Maßnahmen erfolgen.

Zur Feststellung der Wirkungszusammenhänge von Prozessen und von Instrumenten im Kontext von Organisationsentwicklungsmaßnahmen, müssen diese evaluiert werden. Um zu klären auf welcher Grundlage und unter welchen Bedingungen dies durchgeführt werden kann, erfolgt in Kap. 2.3 zunächst die theoretische Verortung der Evaluation und der Evaluationsforschung. Dabei soll herausgestellt

© Springer Fachmedien Wiesbaden GmbH, ein Teil von Springer Nature 2018
H. Traut, *Die Bedeutung prozessbegleitender Maßnahmen bei Mitarbeiterbefragungen für die Teilnahmemotivation*, AutoUni – Schriftenreihe 120,
https://doi.org/10.1007/978-3-658-22042-6_2

werden, welche Standards und Methoden für die Durchführung gelten und welche
Methoden zur Anwendung kommen. Daraus erfolgt dann im späteren Verlauf dieser Arbeit, der Übertrag auf das hier anzuwendende Forschungsdesign.

Aufgrund der praktischen Ausrichtung der hier durchgeführten Studie, wird der
Ansatz der Aktionsforschung als konzeptioneller Gesamtrahmen betrachtet. Die
Aktionsforschung soll Forschung und Praxis näher zusammenbringen. Der Kontext in dem diese Untersuchung angelegt ist, eignet sich ideal um diesen Anspruch
gerecht zu werden. Neben der Ableitung von Implikationen für die Wissenschaft,
können so auch praktische Handlungsempfehlungen aufgezeigt werden.

2.1   Mitarbeiterbefragungen

Nach Domsch und Ladwig (2013) gehören MAB „…heute unbestritten zu den
Standardtools eines modernen und erfolgreichen Personalmanagements. Sowohl
umfassende Mitarbeiterbefragungen, als auch Spezialbefragungen liefern wert-
volle Impulse zur zeitgemäßen Führung und Zusammenarbeit. Sie spielen eine
wichtige Rolle z. B. bei Change-Prozessen, Employer Branding, im Qualitäts-,
Talent- und Wissensmanagement, in der Personal- und Organisationsentwicklung.
Es ist anzunehmen, dass sie künftig national wie international weiter an Bedeutung
zunehmen" (S. 11). Bösch (2012) beschreibt dazu ergänzend die MAB als „sen-
sibles Instrument der Unternehmensdiagnostik, aber ebenso [als; H.T.] ein ver-
trauensbildendes und Mitarbeiterorientierung unter Beweis stellendes Kommuni-
kationsinstrument" (S. 10).

Bei der Verortung der MAB vor dem theoretischen Hintergrund wird deutlich,
dass die wesentliche Einsatzfunktion in der Umsetzung partizipativer Zusammenarbeit und Führung gesehen wird. Dabei ist die Unterteilung in systemische und
Ad-hoc-Befragung vorzunehmen. Der Begriff systemisch steht in diesem Zusammenhang für den Einsatz der MAB als Führungsinstrument, das zu den kontinuierlichen Unternehmensprozessen gehört und damit auch fester Bestandteil der internationalen Praxis in Unternehmen (vgl. Müller et al. 2007a, S. 6). Dabei bestimmt die strategische Positionierung der MAB in der Organisation, „…ob und
wie sich der Folgeprozess auf das organisationale Lernen und die Verbesserungs-
maßnahmen auswirkt" (Helm 2009, S. 31). Neben der strategischen Positionierung
müssen auch alle potentiellen Interessengruppen in die Konzeption einbezogen
werden (vgl. Deitering 2003, S. 445).

Als wesentliche Funktionen von MAB werden die Diagnostik und Intervention
beschrieben. Dabei ist bei der Interventionsfunktion prägend, dass der Erfolg der
MAB abhängig von der Gestaltung des Follow-up-Prozesses ist. Die Befragung

kann als Survey-Feedback-Methode eingesetzt werden, was gleichzeitig den An-knüpfungspunkt zur Aktionsforschung darstellt und die Verknüpfung zur Organi-sationsentwicklung beinhaltet.

Die diagnostische Funktion ist zusammengesetzt aus der Analyse- und Evalua-tionsfunktion (klassische Befragungsfunktion) sowie der Kontrollfunktion (Fokus auf der Maßnahmen-umsetzung) (vgl. Müller et al. 2007a, S. 7).

Hierbei ist eine klare Abgrenzung zwischen Diagnose- und Interventionsfunktion notwendig. Insgesamt gibt es weitere Funktionen, die Beachtung finden müssen. Be-zogen auf die Kommunikationsfunktion ist es wichtig zu wissen, dass die gestellten Fragen bereits den Interessenschwerpunkt der Unternehmensleitung zeigen. Die Partizipationsfunktion ist durch Beantwortung der Fragen durch die Mitarbeiter ge-geben. Aber die bloße Teilnahme an der Befragung ist nicht ausreichend. Damit eine MAB erfolgreich sein kann, ist das Engagement der Mitarbeiter bei der Maßnah-menfindung und -umsetzung wichtig (vgl. Müller et al. 2007a, S.11).

MAB sollen Veränderungsprozesse in Organisationen auslösen und begleiten. Da-bei muss bedacht werden, dass sich im Zuge der kontinuierlichen Veränderungs-prozesse, die MAB selbst verändert (vgl. Borg 2003, S. 17).

Bei den unterschiedlichen Formen von MAB fällt vor allem die Vielfältigkeit auf. Als häufigste Variante wird die schriftliche, anonym durchgeführte, strukturierte und standardisierte Befragung mit geschlossenen und teilweise auch offenen Fra-gestellungen beschrieben. Generell erfolgt die Unterscheidung in Befragungen zu spezifischen Themen oder umfassende Befragung zu mehreren Themen. Auffällig ist dabei, dass der Internationalisierungsgrad zunimmt, mit der starken Tendenz, durch eine Vollerhebung alle MA zu beteiligen (vgl. Domsch und Ladwig 2006, S.6).

Bei der Betrachtung des typischen Ablaufs von MAB können in der Abstraktion der verschiedenen Ansätze drei wesentliche Prozessschritte identifiziert werden (vgl. Müller et al. 2007a, S. 13): Vorbereitung, Planung und Organisation. Die Unterscheidungsmerkmale sind im Detailierungsgrad und der Reihenfolge der einzelnen Prozessschritte begründet.

Die prägendste Gemeinsamkeit ist die Klassifizierung der Schritte in Planung, Durchführung und Follow-up, Mitarbeiter-Information und Marketing für die MAB.

Das Commitment durch das Management, die Ergebnisse ernst zu nehmen und die Veränderungsprozesse konsequent zu verfolgen, ist eine wichtige Voraussetzung für das Gelingen der MAB. Die Gestaltung des Follow-up-Prozesses wird häufig als unzureichend charakterisiert. Erschwerend kommt dabei zum Tragen, dass die

Umsetzungszeit für die Veränderungen zu lang ist und die Mitarbeiter die Maßnahmen nicht mehr mit der MAB in Verbindung bringen. Soll die Befragung als
Interventions- und Organisationsentwicklungsinstrument eingesetzt werden, empfehlen die Autoren, eine Vollerhebung durchzuführen. Die Verantwortung für die
Ergebnispräsentation und Moderation der Durchsprachen liegt bei den Führungskräften. Zur Absicherung der Nachhaltigkeit ist ein systematisches Kontrollsystem
notwendig (vgl. Jöns und Müller 2007a, S.16). Für den weiteren Gang dieser Arbeit ist es sinnvoll die Evaluation an die Prozessschritte der MAB auszurichten.
Daraus ergibt sich bereits ein erster Ansatz für eine logische Clusterung. Des Weiteren muss diskutiert werden welche konkrete Rolle die Führungskraft im Kontext
von MAB spielt und welche Anforderungen sich daraus für die prozessbegleitenden Maßnahmen von MAB ergeben.

Werden MAB in internationalen Unternehmen durchgeführt, muss mit Verzerrungseffekten beim Fragenverständnis und der Ergebnisinterpretation gerechnet
werden. Dies liegt hauptsächlich in den kulturellen Unterschieden begründet (vgl.
Müller et al. 2007a). Diese Feststellung liefert einen ersten Hinweis darauf, dass
die Themen Unternehmenskultur und die kulturelle Einbettung der MAB bei der
Analyse und Verortung der Evaluationsergebnisse im Kontext dieser Arbeit beachtet werden müssen.

Die vorangestellten Ausführungen zeigen die Komplexität des Themenfeldes der
MAB. Für den weiteren Gang dieser Arbeit muss darum zunächst geklärt werden,
welche die wesentlichen Merkmale und Gestaltungsaspekte von MAB sind. Da
die hier durchgeführte Evaluation im Kontext eines international agierenden Unternehmens im Automobilbereich stattfindet, muss diskutiert werden, ob und inwiefern dies für die Untersuchung eine Rolle spielt. Für die konkrete Verortung
im theoretischen Kontext müssen die wesentlichen Funktionen einer MAB erarbeitet werden. Dies dient als Grundlage zur Charakterisierung des Untersuchungsgegenstandes. Müller et al (2007a) haben, wie oben beschrieben, Verzerrungseffekte im Rahmen von MAB, speziell bei international agierenden Unternehmen
festgestellt. Für die Fragestellung dieser Arbeit, muss darum diskutiert werden, ob
sich diese Effekte ebenfalls nachweisen lassen und welche Auswirkung sie ggf.
haben.

Für den weiteren Gang der Arbeit soll darum zunächst die theoretische Sicht auf
den Ablauf und die Durchführung von MAB erarbeitet werden (Kap. 2.1.1). Dies
ist notwendig um die Einordnung des Untersuchungsgegenstandes vornehmen zu
können. Geht man davon aus, dass das Thema Nachhaltigkeit ein Indikator für den
Erfolg eines Organisationsentwicklungsinstruments ist, müssen zunächst die
Nachhaltigkeitsmerkmale von MAB beschrieben werden (Kap. 2.2.2). In der Ergebnisdiskussion kann dann geprüft werden, ob die in der Literatur beschriebenen

Merkmale zu bestätigen und ggf. zu ergänzen sind. Für die Vorbereitungen zur Erstellung des Forschungsdesigns wird im Anschluss daran die Empirie zur Wirkung und Gestaltung von Follow-up-Prozessen untersucht (Kap. 2.1.3). Hierbei sollen Ansatzpunkte für die Konzeption der geplanten Evaluation des Untersuchungsgegenstandes herausgestellt werden. Der Fokus liegt dabei auf der Frage warum die bisherige Empirie nur den Follow-up-Prozess betrachtet und die MAB nicht als ganzheitlicher Prozess untersucht wird. In der Abgrenzung dazu soll dann ein ganzheitlicher Evaluationsansatz erarbeitet werden.

2.1.1 Ablauf und Durchführung von Mitarbeiterbefragungen bei international agierenden Unternehmen

Vor dem Hintergrund der zunehmenden Globalisierung von Unternehmen wird auch die Personalarbeit anspruchsvoller. Die größte Herausforderung sehen Müller et al. (2007b) darin, ein Unternehmen mit einer multinationalen Belegschaft führen zu können, die sich über die ganze Welt verteilt. Die MAB wird in diesem Kontext als Instrument betrachtet, das einen wertvollen Beitrag zum positiven Verhältnis von Mitarbeitern und Management leisten kann, was dann wiederum positive Auswirkungen auf die Leistungsbereitschaft und damit auch auf die Unternehmensleistung haben kann (vgl. Müller 2007). Ackermann (2012) beschreibt die MAB als wesentliches Instrument für die Anwendung des international vergleichenden Personalcontrollings. Auf Basis der Befragung werden Benchmarks erstellt, die dazu verwendet werden sollen „...Unterschiede und Gemeinsamkeiten zwischen verschiedenen Ländern zu erkennen" (S. 133). Damit können Benchmarks im Rahmen von MAB als Initiator für Veränderungsprozesse charakterisiert werden (vgl. Scholz et al. 2012, S. 7). Fies und Schmitt (1997) schränken in diesem Zusammenhang ein: „Wichtig ist zu erkennen, daß Benchmarking per se keine Lösungen für Probleme bietet, sondern nur ein Werkzeug ist, um Daten zu interpretieren und Lösungsansätze zu finden"(S. 75).

Der Kernaspekt liegt in der Chance über die Grenzen der Nationalstaaten hinweg, mit allen Mitarbeitern zu kommunizieren, was gleichzeitig ein wichtiges Merkmal der zentralen Unternehmenssteuerung darstellt. Die Unternehmensleitung bekommt so eine Rückmeldung darüber, wie bestimmte strategische Themen bei den Mitarbeitern angekommen bzw. wie diese akzeptiert werden.

Die internationale Ausrichtung der MAB geht einher mit besonderen Herausforderungen. „Die wichtigsten [...; H. T.] beziehen sich auf die Zusammenstellung des Projektteams, die Projektplanung, die Festlegung der Inhalte der Befragung, die logistische Abwicklung der Befragung und das Controlling" (Müller 2007, S. 50).

Zur Steigerung der Akzeptanz der Befragung schlagen die Autoren vor, bereits bei der Zieldefinition die Standorte in den einzelnen Ländern einzubeziehen.

In der Phase der Projektplanung werden hierbei die Länderkoordinatoren benannt, die zum einen als positive Multiplikatoren in die einzelnen Länder betrachtet werden und zum anderen auch wichtige Rückmeldungen zu kulturellen und lokalen Besonderheiten geben können.

Bei der Entwicklung des Fragebogens und der bereitgestellten Informationsmaterialien muss die Projektleitung der MAB bei der Übersetzung darauf achten, dass die inhaltlichen Kernpunkte der Fragen auch erhalten bleiben. Als weiteres Mittel zur Akzeptanzsteigerung der MAB, beschreiben die Autoren die Verwendung der Muttersprache. Darüber hinaus erwähnen die Autoren auch etwaige logistische Schwierigkeiten, die mit einkalkuliert werden müssen (vgl. ebenda, S. 50 f.).

Müller und Straatmann (2007) empfehlen einen flankierenden Marketing-Mix für den Prozess der MAB. Dabei geht es nicht nur um die Ausrichtung der Maßnahmen hinsichtlich Information und Kommunikation. Vielmehr muss die Gestaltung des Fragebogens und die Betrachtung des Verhältnisses von Nutzen und Aufwand für die Organisation und deren Mitglieder, beachtet werden (vgl. S. 120).

Hermann und Pifko (2009) ergänzen in diesem Zusammenhang, dass das Marketing für die MAB so ausgerichtet sein sollte, dass die Beteiligung „…keine Pflicht, sondern […; H.T.] ein Recht des Mitarbeiters [ist; H.T.]" (S. 158).

„Viele Herausforderungen multinationaler MAB entsprechen denen normaler nationaler Befragungen, sind jedoch durch die Internationalität und geografische Verbreitung der Befragung potenziert" (ebenda, S. 51). Das bedeutet für Ergebnisdiskussion dieser Arbeit, dass man davon ausgehen kann, dass die grundlegenden Tendenzen der festgestellten Effekte auch auf internationale Kontexte übertragbar sind. Als Einschränkung ist dabei zu beachten, dass die Potenzierung der Effekte theoretisch zu überlegen und praktisch nachzuweisen sein wird. Kritisch ist an dieser Aussage von Müller et al. (2007a), dass sie nicht konkreter darauf eingehen welchen Charakter diese Potenzierung annehmen kann (fördern oder verhindern?).

Wie im vorangegangen Abschnitt aufgezeigt werden konnte, sieht sich modernes Personalmanagement mit steigenden Ansprüchen konfrontiert (Domsch und Ladwig 1999). In diesem Kontext wird die MAB als ein Instrument beschrieben, dass das Verhältnis zwischen Mitarbeitern und Führungskräften beeinflussen kann (Müller 2007). Die vordergründige Zielrichtung ist dabei eine Verbesserung dieses Verhältnisses. Klar muss aber auch sein, dass bei falscher Anwendung der gegenteilige Effekt eintreten kann. Die MAB ist kein Selbstzweck, sondern soll im Idealfall das Leistungsverhalten der Mitarbeiter und auch der Führungskräfte möglichst positiv beeinflussen und die Unternehmensbindung bzw. –identifikation stärken. Im Kontext von international agierenden Unternehmen lässt sich vermuten, dass durch die Verwendung eines einheitlichen Fragebogens, der Aufbau eines grenzübergreifenden Zusammengehörigkeitsgefühls der Mitarbeiter einer Organisation unterstützt werden kann (was zu beweisen wäre). Was durch eine international einheitliche Befragung erreicht werden kann, ist die Vergleichbarkeit und der Benchmark der Ergebnisse (Ackermann 2012). Dies muss selbstverständlich unter Beachtung der kulturellen Unterschiede geschehen.

Für die hier durchgeführte Untersuchung lässt sich daraus ableiten, dass zu diskutieren sein wird ob bereits ein Einfluss durch die prozessbegleitenden Maßnahmen von MAB auf das Verhältnis zwischen Führungskraft und Mitarbeiter ausgeübt wird. Falls dem so ist wird darzustellen sein worin dieser Einfluss besteht und welche konkreten Auswirkungen sich daraus ergeben. Für die Einordnung der Evaluationsergebnisse ist es wichtig zu klären, wann prozessbegleitende Maßnahmen „richtig" angewendet werden und den gewünschten Effekt erzeugen und wann ggf. das Gegenteil passiert. Weiterführend ergibt sich die Frage, inwiefern Internationalität bei den prozessbegleitenden Maßnahmen einer MAB eine Rolle spielt. Welche Maßnahmen sind ggf. auf andere Kontexte übertragbar? Welche kulturellen Aspekte müssen bei Konzeptionierung und Umsetzung bedacht werden?

2.1.2 Nachhaltigkeit von Mitarbeiterbefragungen

Bungard (2007b) hat in mehreren Untersuchungen feststellen müssen, dass es in vielen Unternehmen, die MAB durchführen, zu einer hohen Diskrepanz bzgl. „der Professionalität der Datenerhebung [gegenuber der; H. T.] Provinzialität in der Feedback- bzw. Umsetzungsphase" (S. 72) kommt. In diesem Zusammenhang stellt er fest, dass MAB keine Selbstläufer sind und vor allem in den ersten Jahren ihren Platz in der Organisationskultur erkämpfen müssen. Als Ursache sieht er die ambivalente Rolle der Führungskräfte, die sich in dem ständigen Konflikt befinden, zum einen der Betroffene zu sein, an den sich das Feedback richtet und auf der anderen Seite der Verantwortliche dafür zu sein, dass die vereinbarten Maßnahmen auch umgesetzt werden. „Vorgesetzte fühlen sich oft persönlich angegriffen, versuchen, sich von Schuld freizusprechen, kritisieren Dritte, stellen die MAB als solche in Frage und verhalten sich zurückhaltend, abwartend und passiv" (ebenda, S. 72). Gleichzeitig stellt der Autor fest, dass die übergeordneten Führungskräfte viel zu selten als Coaches für die ihnen untergeordneten Führungskräfte agieren. Um diesen Problemfeldern zu begegnen schlägt Racky (2007, vgl. S. 132) ein umfassendes Training der Führungskräfte vor. Dessen Konzeption muss in Abhängigkeit der jeweiligen Unternehmenskultur erfolgen. Als besonders nachteilig wird der Umstand beschrieben, wenn selbst die Geschäftsführung kein Interesse an den Maßnahmen zeigt und „von oben" nachfragt, wird dies als Desinteresse interpretiert (vgl. Bungard 2007b, S. 72). Aus diesen Ausführungen lässt sich die Vermutung ableiten, dass prozessbegleitende Maßnahmen als Kompensationsmaßnahmen eingesetzt werden könnten, um etwaige negativen Effekten (wie im letzten Abschnitt beschrieben) entgegen zu wirken. So eingesetzt wären diese Maßnahmen keine Unterstützung im eigentlichen Sinne, sondern eine Form von Aktionismus der dazu eingesetzt wird eine defizitäre Unternehmenskultur zu kaschieren.

Demgegenüber fällt es den Mitarbeitern schwer, die Ergebnisse zu interpretieren und offene Ursachen zu benennen, da dies die Anonymität untergräbt. „Gesellschaftliche Höflichkeitskonventionen und konkrete Ängste vor subtilen Repressalien provozieren in dieser >>Kommunikationsphase<< Verklausulierungen und Beschönigungen, die nur schwer dechiffrierbar sind" (Bungard 2007b, S. 72; in Anlehnung an Comelli 1997 und Neuberger 2000).

Widerstände gegen MAB resultieren zum einen von Führungskräften, die in stark hierarchischen Bahnen denken, da diese für sie eine existenzielle Bedrohung darstellen. Weiterhin sieht der Autor die Gefahr, dass bestimmte Gruppen von Arbeitnehmervertretern, wie bspw. Betriebsräte oder Vertrauensleute, Befürchtungen hegen könnten, dass die Anonymität nicht gewährleistet ist, dass politisch unerwünschte Ergebnisse erzeugt werden, nicht nach Ursachen, sondern nach Schuldigen gesucht wird oder aber auch dass die eigene Machtposition dadurch geschmälert wird, „[...] weil die Basis seiner Tätigkeit gerade aus der Unzufriedenheit der Mitarbeiter resultiert" (ebenda, S. 73).

Da gerade den Führungskräften im Rahmen von MAB eine zentrale Rolle zugeschrieben wird, ist es unbedingt notwendig, darauf zu achten, wo hier die Defizite liegen. Im Kern sieht Bungard (2007b) die Ursache darin, dass viele Führungskräfte kein Feedback geben können oder wollen (vgl. S. 74).

Unter Bezugnahme auf die Studien von Hillmann, Schwandt & Bartz 1990 sowie Hunt 1995 stellt der Autor fest, dass es den Führungskräften offenbar schwerfällt, ihren Mitarbeitern ein Feedback zu geben, dabei werden folgende Gründe angeführt (vgl. dazu ebenda, S. 74):

- Feedback wird als unnütz und nicht notwendig betrachtet,
- Es ist unangemessen, wenn ein Erwachsener über die Leistung und das Verhalten eines anderen urteilt und die Führungskräfte sehen sich dazu selbst nicht in der Lage,

- Furcht vor negativen Reaktionen seitens der Mitarbeiter,
- Unwohlsein beim Geben von positivem Feedback,
- Befürchtung davor, dass positives Feedback als Grundlage für Gehaltsverhandlungen und im Rahmen von formalen Beurteilungen eingesetzt wird.

Das Resultat dieser „Feedback-Phobie", wie sie Bungard (2007b) nennt, ist ein Fluchtverhalten der Vorgesetzten. Je schneller sie den MAB-Prozess hinter sich lassen können, umso besser (vgl. ebenda, S. 74). Werther (2015b) ergänzt das Thema Fairness als zentralen Aspekt für die Gestaltung von Feedback und Feedbackinstrumenten (vgl. ausführlich S. 39f.). Dabei geht es um die Verteilung von Ressourcen, um die Berücksichtigung der eigenen Meinung im Prozess, den respekt- und würdevollen Umgang im Rahmen des Feedbacks sowie die Informationspolitik.

Die vorangestellten Ausführungen geben einen Hinweis darauf, dass MAB und die gesamte Prozessgestaltung eng mit dem Thema Feedback verknüpft sind. Dabei fokussieren die hier vorgestellten Autoren ausschließlich auf die Führungskräfte. Feedback ist allerdings abhängig von allen beteiligten Akteuren. Das bedeutet, dass auch die Feedbackfähigkeit der Mitarbeiter und der gesamten Organisation eine Rolle spielt. Im weiteren Gang der Arbeit soll das Thema Feedback und Feedbackkompetenz bzw. -fähigkeit weiter betrachtet werden.

Bungard (2007b) stellt sich die Frage, ob die Führungskräfte überhaupt fähig sind, professionelles Feedback geben zu können. „Das Können setzt voraus, dass man die Bedeutung des MAB-Prozesses als Intervention versteht und über die notwendigen sozialen Kompetenzen verfügt, um mit den Mitarbeitern gemeinsam über die Ergebnisse diskutieren zu können" (S. 74).

Vor diesem Hintergrund beobachtet der Autor eine Spirale, die mit der Wahl der Berufsausbildung beginnt, die er nicht als Zufallsereignis betrachtet. Wählt ein Mensch eher technisch geprägte Berufe, wie Ingenieur, Techniker oder Ähnliches, so macht er das aus der Sicht Bungards (2007b) bewusst, weil er nicht intensiv mit anderen Menschen zusammenarbeiten möchte. Das Vorhandensein von sozialer Kompetenz, die benötigt wird, um die Auswertung der MAB erfolgreich durchführen zu können, zweifelt er in diesem Zusammenhang zumindest teilweise an. Gleichzeitig betrachtet er den besonderen Effekt der Ausbildung indem er feststellt, dass bestimmte „[…] Linearisierungsinstanzen (wie Schule, Fachhochschule, Universität etc.) [..., H. T.] vornehmlich eine Dominanz des Ursache-Wirkungs-Denkens [vermitteln; H. T.]" (ebenda, S. 75). Die wesentliche Schwierigkeit sieht er darin, dass aufgrund dieser Ausbildungseffekte naturwissenschaftliche Gesetzmäßigkeiten auf zwischenmenschliche Beziehungen übertragen und somit auch in diesen linearen Denkmustern interpretiert werden. Dieses Verhalten führt wiederum dazu, dass Führungskräfte mit diesem Ausbildungshintergrund nur schwer vermitteln können, dass sie wirklich und ernsthaft den Mitarbeiter in den Mittelpunkt stellen. Mit dem Begriff der „MAB-Tragik" beschreibt Bungard (2007b) den Umstand, dass in den deutschen Unternehmen das mittlere und obere Management zum Großteil genau aus diesem Personenkreis besteht. Unter dem Verweis auf eine Studie von C.G. Jung findet man in den Vorstandsetagen in erster Linie stark analytisch geprägte Denktypen, die auch als „extravertiert" beschrieben werden (vgl. ebenda, S. 75). Diese Führungskräfte sind gleichzeitig dadurch gekennzeichnet, dass sie ungeduldig sind, nicht gern zuhören und ihre Mitarbeiter stark kontrollieren. Themen, wie Mitarbeitermotivation, -entwicklung und -förderung, finden hier wenig bis gar keine Beachtung. Daraus leitet Bungard (2007b) ab, dass die MAB und die Folgeprozesse insgesamt von diesem Personenkreis eher geringschätzt werden. Bezogen auf den Auswahlprozess von Führungskräften wird deutlich, dass bei den meisten Unternehmen die Fachlichkeit im Vordergrund steht. Es herrscht weitgehende Einigkeit darüber, dass die Mitarbeiter mit der höchsten Fachkompetenz im Unternehmen gehalten werden müssen, also sollen diese eine gewisse gehaltliche Entwicklung durchlaufen, die wiederum meist an einen hierarchischen Aufstieg gekoppelt ist, ohne darauf zu achten, ob auch die notwendige soziale Kompetenz für die Übernahme einer Führungsaufgabe vorhanden ist. Oftmals werden Führungskräfte mit narzisstischen Charaktereigenschaften in Verbindung gebracht. Narzissten neigen wiederum zu Schwierigkeiten beim Umgang mit Feedback, das ihre eigene Person betrifft, da sie meist ein idealisiertes Selbstbild von sich haben. Auch dieser Umstand kann sich störend auf die MAB auswirken (vgl. ebenda, S. 76).

Die eben beschriebenen Faktoren führen nun dazu, dass das Feedback in hierarchisch gegliederten Unternehmen meist nur selektiv gegeben wird und auch oftmals mit Absicht positiver dargestellt wird. Bungard (2007b) sieht die Zurückhaltung von Feedback als seit frühester Kindheit anerzogen, weil man schon als Kind die Erfahrung machen muss, dass hierarchisch-übergeordnete Menschen nicht besonders gut mit Feedback umgehen können. Dieser Umstand kann noch verstärkt werden, indem Führungskräfte auf negatives Feedback mit Machtmitteln reagieren, die ihnen zur Verfügung stehen, anstatt ihr eigenes Verhalten zu reflektieren und auf dieser Basis sich selbst und die eigene soziale Kompetenz weiterzuentwickeln. „Dieser Effekt einer systematischen Verdrängung von „Aufwärts-Feedback-Schleifen" in hierarchisch gegliederten Organisationen ist dafür verantwortlich, dass über Jahre hinweg und mit zunehmender Intensität in höheren Hierarchieebenen Führungskräfte aufgrund eines Feedback-Vakuums ihre sozialen Kompetenzen nicht weiterentwickeln, sondern eine schleichende soziale „Verstümmelung" eintreten kann" (ebenda, S. 76).

Bungard (2007b) stellt in diesem Zusammenhang auch fest, dass Führungskräfte MAB aus taktischen Gründen initiieren, um die Ergebnisse gegen die Betroffenen zu verwenden und um somit die eigenen Position zu stärken. Eine so angewendete Befragung schadet allerdings dem Unternehmen (vgl. S. 76 f.).

Bei MAB, die auf das Feedback der Mitarbeiter abzielen, muss beachtet werden, dass bei den Führungskräften die notwendigen Fähigkeiten vorhanden sind, mit diesem Feedback auch umgehen zu können. Dabei kritisiert er hauptsächlich, dass nach den momentan vorherrschenden Auswahlkriterien für Führungskräfte diese Fähigkeiten nur eingeschränkt vorhanden sind (vgl. ebenda, S. 77).

In der kritischen Reflexion der bisher benannten Gründe speziell im Bereich der Führungsdefizite, die den Erfolg einer MAB gefährden, können unter einer anderen Perspektive aber auch als Chance für das Unternehmen verstanden werden. Bungard (2007b) sieht in der Durchführung und Auswertung einer Befragung die Möglichkeit, gezielt bestimmte Defizite innerhalb der Führungsmannschaft zu beseitigen und Fähigkeiten vor allem im Bereich der sozialen Kompetenzen zu verbessern. Vor dem Hintergrund des Fachkräftemangels argumentiert er, dass zukünftige Mitarbeiter ihren Arbeitsplatz auch danach auswählen, wie hoch das Commitment innerhalb der Unternehmenskultur und wie das Feedbackverhalten der betrieblichen Vorgesetzten ausgeprägt ist (vgl. S. 77).

An dieser Stelle verweist der Autor auf das Paradoxon, das entsteht, wenn man ein Instrument einführt „[...] und die Zielsetzung impliziert, dass die Ursachen für das partielle Scheitern genau mit dessen Zielen zusammenhängt" (ebenda, S. 77). Diese Feststellung sollte allerdings nicht dazu führen, den MAB-Prozess abzubrechen. Auch wenn in Folgebefragungen festgestellt wird, dass der Umsetzungsprozess nicht in der gewünschten Qualität stattfindet, „[...] sollte dieses Symptom als Beleg dafür interpretiert werden, dass eine MAB mehr denn je sinnvoll ist, gerade weil sie nicht optimal funktioniert hat" (ebenda, S. 77).

Als weiteres Paradoxon fällt auf, dass meistens genau die Führungskräfte den MAB-Prozess am positivsten betreiben, unterstützen und umsetzen, die ihn selbst am wenigsten nötig haben, da hier oftmals eine offene Feedback-Kultur innerhalb der Abteilung vorherrscht.

Der Autor sieht hier den Nutzen der MAB nicht in der Wandlung der Extremfälle, sprich der Führungskräfte, die diese Maßnahme um jeden Preis boykottieren. Vielmehr können die Vorgesetzten im „mittleren Bereich des Kontinuums" durch das institutionalisierte Feedback dazu gebracht werden, bzgl. ihres Verhaltens ein Umdenken anzustreben (vgl. ebenda, S. 78).

Generell ist es wichtig zu verstehen, dass die Führungsebenen einer Organisation in den einzelnen Phasen einer MAB, unterschiedlich stark gefordert sind (vgl. Jöns 2007, S.100). Bezogen auf den Folgeprozess kommt allen Führungskräften eine zentrale Rolle zu, da sie die Ergebnisdurchsprachen moderieren und für die Umsetzung der Maßnahmen bzw. auch auf die Eskalation auf die nächsthöhere Hierarchieebene verantwortlich sind. Das birgt aber auch die Gefahr, dass sich die Demotivation einer Führungskraft zur Teilnahme an der MAB auch auf die Mitarbeiter überträgt. Auch das Management hat eine tragende Rolle, da hier Akzente gesetzt werden, welche die Nützlichkeit der Befragung in den Augen der Mitarbeiter maßgeblich beeinflussen können (Jöns 2000, S. 80).

Niethammer und Müller (2007) versuchen in ihrem Beitrag ein Rahmenmodell zur Sicherung der Nachhaltigkeit von MAB aufzustellen. Sie fokussieren dabei die Frage, wie eine MAB und die Folgeprozesse gestaltet werden müssen, damit positive Veränderungen auch mit einer gewissen Nachhaltigkeit einhergehen. Aufgrund des Vorhandenseins von vielfältigen Organisationsformen wird der sogenannte „Königsweg" ausgeschlossen. Sie setzen dabei nachhaltige Veränderungen gleich mit dem Themenfeld der dauerhaften Wirkung einer MAB und der Implementierung von dauerhaften wirkenden positiven Veränderungen (vgl. Niethammer und Müller 2007, S. 78).

Den Folgeprozess einer MAB charakterisieren sie als Management von Veränderungsprozessen. Dadurch legitimieren sie die Verwendung der entsprechenden Fachliteratur aus dem Bereich des Change Managements. Hier werden drei wesentliche Erfolgsfaktoren beschrieben, die vorhanden sein müssen, damit Veränderungen auch nachhaltig umgesetzt werden können.

Als erster Faktor wird das Wollen beschrieben. Hiermit ist gemeint, dass alle Personen, die an dem Prozess beteiligt sind, auch eine Veränderung herbeiführen wollen. Dies bezieht sich damit also auf die Einstellung der jeweiligen Beteiligten. Also ist eine der grundlegenden Voraussetzungen für den Erfolg von MAB eine positive Einstellung der Führungskräfte und der Mitarbeiter zu der Befragung selbst (vgl. ebenda, S. 78). Untergliedert wird dieser Faktor in die Punkte „Vertrauen in Richtigkeit und Authentizität der Ergebnisse, die Akzeptanz des Instruments, die Überzeugung von der Nützlichkeit der Befragung und die Bereitschaft, aktiv an Veränderungen zu partizipieren" (ebenda, S. 79). Die Autoren empfehlen, dass in jedem Prozessschritt der MAB die grundlegenden Maximen Anonymität, Freiwilligkeit, Transparenz und die Bereitschaft zur Veränderung herausgehoben und kommuniziert werden. Das bedeutet also, findet ein Verstoß gegen die Anonymität statt, wird damit das Vertrauen der befragten Personen erschüttert. Mit zunehmendem Druck auf die Beteiligungsquote sinkt gleichzeitig die Akzeptanz der Befragung. Je intransparenter der Prozess gestaltet ist, desto weniger sind die

Befragten von der Nützlichkeit der Befragung überzeugt. Und je weniger Veränderungen letztlich durch die MAB ausgelöst bzw. sichtbar werden, desto geringer ist insgesamt die Bereitschaft zur aktiven Partizipation. Eine besondere Schwierigkeit ist in diesem Zusammenhang, dass die Mitarbeiter zwar Veränderungen in ihrem täglichen Arbeitsumfeld aufgrund der MAB erleben, dies aber nur selten in Verbindung mit der Befragung bringen. Vor diesem Hintergrund kommt der Information und Kommunikation die Aufgabe zu, diesen Punkt aufzugreifen und aktiv gegenzusteuern. Des Weiteren spielt auch die persönliche Relevanz der Befragungsergebnisse eine wichtige Rolle, d. h. also, inwiefern bildet der Fragenkatalog wirklich die Themen ab, welche von Mitarbeitern und Führungskräften auch tatsächlich als wichtig erachtet werden. Gleichzeitig bewegt man sich mit dem Fragebogen in dem Spannungsfeld, in dem zu umfangreiche Fragebögen eine zu große Belastung für die Befragten darstellen und darum in diesem Kontext tendenziell mit einer geringen Beteiligungsquote zu rechnen ist. Enthält der Fragebogen allerdings nur wenige Items, die Autoren sprechen in diesem Rahmen von einer Zahl bis 12 Items, werden die Fragen als zu allgemeingültig betrachtet, um wirkliche Ableitungen auf die Arbeitssituation zu ermöglichen. Viele Mitarbeiter schlussfolgern damit bereits vor der Befragung, dass so eine Pseudobeteiligung durch die Unternehmensleitung initiiert wird, was sich ebenfalls in einem geringen Beteiligungsverhalten niederschlagen kann. Mit Verweis auf Jöns (2000) stellen die Autoren fest, dass die Ergebnisse der Befragung selbst als Indikatoren für die Umsetzungsbereitschaft bei der Belegschaft gedeutet werden können (vgl. ebenda, S. 80). „So ist es wahrscheinlich, dass schlechte Ergebnisse, insbesondere dann, wenn sie nicht ohnehin erwartet werden, zu einer höheren Veränderungsbereitschaft führen können" (ebenda, S. 80). Borg (2000) hat in diesem Zusammenhang festgestellt, „...daß sich Früh- und Spätantworter in schriftlichen Umfragen bezüglich ihrer Meinungen und Einstellungen [nicht; H.T.] unterscheiden" (S. 17).

Als zweiten Faktor „das Können" beschreiben Niethammer und Müller (2007) die Fähigkeit, die gewünschte Veränderung herbeizuführen. Dies wiederum bedingt das Vorhandensein der notwendigen Kompetenz, damit die definierten Ziele auch erreicht werden können (vgl. ebenda, S. 79). Als grundlegende Voraussetzung muss die völlige Transparenz der Ergebnisse für die Mitarbeiter geschaffen werden. Diese sollten auch so aufbereitet sein, dass sie für alle verständlich ist und in der Darstellung Stärken und Schwächen deutlich zum Ausdruck kommen. Um die Themengebiete zu identifizieren, bei denen der höchste Handlungsbedarf besteht, raten die Autoren zur Verwendung von Handlungsportfolios und Benchmarks. Außerdem wird in diesem Kontext auch noch einmal auf die Vorbereitung bzw. das Training der Vorgesetzten verwiesen, die als maßgebliche Treiber des Folgeprozesses verstanden werden müssen (vgl. ebenda, S. 80 f.).

Als dritter Faktor wird das Dürfen beschrieben, also die Erlaubnis, bestimmte Maßnahmen umzusetzen. Dafür müssen die organisationalen Rahmenbedingungen vorhanden sein, d. h. eine entsprechende Offenheit gegenüber Veränderungen innerhalb der Unternehmenskultur. In ihrer Analyse bezeichnen die Autoren den Follow-up-Prozess von MAB als Spezialfall des Veränderungsmanagements, auf den diese drei Erfolgskriterien anwendbar sind (vgl. ebenda, S. 79). Bezogen auf die Unternehmenskultur beziehen sich Niethammer und Müller (2007) auf den Begriff der Feedbackkultur nach Bungard (2005). Hier kommt es darauf an, ob Feedback im Unternehmenskontext als Bedrohung oder als Chance wahrgenommen wird. Dabei machen die Autoren auf verschiedene Schwierigkeiten aufmerksam. Das Feedback muss angstfrei gegeben werden dürfen und ernst genommen werden. Bleibt der anschließende Lernprozess aus, hat das entsprechende Konsequenzen auf die Akzeptanz der Befragung sowie die Wahrnehmung der Nützlichkeit. Die Feedbackkultur wird in engem Zusammenhang zum Innovationsklima innerhalb einer Organisation betrachtet. Ist das Innovationsklima grundlegend positiv, dann ist auch auf eine hohe Veränderungsbereitschaft zu schließen. Damit schreiben die Autoren der Unternehmenskultur eine zentrale Rolle vor dem Hintergrund der Nachhaltigkeit von MAB zu. Gleichzeitig erkennen sie hier die Chance, dass die MAB dazu instrumentalisiert werden, ein Innovationsklima und eine entsprechende Feedbackkultur zu fördern (vgl. ebenda, S. 82). Aber nicht nur allein die Unternehmenskultur fällt unter das Dürfen, sondern auch die Unternehmens- oder Follow-up-Strategie. Hierbei wird festgelegt, welcher Ressourcenaufwand für die erfolgreiche Umsetzung des Folgeprozesses vom Unternehmen bereitgestellt wird, d. h. also, welchen Handlungsspielraum die beteiligten Akteure haben. Dabei unterscheiden die Autoren grundsätzlich drei verschiedene Strategien: Top-down-, Bottom-up- und Task-Force-Ansatz.

Dem Top-down-Ansatz wird von den Autoren ein ökonomischer Charakter zugeschrieben, der die strategische Ausrichtung des Unternehmens in vergleichsweise kurzer Zeit durch das Topmanagement erleichtert. Bezogen auf die MAB bedeutet dies, dass die Ergebnisse zunächst auf höchster Hierarchieebene präsentiert und interpretiert werden. Dabei sollen Themenschwerpunkte für den weiteren Prozess festgelegt werden. Es folgt nun die Weitergabe dieser Punkte im Rahmen einer entsprechenden Informationskaskade. Hierbei besteht auch die Möglichkeit, dass Mitarbeiter, die in der Hierarchie weiter oben stehen, die Ergebnisinterpretation mit rangniederen Mitarbeitern im Rahmen von Einzelgesprächen intensivieren. Als wesentliches Merkmal dieses Ansatzes sehen Niethammer und Müller 2007 (vgl. S. 83) die gezielte Weitergabe von interpretierten Ergebnissen und des beschlossenen Aktionsplans, vom Topmanagement bis zur operativen Ebene, an. Die operative Ebene meldet nun den Status des Aktionsplans in regelmäßigen Abstand in derselben Kaskade wieder nach oben. Dieses Vorgehen birgt die Chance, dass

Probleme, die auf operativer Ebene nicht lösbar sind, so weiter eskalieren können. In Anlehnung an Jöns (1997) verweisen die Autoren darauf, dass bei der Durchführung einer schrittweisen Informationskaskade über die einzelnen Hierarchieebenen mit zeitlichen Verlusten zu rechnen ist. Demgegenüber erachten sie es als elementar, die Mitarbeiter in den Aktionsplan und die damit einhergehenden Veränderungsprozesse einzubinden (vgl. ebenda, S. 83).

Auch der Bottom-up-Ansatz setzt auf die Partizipation der Mitarbeiter. Im Gegensatz zum Top-down-Ansatz ist der Ausgangspunkt hier die operative Ebene. Hier finden die Analyse, die Ergebnisinterpretation und die Festlegung der Maßnahmen statt. Im Anschluss folgt die Information an die nächsthöhere Hierarchieebene. Zusätzlich muss hier auch die Abstimmung der Maßnahmen erfolgen. Treten Probleme auf, wird in erster Linie eine Lösung auf der gleichen Hierarchieebene gesucht. Ist die Lösungswahrscheinlichkeit zu gering, erfolgt die Eskalation auf die nächste Stufe. Damit besteht die Möglichkeit, Ressourcen oder Handlungskompetenz zu erwirken, die bei der Problemlösung behilflich sind, das Problem weiter nach oben zu melden, das Problem zurück zu delegieren oder es auch direkt zu lösen. Schwerpunktthemen ergeben sich hier nur, wenn die gleichen Probleme nach oben weitergemeldet und dort auch verdichtet werden (vgl. ebenda, S. 83). Dazu geben die Autoren noch den folgenden Hinweis: „Konkrete Aktionsbündel und Maßnahmen sollten auf höheren Managementebenen in einer Organisation parallel oder erst nach Auswertung der Rückmeldung von niedrigeren Hierarchieebenen erfolgen, um eine Verzahnung der Aktionen und die Partizipation der Mitarbeiter zu gewährleisten" (ebenda, S. 83).

Beim Task-Force-Ansatz erfolgt die Ergebnisinterpretation und Themenschwerpunktsetzung durch das Management des jeweiligen Bereichs. Eine Besonderheit ist hierbei, dass Prozessverantwortliche durch das Management benannt werden, die dann die Verantwortung für die Erstellung entsprechender Aktionspläne übertragen bekommen. Häufig werden diese Prozessverantwortlichen in Projektgruppen zusammengefasst, die dann die Überwachung des Folgeprozesses übernehmen. Problematisch sehen die Autoren in diesem Zusammenhang die geringe Einbindung der Mitarbeiter an der Basis in den Veränderungsprozess und die Abgrenzung der Ursachenforschung und Aktionsplanung von den bestehenden Arbeitsprozessen bzw. -inhalten (vgl. ebenda, S. 83).

Im Vergleich dieser Ansätze kommen Niethammer und Müller (2007, vgl. dazu S. 83) zu dem Schluss, dass der Top-down- und Bottom-up-Ansatz den Vorteil bieten, sich an den hierarchischen Gegebenheiten zu orientieren. Im Gegensatz dazu wird beim Task-Force-Ansatz eine künstliche parallele Verantwortungsstruktur kreiert, ohne dass die benannten Mitglieder wirkliche Entscheidungsgewalt besit-

zen. „Ein Aufsetzen einer virtuellen, kompetenzlosen Parallelstruktur zur Steuerung der Follow-up-Prozesse einer MAB gilt es, unter allen Umständen zu verhindern" (ebenda, S. 83). Die Autoren betonen die Wichtigkeit der Einhaltung der
Unternehmenshierarchie und plädieren in diesem Zusammenhang zur Anwendung
einer Kombination aus diesen drei Ansätzen.

Sie empfehlen, die Ergebnispräsentation und -interpretation zeitgleich mit dem
Topmanagement und den Mitarbeitern durchzuführen. Dabei ist es das wichtigste
Ziel, dass Maßnahmenpakete, die innerhalb einer bestimmten organisatorischen
Einheit wirken sollen, auch in diesem Rahmen umgesetzt werden. Hierbei beziehen sich die Autoren auf Themen, wie Zusammenarbeit im Team und Arbeitsbedingungen. Werden dabei auch Themen identifiziert, die auf die strategische Ausrichtung abzielen, müssen diese verdichtet und an das Topmanagement berichtet
werden. Hiermit sind zum Beispiel Maßnahmen gemeint, die in Richtung der Un-
ternehmensziele, Vertrauen in die Unternehmensführung, persönliche Entwick-
lungsmöglichkeiten etc. ausgerichtet sind (vgl. ebenda, S. 84). Ergänzend dazu
charakterisieren Jöns und Müller (2007b, S. 54) die Ergebnisrückmeldung „...als
Schnittstelle der Datenerhebung zum Follow-up-Prozess...".

Besondere Wichtigkeit hat in diesem Zusammenhang auch die Transparenz der
einzelnen Maßnahmen für die Mitarbeiter. Die Verantwortung darüber, welche
Informationen an die Mitarbeiter weitergeben werden, obliegt dem jeweiligen Be-
reichsmanagement. Damit kann auch die Hierarchie eingehalten werden. Die Steuerung des Prozesses und damit des Informationsflusses sowie die Erfolgsmessung
soll durch die Task-Forces umgesetzt werden (vgl. ebenda, S. 84).

Dieser idealisierte Ansatz stellt für die Autoren die beste Möglichkeit dar, die maximale Akzeptanz der MAB über verschiedene Hierarchieebenen hinweg zu erzeugen. Die Mitarbeiter haben die Möglichkeit, direkten Einfluss auf die Ergebnisinterpretation zu nehmen und Maßnahmen zu definieren, die vergleichsweise
schnell im eigenen Arbeitsbereich eine Wirkung entfalten können. Mit der Einbeziehung des Topmanagements wird dabei gleichzeitig deutlich, dass die Themen
der MAB auch von dieser Seite wahr- und ernst genommen werden (vgl. ebenda,
S. 84). Als wesentlichste Aspekte definieren Niethammer und Müller (2007) „[...]
Partizipation, Verantwortungsübernahme über alle hierarchischen Ebenen, Ein-
gliederung der Follow-up-Prozesse in den alltäglichen Weisungsapparat (Linie)
und ein überschaubarer Zeitrahmen der Umsetzung bei der Strategiemodellie-
rung..." (S. 84).

In ihrer Zusammenfassung stellen Niethammer und Müller (2007) fest, dass die
Stellgrößen Einstellung (Wollen), Kompetenz (Können) und Unternehmenskultur
(Dürfen) nur als beeinflussbare Zielgrößen des MAB-Prozesses anzusehen sind.

Sollen diese Zielgrößen beeinflusst werden, kann dies nur aus dem Zusammenspiel spezifischer Maßnahmen, Vorgehensweisen und Veränderungsprozesse erreicht werden. Diese Instrumente stammen hauptsächlich aus dem Bereich des Projektmanagements. Dabei ergänzen sie die psychologischen Erfolgsfaktoren um die Gestaltungsaspekte einer MAB. „Dies sind neben Aspekten der Durchführung der Befragung insbesondere die Kommunikations- und Informationsmaßnahmen, das Training der Führungskräfte, die Gestaltung der Berichte, die Verwendung von Benchmarks und Portfolios, die Vernetzung mit anderen Kennzahlensystemen; aber auch die Verwendung qualitativer Informationen. Ein weiteres zentrales Instrument zur Sicherung der Nachhaltigkeit ist das Controlling der eingeleiteten Follow-up-Prozesse und deren Konsequenzen" (ebenda, S. 85).

Zusammenfassend ist in diesem Kapitel deutlich geworden, dass MAB in Unternehmen keine Selbstläufer sind, sondern einer intensiven Begleitung und Gestaltung bedürfen, wenn sie erfolgreich und nachhaltig umgesetzt werden sollen. Ein ganz wesentlicher Aspekt ist dabei die Betrachtung der Hierarchie. Grundlegend werden darüber die Bedeutung und der Stellenwert der MAB gesteuert. Hieraus lässt sich die Frage ableiten, wie groß der Einfluss der Hierarchieebenen auf die strategische Bedeutung der MAB einzuschätzen ist? D.h. hat die unterste Hierarchieebene mehr oder weniger Einfluss als bspw. die höchste oder eine mittlere Ebene? Je nach gewähltem Ansatz für die Prozessgestaltung (Top-down-Ansatz, Bottom-up-Ansatz, Task-Force-Ansatz oder einer integrierten Variante) sind dadurch unmittelbare Auswirkungen auf die Gestaltung der prozessbegleitenden Maßnahmen zu vermuten.

Insgesamt wird die Rolle der Führungskraft dabei zumindest als heikel beschrieben, da sie zum einen hauptverantwortlich für die Umsetzung der MAB und gleichzeitig Betroffener der Ergebnisse ist. Demgegenüber liegen die größten Schwierigkeiten auf Seiten der Mitarbeiter bei der Ergebnisinterpretation und im Anonymitätskonflikt. Gleichzeitig wird bei der Kritik der Führungskräfte in der Literatur die Feedbackkompetenz der Mitarbeiter ausgeblendet. Damit Feedback funktioniert müssen alle Akteure einer Organisation und alle Hierarchieebenen den Umgang beherrschen.

Aus den vorangegangenen Darstellungen lassen sich die folgenden Nachhaltigkeitsmerkmale für eine MAB zusammenfassen. Diese Merkmale sind gleichzeitig die Schwerpunkte, die im Rahmen der Konzeption von prozessbegleitenden Maßnahmen einer MAB abgedeckt und transportiert werden müssen:

- Anonymität
- Freiwilligkeit

- Transparenz: bezogen auf den Prozessablauf, die Ergebnisse und die Maßnahmen
- Einstellung aller am Prozessbeteiligten zur Veränderungsbereitschaft
- Anforderung an die Führungskräfte je Prozessschritt der MAB deutlich machen
- Einstellung aller am Prozessbeteiligten zur MAB (hierbei ist die Beteiligungsquote der Indikator für die Veränderungsbereitschaft)
- persönliche Relevanz der Befragungsergebnisse
- Nachvollziehbare Information und Kommunikation der erreichten und umgesetzten Veränderungen (auch der nicht erreichten und nicht umgesetzten Veränderungen)

Generell geht es bei der erfolgreichen Umsetzung von MAB bzw. deren nachhaltige Gestaltung, um die Feedbackfähigkeit der Mitarbeiter, der Führungskräfte und der gesamten Organisation (Niethammer und Müller 2007). Das bedeutet nicht nur wie Feedback gegeben und aufgenommen wird, sondern wie im Nachgang der Umgang damit erfolgt. Aus der Feedbackfähigkeit lassen sich Ableitungen auf die Innovationsfähigkeit einer Organisation treffen. Damit wird der Stellenwert der MAB deutlich unterstrichen. Gerade in stark technisch geprägten Unternehmen sind die Innovationskraft und -fähigkeit die entscheidenden Faktoren, wenn es um das zukünftige Überleben geht.

Für den weiteren Verlauf dieser Arbeit ergibt sich aus den Ausführungen von Bungard (2007b) die Betrachtungsperspektive für das Forschungsdesign. Der Autor fokussiert hauptsächlich auf den Umgang der Führungskräfte mit der MAB und auf das Thema Umgang mit Feedback. In diesem Zusammenhang ist zu vermuten, dass prozessbegleitende Maßnahmen von MAB als Kompensation eingesetzt werden könnten, um Probleme im Rahmen der Feedbackkultur bzw. Unternehmenskultur zu kaschieren. Niethammer und Müller (2007) beschreiben die Erfolgsfaktoren von Veränderungsprozessen. Beim „Wollen" steht dabei die Anonymität an erster Stelle, um das Vertrauen der MA zu gewinnen. Aus meiner Sicht ergibt sich daraus ein Paradoxon, da die Durchsprache der Ergebnisse kaum qualitativ hochwertig anonymisiert durchgeführt werden kann. Man vertraut sich also so wenig, dass die Stimmenabgabe anonym erfolgt, fordert dann aber ein, dass für einen erfolgreichen Folgeprozess eine gemeinsame Ergebnisdiskussion erfolgt. Beim „Können" wird ein Training für Führungskräfte angeraten. Hier fehlt aus meiner Sicht die Betrachtung der Mitarbeiter. Auch hier kann es sinnvoll sein auf diesem Weg die Feedbackkompetenz zu vermitteln und zu stärken. Beim „Dürfen" wird auf die Abhängigkeit von hierarchischen Strukturen verwiesen. Bei der Beschreibung des Top-down-Ansatzes wird dabei aber nicht auf das Feedbackverhalten von Führungskräften unterschiedlicher Hierarchieebenen reflektiert. Bei der Beschreibung des Bottom-up-Ansatzes fehlt die Betrachtung der Feedback-kompetenz der Mitarbeiter.

Im weiteren Verlauf dieser Arbeit wird das Themenfeld der Feedbackkompetenz ausführlicher zu diskutieren sein. Dabei soll dieses Thema nicht nur auf die Betrachtung von Führungskräften beschränkt werden. Es gilt hier alle Akteure der Organisation und auch den Einfluss von unterschiedlichen Hierarchiestufen zu beachten.

Niethammer und Müller (2007) stellen Nachhaltigkeitsmerkmale für MAB Befragungen auf. Hier ist die Frage wichtig, ob diese Aufzählung vollständig ist und wie diese mit prozessbegleitenden Maßnahmen im Zusammenhang steht.

2.1.3   Empirie zur Wirkung und Gestaltung von Follow-up-Prozessen

In diesem Kapitel liegt der Fokus auf der Frage wie bisher mit der empirischen Erfassung zur Wirkung von Follow-up-Prozessen im Kontext von MAB umgegangen wurde. Dies bildet eine Grundlage zur Erstellung des Forschungsdesigns. Kernpunkt der Diskussion wird dabei sein, warum der MAB-Prozess nicht ganzheitlich untersucht wird, sondern der Fokus auf den Folgeprozess gerichtet ist.

Feinstein (2007) beschreibt als Grundlage für einen nachhaltigen Follow-up-Prozess, das Innovationsklima. Dieses ist im Wesentlichen geprägt von den Themen der Zusammenarbeit und Führung sowie der Feedbackkultur. MAB kann hierbei auch als Fortschrittsindikator für die Entwicklung des Innovationsklimas verstanden werden (vgl. S. 96f.). Bladowski (2007) sieht die Art der Aufbereitung der Ergebnisberichte als relevant für die Zielerreichung einer MAB (vgl. S. 140). Als wichtiges Charakteristikum von Follow-up-Prozessen beschreiben Müller et al. (2007b) deren dezentrale Konzeption. Das bedeutet, dass alle Hierarchieebenen einer Organisation gleichzeitig und eigenständig an dieses Prozessen partizipieren (S. 349). Klarner und Raisch (2007) fordern ein „…Follow-up-Controlling, das in regelmäßigen Abständen immer wieder neu den Erfolg der Maßnahmen evaluiert" (S. 7). Auch Bungard et al. (1997) unterstreichen diese Forderung: „Ein großer Fehler, den eine Organisation machen kann, besteht darin, diese Feedback-Phase und die Ableitung von Maßnahmen nicht selbst wiederum einem Controlling zu unterwerfen" (S. 99).

Generell stellen Hodapp et al. (2007) fest, dass es eine Vielzahl unterschiedlichster Literatur zum Thema MAB sowie eine Vielzahl von unterschiedlichsten Einsatzformen in der Praxis gibt. Demgegenüber steht die Erkenntnis, dass die Studien,

welche die Wirksamkeit von MAB betrachten, eher rar gesät sind. In diesem Zusammenhang haben sie zwei Ursachen identifiziert (vgl. dazu Hodapp et al. 2007,
S. 104):

1. Wirksamkeitsevaluationen würden in der Praxis vermutlich von den Personen durchgeführt, die mit der Umsetzung der MAB beauftragt sind. Kommen
diese Untersuchungen nun zu dem Schluss, dass die MAB keine Wirkung
zeigt, würden sich die Evaluatoren selbst beweisen, dass ihre Arbeit keinen
Mehrwert bringt.
2. Es wird als kompliziert erachtet, Kriterien zu finden, mit denen sich der Erfolg einer MAB beschreiben lässt.

Die Autoren plädieren dafür, dass bei einer Wirksamkeitsüberprüfung darauf geachtet werden muss, welche Zielsetzung mit der MAB verfolgt wird. Diese Ausrichtung hat einen nicht unerheblichen Einfluss auf die Definition der entsprechenden Erfolgskriterien (vgl. ebenda, S. 104).

Soll die Effektivität der MAB nachgewiesen werden, so muss man den implizit-
statusorientierten oder den explizit-prozessorientierten Ansatz unterscheiden. Bezüglich des implizit-statusorientierten Ansatzes sehen die Autoren in zahlreichen
Studien[1] den Zusammenhang der Themen und Einstellungen, die innerhalb einer
MAB erfasst werden, und bestimmten Leistungskennziffern einer Organisation,
als hinreichend belegt an. „Die implizite Logik hinter diesem Gedanken besteht
darin, dass Einstellungen zu bestimmten Handlungen führen, und diese Handlungen mittelbar wiederum den Unternehmenserfolg beeinflussen" (ebenda, S. 105).
Dabei kritisieren Hodapp et al. (2007) dass in diesen Studien lediglich die Existenz
eines Zusammenhangs zwischen der MAB und dem jeweiligen untersuchten Aspekt, wie bspw. Arbeitszufriedenheit nachgewiesen wird. Dabei wird vernachlässigt, dass die Grundannahme, dass alle MAB zu positiven Veränderungen führen,
nicht zweifelsfrei belegt wurde. Es können also nicht per se positive Aspekte unterstellt werden. Ist dieser positive Effekt nachgewiesen, fehlt wiederum die Begründung für das Auftreten desselbigen. Die Empfehlung der Autoren lautet darum, dass die eigentlichen Prozesse als Bewertungskriterien für die Effektivität
einer MAB herangezogen werden müssen. Als Kernpunkt wird hier der Follow-
up-Prozess benannt, in dem die wesentlichen Veränderungsprozesse stattfinden
und Maßnahmen umgesetzt werden sollen. Die Annahme ist hier, dass durch die
umgesetzten Maßnahmen die Einstellung der Mitarbeiter ins Positive verändert
wird. In Anlehnung an die Studie von Bowers (1973) zum Erfolg von Organisati-
onsentwicklungsinstrumenten wird der Beweis gesehen, dass „Survey-Feedback-

---

[1] Weiterführende Informationen zu diesen Studien finden sich in Hodapp et al. 2007 S. 105.

Instrumente" ohne Nachfolgeprozesse und ohne nachfolgende Interventionen [...; H. T.] einen signifikant nachteiligen Effekt [haben; H. T.]" (ebenda, S. 106). Aus diesen Erkenntnissen leiten die Autoren „[...] die positiven Effekte der Rückspiegelung und die sich daran anschließende Intervention als zentralen Erfolgsfaktor der MAB" (ebenda, S. 106) ab. Mit Verweis auf Bowers und Hausser (1977) werden darüber hinaus weitere erfolgskritische Faktoren benannt (vgl. ebenda, S. 106):

▪ Vorgesetzte und Mitarbeiter haben eine positive Einstellung gegeben über dem Instrument MAB,
▪ Vorgesetzte und Mitarbeiter fühlen sich der MAB gegenüber verpflichtet,
▪ Vorgesetzte und Mitarbeiter sind bereit für Veränderungen.

Sind diese Voraussetzungen gegeben, kann von positiven Auswirkungen auf die Unternehmensidentifikation, Betriebsklima und interne Kommunikation ausgegangen werden.

Nur das Vorhandensein eines entsprechenden Follow-up-Prozesses lässt noch keine Rückschlüsse auf seine qualitative Umsetzung zu. In diesem Zusammenhang weisen die Autoren darauf hin, dass mit Interpretationen solcher Evaluationen vorsichtig umgegangen werden muss, da die Settings schon innerhalb des Unternehmens stark variieren können und generelle Aussagen damit schwer zu beweisen sind.

Studien zum Einfluss von speziellen Merkmalen des Follow-up-Prozesses auf die Effektivität einer MAB sind eher selten – aufgrund der Komplexität ihres Forschungsdesigns. Gleichzeitig liegen Belege dafür vor, dass Unternehmen sich im Laufe der Zeit eine zunehmende Kompetenz im Umgang mit der MAB aneignen. Wird das Instrument entsprechend gut verankert und ist die Kommunikation unterstützend eingesetzt, können in der Regel Rücklaufquoten von 66 % bis 80 % in den Folgebefragungen erreicht werden. Darüber hinaus wurde auch der Einfluss von spezifischen organisationalen Rahmenbedingungen im Befragungszeitraum analysiert. Dabei wurde festgestellt, dass der größte Einflussfaktor im Bereich der Information und Kommunikation liegt, danach folgen das Verhalten des Vorgesetzten und der allgemeine Umgang mit Veränderungen. „Abteilungen mit einer ausgeprägten Feedbackkultur wird der Follow-up-Prozess effektiver umgesetzt. Information und Kommunikation der Veränderungen, basierend auf den MAB Ergebnissen, leisten einen wichtigen Beitrag zur Beurteilung der Effektivität der MAB" (ebenda, S. 107).Die Autoren stellen fest, dass die wahrgenommenen Effekte einer MAB signifikant effektiver bewertet werden, wenn eine Dokumenta-

tion der Maßnahmen erfolgt. Daraus wurde abgeleitet: „Mit steigendem Umsetzungsgrad steigt auch die durch die Mitarbeiter wahrgenommene Nützlichkeit der
Befragung" (ebenda, S. 108). Ergänzend dazu stellt Jöns (2003) fest, dass anfäng-
lich wahrgenommene Erfolge von MAB aus einem erlebten Kulturwandel resultieren. Dies führt aber nicht zwingend zu einer individuell wahrnehmbaren Veränderung der Alltagsituation oder des Alltagshandelns. In dem hier beschrieben Fall,
ergab sich als Konsequenz daraus eine Intensivierung des Maßnahmencontrollings
(vgl. Jöns 2003, S. 40)

Vor dem Hintergrund dieser Ergebnisse kommen Hodapp et al. (2007) zu dem
Schluss, dass die Fokussierung auf den Follow-up-Prozess die größte Einflussmöglichkeit darstellt, die Effektivität von MAB zu erhöhen. Dabei müssen vor
allem die Faktoren Feedbackkultur, Innovationsklima und Rolle des Vorgesetzten
beachtet werden (vgl. ebenda, S. 108).

Bei der näheren Betrachtung des Follow-up-Prozesses stellt Hodapp (2007) fest,
dass es nur wenige Autoren gibt, die dieses Thema genauer untersuchen. Er sieht
Hinweise darauf, dass sich nur eine geringe Anzahl von Unternehmen mit einer
systematischen Betrachtung des ganzheitlichen MAB-prozesses beschäftigen (vgl.
S. 170 f.). Bezogen auf die Notwendigkeit dieser Schritte argumentiert er: „Nur so
ist es möglich, frühzeitig Problemfelder in der Umsetzung zu identifizieren und
gegebenenfalls den Prozess anpassen zu können" (ebenda, S. 170). Als grundlegende Ausrichtung von Evaluationen sieht er dabei die Überprüfung des Zielerrei-
chungsgrads. Dabei gibt er zu bedenken: „Diese subjektiven Erfahrungen können
jedoch nur ein eingeschränktes Bild der tatsächlichen Effektivität des Prozesses
aufzeigen. Oft sind sie durch Beurteilungseffekte verzerrt, wodurch einzelne mar-
kante Ereignisse während des Prozesses die Beurteilung des Gesamtprozesses be-
stimmen können" (ebenda, S. 171). Die Verwendung des Begriffs „Evaluation"
sieht er als Begriffscluster für verschiedene Ansätze der Effektivitätsbeurteilung.
Dabei verortet er die Begriffe „Controlling[2]" und „Monitoring[3]" im Bereich der
Wirtschaftswissenschaften.

---

2   Controlling definiert er in diesem Zusammenhang als: „[...] die Beschaffung, Aufbereitung und
    Analysen von Daten zur Vorbereitung zielsetzungsgerechter Entscheidungen (Hodapp 2007,
    S. 171)
3   Monitoring definiert er als „[...] sämtliche Arten der Erfassung von Zuständen, eines Vorgangs
    oder Prozesses mit Hilfe von technischen Hilfsmitteln oder anderer Beobachtungssysteme"
    (ebenda, S. 171).

In diesem Zusammenhang unterscheidet Hodapp (2007) die Evaluation in vier Formen (vgl. dazu S. 171 f.): Wirkungsanalyse[4], Instrument der Maßnahmenverbesserung[5], als Instrument der Prozessoptimierung[6] und als Planungs- und Entscheidungshilfe[7].

Bezogen auf die Evaluation von Folgeprozessen sieht es Hodapp (2007) als notwendig an, entsprechende Bewertungskriterien festzulegen. Dabei sind diese an der strategischen Zielsetzung der MAB sowie den dazugehörigen Folgeprozessen auszurichten (vgl. S. 172). Er gibt zu bedenken: „Sicherlich werden sich die wissenschaftlich gewünschten von denen in der Praxis tatsächlich realisierbaren und messbaren Kriterien unterscheiden. Wird bei der Evaluation mit einem externen Berater zusammengearbeitet, so muss geklärt werden, welche Kriterien tatsächlich in der Organisation verfügbar und abrufbar sind" (ebenda, S. 172). Der Autor unterscheidet die festgelegten Veränderungskriterien bei Veränderungsprojekten und Folgeprozessen einer MAB. Er begründet dies mit einer deutlich größeren Komplexität von Maßnahmen, die notwendig sind, um Veränderungen bei einzelnen Themenbereichen zu erreichen. Gleichzeitig besteht die Gefahr, dass neben den gewünschten auch eine Vielzahl von unerwünschten Effekten entstehen können (vgl. ebenda, S. 172).

Hodapp (2007) schlägt für die Beurteilung der Effektivität konkrete Kriterien vor. Er rät dazu, bereits in der Vorbereitungsphase über informelles Feedback mögliche Anpassungen vorzunehmen. Hierbei geht es ihm im Schwerpunkt um die Zielgerichtetheit und Angemessenheit der Informations- und Schulungsangebote sowie um die Gestaltung und Verständlichkeit der Ergebnisberichte. Das Prozess-Monitoring zielt auf die Analyse der abgeleiteten Maßnahmen bezogen auf den Themenbereich, auf deren Laufzeit sowie Umsetzungsgrad ab. Das Prozess-Controlling richtet sich an die MAB-Projektgruppe sowie an die Führungskräfte in der Form eines allgemeinen Zwischenberichts über die Umsetzungsaktivitäten. Darüber hinaus besteht hier auch die Möglichkeit der Befragung der Mitarbeiter zum Follow-up-Prozess. Hodapp (2007) betont dabei, dass sich die Analyse nicht ausschließlich nur auf die Anzahl der abgeleiteten Maßnahmen beschränken darf, da so keinerlei Aussagen über die Qualität und Bedarfsorientierung ableiten lassen.

---

4   hierbei geht es vor allem um die Beurteilung von Veränderungsprozessen, die Auswirkung auf die Organisation (nach Umsetzung der Maßnahmen), Analyse der Ergebnisse der Folgebefragung: Damit eine Maßnahmenwirkung erkennbar ist, muss eine Veränderung im untersuchten Themenbereich nachweisbar sein;

5   Aufzeigen von Verbesserungspotenzialen bei der Umsetzung des Folgeprozesses

6   Dabei erfolgt die Evaluation zur Umsetzung des Gesamtprozesses bezogen auf einzelne Abteilungen

7   Die Evaluation dient hier als Basis für Ableitungen/Entscheidungen für die weitere Vorgehensweise und ggf. die damit einhergehende notwendige Anpassung

In diesem Zusammenhang verknüpft er die individuelle Perspektive des Mitarbeiters mit der Effektivitätsbewertung, da es sich hierbei um die subjektive Beurteilung von organisationalen Rahmenbedingungen handelt. Dazu empfiehlt er die Befragung von Mitarbeitern parallel zum laufenden Veränderungsprozess, in Form einer Voll- oder Stichprobenbefragung sowie den Einsatz von qualitativen Interviews. Diese Datenerhebung soll sich dabei bezogen auf die Leitfragen an den konzeptionellen Rahmen des Follow-up-Prozesses orientieren (vgl. ebenda, S. 174).

Das Ergebniscontrolling erfolgt im Rahmen der Zielvereinbarungen mit den jeweiligen Führungskräften einer organisatorischen Einheit. Hierbei wird auch der Ergebnisvergleich mit dem Vorjahr durchgeführt. Hodapp (2007) sieht in Verweis auf Jöns (1997) die Möglichkeit, dass auch zufriedene Mitarbeiter trotz erfolgreich umgesetzter Maßnahmen zunächst unzufrieden werden. Allerdings begründet oder belegt er diese Feststellung nicht weiter. Als weitere Einflussfaktoren beschreibt er strukturelle Veränderungen oder Personalabbauprozesse (vgl. ebenda, S. 175). Der Autor empfiehlt ebenfalls die Aufnahme einer Frage zur Umsetzung des Folgeprozesses in die MAB. Wird eine Befragung parallel zum Follow-up-Prozess durchgeführt, soll ein Ergebnisvergleich zwischen der MAB und dieser Befragung erfolgen, um in der Analyse die notwendigen Verbesserungspotenziale abzuleiten. Dabei ist jedoch eine Voraussetzung notwendig, nämlich dass „[…] die tatsächlich angestoßenen Veränderungen von den Mitarbeitern auch auf die MAB zurückgeführt werden. Ist dies nicht der Fall, so können allgemeine Fragen zu Verbesserungen durch den Follow-up-Prozess ein verzerrtes Bild der tatsächlichen Wirksamkeit ergeben" (ebenda, S. 176). Zur weiteren Betrachtung können auch zusätzliche Unternehmenskennzahlen, wie Fehlzeiten oder Qualitätskriterien, in die Analyse einbezogen werden. Hierbei gibt Hodapp (2007) allerdings zu bedenken, dass diese Kriterien von vielen verschiedenen Einflussgrößen abhängig und darum Effekte auf den Folgeprozess entsprechend schwer nachweisbar sind (vgl. ebenda, S. 176).

Jonas-Klemm (2007) rät dazu den Follow-up-Prozess ggf. durch qualitative Analyseverfahren zu begleiten. Dadurch können Verbesserungspotenziale herausgearbeitet werden, die zur Weiterentwicklung sowie zur Akzeptanzsteigerung der MAB, eingesetzt werden können (vgl. S. 170).

Aus den vorangestellten Ausführungen wird für die vorliegende Arbeit abgeleitet, dass die Prinzipien der Evaluation von MAB, auf die prozessbegleitenden Maßnahmen einer MAB übertragen werden können. Das macht es notwendig, entsprechende Bewertungskriterien festzulegen (Hodapp 2007). Es wurde aufgezeigt, dass Wirksamkeitsevaluationen aufgrund der Komplexität und der Kriterienfindung für die Bewertung im Kontext von MAB als schwierig einzuschätzen sind (ebenda). Dabei ist auch die Spezifikation des jeweiligen Settings zu bedenken, auf welches das Evaluationsdesign ausgerichtet wird (Hodapp et al. 2007). Da die prozessbegleitenden Maßnahmen einer MAB in direktem Zusammenhang zur MAB stehen, muss davon aufgegangen werden, dass es sich auch hierbei um ein spezifisches Evaluationsdesign handeln wird. Hodapp (2007) hat festgestellt, dass nur wenige Unternehmen im Rahmen der Evaluation von MAB, den Blick auf den gesamten Prozess richten. Daraus leitet er die Empfehlung für den Evaluator ab, sich auf den Follow-up-Prozess zu konzentrieren. Es wird zu diskutieren sein, ob diese Fokussierung wirklich ausreichend ist um Ableitungen auf die prozessbegleitenden Maßnahmen zu treffen. Des Weiteren muss geklärt werden ob die Themen Feedbackkultur, dezentrale Konzeption der MAB, Nutzen und Aufwand für die Organisation und deren Mitglieder durch die prozessbegleitenden Maßnahmen transportiert werden. Im Kern steht dabei immer die Frage: was wird vom Individuum wahrgenommen? Welche Informationen kommen an? Als größter Einflussfaktor auf den Erfolg einer MAB werden Information und Kommunikation beschrieben. Hier muss analysiert werden, wie dies im Zusammenspiel der einzelnen prozessbegleitenden Maßnahmen funktioniert. Wichtig ist meiner Ansicht nach dabei die Annahme, dass die Durchführung einer MAB nicht per se zu einer positiven Veränderung führt. Überträgt man diesen Grundsatz auf die prozessbegleitenden Maßnahmen würde dies bedeuten: „viel hilft nicht immer viel". Nur weil unterstützende Prozesse im Kontext einer MAB initiiert werden, führen diese nicht automatisch zu deren Gelingen. Es ergibt sich also die Frage nach der Ausgestaltung der qualitativen und quantitativen Dimension der prozessbegleitenden Maßnahmen bei MAB, die ebenfalls zu diskutieren sein wird.

2.1.4 Zwischenfazit

Nach den bisher in der Literatur beschriebenen Eigenschaften von MAB, werden diese also in erster Linie als Werkzeug genutzt um Mitarbeiter und Führungskräfte miteinander ins Gespräch zu bringen (Bösch 2012). Vor diesem Hintergrund zwingt sich die Frage auf, was mit der Kommunikation innerhalb der Unternehmen passiert ist, damit solche Instrumente notwendig werden? Und ist diese Form der Kommunikation das wirkliche Mittel der Wahl? Besonderes wenn man den Aufwand betrachtet mit dem Unternehmen ihre Mitarbeiter mittlerweile zunehmende auch weltweit befragen.

In diesem Zusammenhang ist die Anonymität einen zentraler Faktor für die Durchführung einer MAB in Organisationen (bspw. Bungard 2007b, Borg 2003). Gleichzeitig soll aber ein offener und transparenter Meinungsaustausch stattfinden, der dann wiederum die Anonymität des Einzelnen aufhebt. Besonders in Unternehmen in denen stark auf die Anonymität während der MAB geachtet wird, scheint es als Widerspruch die MAB als Kommunikationsmittel einzusetzen, da das notwendige gegenseitige Vertrauen zumindest in Frage gestellt werden muss.

Neben der zunehmenden Globalisierung (siehe Kap. 2.1.1) wird auch die Nachhaltigkeit (Kap. 2.1.2) von MAB thematisiert. Diese ist geprägt von großen Unterschieden bei der Professionalität der Datenerhebung bei gleichzeitig unprofessionellem Umgang mit Feedback bzw. der Maßnahmenumsetzung (Bungard 2007b). Als Ursache sieht der Autor den Umstand, dass die Führungskraft Betroffener des Feedbacks und gleichzeitig auch Umsetzungsverantwortlicher in einer Person ist. Auch fehlendes Interesse der übergeordneten Hierarchieebenen beeinträchtigt die Qualität des Follow-up-Prozesses. Fehlende Kompetenz seitens der Vorgesetzten im Umgang mit Feedback führt zur Vermeidungshaltung bei den unterstellten Mitarbeitern. Insgesamt führt fehlende Sozial- und Führungskompetenz zur Geringschätzung der MAB und des Folgeprozesses (ebenda).

Für das Gelingen benennen Niethammer und Müller (2007) drei wesentliche Erfolgsfaktoren: Einstellungen (wollen), Kompetenzen (können), Unternehmenskultur und Umsetzungsstrategie (dürfen).

Betrachtet man stark hierarchisch geprägte Unternehmen, muss m.E. der Faktor „sollen" ergänzt werden. Ist die Führungskraft die Schlüsselfigur im MAB-Prozess und in ihrer beruflichen Sozialisation hierarchisch geprägt, ist es wahrscheinlich, dass es wenig eigene Impulse gibt (Veränderungs-) Prozesse aus intrinsischen Motiven heraus selbst zu initiieren. Dabei kommt es darauf an welche hierarchische Stufe die Führungskraft inne hat und wie ausgeprägt die Veränderungsbereitschaft des eigenen Vorgesetzten ist. Es ist also zu vermuten, dass die Stellung innerhalb der Hierarchie eine Rolle spielt. Ist also das „dürfen" eher ein „sollen", wird automatisch aus dem „wollen" ein „müssen". Daraus folgt die Vermutung, dass dies einen direkten Einfluss auf den Umgang mit der MAB und den Follow-up-Prozess hat.

Bezogen auf den Follow-up-Prozess empfehlen Niethammer und Müller (2007) eine Kombination von drei Follow-up-Strategien, damit die Einbindung der Mitarbeiter sowie die Verantwortungsübernahme über alle Hierarchieebenen gewährleistet ist. So werden letztlich die Voraussetzungen für eine hohe Akzeptanz der MAB geschaffen.

Ein weiterer beachtenswerter Aspekt findet sich in der von Bungard (2007b) beschriebenen Feedback-Phobie der Führungskräfte, der m.E. zu kurz greift. Er betrachtet das Themenfeld zu einseitig, indem er es nur auf die Führungskräfte be-

zieht und die Mitarbeiter ausklammert. Feedback im Rahmen von Veränderungsprozessen kann nur funktionieren wen alle Beteiligten in der Lage sind Feedback
zu geben und Feedback auch anzunehmen. Eine MAB kann niemals erfolgreich
sein, wenn nur und ausschließlich die Führungskraft die MAB als nützlich empfindet. Auch die beteiligten Mitarbeiter müssen einen Sinn (bestenfalls einen persönlichen Vorteil) darin sehen, diesen Prozess mitzugestalten. Dies verlangt ein
gewisses Maß an Fähigkeiten zur Selbst- und Fremdreflexion sowie kommunika-
tiver Empathie über alle Hierarchieebenen hinweg. Diese Empathie ist wichtig,
damit Führungskräfte und Mitarbeiter in der Lage sind, Feedback so zugeben, dass
es der Feedbackempfänger auch annehmen kann.

Bisherige empirische Untersuchungen fokussieren hauptsächlich die Wirksamkeit
der MAB (Hodapp et al. 2007). Die Schwierigkeit ist dabei belastbare Kriterien
zur Beurteilung zu finden. Allgemein wird die Evaluation des Follow-up-Prozesses empfohlen. Dabei gilt es zu beachten, dass generelle Aussagen auf Basis der
Interpretation von Evaluationen zu MAB vorsichtig getroffen werden müssen, da
die Settings innerhalb der Unternehmen stark variieren.

Der größte Einfluss wird dem Prozessschritt Information und Kommunikation zugeschrieben (ebenda). Danach folgen das Verhalten der Vorgesetzten und der allgemeine Umgang mit Veränderungen. Die Maßnahmendokumentation verstärkt
die Wahrnehmung von Effekten einer MAB. Im Zuge dieser Arbeit wird zu klären
sein, ob sich diese Ergebnisse bestätigen lassen. Bei Hodapp (2007) werden vier
Formen der Evaluation bei MAB unterschieden: Wirkungsanalyse, Instrument der
Maßnahmenverbesserung, Instrument der Prozessoptimierung, Planungs- und
Entscheidungshilfe. Diese Unterteilung wird in Kap. 3.1.3 aufgegriffen, um die
theoretische Verortung des Untersuchungsgegenstandes der hier angestrebten Studie, vorzunehmen.

Die begleitenden Maßnahmen oder auch Gestaltungsaspekte des Prozesses sind
die Stellhebel zur Beeinflussung des MAB-Prozess. Bisher fehlen konkrete Aussagen über die Auswirkung auf die Teilnahmemotivation und eine etwaige Gewichtung, d. h., wie stark beeinflussen die einzelnen Gestaltungsaspekte tatsächlich die MAB bzw. die Teilnahmemotivation der Mitarbeiter? Die Analysen bis-
heriger Studien wurden nicht auf die Mitarbeitermotivation zur Teilnahme herun-
tergebrochen, sondern eher allgemein gehalten bzw. auf den Prozess der MAB
angewendet. Bei der Literaturrecherche fällt drüber hinaus auf, dass im Wesentlichen die Führungskräfte im Rahmen von MAB-Prozessen analysiert und beschrieben werden (bspw. Bungard; Niethammer und Müller). Die Rolle der Mitarbeiter
ist in diesem Kontext m.E. zu gering bewertet und bisher betrachtet worden. Im
Zeitalter von flacher werdenden Hierarchien, muss auch im Rahmen von MAB-

Prozessen über eine Rollen-Egalisierung von Führungskräften und Mitarbeitern nachgedacht werden und welche Auswirkungen damit einhergehen.

Ein weiterer Schwerpunkt der bisherigen empirischen Untersuchungen zu diesem Thema bezieht sich auf die Wirksamkeit der MAB im Allgemeinen, ohne dabei die begleitenden Prozesse zu beachten. Hodapp (2007) empfiehlt Evaluation zu MAB parallel zum laufenden Prozess in Form einer Voll- oder Stichprobenbefragung sowie den Einsatz von qualitativen Interviews. Gleichzeitig ist die Interpretation und Generalisierung solcher Ergebnisse schwierig, da die Settings sich schon innerhalb eines Unternehmens stark voneinander unterscheiden können.

Bei der theoretischen Auseinandersetzung mit dem Themenfeld der MAB fällt auf, dass Befragungen im organisationalen Kontext, neben dem Thema Kommunikation, eng mit dem Thema Führung verknüpft werden (Bungard 2007b). Dabei sollen MAB die Führung einer Organisation zum einen unterstützen, bspw. durch Feedback, gleichzeitig ist die MAB aber auch von der Führung abhängig damit sie überhaupt erfolgreich durchgeführt werden kann. Für die Ausrichtung der prozessbegleitenden Maßnahmen ist dies von entscheidender Bedeutung. Daraus ergibt sich die Frage, wie diese Maßnahmen konzipiert sein müssen, damit der Spagat zwischen der Unterstützung der Führungskraft bei gleichzeitiger Abhängigkeit bzgl. der Durchführung gelingen kann.

Im vorangegangenen Abschnitt wurde auf die verschiedenen Formen und Funktionen von MAB verwiesen. Diese sind abhängig von der jeweiligen Zielrichtung der MAB. Es scheint also folgerichtig, dass Form und Funktion der MAB, gleichzeitig auch die prozessbegleitenden Maßnahmen beeinflussen. Hierbei wird zu klären sein, ob dem so ist und wenn ja in welchem Maße.

Müller et al. (2007a) beschreiben die Schritte Planung, Durchführung und Follow-up, Mitarbeiter-Information und Marketing als übergreifende Gemeinsamkeit für MAB. In Abgrenzung zu den vorangestellten Bemerkungen, bei denen die Forderung nach Spezifizierung mitschwingt, muss also diskutiert werden ob und inwieweit sich die prozessbegleitenden Maßnahmen auf eine ähnliche Kategorisierung abstrahieren und allgemeingültig auf andere Kontexte übertragen lassen.

Die Ergebniswirksamkeit von MAB inkl. des gesamten Follow-up-Prozesses scheint die Schwachstelle dieses Organisationsentwicklungsinstrumentes zu sein. Aus meiner Sicht muss geklärt werden wie die prozessbegleitenden Maßnahmen konzipiert und implementiert sein müssen, um diesem Defizit entgegenwirken zu können.

Wie bereits beschrieben ist der entscheidende Faktor zum Gelingen der MAB die Positionierung des Managements und der gesamten beteiligten Führungskräfte

(Helm 2009, Deitering 2003). Dieser Punkt muss aus verschiedenen Perspektiven betrachtet werden: Inwiefern ist die Führungskraft der hauptsächliche Erfolgsgarant für das Gelingen einer MAB? Warum wird die Rolle der Mitarbeiter im theoretischen Kontext von MAB nachrangig zu den Führungskräften diskutiert? Auf welche Organisationsformen treffen die theoretischen Überlegungen zu (klassische produzierende Industrie vs. Industrie 4.0)?

Die in diesem Abschnitt diskutierten Punkte und entwickelten Fragen werden im Rahmen der Ergebnisdiskussion (Kap. 5 und 6) aufgegriffen und weiter vertieft.

Betrachtet man nach Ahlemeyer et al. (2005) die Beteiligungsquote als zentrales Qualitätskriterium, muss hinterfragt werden was Mitarbeiter motiviert an einer MAB teilzunehmen und was letztendlich das Verhalten (tatsächliche Teilnahme) auslöst. Dazu ist es allerdings notwendig, sich zunächst theoretisch dem Kontext von Motivation und Verhalten zu nähern.

2.2 Motivation und Verhalten

Der Fokus dieser Ausarbeitung liegt auf den prozessbegleitenden Maßnahmen von MAB und deren Einfluss auf die Teilnahmemotivation an einer MAB. Der hier zugrunde gelegte organisationale Kontext macht es notwendig, zunächst allgemein den Motivationsbegriff in diesem Spektrum zu erörtern. Aus der Ergebnisreflexion der theoretischen Grundlagen und dem Motivationsbegriff im Kontext von Organisationen, erfolgt die Herleitung der motivationstheoretischen Variante der verhaltenswissenschaftlichen Theorie. In diesem Zuge wird die Begründung für die Anwendung von Vrooms VIE-Theorie auf diese Studie hergeleitet. Das Zwischenfazit bildet, im Sinne der Aktionsforschung, eine erste Verknüpfung zwischen Theorie und Praxis. Hier durch soll die Überleitung von den theoretischen Überlegungen bezüglich der Motivation im Rahmen von MAB hin zu praktisch überprüfbaren Thesen und Forschungsfragen erfolgen.

Kirchler und Rodler (2001) geben zu bedenken: „Motivation ist ein Sammelbegriff für vielerlei psychische Prozesse und Effekte" (S. 10), Bei der Betrachtung der allgemeinen motivationstheoretischen Ansätze[8] (siehe dazu ausführlich Heckhausen 2006, S. 13 – 34) wird die Komplexität des Themenfelds deutlich, in dem sich die Wissenschaft bewegt. Darum ist es notwendig, die relevanten Ansätze für die Forschungsfrage herauszufiltern. Dabei wird klar, dass das gewählte Theoriekonzept nur einen bzw. einzelne Aspekte beleuchten kann. Man muss sich bei der

---

8   Der evolutionstheoretische Ansatz (Darwin), der instinkttheoretische Ansatz (McDougall), persönlichkeitstheoretische Ansatz (Freud)

Ergebnisanalyse bewusst sein, dass Wirkungsdimensionen wesentlich komplexer sind.

Das menschliche Handeln ist nach Heckhausen und Heckhausen (2006) charakterisiert durch das Streben nach Wirksamkeit und die Organisation von Zielengagement und Zieldistanzierung. Die Motivation einer Person setzt sich demnach aus situations- und personenbezogenen Einflüssen sowie den erwarteten Handlungsergebnissen und deren Folgen zusammen (vgl. ebenda, S. 3). Man könnte auch sagen, dass die Motivation einer Person zur Verfolgung eines bestimmten Ziels das Produkt aus situativen Anreizen, persönlichen Vorlieben und deren Wechselwirkungen ist. Die sich daraus ergebende Motivationstendenz wird maßgeblich bestimmt durch die Anreize, die mit der Tätigkeit verbunden sind, dem Handlungsergebnis und der Selbstbewertung der internen und externen Folgen (vgl. ebenda, S. 6).

Damit sich der Wille, ein bestimmtes Ziel erreichen zu wollen, auch wirklich herausbildet, bedarf es neben den Anreizen und den persönlichen Bewertungen der Herausbildung einer Intention. Dadurch wird geregelt, welche Motivationstendenzen ausschlaggebend für das eigentliche Handeln sind (vgl. ebenda, S. 7).

Personalpolitische Maßnahmen, wie bspw. MAB, fallen unter die Dispositionen, bei denen ein Veränderungspotenzial gegeben ist. Die Verwendung von Personalbeurteilung zur Erfassung von Motivationslagen wird kritisch gesehen. Aber die Durchführung wird unmöglich, wenn eine Kombination von Verfahren angewendet wird, die das Selbst- und Fremdbild jeweils erfassen, um diese dann im Vergleich miteinander zu konfrontieren. Hier findet sich der Anknüpfungspunkt zur Aktionsforschung. Soll die Motivationsanalyse im Rahmen von Organisationsentwicklung erfolgen, muss eine ganzheitliche Prozessbetrachtung gewährleistet sein, damit die Motivationsphänomene verstanden werden können (vgl. Martin und Bartscher-Finzer 2010, S. 269).

Bei der Auseinandersetzung mit dem Themenfeld der Motivation fällt auf, dass der Begriff Motivation im Zusammenhang mit Verhalten betrachtet wird. Wolf (2013) stellt dazu fest, „[...] dass menschliches Verhalten nur dann hinreichend beschrieben werden kann, wenn die motivationalen und emotionalen Strukturen, die kognitiven Strukturen des jeweiligen Individuums sowie dessen soziale Eingebettetheit berücksichtigt werden" (S. 244).

Wolf (2013) charakterisiert den Verhaltensbegriff als komplex. Demnach stellt Verhalten „[...] eine allgemeine und umfassende Bezeichnung für alle körperlichen Reaktionen und anderweitigen Vorgänge dar, die sich nicht nur bei Menschen, sondern auch bei anderen Wesen finden lassen" (S. 235). Trotz dieser Komplexität ist es möglich, Verhalten zu „[…] beobachten, messen oder durch Indikatoren abzuschätzen" (ebenda, S. 235). Als grundlegende Auslöser von Verhalten gelten äußere Reize, welche dann wieder Reflexe verursachen. Dies macht es notwendig, bei der Beschreibung die Ursachen und Wirkungen zu betrachten (vgl. ebenda, S. 235 f.). Neben den äußeren Reizfaktoren wird menschliches Verhalten ebenso durch innere Erlebnisprozesse ausgelöst. Hier spielen insbesondere der eigene Wille und die Fähigkeit zur Selbstreflexion eine wichtige Rolle (vgl. ebenda, S. 236). Zielgerichtetes und sinnhaftes Verhalten wird als „Handeln" bezeichnet. Damit ist das „Handeln" ein Teilaspekt des Verhaltens (vgl. ebenda, S. 236).

Die Verbindung zwischen den Begriffen Motivation und Verhalten beschreiben Scheffer und Kuhl (2006) wie folgt: „Der Begriff ‚Motivation' bezieht sich auf den Zustand, der das Verhalten unmittelbar beeinflusst. Motivation liefert die Energie für das Verhalten, die dabei hilft, Barrieren auf dem Weg zum Ziel zu überwinden und Ausdauer auch unter erschwerten Umständen zu zeigen" (S. 9f.). Nerdinger (2008) ergänzt, dass die notwendige Energie zur Erzeugung eines Verhaltens neben der Motivation auch aus der Emotion gespeist wird (vgl. S. 26).

Aus den vorangestellten Ausführungen ergibt sich für den weiteren Verlauf der Arbeit die Erkenntnis, dass die wesentliche Herausforderung darin besteht, komplexe Theorie-Konstrukte auf einen Untersuchungsgegenstand anwendbar zu machen. Dabei unterliegen alle Forschungen der Einschränkung, dass jeweils nur bestimmte Teilaspekte beobachten, analysieren und diskutieren lassen. Das liegt zum einen an der Komplexität der Theorien, bezogen auf Untersuchungen im Rahmen von Organisationen auch auf deren Komplexität.

Bei Motivationsanalysen in organisationalen Kontexten fordern Martin und Bartscher-Finzer (2010) eine ganzheitliche Prozessbetrachtung. Auf die hier vorliegende Studie hat dies zwei Auswirkungen. Zum einen werden alle an der MAB beteiligten Akteure, d.h. Mitarbeiter und Führungskräfte, in die Datenerhebung einbezogen. Zum anderen wird sich die Analyse nicht nur auf den Follow-up-Prozess beschränken, sondern alle prozessbegleitenden Maßnahmen die im Rahmen der MAB stattfinden, einbeziehen.

Zur korrekten Einordnung der Ergebnisse ist es notwendig die Begriffe Motivation und Verhalten voneinander abzugrenzen. Motivation entsteht im inneren des Menschen und unterliegt vielfältigen inneren und äußeren Einflüssen. Zur Erklärung der inneren Einflüsse kann bspw. der Ansatz der Handlungsregulationstheorie nach Hacker (1973, vgl. S. 92ff.) verwendet werden. Damit können zum einen Zusammenhänge von Denkprozessen und Handeln erklärt werden. Zum anderen ist durch dieses Modell auch die Erfassung von unterschiedlichen Handlungen möglich (planvolles, komplexes Verhalten). In der Kombination aus dem Willen zur Zielerreichung, den Anreizen und der Intention entsteht das Handeln. Das Handeln wiederum ist ein Teilaspekt des Verhaltens und ist in Form von körperlichen Reaktionen beobachtbar. Daraus ergibt sich für die Untersuchung der prozessbegleitenden Maßnahmen die Fragen: unterstützen diese Maßnahmen dabei den Willen zur Teilnahme herauszubilden? Welche Anreize müssen geschaffen werden? Sind diese vorhanden? Welche fehlen ggf.? Erzeugen die angewendeten Maßnahmen genügend Motivation, um eine Handlung auszulösen? Um ein ganzheitliches Bild zu erzeugen ist die Betrachtung von zwei Perspektiven hilfreich. Zum einen müssen die Akteure befragt werden die an der MAB teilnehmen und zum anderen müssen die Teilnahmeverweigerer nach den Hintergründen für ihre Entscheidung analysiert werden. Bezogen auf das Teilnahmeverhalten muss untersucht werden, ob es spezielle (eventuell sogar wiederkehrende) Muster gibt. Aus deren Analyse dann Handlungsempfehlungen abgeleitet werden können.

Betrachtet man nun eine MAB als Personalbeurteilung aus Sicht der Mitarbeiter bzgl. der Beurteilung des Arbeitsumfelds, ist dies ein mögliches Setting für die Durchführung einer Motivationsanalyse (Martin und Bartscher-Finzer 2010). Die Teilnahmemotivation bezogen auf die MAB ist dabei nur ein Teilaspekt. Der Schwerpunkt der Betrachtungen liegt auf dem Einfluss der prozessbegleitenden Maßnahmen auf die Teilnahmemotivation der jeweiligen Akteure. Nach der Feststellung von Martin und Bartscher-Finzer (2010) sind Motivationsanalysen eng mit dem Themenfeld der Aktionsforschung verknüpft. Daraus ergibt sich für diese Arbeit die Notwendigkeit die Aktionsforschung als Forschungsmethode genauer zu beleuchten (Kap. 2.4).

Die bis hierher dargestellten Ausführungen machen die Vielschichtigkeit des Motivationsbegriffes deutlich. Da sich die hier durchgeführte Studie im Kontext von Organisationen bewegt, soll darum zunächst die begriffliche Verortung der Motivation in diesem Rahmen erfolgen.

2.2.1   Der Motivationsbegriff im Kontext von Organisationen

Grundsätzlich ist der Motivationsbegriff in intrinsisch und extrinsisch zu unterscheiden. „Bei der intrinsischen Motivation ist die Motivation des Mitarbeiters durch sein Interesse an seinen Tätigkeiten oder seiner Arbeit selbst entstanden. […; H.T.] Extrinsisch motiviert ist das Verhalten des Mitarbeiters, wenn seine Motivation durch externe Belohnung zustande gekommen ist" (Jost 2000, S. 98).

Rosenstiel (1975) beschreibt das Themenfeld der Motivation als einen Analyseaspekt von Organisationen (S. 16). Er bringt dabei den Motivationsbegriff mit Arbeits- bzw.- Leistungsmotivation in Verbindung. Eine weitere Kategorisierung findet sich bspw. bei Spiess und Rosenstiel (2010) oder auch Nerdinger et al. (2014). Hier erfolgt die Unterteilung in Inhaltstheorien und Prozesstheorien. Nach Martin und Bartscher-Finzer (2010, vgl. dazu S. 256) gibt es in Organisationen zwei Arten von Mitarbeitermotivation: Die erste Form beschreibt die Motivation, dem Unternehmen beizutreten und dort zu bleiben, die zweite Form beinhaltet die Motivation, einen Leistungsbeitrag zu erbringen. Unternehmen sehen sich mit dem Umstand konfrontiert, dass beide Motivationsformen durch eine Vielzahl von Faktoren beeinflusst werden. Die Herausforderung besteht nun darin, eventuelle Motivationsbarrieren und -chancen zu erkennen und Gegenmaßnahmen einzuleiten bzw. diese zu nutzen (vgl. ebenda, S. 256).

Neben der Motivation zur Leistung spielt auch die sogenannte soziale Motivation eine wichtige Rolle, damit meinen die Autoren die Bereitschaft zum Lernen und zur Veränderung. In diesem Zusammengang kritisieren Martin und Bartscher-Finzer (2010) „[…] die Unbestimmtheit des Motivationsbegriffs" (S. 256).

Wie in Kap. 2.2 bereits angedeutet, gibt es keine einheitliche Verwendung des Motivationsbegriffs. Martin und Bartscher-Finzer (2010) fassen ihn so zusammen: „In einer sehr allgemeinen Form lässt sich immerhin sagen, dass Motivation aus der Abweichung eines physischen und psychologischen Ist-Zustandes von einem entsprechenden physischen/psychologischen Sollzustand entsteht. Die Diskrepanz zwischen Soll und Ist „motiviert" zu einem Handel, das darauf gerichtet ist, diese Diskrepanz zu beseitigen" (S. 257). Die Autoren stellen weiterführend fest: „[…] es gibt so viele Motivationen wie Arbeitssituationen. Unbeschadet hiervon bleibt es natürlich sinnvoll, Motivationsfragen auf einem allgemeinen Niveau zu studieren […; H. T.]. Bei der Beantwortung dieser Fragen ist zu beachten, dass nicht alle Personen in gleicher Weise handeln werden, dass ihre Motivationslage von vielen Einflussgrößen bestimmt wird und dass es darauf ankommt, entsprechende Zusammenhänge nicht nur zu ermitteln, sondern sie auch zu verstehen" (ebenda, S. 258).

Sturm et al. (2011) geben dabei zu bedenken, dass in einem so komplexen System wie einer Organisation nicht davon ausgegangen werden kann, dass es einen direkten und linearen Zusammenhang zwischen Mitarbeitermotivation und Mitarbeiterproduktivität gibt (vgl. S. 118).

Sichler (2012) stellt eine zunehmende Autonomisierung und Übernahme von Verantwortung durch die Mitarbeiter fest: „Mitarbeiterinnen und Mitarbeiter können heute vielfach weitgehend autonom darüber (mit-)bestimmen, wann, wo, wie und mit wem sie ihre Arbeit ausführen" (S. 440). Dies hat einen direkten Einfluss auf die heutigen Organisationen, da die Möglichkeiten sich verändern, die Mitarbeitermotivation zu beeinflussen. Für die Annäherung an den Motivationsbegriff hält der Autor die Unterscheidung in Motiv, Motivation und motivieren für notwendig. „Der Terminus Motiv bezeichnet einen inneren Beweggrund einer Person für ein bestimmtes Verhalten. Häufig ist dieses Verhalten auf ein bestimmtes Ziel gerichtet [...; H. T.]. Ein wichtiges Merkmal von Motiven ist ihre Stärke. Je stärker ein Motiv ausfällt, desto mehr beeinflusst es das Verhalten" (ebenda, S. 447). Mit dem Begriff Motivation beschreibt der Autor „[...] die Verknüpfung aller in einer bestimmten Situation bei einer Person wirksamen Motive" (ebenda, S. 447). Das Motivieren ist gekennzeichnet durch „[...] die Einflussnahme auf die Motivation eines Individuums [...; H. T.]. Diese Einflussnahme kann durch außenstehende Personen, sie kann aber auch durch die Handelnde oder den Handelnden selbst erfolgen. Man spricht dann von Selbstmotivierung" (ebenda, S. 449).

Bezogen auf die theoretische Verortung bilden Martin und Bartscher-Finzer (2010, vgl. S. 258 ff.) die Kategorien Arbeit als Mittel[9], Arbeitsfreude[10], Arbeit als Gegenstand einer sozialen Beziehung[11], Arbeitserhaltung[12] und Arbeitsbedingungen[13].

---

9   Die Motivation gründet auf der Ansicht, dass Arbeit ein Mittel ist, um sich individuelle Wünsche zu erfüllen oder um Ziele zu erreichen.

10 Die Motivation gründet auf den konkreten Erfahrungen in der Arbeitswelt. In diesem Zusammenhang werden die damit verbundenen Emotionen beschrieben, die aus Arbeitsfreude und -leid entstehen (siehe auch intrinsische Motivation).

11 Ausgangspunkt ist die Deutung von Arbeitsbeziehungen als soziale Beziehungen. Diese sind dadurch gekennzeichnet, dass sie nicht kurzfristig angelegt sind, sondern auch einem Entwicklungsprozess unterliegen. Dabei spielt der Qualitätsaspekt der Arbeitsbeziehung eine besondere Rolle. Es geht als um Faktoren bzw. Einflüsse, die diese Beziehung belasten oder fördern.

12 Jeder Mensch ist mit unterschiedlichen Grunddispositionen ausgestattet und hat eine individuelle Auffassung bezogen auf das Leistungsverhalten. Die meisten Grunddispositionen werden als nur schwer änderbar beschrieben. Die Dispositionen mit dem höchsten Veränderungspotenzial haben den Vorteil, dass sie auf ein konkret eingrenzbares Objekt ausgerichtet sind, wie zum Beispiel personalpolitische Maßnahmen. „Diese und ähnliche Einstellungen liefern dem Handelnden eindeutigere Verhaltensvorgaben [...]" (ebenda, S. 260). In diesem Zusammenhang muss in die extrinsische und intrinsische Motivation unterschieden werden. Bei der extrinsischen Motivation ist der Handelnde auf das Verhaltensergebnis fokussiert. Jost (2013) ergänzt hierzu: „Sein Handeln ist in diesem Fall durch externe Belohnung motiviert" (S. 502). Die intrinsische Motivation ergibt sich für den Handelnden aus der Handlung selbst. Jost (2013) ergänzt hierzu: „Sein Arbeitsverhalten ist in diesem Fall durch sein Interesse an den Tätigkeiten oder der Arbeit selbst entstanden" (S. 502).

13 Zur Erklärung von Verhaltensweisen bestimmter Personen oder Personengruppen müssen Person-Variablen und Umwelt-Variablen betrachtet werden. Der situative Ansatz in der Organisationstheorie beschreibt den Zusammenhang zwischen Organisationsstruktur und Verhaltensweisen der Mitglieder. Dabei wird unter anderem auf die Bestimmung des Motivationspotenzials nach Hackman und Oldham (1980) verwiesen. Als weiteres Modell zur Beschreibung des Zusammenhangs von Strukturen und Verhalten wird die Selbstwirksamkeit nach Bandura (2001) beschrieben. Selbstwirksamkeit entsteht demnach aus der Überzeugung einer Person, gewünschte Ergebnisse zu erreichen bzw. unerwünschte zu vermeiden.

Nach Martin und Bartscher-Finzer (2010, S. 265) sind alle Verfahren der empirischen Sozialforschung sowie der psychologischen Diagnostik zulässig, um Motivationslagen von Organisationsmitgliedern zu erfassen und zu analysieren. Es wird dazu geraten, die Auswahl der Methoden auf die Fragestellung und das Forschungsdesign entsprechend begründet auszurichten.

Regelmäßig stattfindende Personalbeurteilungen beschreiben die Autoren als Gelegenheit zur Feststellung der Motivationslage der Mitarbeiter durch den Vorgesetzten. Als problematisch beschreiben sie in diesem Zusammenhang „[...] dass der Beurteiler oft nur eingeschränkt oder wenig repräsentative Beobachtungsmöglichkeiten hat, dass Verhalten und Motivation gleichgesetzt werden, dass der Beurteiler „psychologisiert" und die Vergleichbarkeit nicht gegeben ist, weil weder das beobachtete Verhalten, die Beobachtungssituation und auch das Beobachterverhalten nicht standardisiert werden können" (ebenda, S. 269). Aufgrund dieser Schwierigkeiten plädieren Martin und Bartscher-Finzer (2010) für eine sorgfältige Durchführung sowie die Kombination von Verfahren, die das Selbst- und Fremdbild jeweils erfassen, um diesen dann im Vergleich miteinander zu konfrontieren. Sie charakterisieren so durchgeführte Motivationsanalysen als „[...] Teil einer basisorientierten Aktionsforschung" (ebenda, S. 269).

Beim Einsatz von Motivationsanalysen zum Zweck der Organisationsentwicklung muss beachtet werden, „[...] dass man Motivationsphänomene normalerweise missversteht, wenn man sie individualisiert, also nur die einzelnen Akteure betrachtet und die organisationale Einbettung der Motivationsproblematik ausblendet" (ebenda, S. 270). Damit ein ganzheitliches Bild nachvollzogen werden kann und sich kein Mitarbeiter ausgegrenzt fühlt, müssen alle Prozessbeteiligten in die Datenerhebung und -analyse einbezogen werden.

Sturm et al. (2011) unterteilen die Theorien der Arbeitsmotivation nach inhaltsorientiert und prozessorientiert. Die inhaltsorientierten Ansätze „[...] zielen darauf ab, die Befriedigung von Motiven [...], die in einer Person liegen, zu erklären" (ebenda, S. 119). Die prozessorientierten Theorien hingegen „[...] gehen von der Annahme aus, dass Ziele, bewusst, rational und nach dem Prinzip der individuellen Nutzenmaximierung gewählt werden" (ebenda, S. 125).

Mit Verweis auf Reichenberg (2002) beschreibt Sichler (2012) zwei weitere wichtige Analysenperspektiven „Druck und Zug" (S. 445). Motiviertes Handeln kann demnach also durch innere Ursachen angetrieben sein oder durch äußere Anreize oder Ziele erzeugt werden.

Insgesamt führen Strukturen in Organisation zur Strukturierung des Verhaltens. Es kann dadurch begünstigt oder verhindert werden. Diese Zusammenhänge dürfen nicht losgelöst von der individuellen Motivationslage der Organisationsmitglieder betrachtet werden.

Die vorausgehenden Ausführungen haben die Unbestimmtheit des Motivationsbegriffs im Kontext von Organisationen aufgezeigt (Martin und Bartscher-Finzer
2010). Dennoch soll an dieser Stelle der Versuch unternommen werden, den theoretischen Rahmen für die hier vorliegende Arbeit nachzuzeichnen.

Der wesentliche Fokus der Datenerhebung im Kontext dieser Studie, muss auf die
soziale Motivation gerichtet werden. Dadurch wird es möglich Aussagen über die
Veränderungsbereitschaft von Individuen zu generieren. Darüber hinaus wird geprüft, welches Einflusspotential der prozessbegleitenden Maßnahmen einer MAB
auf die soziale Motivation vorliegt und inwiefern Effekte auf die Leistungsmotivation und die Unternehmenstreue feststellbar sind (ebenda). Dies wird im Forschungsdesign zu verarbeiten und in der Ergebnisdiskussion aufzugreifen sein.

Dabei gilt es zu bedenken, dass sich die Motivation und die Beeinflussung der
Motivation von Individuum zu Individuum unterscheiden (Sichler 2012). Prozessbegleitenden Maßnahmen von MAB sind im Idealfall zielgerichtet. Vor diesem
Hintergrund muss man von individuellen Wirkunterschieden ausgehen. Das bedeutet, dass aus Sicht der Zielgruppe, auf die eine Maßnahme wirken soll, mit
individuellen Verzerrungen zu rechnen ist. Dieser Umstand muss speziell im Rahmen der Ergebnisinterpretation und der Beurteilung hinsichtlich der Übertragbarkeit von Ergebnissen bedacht werden (siehe Kap. 5 und 6).

Ein weiterer Diskussionspunkt ergibt sich aus der Beeinflussung der Mitarbeitermotivation vor dem Hintergrund der sich ändernden Arbeitswelt. Hieraus leiten
sich die Fragen ab: Welche neuen Anforderungen ergeben sich daraus für Organisationen, hinsichtlich des Einsatzes von prozessbegleitenden Maßnahmen bei
MAB? Welche der bekannten Instrumente sind in Zukunft noch anwendbar? Welche müssen modifiziert werden und wie muss diese Modifizierung aussehen?

Bei der Analyse von Motivationsphänomenen muss beachtet werden, dass eine
ganzheitliche Prozessbetrachtung notwendig ist (Martin und Bartscher-Finzer
2010). Würde diese Analyse individualisiert, könnte es zu Missverständnissen
kommen. Bezogen auf das vorliegende Untersuchungsdesign muss darum eine
Vollerhebung der gesamten prozessbegleitenden Maßnahmen und aller beteiligten
Akteure angestrebt werden. Im Rahmen der theoretischen Verortung der Motivation im Kontext von Organisationen wurde belegt, dass die Anwendung der Methoden der empirischen Sozialforschung zulässig ist (ebenda).

Da es sich um die Evaluation eines Prozesses handelt und prozessuale Effekte bezogen auf die Motivation untersucht werden sollen, ist es sinnvoll ein prozessori-
entiertes theoretisches Verständnis zugrunde zu legen. Im folgenden Kapitel werden darum die ausführliche Auseinandersetzung und die Überleitung in das konkret anzuwendende Theoriekonstrukt erfolgen.

2.2.2   Motivationstheoretische Varianten der verhaltenswissenschaftlichen Theorie

Der Motivationsbegriff wird im verhaltenswissenschaftlichen Kontext verknüpft „[…] mit Worten wie Antrieb, Drang, Bedürfnis, Lust, Strebung, Wille oder Wunsch" (Wolf 2013, S. 245). Bei der Analyse etwaiger Motivationsmotive muss darauf geachtet werden, dass sowohl die Verhältnisse „[…] einzelner Unternehmensangehöriger zu ihrer Arbeit und ihrem Arbeitsumfeld" (ebenda, S. 245) betrachtet werden.

Wichtig ist hier die Trennung in Inhaltstheorien und Prozesstheorien. Zu den Inhaltstheorien zählen Maslows Bedürfnispyramide, Alderfers ERG-Modell, Herzbergs Zweifaktorentheorie, McGregory Theory X und Theory Y sowie McClellands Theorie der gelernten Bedürfnisse/ der Leistungsmotivation (ausführlicher ebenda, S. 245 ff.). Insgesamt bescheinigt Wolf (2013) den inhaltsorientierten Motivationstheorien teilweise einen unzureichenden Theorieanspruch. Er kritisiert vor allem die mangelnde empirische Überprüfung (vgl. ebenda, S. 249). „Allerdings muss man skeptisch sein, dass es aufgrund der menschlichen Individualität und Vielschichtigkeit überhaupt möglich sein wird, eine universelle Inhaltstheorie der Motivation zu formulieren, die harten empirischen Tests standhalten kann" (ebenda, S. 249).

Bei den Prozesstheorien der Motivation bezieht sich Wolf (2013) im Wesentlichen auf Vrooms Erwartungsvalenztheorie sowie die Anreiz-Beitragstheorie nach Barnard bzw. March und Simon. Insgesamt charakterisiert der Autor diese Theorien als komplex in ihrem Aufbau. Trotzdem können darüber nur Teilaspekte des Motivationsprozesses abgebildet werden (vgl. S. 250).

Als wesentliche Einflussfaktoren der Motivation sieht Wolf (2013) neben den monetären Anreizen vor allem das Verhalten von Vorgesetzten. „Eine integrative Beurteilung der Motivationstheorien fällt uneinheitlich aus" (ebenda, S. 251). Seine Hauptkritik richtet sich gegen eine aktuelle Überhöhung „[…] motivationaler gegenüber kognitiven sowie emotional-affektierter Aspekte des Verhaltens" (ebenda, S. 251). Auch die Betrachtung des Menschen als „black box" führt zu einer Unvereinbarkeit mit der verhaltenstheoretischen Sichtweise. Einige der benannten Theorien wurden losgelöst von organisationalen Kontexten entwickelt. Dies führte zu einer Vernachlässigung organisationaler und struktureller Einflüsse.

Das Erkenntnisinteresse dieser Arbeit ist auf die prozessbegleitenden Maßnahmen von MAB ausgerichtet. Darum erscheint es in diesem Kontext sinnvoll die Erklärungsansätze, bezogen auf die Teilnahmemotivation, im Bereich der Prozesstheorien zu suchen. „Die Prozesstheorien sagen etwas aus über die kognitiven Prozesse, die mit der Motivation des Mitarbeiters einhergehen. Sie versuchen die Frage zu beantworten, wie Verhalten energetisiert, gelenkt und beendet wird und warum Menschen bestimmte Verhaltensweisen wählen, um ihre Ziele zu erreichen" (Weinert 2004, S. 205). Dabei kommt es zum einen zur Betonung der kognitiven Aspekte, d. h., lohnt sich der Energieaufwand für den Mitarbeiter oder nicht (vgl. ebenda, S. 205). Zum anderen wird in diesem Theoriekonstrukt betrachtet, „[…] dass Menschen Erwartungen haben hinsichtlich der Ziele oder Endresultate ihres Verhaltens" (ebenda, S. 205). Demnach entsteht eine Handlung in dem Moment, wenn der Mensch davon überzeugt ist, durch die Handlung etwas zu erreichen, was einen Wert für ihn besitzt, also ein Ziel erreicht werden kann (vgl. ebenda, S. 205). Die Erwartungstheorie (oder VIE-Theorie) nach Vroom wird von Weinert (2004) als eine der wichtigsten Motivationstheorien in der Organisationspsychologie beschrieben[14], die in vielfachen empirischen Erhebungen bestätigt werden konnte. Diese Theorie kann demnach durchaus als Erklärungsmodell für das Arbeitsverhalten in der Praxis herangezogen werden (vgl. S. 205 ff.). Abgeleitet auf die hier vorliegende Arbeit soll nun untersucht werden, inwiefern sich die VIE-Theorie nach Vroom auf den Kontext von prozessbegleitenden Maßnahmen einer MAB anwenden lässt. Im Fokus steht dabei das Ziel Ableitungen auf das Themenfeld der Motivation herauszuarbeiten.

2.2.3   Vrooms VIE-Theorie

Die VIE-Theorie (Valenz-Instrumentalität-Erwartung) beruht auf dem Weg-Ziel-Ansatz und basiert auf drei Konzepten (vgl. Weinert 2004, S. 205 f.):

1.   Valenz (V): Diese wird unterschieden in positiv und negativ und meint „[…] die anziehende oder abstoßende Fähigkeit eines Objekts in der Arbeitsumgebung. […; H. T.] Aus der Sicht der Person formuliert bedeutet Valenz, wie wichtig einer Person das Ziel ist bzw. wie erwünscht ein Zustand für sie ist" (ebenda, S. 205).

2.   Instrumentalität (I): „Die Person wählt eine Handlung aus (höhere Arbeitsleistung), um ein Ziel (Beförderung) zu erreichen. Diese Handlung wird also zu einem Instrument" (ebenda, S. 205).

3.   Erwartung (E): „Die Person geht dabei von Erwartungen oder Wahrscheinlichkeiten aus: (1) Die Handlung (höhere Arbeitsleistung) wird zum Ziel (Beförderung) führen (für P -> O „performance to outcome"). (2) Die Bemühung

---

14   Siehe dazu bspw. Nerdinger (1995, S. 95).

wird zur höheren Leistung führen (E -> P für „effort to performance")"
(ebenda, S. 205 f.).

Vroom geht demnach davon aus, dass Mitarbeiter ihre Ziele auf verschiedene
Wege erreichen können. Das bedeutet, dass sie zwischen verschiedenen Alternativen auswählen können und sich für eine entscheiden müssen (vgl. ebenda,
S. 206). Er erklärt diese Auswahlsituation mit den Bezeichnungen „Resultat der
ersten Ebene" (= ausgewählte Handlung zur Zielerreichung) und „Resultat der
zweiten Ebene" (= Ziel).

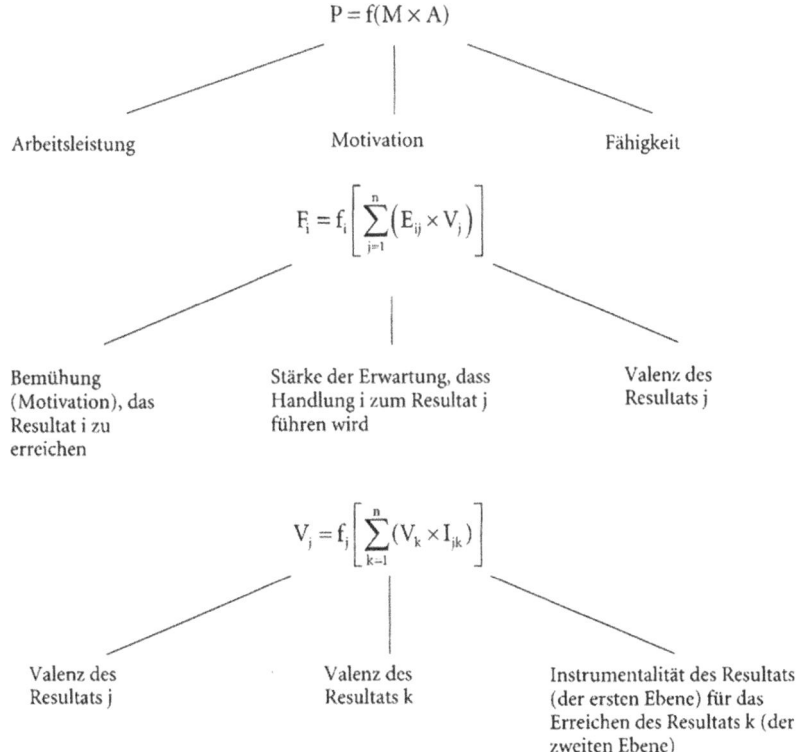

Abbildung 2:   Vrooms VIE-Theorie als Funktion der Instrumentalität
(Weinert 2004, S. 206)

Weinert (2004) stellt die VIE-Theorie nach Vroom als Funktion der Instrumentalität dar (siehe Abbildung 2). Demnach ergibt sich die Motivation (hier auch Bemühung) aus der Stärke der Erwartung, dass Handlung i zum Resultat j führen
wird und der Valenz des Resultats j. I_{jk} meint in dieser Darstellung die Instrumentalität des Resultats (=j) für das Erreichen des Ergebnisses (=k). Die Valenz des
Resultats j ergibt sich aus der Valenz des Resultats k und der Instrumentalität des
Resultats j (der ersten Ebene) für das Erreichen des Resultats k (der zweiten
Ebene). Weinert (2004) übersetzt diese Darstellung, indem er feststellt, dass „[…]
die Motivation bzw. die Bemühung, die ein Mensch aufbringt, um seine Ziele zu
erreichen, eine Funktion ist von (1) seiner Erwartung, dass als Ergebnis seines
Verhaltens ein bestimmtes Resultat erreicht wird, und (2) der Valenz, die dieses
Ergebnis für ihn hat. Umgekehrt ist die Valenz des Endergebnisses eine Funktion
ihrer Instrumentalität zum Erreichen anderer Ziele oder Ergebnisse und der Valenz
dieser weiteren Ziele oder Ergebnisse" (ebenda, S. 206).

Pruckner (2000) bemerkt zu diesem Ansatz, dass er „[…] nicht auf dem Gedanken
der intrinsischen Motivation [beruht; H. T.], sondern stellt auf ein externes Beloh-
nungssystem (extrinsische Motivation) ab" (S. 66).

Weinert (2004) schreibt diesem Motivationsmodell das Potenzial zu, Erklärungsansätze für das Arbeitsverhalten von Mitarbeitern liefern zu können. Die Leitfragen sind für ihn dabei: „(1) Wird die Bemühung nun wirklich zu einer hohen Arbeitsleistung führen (Erwartung)? (2) Wird eine hohe Arbeitsleistung (Ergebnis
der ersten Ebene) zu Beförderung oder Lohnerhöhung führen (Instrumentalität)?
(3) Wie wichtig (Valenz) sind Beförderung und Lohnerhöhung (Ergebnis der
zweiten Ebene) für mich?" (S. 207). Damit schafft Vroom die Möglichkeit, Verhaltensunterschiede von Personen am Arbeitsplatz zu erklären und auch etwaige
Handlungsalternativen sichtbar zu machen (vgl. Weinert 2004, in Anlehnung an
Mento et al. 1992).

Daraus ergeben sich die folgenden Bedingungen, die gegeben sein müssen, damit
der Mitarbeiter eine gute Arbeitsleistung vollbringt (vgl. ebenda, S. 206):

1. Es muss eine hohe Wahrscheinlichkeit gegeben sein, dass die Bemühungen
    des Mitarbeiters auch zu einer hohen Arbeitsleistung führen werden.
2. Es muss eine hohe Wahrscheinlichkeit gegeben sein, dass eine gute Arbeits-
    leistung auch zu den gewünschten Zielen führt.
3. Diese Ziele muss der Mitarbeiter als positiv für sich selbst empfinden.

Ist nur eine dieser drei Bedingungen nicht erfüllt, wird die Verhaltensänderung des
Mitarbeiters als eher unwahrscheinlich eingeschätzt.

Rosenstiel und Nerdinger (2011) ergänzen, dass die VIE-Theorie keine motivinhaltlichen Aussagen macht. Es steht die „[…] -subjektiv zu bestimmende- Nutzenmaximierung […]" (S. 398) im Vordergrund. Sie kann genutzt werden, um
echte Entscheidungen zu erklären. Bei der Anwendung von Prozesstheorien gilt
es allerdings zu beachten, dass diese „[…] bestenfalls den Anspruch erheben, einen bestimmten Teil der Varianz des Verhaltens zu erklären: eben jenen, der durch
rationale Kalkulation determiniert ist" (ebenda, S. 398). Die Autoren attestieren
den VIE-Ansätzen eine hohe Relevanz zur Erklärung von Verhalten in Organisationen (vgl. ebenda, S. 399).

Die Abbildung 3 zeigt die Visualisierung des Konzepts. Mit diesem Modell soll
es möglich sein, Entscheidungen für die Wahl von Handlungsalternativen vorher-
sagbar zu machen (vgl. ebenda, S. 400). Die Autoren unterscheiden dabei in:

„(1) Valenz 1: Bevorzugung bestimmter Objekte oder Handlungen, die als geeignet
dafür angesehen werden, hoch bewertete Endzustände (Valenz 2) herbeizuführen.

(2) Valenz 2: Bevorzugung bestimmter Endziele oder >>letztere Ziele<< einer Handlung.

(3) Instrumentalität: als wahrgenommene Kontingenz zwischen einem konkreten
Handlungsausgang und einem Handlungsendziel im Sinne der Valenz 2. Der skalierte
Wert der Instrumentalität kann zwischen -1 (der Handlungsausgang verhindert die
Zielerreichung) und +1 (der Handlungsausgang garantiert die Zielerreichung) liegen.

(4) Erwartung: als subjektive Wahrscheinlichkeit, den konkreten Handlungsausgang
herbeiführen zu können.

(5) Kraft (force): als Anstrengungsniveau, das gewählt wird, um den Handlungsausgang herbeizuführen.

Die Variablen (2) (Bevorzugung bestimmter Endziele), (3) (Instrumentalität) und (4)
(Erwartung) werden unmittelbar gemessen – und zwar auf der Ebene der Subjektivität
des einzelnen Individuums. Daraus werden errechnet:

- Die Variable (1): Bewertung bestimmter Objekte oder Handlungen, weil
  die die Frage nach der gewählten Alternative beantwortet, und
- Die Variable (5): Kraft, weil dies die Frage nach dem gewählten Anstrengungsniveau bei der gewählten Handlungsalternative beantwortet"
  (ebenda, S. 400 f.).

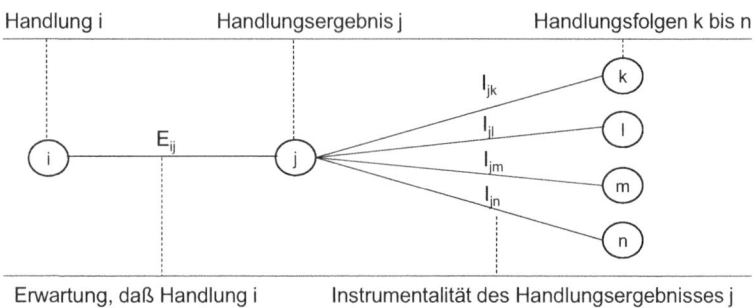

Abbildung 3: Die VIE-Theorie von Vroom (Rosenstiel und Nerdinger 2011, S. 400)

Nerdinger (1995) kritisiert hauptsächlich „[...] die multiplikate Verknüpfung der Variablen. Eine solche Verknüpfung setzt Unabhängigkeit der Variablen Erwartung, Instrumentalität und Valenz voraus, eine Bedingung, die selten überprüft wird und empirisch gesehen sehr unwahrscheinlich ist. Außerdem fordert die Multiplikation meßtheoretisch ein Rationalskalenniveau, d.h. es muß ein echter Nullpunkt der Messung existieren. Eine solche Forderung ist in den Sozialwissenschaften absolut utopisch" (S. 98).

Die Kritik von Weinert (2004) an der Vroomschen Theorie bezieht sich darauf, dass die Faktoren dabei ausgeblendet werden, „[...] die die Erwartungen des Organisationsmitgliedes (und damit die Beziehung zwischen Erwartung und Arbeitsleistung) beeinflussen. Denkbar wären Faktoren wie z.B. Selbstwertschätzung, frühere Erfahrungen in ähnlichen Situationen, Fähigkeiten oder Führungsstil" (S. 207). Außerdem kann die Fehleinschätzung einer Situation durch den Mitarbeiter zu nicht adäquatem Verhalten führen, was dann wiederum nicht mit dem Vroomschen Modell erklärbar wäre. Auch findet sich hier kein Ansatz, der erklärt, „[...] wie sich Erwartungen und Instrumentalität entwickeln und von welchen Faktoren sie beeinflusst werden" (ebenda, S. 208).

Schirmer et al. (2009) betrachten die mathematische Präzision kritisch und hinterfragen, „[...] ob sich verschiedene qualitative Ziele adäquat numerisch skalieren und entsprechend be-oder verrechnen lassen" (S. 44). Ein weiterer Aspekt, dem sie widersprechen, ist das gleichmäßige Wachstum von Handlungsmotivation und Erwartungswahrscheinlichkeit. „Tatsächlich sind aber vermeintlich leicht zu erreichende Ziele nicht zwingend jene, die eine sonderlich große Motivation auslösen" (ebenda, S. 44).

Sturm et al. (2011, vgl. S. 126) geben zu bedenken, dass die Aussagen, die aus diesem Modell abgeleitet werden, sich nur auf die Motivation beziehen dürfen und keine Ableitung bzgl. Arbeitsergebnissen oder Leistungsverhalten möglich sind. Auch ist keine Ableitung darüber möglich „[…] welche Handlungen zu welchem Zeitpunkt realisiert werden" (ebenda, S. 126). Außerdem gibt es keine Erklärungsmöglichkeit für automatische und unbewusste Handlungsabläufe. Mit Verweis auf Brandstätter (1999) wird die Unabhängigkeit von Wert und Erwartung kritisiert (vgl. ebenda, S. 126). Weitere Kritik finden die Autoren bei Neuberger (1985). Er betrachtet „[…] die Fokussierung auf die Nutzenmaximierung des Handelnden als eine zu eingeschränkte Sichtweise" (Neuberger 1985, zit. nach Sturm et al. 2011, S. 126).

Die hier dargestellten Ausführungen bilden die Grundlage für die Anwendung von Vrooms VIE-Theorie auf den Kontext von MAB (siehe Kap. 2.5). Aus der Auseinandersetzung mit den Kritikpunkten lassen sich Hinweise für die Anwendung der VIE Theorie auf den hier gewählten Untersuchungsgegenstand sowie für die Einordnung der Untersuchungsergebnisse ableiten (siehe Kap. 2.5).

Wie bereits aufgezeigt soll eine ganzheitliche Prozessevaluation erfolgen. Darum ist es notwendig auch das Themenfeld der Evaluation (Kap. 2.3) theoretisch zu beleuchten und notwendige Implikationen auf das Forschungsdesign dieser Arbeit abzuleiten. Motivationsanalysen und der Ansatz der Aktionsforschung stehen in enger Verbindung zueinander (Martin und Bartscher-Finzer 2010, siehe auch Kap. 2.2.1). Das macht es notwendig zu diskutieren, inwiefern sich die Aktionsforschung als Forschungsmethode überhaupt eignet. Dabei muss herausgearbeitet werden, wie die Untersuchung von prozessbegleitenden Maßnahmen einer MAB, vor dem Hintergrund motivationstheoretischer Überlegungen, angelegt sein muss, damit praktische und theoriegestützte Implikationen ableitbar sind.

2.2.4   Zwischenfazit

Nach Weinert (2004) basiert die VIE-Theorie nach Vroom auf drei wesentlichen Konzepten: Valenz, Instrumentalität und Erwartung. Im Kontext von MAB beschreibt die Valenz die Wichtigkeit der Teilnahme an der MAB und die Verbesserung der Arbeitssituation aus Sicht des Mitarbeiters. Unter Instrumentalität ist dabei die Teilnahme des Mitarbeiters an der MAB zur Verbesserung der Arbeitssituation zu verstehen. Damit ist die Erwartungshaltung verbunden, dass die Teilnahme an der MAB zur Verbesserung der Arbeitssituation führt. Zu beachten ist, dass die Wahrnehmung bzgl. einer verbesserten Arbeitssituation individuell ist. In diesem Zusammenhang muss die Frage diskutiert werden, warum ein Mitarbeiter das Interesse haben sollte, seine Arbeitssituation zu verbessern? Dafür sind verschiedene Gründe denkbar. Eine verbesserte Arbeitssituation kann als Voraussetzung zur Verbesserung der eigenen Leistung gesehen werden, d. h., der Mitarbeiter wird in die Lage versetzt, seine Arbeitsziele effektiver zu erreichen. Dies kann einhergehen mit dem Zugewinn an persönlichen Freiräumen oder mit dem geringeren Aufwand von persönlichen Ressourcen zur Zielerreichung.

Die grundlegende Frage ist für jeden Mitarbeiter: Wird die Teilnahme an der MAB zu einer Verbesserung der individuellen Arbeitssituation führen bzw. welche Vorteile hat der Mitarbeiter davon?

Wendet man die Ausführungen von Weinert (2004) auf das Themenfeld der MAB an, ergeben sich drei wesentliche Voraussetzungen (siehe S. 52 unten). Ist nur eine dieser drei Bedingungen nicht erfüllt, muss die Teilnahme des Mitarbeiters an der MAB als eher unwahrscheinlich eingeschätzt werden. Rosenstiel und Nerdinger (2011) sprechen in diesem Zusammenhang davon, dass die Nutzenmaximierung für den Mitarbeiter deutlich sein muss, damit er an der MAB teilnimmt. Das bedeutet also, dass es nicht ausreichend ist, „nur" etwas an der Arbeitssituation zu verbessern. Vielmehr benötigt der Mitarbeiter das Gefühl bzw. die Gewissheit, dass sich durch seine Teilnahme so viel wie möglich an seiner persönlichen Arbeitssituation verbessert.

Abgeleitet aus den Ausführungen von Wolf (2013) müssen sinnvolle Motivationsanalysen stets in den organisationalen Kontext eingebettet sein, damit organisationale und strukturelle Einflussfaktoren in die Betrachtung einbezogen werden können.

Betrachtet man nun die motivationstheoretische Variante der verhaltenswissenschaftlichen Theorie genauer, stellt man fest, dass es zwei Typen von Motivation gibt. Diese lassen sich in Inhaltstheorien und Prozesstheorien unterteilen. Relevanz haben für die vorliegende Arbeit die Prozesstheorien. Dadurch ist es möglich, kognitive Prozesse, die in Zusammenhang mit der Mitarbeitermotivation stehen, zu erklären. Dabei wird die Erwartungstheorie (oder VIE-Theorie) nach Vroom von Weinert (2004) als eine der wichtigsten Motivationstheorien in der Organisationspsychologie beschrieben, die in vielfachen empirischen Erhebungen bestätigt werden konnte. Darum soll in diesem Kontext die Anwendung der VIE-Theorie auf das Themenfeld der MAB und ihrer prozessbegleitenden Maßnahmen erfolgen.

Dabei ist es wichtig zu beachten, dass Motivation und Verhalten maßgeblich vom individuellen Empfinden jedes Einzelnen bestimmt sind. In diesem Zusammenhang ist zu diskutieren inwieweit eine Generalisierung der Analyseergebnisse möglich sein kann. Martin und Bartscher-Finzer (2010) regen dazu an Fragen zur

Motivation auf einem möglichst allgemeinen Niveau zu diskutieren (siehe dazu auch Kap. 2.2).

Bei der Dateninterpretation muss weiterhin beleuchtet werden, ob und inwieweit eine Trennung von Arbeitssituation und persönlicher Situation erfolgen kann. Das heißt also: versteht der Mitarbeiter die MAB als Instrument zur Verbesserung seiner Arbeitsstation und seiner persönlichen Situation? Dieser Unterscheidung ist wichtig, da vermutet werden muss, dass die MAB eine höhere persönliche Relevanz bekommt, wenn nicht nur ausschließlich persönliche Motive mit ihr in Verbindung gebracht werden. Um Missverständnisse bei der Deutung von Motivationsphänomen im organisationalen Rahmen zu vermeiden, muss immer der Kontext der Organisation mitbetrachtet und alle am Prozess beteiligten Akteure einbezogen werden. Also muss die hier angestrebte Untersuchung sowohl die Mitarbeiter, als auch die betrieblichen Vorgesetzten einbeziehen. Diese Vorgehensweise wird von Wolf (2013) unterstützt, der im Verhalten von Vorgesetzten als wesentlichen Einflussfaktor auf die Mitarbeitermotivation beschreibt. Demnach muss vermutet werden, dass die Vorgesetzten auch bei den prozessbegleitenden Maßnahmen und deren Umsetzung eine entscheidende Rolle spielen.

In diesem Zusammenhang muss unter der Betrachtung von Sichler (2012) analysiert werden, ob und welchen Einfluss die prozessbegleitenden Maßnahmen einer MAB auf das Motiv, die Motivation und auf das Motivieren haben. Als Motiv wird hierbei der Beweggrund für die Teilnahme/Nicht-Teilnahme an der MAB verstanden. Bei der Motivation geht es um die Betrachtung der einzelnen Prozessphasen der MAB und die Auswirkung auf das Motiv. Das Motivieren bezieht sich dann auf den Einfluss der beteiligten Akteure: Kollegen, Vorgesetzte und den Mitarbeiter selbst.

Für das Forschungsdesign ist es wichtig eine Kombination von verschiedenen standardisierten Methoden anzuwenden, um so bei dem beobachteten Verhalten, der Beobachtungssituation und dem Beobachterverhalten ein höchstmögliches Maß der Standardisierbarkeit sicherstellen zu können. Die dazu benötigten theoretischen und praktischen Grundlagen, werden im folgenden Kap. dargestellt.

2.3 Evaluation und Evaluationsforschung

Wirksamkeitsanalysen von Prozessen und Instrumenten im Kontext von Organisationen basieren auf Evaluationen. Die prozessbegleitenden Maßnahmen von MAB erfüllen dieses Kriterium. Um der Forderung nach Wissenschaftlichkeit gerecht zu werden, erfolgt in diesem Kap. die theoretische Verortung der Evaluation und der Evaluationsforschung. Dabei sollen Standards und Methoden für die

Durchführung herausgearbeitet werden. Daraus erfolgt dann im späteren Verlauf dieser Arbeit, die Übertragung auf das Forschungsdesign.

Um Projekte oder Maßnahmen zu beschreiben und zu bewerten hat die Evaluation, als wissenschaftlich fundiertes Verfahren in den letzten Jahren an Bedeutung gewonnen (vgl. bspw. Brandt 2009 S. 11; Döring 2014 S. 167; Wesseler 2011 S. 2).

Nach Kromrey (2001) ist es wichtig den Evaluationsbegriff in drei Begriffsebenen zu unterteilen, denn „…wem es nicht gelingt, sie in seinen Argumentationen trennscharf auseinander zu halten, der wird leicht in Diskussions-Sackgassen landen" (S. 106). Er unterscheidet (vgl. S. 105f.) die symbolische und gedankliche Ebene[15], die zweite Ebene bezieht er auf das spezifische Handeln bzw. auf einen Prozess[16] und die dritte Ebene besteht für ihn aus dem Resultat des Evaluationsprozesses[17].

Rossi et al. (1988) beschreiben die Evaluationsforschung „[…] als systematische Anwendung sozialwissenschaftlicher Forschungsmethoden zur Beurteilung der Konzeption, Ausgestaltung, Umsetzung und des Nutzens sozialer Interventionsprogramme" (ebenda, S. 3). Dabei darf die Evaluationsforschung niemals losgelöst von anderen Forschungsdisziplinen betrachtet werden (Gollwitzer und Jäger 2009), denn „…Evaluation hat sich zu einer Transdisziplin entwickelt, die für alle Wissenschaftsdisziplinen relevant ist" (Wittmann 2009, S. 91).

Die Notwendigkeit der begrifflichen Trennung von Evaluation und Evaluationsforschung sieht Wesseler (1999) darin begründet, „…um die Distanz zu einem primär entscheidungsorientierten Evaluationsbegriff (Management-Instrument) deutlich zu machen" (S. 737). Döring und Bortz (2016) charakterisieren die Evaluationsforschung als „…anwendungsbezogener und oft auftraggeberfinanzierter Teilbereich der empirischen Sozialforschung" (S. 976).

Im Vergleich der Evaluationsergebnisse mit den Projektzielen ist eine Aussage über die Effektivität möglich. Die Vorstellung darüber, wie innerhalb eines Programms bzw. Prozesses bestimmte Maßnahmen regulierend, modifizierend oder kontrollierend wirken, werden im sogenannten Wirkungsmodell, in Form von Hypothesen, zusammengefasst. Die generelle Aufgabe der Wirkungsanalyse ist es, mit größtmöglicher Zuverlässigkeit festzustellen, ob die untersuchte Maßnahme auch die erwünschte Wirkung erzielt. Hierbei müssen externe Störfaktoren beachtet und ggf. eliminiert werden. Für die Datenerhebung im Rahmen von Evaluationsprozessen ist es notwendig, dass diese objektiv und systematisch erfolgt. Um dies

---

15   Evaluation verbindet er hierbei mit der Bewertungsfunktion, beschreibt sie aber auch als Denkmodell für ein nachprüfbares Bewertungsverfahren

16   hierbei beschreibt er die „…methodisch kontrollierte, verwertungs- und bewertungsorientierte Form des Sammelns, Auswertens und Verwertens von Informationen" (S. 106)

17   hiermit meint er den entsprechenden Bericht und die Diskussion zu den Evaluationsergebnissen

nachvollziehbar zu gewährleisten, wird die Verwendung von sozialwissenschaft-
lich anerkannten Erhebungsmethoden empfohlen (vgl. Stockmann 2004. S. 14).
Dazu ergänzen Brüsemeister und Eubel (2008) das Evaluationen dazu verwendet
um „…implizites Wissen in explizites Wissen zu transformieren" (S. 11). Im Kontext von Organisationen bildet das Wissen wiederum die Grundlage für Entscheidungen (bspw. über die Weiterführung einer Maßnahme oder eines Projektes).
Wehling (2008) stellt dabei kritisch fest, dass eine Wissenssteigerung auch immer
mit einer Zunahme des Nichtwissens einhergeht. Systeme laufen damit Gefahr in
eine Situation der Informationsüberlastung zu geraten (vgl. S. 32).

In Abgrenzung zur Grundlagenforschung sieht Stockmann (2004) bei der Evaluation meistens einen Auftraggeber, der praxisorientierte Fragestellungen beantwortet haben will. In diesen Fällen liegt demnach ein außerwissenschaftliches Erkenntnisinteresse vor.

Weiss (1974) unterscheidet in die gestaltende und zusammenfassende Evaluation.
Demnach werden Evaluationsstudien selten dafür eingesetzt, um als Entscheidungshilfe für wirklich kritische Entscheidungen zu dienen. Es geht den Auftraggebern vielmehr darum, aus der Studie etwas zu lernen und die Ergebnisse, soweit
möglich, in den Verbesserungsprozess einfließen zu lassen (vgl. S. 41). Höhne
(2005) ergänzt in diesem Zusammenhang, dass mit Verbesserungen im Kontext
von Evaluationen, die Steigerung der Qualität des evaluierten Gegenstandes gemeint ist (vgl. S. 32, oder auch Kromrey 2003, S. 15).

Widmer (2004) beschreibt die Wissenserweiterung und die Instrumentalisierung
zur Absicherung von strategischen Absichten als die Kernfunktionen von Evaluation (vgl. S. 86). Auch Wesseler (2010) bescheinigt der Evaluation einen Bedeu-
tungsgewinn als Informationsquelle für die Qualitätssicherung und damit auch als
„…strategische Ressource für weitere innovative Entwicklungen" (S. 1031). Dazu
stellen Atria et al. (2006) einschränkend fest, dass Evaluationen im Kontext des
Qualitätsmanagements, trotz ihres Potentials, auch durch aus als „bedrohendes Be-
notungsprojekt" (S. 585) gesehen werden. Stockmann (2002) beschreibt Evaluation und Qualitätsmanagement insgesamt als sich ergänzende Konzepte mit kon-
text-übergreifenden Anwendungsmöglichkeiten (vgl. S. 31ff.). Dazu ergänzen
Schmidt et al. (2002), „…dass Evaluation unter der Prämisse der Qualitätssicherung und -entwicklung neben ihrer methodischen Funktion immer auch den Charakter der Organisationsentwicklung, der Beratung und nicht zuletzt der Systematisierung trägt" (S. 170).

Es bleibt also festzuhalten, dass innerhalb der Evaluation unterschiedliche Analyseperspektiven mit unterschiedlichsten Erkenntnisinteressen eingenommen wer-

den können. Je nachdem ändert sich auch die Anforderung an die Wahl der theoretischen Ansätze, der Erhebungsmethoden und der zugrunde liegenden Methodologie. Evaluation kann also die Planung, Implementierung und Durchführung bestimmter Prozesse unterstützen oder sie kann bestehende Prozesse weiterentwickeln, kontrollieren, steuern und bewerten.

Bei der Evaluation von bestehenden Prozessen liegt der Fokus auf deren Wirksamkeit und Effizienz. Das Ziel ist hierbei die Optimierung des Untersuchungsgegenstands. Bei der Durchführung einer Wirksamkeitsevaluation und Effizienzanalyse ist das Vorhandensein eines Wirkmodells notwendig. Ist das Evaluationsvorhaben allerdings darauf angelegt, die konkrete Wirkung einer Intervention abzuschätzen, kann geprüft werden, ob wirklich Veränderungen eingetreten sind und ob diese Veränderungen auch tatsächlich auf die Interventionsmaßnahmen zurückzuführen sind. Dabei müssen die Begriffe Wirksamkeit und Wirkung getrennt werden. Bei einer bloßen Wirksamkeitsanalyse wird nur der Output betrachtet, während die ablaufenden Prozesse, die kausalen und moderierenden Bedingungen und die Konsequenz der Wirksamkeit keine weitere Beachtung finden. Die Kernfrage ist hierbei allerdings, ob die festgestellte Veränderung zweifelsfrei und ausschließlich auf die untersuchte Maßnahme oder auf andere externe Faktoren zurückzuführen ist. Es muss also festgestellt werden, ob ein echter kausaler Einfluss der Maßnahme vorliegt (vgl. Gollwitzer und Jäger 2009, S. 89f.).

Gollwitzer und Jäger (2009) vertreten die Ansicht, dass eine reine Feststellung der Wirksamkeit einer Maßnahme zu kurz gegriffen ist. Sie plädieren darauf zu hinterfragen, welche Faktoren konkret die Wirksamkeit einer Maßnahme beeinflussen. Die zu beobachtenden Wirkungen werden unterschieden in intendierte und nicht intendierte Neben- bzw. Folgewirkungen. Sind diese Wirkungen vorhersehbar, sollten sie im Wirkmodell entsprechend beschrieben werden. Demgegenüber müssen die nicht intendierten Wirkungen explorativ ermittelt werden. Kann eine Evaluationsstudie die festgestellten Wirkungen nicht unterscheiden in externe Effekte und maßnahmenspezifische Wirkungen, werden ausschließlich die Bruttowirkungen betrachtet und die interne Validität ist als gering einzustufen. Damit ist es auch nicht möglich, einen empirisch gefundenen Effekt kausal mit der Wirkung einer Maßnahme abgesichert zu verknüpfen (vgl. S. 93 f.).

Eine Evaluation unterliegt festdefinierten Qualitätsstandards (Widmer 2004). Innerhalb dieser Standards ist eine Gewichtung notwendig, da teilweise konkurrierende Anforderungen an den Forscher bestehen. Dies hat zur Folge, dass eine begründete und reflektierte Vorgehensweise notwendig ist. Die Standards sollen nicht primär zur Bewertung von Evaluationen eingesetzt werden, sondern im Vorfeld die Projektverantwortlichen bei der Planung und Durchführung von Evaluationsprojekten unterstützen.

Evaluation wird nach Widmer (2004) als wissenschaftliche Dienstleistung verstanden. Das Verhältnis der Interaktion von Wissenschaft und Evaluation basiert darauf, dass die Evaluation, sollte sie sich als praxisrelevant erweisen, zur gesellschaftlichen Legitimation der Wissenschaft beitragen kann. Die Interaktion von Öffentlichkeit und Evaluation soll sich nicht auf die bloße Veröffentlichung des Abschlussberichts beschränken, sondern eine ganzheitliche Betrachtung der Bedürfnisse aller Beteiligten enthalten.

Bezogen auf die Diskussion um die Qualität von Evaluationen wird die Vereinbarkeit von Wissenschaft und Praxis kritisch gesehen. Die Qualität der Evaluation ist maßgeblich abhängig von zeitlichen, finanziellen, personellen, materiellen und rechtlichen Ressourcen, die zur Durchführung zur Verfügung stehen.

Neben der Meta-Evaluation sieht Widmer (2004) die Meta-Analyse und die Evaluationssynthese als Instrumente, die den Fokus auf inhaltliche Ergebnisse von Evaluationen richten.

Generell erfolgt eine mögliche Unterscheidung in interne und externe Evaluation (Weiss 1974). Die Anwendungsentscheidung ist nicht allgemeingültig eindeutig zu beantworten, sondern muss für jedes Projekt beurteilt werden.

Bezogen auf die Nutzbarmachung der Evaluationsergebnisse wird der Anspruch an den Forscher gestellt, aktiv dazu beizutragen, dass die erhobenen Daten so eingebunden werden, dass sie einen Beitrag zur Weiterentwicklung bzw. zur Diskussion um den Evaluationsgegenstand leisten können. Im Rahmen der Planung des Forschungsdesigns müssen alle Einflussfaktoren bedacht und das Vorgehen vor dem Hintergrund des Evaluationsziels abgewogen werden. Kern der Überlegungen ist dabei, wie der größtmögliche Nutzen erzeugt werden kann.

Als besonders förderlich für den Erfolg von Evaluationen wird deren Verknüpfung mit bestimmten Hierarchieebenen beschrieben (vgl. ebenda, S. 43).

Grundlegend ist im Rahmen der Evaluationsforschung der Multimethodenansatz akzeptiert, d. h. also, die Verwendung der Methoden der empirischen Sozialforschung ist damit auch zulässig (Stockmann 2004).

Damit die Qualität von Evaluationen gewährleistet werden kann, wurden dazu von verschiedenen Institutionen einheitliche Qualitätsstandards definiert. Die erste Vorlage dazu, die bis heute als prägend gilt (vgl. Stockmann 2004, S. 22f.), wurde vom „Joint Committee on Standards for Educational Evaluation" vorgelegt und beeinflusste bspw. auch die Deutsche Gesellschaft für Evaluation (DeGEval) bei der Entwicklung ihrer eigenen Standards (siehe dazu ausführlich Deutsche Gesellschaft für Evaluation 2011).

In der Auseinandersetzung mit den Begriffen Evaluation und Evaluationsforschung ist deutlich geworden, dass für die hier vorliegende Arbeit der Begriff
der Evaluationsforschung richtungsweisend ist. Das liegt in erster Linie an dem
stark anwendungsbezogenen Kontext, in dem das Forschungsdesign eingebettet
ist (Döring und Bortz 2016). Zu beachten ist, dabei das im Rahmen der Evaluationsforschung in erster Linie ein außerwissenschaftliches Erkenntnisinteresse
unterstellt ist (Stockmann 2004). Bei dem selbstgewählten Anspruch dieser Studie muss sichergestellt werden, dass neben dem außerwissenschaftlichen auch
das wissenschaftliche Erkenntnisinteresse, mindestens gleichberechtigt betrachtet wird.

Bei der Konzeption der angestrebten Untersuchung muss die nachvollziehbare
Trennung der Bewertungsfunktion, des Prozessbezuges und der Ergebnisdiskussion sichergestellt sein (Kromrey 2001). Nach Abwägung der bereits aufgezeigten
Charakteristika handelt es sich demnach um eine interne Evaluation (Weiss 1974).
Für das Forschungsdesign lässt sich daraus ableiten, dass zur Vorbereitung der
Untersuchung einheitliche Beurteilungskriterien für die prozessbegleitenden Maßnahmen von MAB aufgestellt werden müssen. Gleichzeitig muss die Evaluation
entlang des Prozesses der MAB, mit besonderem Fokus auf die begleitenden Maßnahmen angelegt sein. Im Rahmen der Ergebnisdiskussion muss neben der Diskussion der Evaluationsergebnissen, auch eine kritische Auseinandersetzung mit
dem hier durchgeführten Untersuchungsprozess erfolgen. Bei der Betrachtung der
prozessbegleitenden Maßnahmen ist ein Abgleich der Zielrichtung der jeweiligen
Maßnahme mit dem vorliegenden Evaluationsergebnis notwendig. Auf dieser
Grundlage sind Aussagen über die Effektivität und Wirkung der Maßnahmen ableitbar. In der abstrahierten Zusammenfassung sollen darüber hinaus Optimierungspotentiale und Handlungsbedarfe identifizierten werden. Weiterführend wird
so die Diskussion über die Qualität der verwendeten prozessbegleitenden Maßnahmen möglich. Hierbei gilt es zu überlegen ob die angewandten Maßnahmen
die gewünschte Wirkung erzielen? Wie beeinflussen einzelne Maßnahmen die
Teilnahmemotivation? Ist es ggf. möglich mit weniger dafür aber qualitativ hochwertigen Maßnahmen ähnliche Effekte auf die Motivation zu erreichen?

Damit die Rahmen dieser Arbeit angestrebte Analyse durchgeführt werden kann,
muss eine entsprechende Systematisierung der prozessbegleitenden Maßnahmen
von MAB erfolgen. Diese Systematisierung basiert auf einem Maßnahmencluster,
was wiederum in das Wirkmodell zur Erklärung der Motivationsanalyse, zu integrieren ist. Wichtig ist im Rahmen dieser Diskussion zu beachten, dass das Wirkmodell in bestehende Systeme und Prozesse eingebettet ist und damit externen
Einflussfaktoren unterliegt. Dieser Umstand hat eine direkte Auswirkung auf die
Interpretierbarkeit der Ergebnisse.

2.3.1   Durchführung und Methoden der Evaluation

Im vorangestellten Kap. wurde aufgezeigt, dass bei Evaluationsprozessen die Anwendung der Methoden der empirischen Sozialforschung zulässig ist. Welche Methoden zur Verfügung stehen und wie Evaluationsprozesse theoretisch ablaufen, wird nun erarbeitet.

Bezüglich der Durchführung von Evaluationsstudien stellt Weiss (1974) fest, dass es verschiedene Strukturierungsmöglichkeiten gibt. So können ganze Forschungsteams oder auch nur einzelne Wissenschaftler innerhalb einer Organisation damit beauftragt werden, was auch als interne Evaluation bezeichnet wird. Generell stellt der Autor fest, dass es niemals die optimale Evaluierungsform gibt. Vielmehr müssen im Rahmen der Planung des Forschungsdesigns alle Einflussfaktoren bedacht und das Vorgehen vor dem Hintergrund des Evaluationsziels abgewogen werden. Kern der Überlegungen ist dabei, wie der größtmögliche Nutzen erzeugt werden kann (vgl. ebenda, S. 44).

Die Verortung einer Evaluation innerhalb einer Organisation ist nach Weiss (1974) immer auch an eine hierarchische Ebene oder aufsichtführende oder geldgebende Institution gekoppelt. Gegenüber diesen Akteuren muss der Evaluierende das entsprechende Forschungsdesign verantworten und Zwischenberichte sowie den Abschlussbericht vorlegen.

Besonderes Augenmerk legt der Autor auf die Unterscheidung zwischen Entscheidungsträger und Programmleiter:

Tabelle 1:   Entscheidungsträger vs. Programmleiter (Weiss 1974, S. 44)

Benutzer	Entscheidung
Entscheidungsträger	Ob das Programm ausgedehnt, gekürzt oder verändert werden sollte
Programmleiter	Welche Methoden, Strukturen, Techniken oder Personen eingesetzt werden sollten

Weiss (1974) empfiehlt, die Evaluation mit einer Hierarchieebene zu verknüpfen, die diesem Vorhaben positiv gegenüber eingestellt ist. Ist die Erhebung auf die qualitative Bewertung eines Programms oder Prozesses ausgerichtet, so sollte den verantwortlichen Entscheidern Bericht erstattet werden. Wird der Prozess nicht grundlegend hinterfragt, sondern nur spezifische Merkmale, ist die direkte Kooperation mit dem Prozessverantwortlichen sinnvoll (vgl. S. 45). Welche Schwierigkeiten auftreten können, wenn eine Evaluierung falsch platziert ist, wurde bereits im Kap. 2.3 beschrieben.

„An welcher Stelle auch immer das Evaluierungsprojekt in die Organisationsstruktur eingefügt ist, es sollte die Autonomie haben, die alle Forschung braucht, um objektiv über die Befunde zu berichten und um den Fragen, Kriterien und der Analyse über die vom Programm gesetzten Grenzen hinaus nachzugehen, um die zu untersuchenden Phänomene besser zu begreifen und zu interpretieren" (ebenda, S. 46).

Grundlegend ist im Rahmen der Evaluationsforschung der Multimethodenansatz akzeptiert. Im Fokus müssen dabei allerdings immer die Perspektive und die Bedürfnisse der Stakeholder stehen. Unter diesen Voraussetzungen stellt Stockmann (2004) fest, „[...] daß quantitative und qualitative Methoden oft gut miteinander kombiniert werden können" (S. 21).

Rossi et al. (1988) sehen die Evaluation in dem Spannungsfeld, dass auf der einen Seite an jede Untersuchung höchste wissenschaftliche Anforderungen gestellt werden und dass sich auf der anderen Seite der maximale Nutzen für den Auftraggeber ergeben muss (vgl. S. 10).

Als zentrales Kriterium sieht Stockmann (2004) neben der Wissenschaftlichkeit nach wie vor die Nützlichkeit der Ergebnisse, die als Grundlage dazu dienen und konkreten Einfluss auf die Praxis ausüben zu können (vgl. S. 22).

Bezüglich der Gütekriterien bei quantitativen Untersuchungen unternehmen Gollwitzer und Jäger (2009) die Unterscheidung in Haupt- und Nebengütekriterien. Als Hauptgütekriterien oder auch psychometrische Gütekriterien beschreiben sie die Objektivität, Reliabilität und Validität.

Die Nebengütekriterien setzen sich zusammen aus Skalierung, Normierung, Ökonomie, Nützlichkeit, Zumutbarkeit, Unverfälschbarkeit und Fairness. Diese werden im Rahmen von Wirksamkeitsevaluationen um vier weitere Kriterien (Anlehnung an die Inhalte der Maßnahme, Neutralität gegenüber der Intervention, angemessene Schwierigkeit, optimale Änderungssensitivität) ergänzt (vgl. dazu weiterführend Gollwitzer und Jäger 2009, S. 144 f.).

Auch die Validität kann auf der Basis von Korrelationen empirisch nachgewiesen werden. Zur Feststellung werden externe Kriterien verwendet, die idealerweise bereits erprobt sind und sich als valide herausgestellt haben. Die Autoren unterschieden hierbei die prädiktive Validität, die Kriteriumsvalidität und die konkurrente Validität (vgl. dazu ebenda, S. 147).

Bei der Verwendung von qualitativen Untersuchungsmethoden muss ebenfalls auf die Einhaltung entsprechender Gütekriterien geachtet werden. „Diese Kriterien lassen sich naturgemäß nur bedingt mit den psychometrischen Gütekriterien quan titativer Forschung vergleichen" (ebenda, S. 150). Die wesentlichen Gemeinsamkeiten liegen im Bereich der Hauptgütekriterien Objektivität, Validität und Reliabilität. Nach Auffassung der Autoren kann der Forderung nach Objektivität nachgekommen werden, indem bei der Vorgehensweise auf die gültigen methodischen Regeln der empirischen Sozialforschung geachtet wird und dabei der gesamte Forschungsprozess möglichst genau und transparent dargestellt wird. Zum Nachweis der Validität müssen alle Interpretationen und Deutungen entsprechend argumentativ hinterlegt sein. Außerdem muss eine entsprechende Nähe zum Untersuchungsgegenstand hergestellt werden (externe Validität). Als weitere Absicherung kann die sogenannte kommunikative Validierung eingesetzt werden, bei der aktiv die Diskussion mit den Probanden gesucht wird. Um das Kriterium der Reliabilität zu erfüllen, können unterschiedliche Indikatoren im Rahmen der Triangulation miteinander verglichen werden, um auf dieser Basis Aussagen über deren Konsistenz machen zu können.

Nach Flick (2006) ist Evaluation dann aufschlussreich, „…wenn es ihr gelingt, die unterschiedlichen – subjektiven – Bewertungen verschiedener Beteiligter zu erfassen und über deren Vergleich und Kontrastierung zu einer Bewertung zu gelangen" (S. 19).

Die vorangestellten Ausführungen haben für diese Arbeit zur Folge, dass die Evaluation eng an die entsprechenden hierarchischen Strukturen geknüpft wird (Weiss 1974). Der Bereich Personal ist in dem hier gewählten Anwendungsbeispiel Prozessverantwortlicher für die Umsetzung der MAB. Aufgrund dessen werden dort der Ausgangspunkt und die Prozesssteuerung der Evaluation angesiedelt sein.

Um ein ganzheitliches Bild für die Motivationsanalyse zu erhalten, werden alle am prozessbeteiligten Akteure, in diesem Fall Vorgesetzte und Mitarbeiter, in die Evaluation einbezogen. Darüber hinaus erfolgt die Kombination von quantitativen und qualitativen Methoden (Fragebogen und Interview). Dabei ist es notwendig, wie bereits dargestellt, die jeweiligen Gütekriterien der Methoden zu beachten (Gollwitzer und Jäger 2009). Zur Sicherstellung der notwendigen Objektivität und der damit einhergehenden Forderung nach Transparenz, erfolgt in Kap. 3 die ausführliche Herleitung und Beschreibung des Forschungsprozesses. Zur Sicherstellung der Validität müssen die verwendeten Argumente im Rahmen der Ergebnisdiskussion, aus den Evaluationsergebnissen abgeleitet werden.

2.3.2 Evaluierung von bestehenden Prozessen hinsichtlich ihrer Wirksamkeit

In der vorliegenden Arbeit soll es um die Evaluation und Wirksamkeitsanalyse der prozessbegleitenden Maßnahmen von MAB gehen. Um eine Wirksamkeitsanalyse erstellen zu können, ist zu nächst eine Wirksamkeitsevaluation notwendig. Darüber hinaus sind die prozessbegleitenden Maßnahmen selbst in Prozessen organisiert und mit dem übergeordneten Prozess der MAB verknüpft.

Vor diesem Hintergrund erfolgt nun die Auseinandersetzung mit dem Themenfeld der Wirksamkeitsevaluation sowie mit der Evaluation von bestehenden Prozessen. Diese Evaluationsarten werden für diese Arbeit als zutreffend angesehen, da sie den Untersuchungsgegenstand angemessen abbilden. Dabei ist der Hinweis von Grossmann et al. (2002) zu beachten: „Eine ‚Existenzberechtigung' im Rahmen der Organisationsentwicklung hat die Evaluation nur dann, wenn sie sich selbst als ein Instrument der Organisationsveränderung versteht, sich aber dennoch von der laufenden Prozessreflexion im Organisationsentwicklungsprozess unterscheidet" (S. 156).

Die Evaluation von bestehenden Prozessen in Organisationen wird meistens „inhouse" durchgeführt. In der Regel übernehmen dies auch die Mitarbeiter, die mit der Durchführung des zu evaluierenden Prozesses beauftragt sind. Im Fokus stehen hierbei die Wirksamkeit und Effizienz, wobei es vordergründig auf die Optimierung bzw. den Erhalt desselbigen ausgerichtet ist. Rossi et al. (1988) bemerken, dass in diesem Zusammenhange andere Regeln gelten. Zum einen wird die prinzipielle Wirksamkeit kaum infrage gestellt und „[…] unabhängig von ihrer Wirksamkeit gelten sie oft als „gerecht" und ordnungspolitisch wünschenswert" (S. 34). Pekrun (2000) empfiehlt jedoch eine externe Evaluation, da hier „…die Chancen am größten [sind; H.T.] sachliche, unvoreingenommene Einschätzungen zu erhalten" (S. 274).

Grundsätzlich empfehlen Rossi et al. (1988) die Evaluation von bestehenden Programmen, um somit den Wirkungsgrad festzustellen bzw. zu erhöhen und die Kosteneffizienz zu steigern. Die Autoren bezeichnen dieses Vorgehen auch als Feinabstimmung von Programmen, in denen untersucht wird, ob die initiierten Maßnahmen die gewünschte Zielgruppe auch erreichen und welche Wirkungen entfaltet werden. Sie verweisen dabei auf die Schwierigkeit, dass die Grenzen zwischen innovativen Programmen und solchen, die der Feineinstellung dienen, verschwommen sind. „Manchmal sind die untersuchten Änderungen geringfügig und haben einen eindeutig modifizierenden Charakter; ein anderes Mal aber können sie recht aufwendig und von großer Tragweite sein. In solchen Fällen könnte man einer Programm-Modifikation durchaus einen innovativen Charakter zugestehen" (S. 15).

Bezogen auf die Evaluierbarkeit stellen Rossi et al. (1988) fest, dass diese bei bereits bestehenden Prozesse als schwierig bis unmöglich einzuschätzen ist, da es oftmals zu massivem Widerstand der Leiter oder politischer Organisationen kommt. Außerdem kommt es nur selten dazu, dass die Evaluationsergebnisse zur Modifikation oder Verbesserung des Prozesses verwendet werden. Die Forderung der Autoren lautet deshalb, vor jeder Evaluierung die Evaluierbarkeit des Untersuchungsgegenstands zu überprüfen (vgl. S. 35).

Die im letzten Abschnitt angesprochenen erwartbaren Schwierigkeiten (siehe Weiss 1974 und Rossi et al. 1988) werden in dem hier vorliegenden Forschungsdesign umgangen, indem die Prozessevaluation offiziell vom Prozessverantwortlichen (dem Bereich Personal) initiiert wird. Dabei ist es in der Konzeption vorgesehen und explizit erwünscht Optimierungspotentiale und Handlungsbedarfe aufzuzeigen. Darüber hinaus besteht der Auftrag darin die Wirksamkeit der prozessbegleitenden Maßnahmen zu beurteilen. Wie bereits erwähnt kann in diesem Kontext geprüft werden, ob eine gleiche oder ähnliche Wirkung auch mit weniger Maßnahmenaufwand bzw. bei stärkerer Fokussierung, erreicht werden kann. Um den notwendigen theoretischen Rahmen für die Wirksamkeitsanalyse abzustecken, folgt im nächsten Kap. die Betrachtung der Wirksamkeitsevaluation und Effizienzanalyse.

2.3.3   *Wirksamkeitsevaluation und Effizienzanalyse*

Gollwitzer und Jäger (2009) betrachten die Wirksamkeitsanalyse als eine „[...] Kernaufgabe von Evaluationen" (S. 79). Damit dies gelingt, muss der Forscher ein entsprechendes Wirkmodell einer Intervention aufstellen, aus dem sich entsprechende Hypothesen ableiten lassen, wie die Intervention wirkt. Die Autoren verweisen darauf, dass die ausschließliche Beschreibung von Istzuständen oder Veränderungen eher einen explorativen Charakter haben. „Ein Ist-Zustand soll analysiert werden, meist ohne dass der Auftraggeber spezifische Vorstellungen von den Besonderheiten (d.h. normativen oder empirischen Abweichungen) dieses Zustands hat, geschweige denn von den Ursachen, die zu diesem Zustand geführt haben könnten" (ebenda, S. 79). Bei der Beschreibung von Veränderungen wird dabei oftmals nicht hinterfragt, was die Ursachen der Veränderungen gewesen sein könnten.

Dem Vorschlag von Hager und Hasselhorn (2000) folgend, übernehmen Gollwitzer und Jäger (2009) die Trennung der Begriffe Wirksamkeit und Wirkung: „Die Wirksamkeit einer Interventionsmaßnahme gilt als empirisch gesichert, wenn die Effekte, die mit der Maßnahme intendiert waren, auch wirklich erreicht worden sind. Die Wirkung einer Interventionsmaßnahme bezieht sich auf die spezifischen Wirkmechanismen, die zu den beobachtbaren Effekten geführt haben" (ebenda, S. 80).

Aus diesen Definitionen schlussfolgern die Autoren, dass bei einer bloßen Wirksamkeitsanalyse nur der Output betrachtet wird, während die ablaufenden Prozesse, die kausalen und moderierenden Bedingungen und die Konsequenz der Wirksamkeit keine weitere Beachtung finden.

Soll die Wirkung analysiert werden, ist dazu die Erzeugung eines hypothesengeleiteten Wirkmodells notwendig. Dieses beinhaltet, wie, wieso und in Abhängigkeit von welchen Randbedingungen die Intervention wirken sollte (vgl. ebenda, S. 81).

Gollwitzer und Jäger (2009) sehen ein wichtiges Kriterium für die Wirksamkeit einer Maßnahme darin, empirisch nachzuweisen, dass die untersuchte Maßnahme zu einer Veränderung bezogen auf die Wirksamkeitskriterien beigetragen hat. Die Kernfrage ist hierbei allerdings, ob die festgestellte Veränderung zweifelsfrei und ausschließlich auf die untersuchte Maßnahme oder auf andere externe Faktoren zurückzuführen ist. Es muss also festgestellt werden, ob ein echter kausaler Einfluss der Maßnahme vorliegt (vgl. S. 89 f.).

Um den ungewollten Einfluss von externen Störfaktoren möglichst gering zu halten, sollte jeder Evaluation eine ausführliche Versuchsplanung vorausgehen, die Fehlinterpretationen verhindert. Es ist möglich, das Forschungsdesign so anzulegen, dass dabei auch Alternativerklärungen überprüft und ebenfalls ausgeschlossen werden können. Diese Versuchsdesigns werden als intern valide bezeichnet. „Nur wenn die interne Validität eines Designs hoch ist, ist es möglich, einen Effekt auch wirklich kausal zu interpretieren" (ebenda, S. 90).

Weiterhin gilt es zu beachten, dass die Wirkung der untersuchten Maßnahme nicht nur in einem einzigen Fall nachgewiesen kann. Die Autoren fordern darum, dass „[...] die Evaluation der Wirksamkeit einer Maßnahme [...; H. T.] möglichst extern valide (auch ökologisch valide genannte;-> externe und ökologische Validität) sein [sollte; H. T.], d.h. übertragbar auf andere Situationen, andere Personengruppen, andere Interventionskonstellationen" (ebenda, S. 91 f.).

Zusammenfassend vertreten die Autoren die Ansicht, dass eine reine Feststellung der Wirksamkeit einer Maßnahme zu kurz gegriffen ist (vgl. S. 93 f.). Sie plädieren darauf, zu hinterfragen, welche Faktoren konkret die Wirksamkeit einer Maßnahme beeinflussen. Die zu beobachtenden Wirkungen werden unterschieden in intendierte und nicht intendierte Neben- bzw. Folgewirkungen. Sind diese Wirkungen vorhersehbar, sollten sie im Wirkmodell entsprechend beschrieben werden. Demgegenüber müssen die nicht intendierten Wirkungen explorativ ermittelt werden.

Kann eine Evaluationsstudie die festgestellten Wirkungen nicht in externe Effekte und maßnahmenspezifische Wirkungen unterscheiden, werden ausschließlich die

Bruttowirkungen betrachtet und die interne Validität ist als gering einzustufen. Damit ist es auch nicht möglich, einen empirisch gefundenen Effekt kausal mit der Wirkung einer Maßnahme abgesichert zu verknüpfen (vgl. ebenda, S. 94).

Neben der internen und externen Validität eines Wirkmodells empfehlen die Autoren die Einbeziehung der folgenden Fragen (vgl. dazu S. 94):

- Warum wird mit einer Wirksamkeit gerechnet? (Theoretischer Hintergrund der Wirksamkeit)
- Von welchen Randbedingungen ist die Wirksamkeit abhängig? (Moderatorvariable)
- Wie kann die Wirksamkeit empirisch getestet werden?
- Wann ist mit einer Wirkung zu rechnen?
- Wie lange hält die Wirkung an?
- Inwiefern ist mit Anforderungs- und Situationstransfer zu rechnen und warum?

Die Hypothesen, die aus dem Wirkmodell abgeleitet werden, sollten theoretisch begründet sein. Meist geschieht dies im Rückgriff auf die Grundlagenforschung, was von den Autoren als enge Verzahnung zwischen Theorie und Praxis gedeutet wird. Die Qualität der Wirksamkeitsanalyse wird darüber hinaus noch von der Qualität der:

- technologischen Überführung einer Grundlagentheorie in eine Interventionshypothese,
- Implementation einer Intervention,
- methodischen Qualität der Evaluationsstudie

beeinflusst (vgl. ebenda, S. 94).

Ist nun der Nachweis über die Effektivität einer Maßnahme gelungen, so stellt sich direkt im Anschluss daran die Frage, „[...] ob sie sich auch tatsächlich gelohnt hat, d.h. ob sie effizient war" (ebenda, S. 96). Mit Effizienz meinen die Autoren in diesem Zusammenhang das Verhältnis bzw. die Relation von aufgewendeten Ressourcen und dem erzielten Nutzen (bzw. Wirkung) der eingesetzten Maßnahmen. Bornewasser (2009) ergänzt in diesem Zusammenhang: „Nur bei nachgewiesener Effektivität einer abgelaufenen Maßnahme erscheinen der zukünftige Einsatz des Interventionsprogramms sowie der oft auch erhebliche finanzielle Aufwand der Maßnahme gerechtfertigt zu sein" (S. 241).

Bei der Quantifizierung von Kosten und Nutzen einer Maßnahme müssen diese beiden Faktoren zueinander ins Verhältnis gesetzt werden. Dazu ist es notwendig,

zunächst die tatsächlich entstandenen Kosten aufzuzeigen und dabei auch festzulegen, in welchem Algorithmus Kosten und Nutzen miteinander verrechnet werden sollen (vgl. ebenda, S. 98).

Um eine Vergleichbarkeit der Kosten von unterschiedlichsten Maßnahmen zu gewährleisten, empfehlen die Autoren, die Kosten in gleichen Einheiten (bspw. in
Euro) anzugeben. Generell wird in manifeste (oder direkte) und in latente (oder
indirekte) Kosten unterschieden. Um einen Vergleich zwischen Wirkung und Nutzen durchführen zu können, muss die Wirkung einer Maßnahme in einen monetären Nutzen überführt werden, indem sie mit einem Geldwert pro Einheit gewichtet
wird (vgl. Gollwitzer und Jäger 2009, S. 99).

Die Neben- bzw. Folgewirkungen sind insbesondere dann von Interesse, wenn die
Wirkung einer Maßnahme positiv verstärkt oder negativ geschädigt wird. Die Au-
toren verweisen in diesem Zusammenhang besonders auf die Beachtung der Ne-
ben- und Folgewirkungen bei der a-priori-Effizienzanalyse. Um in diesen Fällen
eine möglichst genaue Abschätzung machen zu können, werden expertengestützte
Simulationsszenarien und darüber hinaus Methoden aus dem Bereich der Delphi-
Forschung, Metaplantechnik oder Gruppendiskussionen angewendet (vgl. ebenda,
S. 101).

Ein besonderes Augenmerk sollte auch auf den Zeitpunkt und die zeitliche Dynamik der Wirksamkeit einer Maßnahme gelegt werden, die wiederum eine besondere Rolle im Rahmen der a-priori-Effizienzanalyse spielt. Nach Meinung von
Gollwitzer und Jäger (2009) ist es besonders schwer, den genauen Zeitpunkt abzuschätzen, ab wann eine bestimmte Maßnahme ihre Wirkung entfaltet und welcher zeitlichen Dynamik sie dabei unterliegt. Dies hat ebenso einen Einfluss auf
die Einschätzung der Kosten, da diese ebenfalls dieser Dynamik unterliegen.

„Generell gilt, dass sich die Effekte einer langfristig angelegten Maßnahme, insbesondere wenn sie niederschwellig angelegt ist (z.B. Primärprävention, Public
Health-Kampagnen), erst nach längerer Zeit auszuzahlen beginnen. Ein anderes,
gleichsam verwandtes Problem mit der Zeitabhängigkeit von Kosten und Nutzen
besteht darin, dass der subjektive Wert einer bestimmten Wirkung (oder eines
Kostenpunktes) sich mit der Zeit ändern kann" (ebenda, S. 101).

Ausgehend von der Annahme, dass der Vergleich von Kosten und Nutzen einer
Maßnahme nicht in jedem Setting auf einer eindimensionalen Skala sinnvoll ist,
wird von den Autoren als Alternative die Kosten-Effektivitäts-Analyse vorgeschlagen.

Bei dieser Variante werden die Kosten quantifiziert, aber nicht die Wirkung bzw.
der Nutzen. Diese werden in eine andere Einheit transferiert und im Anschluss

werden die Kosten pro Einheit berechnet. Diese Einheiten könnten bspw. Personen sein, also Kosten pro Person, oder auch Veränderungseinheiten. Wichtig ist hierbei, dass diese Einheiten empirisch und theoretisch entsprechend sinnvoll sind (vgl. ebenda, S. 104).

Aus den vorangegangen Ausführungen ergibt sich für die vorliegende Arbeit die Erkenntnis, dass zunächst die Aufstellung eines Wirkmodells notwendig ist, um die Beurteilung der Wirksamkeit und Effizienz von prozessbegleitenden Maßnahmen einer MAB vornehmen zu können (Gollwitzer und Jäger 2009). Dazu erfolgt im Kap. 2.5 die Anwendung von Vrooms VIE-Theorie auf den Kontext von MAB. Durch den Versuchsaufbau wird gewährleistet, dass die Aufnahme des IST-Zustandes durch eine quantitative Fragebogenbefragung erfolgt. Zur konkreteren Analyse der Hintergründe werden qualitative Interviews eingesetzt. Nach Entwicklung des Wirkmodells wird zu diskutieren sein, ob die Wirksamkeit oder die Wirkung der prozessbegleitenden Maßnahmen von MAB analysierbar ist. Die Beurteilung der Effizienz erfolgt im Anschluss daran auf Basis der Beurteilung der Wirksamkeit/Wirkung. Gollwitzer und Jäger (2009) schlagen ergänzend dazu die Durchführung einer Kosten-Nutzen- oder Kosten-Effektivitäts-Analyse vor. Wobei sich der Begriff „Kosten" in diesem Zusammenhang nicht ausschließlich auf eine monetäre Bewertung bezieht, sondern ggf. auch der Ressourceneinsatz von Personen gemeint sein kann. Weiterhin besteht die Forderung, wie auch in Kap. 2.1.3 bereits aufgezeigt, Kriterien zur Bestimmung der Wirksamkeit/Wirkung zu entwickeln und im Rahmen der Datenerhebung zu erfassen. Wichtig ist dabei zu verstehen zu welchem Zeitpunkt im Prozess eine Maßnahme wirkt oder zumindest zu definieren wann sie aus theoretischer Sicht wirken sollte.

Generell gilt es bei der Beurteilung von Wirkungen zu beachten, dass es sich ähnlich wie bei der Motivationsanalyse, um eine stark individualisierte Perspektive der einzelnen Person handelt. Dieser Fakt unterstreicht nochmals das bereits beschriebene Vorhaben, alle am Prozess der MAB beteiligten Akteure in die Datenerhebung einzubeziehen. Zur Minimierung des ungewollten Einflusses von externen Störfaktoren, ist eine ausführliche Versuchsplanung nötig (ebenda). Da die hier angestrebte Datenerhebung an einem praktischen Anwendungsbeispiel erfolgt, können Verzerrungseffekte nicht ausgeschlossen werden. Um der Forderung nach Transparenz gerecht zu werden, müssen im Ergebnisteil eine ausführliche Diskussion möglicher Verzerrungseffekte und ihre Auswirkungen auf das Untersuchungsergebnis erfolgen. Die eben benannte praktische Einbettung der Untersuchung hat ebenfalls Auswirkungen auf die Übertragbarkeit der Ergebnisse auf andere Anwendungsfelder. Die Diskussion dazu erfolgt im Kontext der Betrachtung möglicher Implikationen für die Praxis und die Wissenschaft (Kap. 5).

2.3.4   Formative und summative Evaluation

Zur Aufstellung des Forschungsdesigns ist es wichtig das angestrebte Evaluationsvorhaben in die bestehende Theorie zu verorten. Der Begriff Evaluation wird in
der Literatur in formativ und summativ unterschieden: „[Evaluation; H. T.] ist das
Instrument, mit dem sowohl summativ beobachtete gesellschaftliche Veränderungen gemessen, analysiert und bewertet als auch formativ Daten für die rationale
Steuerung von Prozessen generiert werden können. Dadurch werden die Erkenntnisse sozialwissenschaftlicher Forschung über gesellschaftliche Zusammenhänge
sowie die zur Gewinnung dieser Erkenntnisse entwickelten Untersuchungsmethoden für die politische Praxis der aktiven Gestaltung gesellschaftlicher Prozesse
nutzbar gemacht" (Stockmann 2010, S. 1).

Wie in Kap. 2.3 mit Verweis auf Widmer (2004) bereits beschrieben, ist die formative Evaluation darauf ausgerichtet, Verbesserungspotenziale aufzuzeigen und
systeminterne Lernprozesse zu initiieren. Für Gollwitzer und Jäger (2009) ist hinsichtlich der Wirksamkeit einer Maßnahme entscheidend, „[...] wie und unter welchen Bedingungen sie in Realität durchgeführt wird. Möglicherweise stellt sich
trotz extensiver Planung heraus, dass die Zielgruppe gar nicht erreicht wird, dass
sich die Kontextbedingungen geändert haben oder dass mit unerwünschten Neben-
oder Folgewirkungen zu rechnen ist" (S. 123).

Die Autoren definieren sie wie folgt: „Formative Evaluation verfolgt das Ziel, die
Programmdurchführung zu optimieren und die Programmkonzeption zu verbessern [...; H. T.]. Sie setzt in der Phase der Planung und Vorbereitung eines Programms an und richtet sich an diejenigen Personen, die mit der Programmkonzeption und -durchführung befasst sind, z.B. Autoren, Trainer, Therapeuten, Supervi-
soren" (ebenda, S. 124).

In Abgrenzung dazu verfolgt die summative Evaluation „[...] das Ziel, die Wirksamkeit eines Programms zu beurteilen, ohne es optimieren zu wollen. Eine solche
Wirksamkeitsbeurteilung kann nach Abschluss des Programms (Ergebnisevalua-
tion), aber auch bereits im Vorhinein (prospektive Evaluation) relevant sein, bspw.
bei der Entscheidung ob das Programm eingeführt werden soll oder nicht – etwa
weil seine Wirksamkeit in einem entsprechenden Kontext unwahrscheinlich ist"
(ebenda, S. 124).

Vor dem Hintergrund der Zielrichtung dieser Arbeit, in der es darum geht, die
Rahmenbedingungen eines bestehenden Prozesses zu optimieren, muss der Fokus
auf der formativen Evaluation liegen.

Unter Verweis auf Scriven (1967) beschreibt Holling (2009) die wesentliche Funktion der formative Evaluation, als „…kontinuierliche[…; H.T.] und konstruktive[…; H.T.] Bewertung von Planung, Steuerung und Durchführung einer Intervention" (S. 30). Gollwitzer und Jäger (2009) sehen darin den Vorteil, dass der entstehende Schaden zunächst relativ gering gehalten werden kann und Programmanpassungen recht kurzfristig umgesetzt werden können (vgl., S. 124).

Wird die formative Evaluation als Prozess- oder Zwischenevaluation betrachtet, kann sie einen Beitrag dazu leisten ein bestehendes Programm zu optimieren und weiterzuentwickeln. Die Grundlage dafür können wirksamkeitsbezogene Daten sein, die während der Programmdurchführung erhoben werden. Diese Daten bilden den Ausgangspunkt für die Beurteilung der Erfolgsaussichten eines Programms und inwiefern eine Veränderung der Programmstruktur und der Inhalte notwendig ist (vgl. ebenda, S. 124).

Soll die formative Evaluation als Programmoptimierung eingesetzt werden, ist wichtig zu bemerken, dass diese Form nicht hypothesentestend ausgerichtet ist, sondern damit in erster Linie Schwachstellen identifiziert werden sollen. Im Gegensatz zu den eher quantitativ gehaltenen Wirksamkeitshypothesen ist der Fokus hierbei eher auf qualitative Aspekte gerichtet (vgl. ebenda S, 125).

Eine weitere Möglichkeit ist die sogenannte Implementationskontrolle. Hier können mithilfe einer Evaluation Aussagen über die Qualität der Implementation einer Maßnahme oder eines Maßnahmenpakets auf der Basis von empirischen Daten getroffen werden. Sie dient dabei auch gleichzeitig als Absicherungsinstrument für die interne Validität des Evaluationsdesigns. „Implementationskontrolle dient also zur Prüfung der Ausführungsintegrität (Treatment Fidelity) einer Intervention" (ebenda, S. 124 f.).

Als eine wesentliche Form der Implementationskontrolle wird das sogenannte Management Information System (MIS) beschrieben. Ziel ist es hierbei, entsprechende relevante Prozess- und Systemdaten zu erheben und so aufzubereiten, dass die Programmverantwortlichen auf dieser Basis eine Rückmeldung zum aktuellen Stand bekommen. Dies bildet dann wiederum die Grundlage für bestimmte strategische und strukturelle Entscheidungen zur weiteren Ausrichtung und Fortführung des Programms (vgl. ebenda, S. 128).

Zur Prüfung der Ausführungsintegrität findet ein Abgleich statt, inwiefern vorgegebene und standardisierte Themen, Abläufe, Methoden etc. bspw. in Form eines Manuals oder manuale Trainings tatsächlich in die Realität umgesetzt werden. Bei dieser Prüfung soll also festgestellt werden, „[…] inwiefern die konkrete Durchführung den Vorgaben des Manuals entspricht, ob und welche Abweichungen es gab, wie diese Abweichungen zu rechtfertigen sind und inwiefern sie potenziell die Wirksamkeit beeinträchtigen könnten" (ebenda, S. 128).

Gollwitzer und Jäger (2009) führen die folgenden sechs Gründe an, die ein möglichst hohes Standardisierungsmaß wünschenswert oder sogar notwendig machen (vgl. dazu S. 129):

1. Identifikation von maßnahmenspezifischen Wirkungen,
2. im Falle von positiven Wirkungen werden so tatsächliche Rückschlüsse auf die Maßnahmen möglich (interne Validität),
3. im Falle von negativen Wirkungen, wird das Potenzial der Erklärungsmöglichkeiten eingeschränkt,
4. Effekte von unterschiedlichen Maßnahmen innerhalb eines Programms können so besser miteinander verglichen und Unterschiede in der Wirkung besser erklärt werden,
5. Erklärung für das zugrunde liegende psychologische Wirkmodell,
6. Erfüllung von Verpflichtungen des Programmleiters gegenüber den Auftraggebern (oder anderer Beteiligten).

Die Punkte 1 bis 4 zielen dabei auf die Methodik zur Wirksamkeitsevaluation ab. Bei einer vorgegebenen, standardisierten Vorgehensweise können demnach eventuell auftretende abweichende Effekte nicht auf Merkmale der Durchführung zurückgeführt werden (vgl. ebenda, S. 129).

Punkt 5 bezieht sich auf die theoretische Basis jeder Standardisierung. „Das entspräche einer optimalen technologischen Theorie" (ebenda, S. 129). Die Autoren beschreiben den Optimalfall so, dass der Inhalt jeder Maßnahme aus grundlagenwissenschaftlichen Theorien abgeleitet ist. „Interessanterweise zeigt sich, dass generell die Wirksamkeit von Maßnahmen mit der Übereinstimmung zwischen Durchführung und Manualvorgabe korreliert" (Gollwitzer und Jäger 2009, S. 129, in Anlehnung an Lösel und Wittmann 1989).

Damit die Ausführungsintegrität eines Programms festgestellt werden kann, fordern die Autoren eine umfassende Kenntnis des Manuals bzw. der Standards sowie der expliziten und impliziten Freiheitsgrade seitens der Evaluatoren. Diese Variation der formativen Evaluation wird als eher hypothesentestend charakterisiert, was die Notwendigkeit zur Verwendung entsprechender empirischer Methoden mit sich bringt (vgl. dazu ebenda, S. 130).

Der theoretischen Rahmen der hier geplanten Evaluation ist auf den Kontext der formativen Evaluation festgelegt sollen. Dadurch wird unterstrichen, dass nicht nur

ein IST-Zustand erhoben, sondern auch tatsächlich praktische Veränderungen her-
beigeführt werden sollen (Gollwitzer und Jäger 2009). Die Anwendung der formativen Evaluation ermöglicht es einen bestehenden Prozess zu untersuchen (ebenda).
Da die prozessbegleitenden Maßnahmen der MAB in dem hier gewählten Anwendungsbeispiel bereits implementiert sind und verbessert werden sollen, sind die Voraussetzungen für die summative Evaluation nicht erfüllt (ebenda).

2.3.5　Zwischenfazit

Durch die Reflektion der Methoden und des theoretischen Rahmens, erfolgt die
Ableitung von Implikationen für die Wissenschaft. Vor diesem Hintergrund muss
zunächst geklärt werden, welche Evaluationsart zugrunde gelegt werden kann.

Die praktische Zielrichtung dieser Arbeit ist es, die prozessbegleitenden Maßnahmen von MAB zu optimieren und deren Konzeption zu verbessern. Die Datenerhebung ist in erster Linie nicht auf den Test von Thesen ausgerichtet. Vielmehr
werden Handlungspotentiale identifiziert. Daraus werden dann praktisch umsetz-
bare Ideen entwickelt. Damit die Evaluation erfolgreich sein kann, muss der Forscher die ablaufenden Ereignisse des zu evaluierenden Prozesses verstehen. Um
die dazu notwendige Transparenz herzustellen, erfolgt in Kap. 3 die Beschreibung
des Untersuchungsgegenstandes sowie dessen theoretische Verortung.

Bei der Durchführung von Evaluationsvorhaben ist es wichtig, dass Zweck und
Zielrichtung klar definiert sind (Weiss 1974). Auch die notwendigen Ressourcen
müssen vorhanden, Verantwortlichkeiten geklärt und Beteiligte benannt sein
(Widmer 2004). Hilfreich ist es, wenn der Evaluator und der Untersuchungsgegenstand inhaltlich nicht konträr aufgestellt sind. Dabei bewegt sich die Untersuchung ständig in dem Spannungsfeld zwischen wissenschaftlicher Absicherung
des Forschungsdesigns und dem Interesse des Auftraggebers (Gollwitzer und Jäger 2009). Wichtig ist auch, die Absicherung von methodischen Ungenauigkeiten
zu beachten (ebenda). Um diesen Anforderungen gerecht zu werden, werden in
Kap. 2 die notwendigen theoretischen Grundlagen beschrieben und verortet. In
Kap. 2.5 und 2.6 erfolgt die konkrete Anwendung eines theoretischen Konstruktes
auf einen praktischen Untersuchungsgegenstand. Um das Forschungsdesign methodisch abzusichern, werden die verwendeten Erhebungsinstrumente ausführlich
in Kap. 3 hergeleitet und beschrieben.

Aufgrund des praktischen Bezuges dieser Untersuchung, wird die Aktionsforschung als konzeptioneller Gesamtrahmen verstanden. Ziel der Aktionsforschung
ist es, Forscher und Praktiker näher zusammenzubringen. Dabei stellt der Forscher
die Methoden zur Verfügung und der Praktiker die zu untersuchenden Inhalte. Im

Abgleich mit den Anforderungen der Evaluationsforschung muss geklärt werden, wie sich diese beiden Ansätze miteinander kombinieren lassen. Dazu erfolgt die theoretische Annäherung an die Aktionsforschung als Forschungsmethode im folgenden Kapitel.

2.4 Die Aktionsforschung als Forschungsmethode im Kontext von Organisationen

Der konzeptionelle Gesamtrahmen für die vorliegende Arbeit basiert aufgrund der praktischen Ausrichtung, auf dem Themenfeld der Aktionsforschung. Deren Aufgabe es ist Forschung und Praxis näher zusammenbringen. Im Vordergrund steht dabei das Ziel die methodische Expertise (der Wissenschaft) mit dem impliziten, organisationalen Wissen (der Praktiker) so zu verknüpfen, dass daraus neues Wissen für Theorie und Praxis entsteht. Der Kontext in dem diese Untersuchung angelegt ist, eignet sich ideal um diesen Anspruch gerecht zu werden. Neben der Ableitung von Implikationen für die Wissenschaft, können so auch praktische Handlungsempfehlungen aufgezeigt werden.

Mehrere Autoren stellen in den letzten Jahren eine Interessenszunahme bezüglich der Aktionsforschung in der Sozial- und Arbeitsforschung fest (vgl. bspw. Fricke 2011, S. 406; Posch 2010, S. 4; Steinert 2008, S. 97). König (1983) sieht: „…die theoretische Diskussion um die Handlungsforschung belastet durch mehrdeutige bzw. unscharfe Begrifflichkeiten sowie durch die zuweilen recht pauschale Auseinandersetzung zwischen Handlungsforschung und empirischer Forschung" (S. 79). Aufgrund der starken Kontextabhängigkeit des Begriffs Aktionsforschung, gibt es keine allgemein akzeptierte Definition[18]. Die Begründung dafür liegt in den vielfältigen konkurrierenden Vorstellungen über dieses Konzept (vgl. Nonne 1989, S. 87; Schülein 1979, S. 281; Grassl 2014, S. 21). Als gemeinsames Motiv kann festgehalten werden, dass es bei der Aktionsforschung nicht ausschließlich um die theoretische Überprüfung von Aussagen geht, sondern auch um die Möglichkeit, praktisch verändernd einzugreifen (vgl. Becker und Langosch 2002, S. 53). Auch Fricke (2014, vgl. S. 215) stellt in den vorhandenen Definitionen unterschiedliche Akzentuierungen der Aktionsforschung fest. Allen gemeinsam sind die zentralen Werte „…Demokratisierung, Dialog, Partizipation und Reflexivität" (ebenda, S. 215).

---

18   Eine erste Einteilung der verschiedenen Variationsmöglichkeiten findet sich bereits bei Chein et al. 1948, S. 45 ff.), Spöhring (1983) verortet die Aktionsforschung bspw. eher im Bereich der Pädagogik (vgl. S. 285)

Damit versteht sich Aktionsforschung nach Heinze (1997) „...als ein von klassisch-empirischer Sozialforschung sich distanzierender sozialwissenschaftlicher Forschungsansatz, in dem das Verhältnis von Theorie und Praxis, Theorie und Empirie sowie die Interaktion von Forscher und Erforschten neu aufgeworfen werden" (S. 200).

Als Anwendungsfeld wird im außeruniversitären Bereich vor allem die Auseinandersetzung mit Betriebsführungs- und Managementproblemen gesehen. Dabei wird das Potenzial beschrieben, Forschung und Praxis näher zusammenzubringen (vgl. Bülow, Ottersbach 1977, S. 2).

Moser (1977a) definiert die Aktionsforschung dazu wie folgt: „In der Aktionsforschung sind jene Menschen und Menschengruppen, welche von den Wissenschaftlern untersucht werden, nicht mehr bloße Informationsquellen des Forschers, sondern Individuen, mit denen sich der Forscher gemeinsam auf den Weg der Erkenntnis zu machen versucht" (S. 13).

Der Forschungsprozess ist also dadurch gekennzeichnet, dass hier nicht nur ein reines Erkenntnisinteresse, sondern auch das Entwickeln von Handlungsmöglichkeiten eine entscheidende Rolle spielt. Während sich die traditionelle Empirie im Schwerpunkt dem Hypothesentest und der Wissenserweiterung verschrieben hat, konzentriert sich die Aktionsforschung darauf, unter Einsatz von sozialwissenschaftlichen Methoden das praxisorientierte Wissen systematisch anzuwenden[19] (vgl. Moser 1977b, S. 15). Krainer (1997) ergänzt dazu, dass die Weiterentwicklung von Wissen kann nur gelingen, wenn sich die Beteiligten einem systematischen und selbstkritischen Reflexionsprozess unterziehen (S. 91).

Bei der Aktionsforschung geht es nicht allein um die wissenschaftliche Erforschung von Zusammenhängen, sondern gerade um die direkte Veränderung von bestehenden Verhältnissen (vgl. Schneider 1980, S. 7). Bei der Anwendung der Aktionsforschung tauscht der Forscher also scheinbare methodische Absicherung bzw. Objektivität gegen die praktische Arbeit im Feld. Ergänzend dazu wird empfohlen, den Forschungsprozess auch qualitativ auszurichten (vgl. Moser 1977b, S. 17 f.).

Moser (1983) analysiert die Probleme der Aktionsforschung vor dem Hintergrund des Diskursbegriffs und der Problematik der Generalisierbarkeit. Er kommt dabei zu dem Schluss, dass der Begriff „Sprache" nicht in Umgangssprache und Diskurs unterschieden werden kann. Er fordert in diesem Zusammenhang, „[...] daß Diskurse nicht in einer abgehobenen eigenen Sphäre stattfinden müssen, sondern durchaus im Rahmen des Alltags und seiner spezifischen Situationen ihren Platz

---

19   Ein ausführlicher Vergleich von traditioneller Forschung und Aktionsforschung findet sich bei Frank et al. 1999, S.74)

haben können. Für Aktionsforschung hieße dies, daß Diskurse durchaus innerhalb der spezifischen Handlungsfelder der Feldsubjekte geführt werden können" (S. 58). Er sieht die große Chance der Aktionsforschung darin, dass die Ergebnisrückmeldung an die Betroffenen, denen die Forschung helfen soll, nicht in einer entfremdeten Art und Weise geschieht. Da sich Forscher und Beforschte erkennen und die Antworten auf die Forschungsfragen gemeinsam erarbeitet haben, ergibt sich dabei automatisch ein gemeinsames Verständnis voneinander (vgl. ebenda, S. 72).

Es geht Moser (1983) also darum, nicht die Allgemeingültigkeit als Validitätskriterium durchzusetzen, sondern die Allgemeinverständlichkeit der Ergebnisse in den Vordergrund zu rücken.

Altrichter (2008) sieht die Replizierungs- und Generalisierungsmöglichkeiten der Ergebnisse von Aktionsforschung, als am schwersten umzusetzendes Kriterium (Vgl. S. 283). Dem Vorwurf der methodischen Ungenauigkeit kann nur durch die Schaffung von Transparenz begegnet werden. Bei der iterativen Annäherung an den Begriff Aktionsforschung, im Kontext von Organisationsentwicklung, beschreiben French und Bell (1994) die systematische Datensammlung als Kernelement. Aus den darauf aufbauenden Analysen können Thesen entstehen, aus denen wiederum Handlungsmöglichkeiten abgeleitet werden, die zur Veränderung des Untersuchungsgegenstands führen.

Als zentrales Unterscheidungsmerkmal dient Klüver und Krüger (1972) das unterschiedliche Prozessverständnis zur Erzeugung von Wissen innerhalb der einzelnen wissenschafts- und erkenntnistheoretischen Strömungen. Die Aktionsforschung wird als Gegensatz zum kritischen Rationalismus beschrieben, da hier durch doppelt theoretisch vermittelte Daten die Gefahr besteht, sich von der Realität zu entfernen. Daraus ergibt sich das Problem, dass die so erzeugten theoretischen Modelle, die auf diesen Daten beruhen, für die Praxis keinen Mehrwert bieten. Der Vorteil der Aktionsforschung ist dabei, dass die Daten nicht isoliert, sondern im konkreten praktischen Kontext eingebettet werden. Durch diese Form der Verknüpfung entsteht die Chance, die Datenqualität zu erhöhen.

Vor dem Hintergrund der systemtheoretischen Zusammenhänge warnen Klüver und Krüger (1972) davor, die Aktionsforschung ausschließlich vor dem Hintergrund ihrer formalen Kriterien zu betrachten. Sie plädieren dafür, diese immer auf theoretische Positionen zu beziehen, da sonst die Gefahr besteht „[…] unbewußt eine möglicherweise besonders subtile, da direkt anwendungsbezogene und beliebig verwendbare Sozialtechnologie zu entwickeln" (S. 88).

Bezogen auf den historischen Materialismus bedeutet dies für den Forschenden, dass auf die praktische Interaktion mit den Beforschten zu achten ist und dass diese als die Träger der praktischen Erfahrung zu verstehen sind. Das macht es notwendig, die Distanz zwischen dem Forscher und dem Erkenntnisobjekt aufzugeben. Das führt dazu, dass ein konkret durchgeführter Aktionsforschungsansatz, in all seinen einzelnen Aspekten bzgl. der wissenschaftstheoretischen Ausrichtung, präzisiert werden muss.

Oquist (1978) sieht keinen Zusammenhang zwischen Theorie und Praxis, da es demnach innerhalb des Empirismus ausreicht, zur Wissenserzeugung die Wirklichkeit genau zu beobachten. Er leitet darum für die Aktionsforschung ab, dass es keinen Zusammenhang zur wissenschaftlichen Forschung gibt.

Im Rahmen des logischen Positivismus wird die Aktionsforschung von Oquist (1978) abgelehnt. Dabei wird dem Forschungsprozess an sich zugestanden, wissenschaftliche Theorien zu erzeugen, welche die soziale und politische Praxis anleiten. Dabei darf aber kein Einfluss auf den Forschungsprozess ausgeübt werden.

Im Strukturalismus wird die Aktionsforschung ebenfalls von ihm abgelehnt. Die Begründung ist hier die fehlende Trennung von Theorie und Praxis, welche als absolut notwendig erachtet wird.

Betrachtet man der Argumentationskette der pragmatischen erkenntnistheoretischen Grundlagen, so stellt Oquist (1978) fest, dass die Aktionsforschung in diesem Zusammenhang die Kriterien der wissenschaftlichen Forschung erfüllt. Ausgangspunkt ist hierbei die Verortung des Wissensbegriffs sowie die Entstehung und die Rechtfertigung von Wissen.

Daraus ergibt sich demnach ein Widerspruch zwischen dem Empirismus und den erkenntnistheoretischen Grundlagen.

Ähnlich wie schon bei der Einschätzung des Pragmatismus gelangt Oquist (1978) zu dem Schluss, dass vor dem Hintergrund des dialektischen Materialismus die Aktionsforschung als probates Mittel zur Wissensproduktion verstanden werden kann. Einschränkend stellt er hierbei fest, „[…] daß diese Methode nur dann wissenschaftlich ist, wenn sie mit einem konkreten sozialen Zusammenhang verbunden wird" (S. 45). Dabei sieht Fricke (1998) nicht zwingend eine Einschränkung der Ergebnisse „…auf lokale Kontexte im Sinne einzelbetrieblicher oder auf einzelne Organisationen beschränkte Prozesse…" (S. 8).

Heimerl (2008) beschreibt die Aktionsforschung als originäre Methodologie der Organisationsforschung. Dabei ist der Forscher selbst Teil des Untersuchungsgegenstands und beeinflusst aktiv den Forschungsprozess. Er kritisiert die mangelnde Objektivität und Ideologisierungstendenzen. Trotzdem kann die Aktionsforschung einen Beitrag für Theorie und Praxis sowie für die Annäherung von Forschung und Praxis leisten. Zur Wahrung der Wissenschaftlichkeit müssen standardisierte Methoden zur Anwendung kommen. Wichtig ist, dass im Ergebnis Erkenntnisse über die organisationalen Probleme hinaus generiert werden. Sind diese Voraussetzungen erfüllt, kann die Aktionsforschung auch zur Unterstützung des planned change zum Einsatz kommen. Ergänzend dazu stellt Hirschhauer (2004) fest: „Fast jeder Aspekt wissenschaftlicher Kommunikation ist durch Evaluation bestimmt" (S. 62).

Zur weiteren Absicherung der Wissenschaftlichkeit wird die Kombination von qualitativen und quantitativen Forschungsmethoden empfohlen. Wissenschaftlich betrachtet, soll ein tragfähiges Modell entwickelt werden, das die wahrheitsgemäße Thesenprüfung ermöglicht und dabei gleichzeitig Erklärungs- und Gestaltungsansätze für die Praxis hervorgebracht werden.

Im Rahmen des Aktionsforschungsprozesses können die Methoden der empirischen Sozialforschung verwendet werden, solange sie sich an den Kriterien der klassischen Forschung orientieren (siehe dazu Kap. 2.4.3). Bezogen auf die Auswertung der statistisch erhobenen Daten weist Moser (1975) darauf hin, dass der Fokus hierbei nicht auf der „[...] Signifikanz von Resultaten einer statistischen Auswertung, sondern [auf dem; H. T.] inhaltliche[n; H. T.] Diskurs" (ebenda, S. 133) liegt. Wichtig ist dem Autor hierbei auch die statistische Erhebung von charakteristischen Merkmalen, über welche die Gruppe der untersuchten Personen eindeutig beschrieben werden kann. Damit erhält man die Möglichkeit in der Auswertung, die Handlungsorientierungen und Normen von verschiedenen Subgruppen der Befragten zu unterscheiden und ggf. miteinander zu vergleichen. Durch die quantitativ erhobenen Daten können umfassende Aussagen zu vorher festgelegten Schwerpunkten getroffen werden. Bei der Analyse der Normen und Handlungsorientierungen kann das Selbstverständnis der untersuchten Gruppe herausgearbeitet werden. Allerdings darf es nicht zu einer willkürlichen Anwendung der klassischen Methoden der empirischen Sozialforschung kommen. Diese müssen immer auf die Forschungsfrage ausgerichtet sein. Wichtig ist dabei auch die Sammlung und Kombination von Informationen auf unterschiedlichen Ebenen, um ein umfassendes Bild der ablaufenden Prozesse sowie der vorhandenen Einflussfaktoren zu erhalten (vgl. ebenda, S. 133).

Bezogen auf die Validität ist die Aktionsforschung mit dem Problem konfrontiert, je enger Forschung und Praxis verzahnt werden, umso größer werden die Verbindlichkeitszwänge. Gefahr besteht vor allem in der zu geringen Anwendung von Methoden der empirischen Sozialforschung. Auch die Verallgemeinerbarkeit der Ergebnisse wird kritisch gesehen. Bei der Einhaltung der Objektivität tritt die

Schwierigkeit auf, dass die Ergebnisse mit den Befragten diskutiert werden. Generell gilt der Grundsatz, dass Wissenschaft wertfrei sein muss und nur Sachaussagen über die Realität anhand von entsprechenden Daten getätigt werden dürfen. Der Vorteile der Aktionsforschung bestehen in der Möglichkeit, dass die Ergebnisse an jene zurückgespiegelt werden, denen sie helfen soll. Damit ist gleichzeitig auch das Vorhandensein einer gewissen Verständlichkeit gegeben.

Während die Handlungsforschung die Subjekt-Objekt-Beziehung innerhalb der empirischen Sozialwissenschaften kritisiert, kann sie selbst die geforderte Subjekt-Subjekt-Beziehung nicht immer einhalten (König 1983). Außerdem erfolgt die Anwendung von Forschungsmethoden in diesem Kontext nicht mit dem Ziel, Wissen zu generieren, das dann auf andere Situationen anwendbar ist, sondern um die vorliegende Situation zu erklären und somit die Grundlage für Veränderungsprozesse zu bilden.

Vor dem Hintergrund der dargestellten Charakteristika der Aktionsforschung, bezeichnet sie Fitzek (2011) als Übergangspunkt „…von der Forschung zur Beratung, von der Organisationsanalyse zur Organisationsentwicklung" (S. 171).

Bei der kritischen Auseinandersetzung mit dem Themenfeld der Aktionsforschung merkt Kromrey (2002) an, das es Forschungsgegenstände geben kann, für die sich die Aktionsforschung besonders gut eignet, und andere für ein anderes Design gewählt werden muss. „Ein ‚Alleinvertretungsanspruch'. Von welcher Seite auch immer erhoben, muss jedenfalls auf die Dauer unvermeidlich in die Sackgasse führe" (S. 540).

Ein Anknüpfungspunkt zwischen Evaluation und Aktionsforschung findet sich bei Bortz und Döring (2006). Sie beschreiben die formative Evaluation als Methode zur direkten Beteiligung der Probanden am Veränderungsprozess. Dabei geben sie allerdings zu bedenken, dass diese Form der Evaluation nicht ganz einer idealisierten Aktionsforschung entspricht. Weiterhin wird deutlich, dass Evaluationen im Rahmen des Aktionsforschungsprozesses zielorientiert ablaufen und bei Bedarf auch angepasst werden können. Hierin sieht Heimerl (2008) einen von drei Handlungsgrundsätzen der Aktionsforschung. Eine weitere Verknüpfung zwischen Aktionsforschung und Evaluation findet sich bei Friedrich (1990). Damit eine Weiterentwicklung der Aktionsforschung als Forschungsstrategie stattfinden kann, muss die Evaluation genutzt werden, um festzustellen, ob die eingesetzten Maßnahmen auch Effekte zur Zielerreichung aufweisen. Dabei unterscheidet er in formative und summative Evaluation.

Aus den vorangestellten Ausführungen wird ersichtlich, dass die Aktionsfor-schung für unterschiedliche Vorhaben eingesetzt werden kann. Dazu zählen un-teranderem um den Untersuchungsgegenstand praktisch zu verändern, um Hand-lungsmöglichkeiten zu entwickeln und so letztlich auch praxisorientiertes Wissen zu erzeugen (bspw. Becker und Langosch 2002, Fricke 2014). Dabei muss dem Anwender klar sein, dass dem Vorwurf der Unwissenschaftlichkeit durch Trans-parenz im Forschungsprozess sowie der Anwendung der Methoden der empiri-schen Sozialforschung begegnet werden muss (Altrichter 2008). Weiterhin ist si-cherzustellen, dass die Untersuchung in einem theoretischen Kontext verankert wird (Klüver und Krüger 1972). Dazu erfolgt die Anwendung von Vrooms VIE-Theorie auf den Kontext von MAB (Kap. 2.5).

Für die empirische Untersuchung der vorliegenden Arbeit leitet sich daraus die Notwendigkeit einer ausführlichen Beschreibung des Forschungsdesigns (Kap. 3) ab. Dabei wird die Empfehlung aufgegriffen qualitative(hier: Interviews) und quantitative (hier: Fragebögen) Methoden zu kombinieren.

Wie bereits in Kap. 2.1 aufgezeigt, handelt es sich im Kontext von MAB um spe-zifische Settings. Die prozessbegleitenden Maßnahmen einer MAB sind ebenfalls als spezifisch einzuschätzen (ebenda). Vor diesem Hintergrund sind verallgemei-nerbare Aussagen nur auf einer abstrakten Ebene möglich. Nichtsdestotrotz muss der Spagat gelingen, die Ergebnisse für die beteiligten Akteure nutzbar zu machen.

Bei der Ergebnisdiskussion wird darauf zu achten sein, dass die erhobenen Daten im Kontext ihrer Erhebung zu diskutieren sind. Dabei ist die Forderung zu erfüllen Erkenntnisse über das Setting hinaus zu erzeugen (Heimerl 2008). Der Fokus im Rahmen von Aktionsforschungsprozessen liegt vordergründig nicht auf Signifi-kanzen, sondern auf dem Herausfinden charakteristischer Merkmale der Untersu-chungsgruppen (Moser 1975). Dies ist die Voraussetzung für einen Vergleich der Gruppen in Abhängigkeit der verwendeten Erhebungsmethode. Für die Untersu-chung im Rahmen dieser Studie folgt daraus, dass ein Vergleich der Untersu-chungsergebnisse aus den Fragebogenbefragungen der MA und der Führungs-kräfte durchgeführt werden soll. Ebenso werden die Interviews miteinander ver-gleichen. Weiterhin ist eine Gegenüberstellung zwischen den Interviews und Fra-gebögen vorgesehen.

Ein besonderes Kennzeichen der Aktionsforschung ist die Reflexion des Forschers auf den eigenen Forschungsprozess (Arens-Fischer et al. 2010b). Dabei soll dis-kutiert werden, inwiefern die Kriterien der Aktionsforschung in der durchgeführ-ten Studie, als erfüllt zu betrachten sind (Kap. 4.4).

2.4.1 Aktionsforschung als Ansatz der Organisationsentwicklung

Da die vorliegende Arbeit in einen organisationalen Kontext eingebunden ist, soll im folgenden Kap. herausgearbeitet werden, welche Spezifika sich für die Aktionsforschung als Ansatz der Organisationsentwicklung ergeben.

„Die Grundgedanken der Aktionsforschung wurden entwickelt und in großen Wirtschaftsorganisationen praktisch erprobt, lange bevor der Begriff ‚Organisationsentwicklung' geprägt wurde und sich als Fachterminus für den geplanten Wandel von Organisationen durchsetzte" (Wimmer 1991, S. 80).

Hier stellt unter anderem Heimerl (2008) fest, dass die häufigste Form der empirischen Forschung innerhalb von Organisationen in Form von Fallstudien ablaufen (siehe dazu auch bspw. French und Bell 1994). In diesem Zusammenhang bezeichnet er die Aktionsforschung als „[…] die originäre Methodologie der Organisationsentwicklung" (S. 28).

„Ihrer Natur nach sind sich Organisationsentwicklung und Aktionsforschung sehr ähnlich. Beide sind sie Varianten der angewandten Sozialwissenschaft, beide sind handlungsorientiert, beide basieren auf Daten, beide verlangen die enge Zusammenarbeit zwischen Mitgliedern und Nichtmitgliedern der Organisation und beide sind problemlösende soziale Interventionen. Aus diesem Grunde glauben wir, dass ein effektives OE-Programm ein Aktionsforschungsmodell implizieren sollte" (French und Bell 1994, S. 123). Dazu ergänzt Wimmer (2004): „Die Grundgedanken der Aktionsforschung fussen auf der Mobilisierung des Selbstbeobachtungs- und Selbstreflexionspotentials von Organisationen" (S. 30).

Bei der begrifflichen Verortung von Aktionsforschung innerhalb der Organisationsentwicklung weist Heimerl (2009) darauf hin, dass bei diesem Ansatz die Neutralität und Objektivität des Forschers, in Abgrenzung zu den naturwissenschaftlichen traditionellen Forschungsansätzen, aufgehoben wird (vgl. S. 181). Der Forscher selbst ist also Teil des Untersuchungsgegenstands und beeinflusst aktiv den Forschungsprozess. Die Zielsetzung der Aktionsforschung bezieht sich hier auf „[…] die Lösung bestimmter praktischer Probleme im sozialen Kontext in einer gleichwertigen Zusammenarbeit von Forschenden und Betroffenen" (Heimerl 2008, S. 18). Aus diesen Umständen ergibt sich der Vorwurf der mangelnden Objektivität. Demgegenüber steht die Feststellung von Lewin: „Eine Forschung, die nichts anderes als Bücher hervorbringt, genügt nicht" (1953, S. 280).

Den wesentlichen Nutzen der Aktionsforschung sieht der Autor darin, dass dieser Ansatz genutzt werden kann, um konkrete soziale Probleme zu lösen. Dabei werden Beiträge zur Theorie und Praxis innerhalb der Sozialwissenschaften geleistet. Darüber hinaus führt diese Vorgehensweise zu einer Annäherung der Forschung und der Praxis bzw. zwischen den Intervenierenden und den Betroffenen (vgl. Heimerl 2008, S. 18).

Aktionsforschung ist insgesamt als unmittelbar angewandte Forschung zu verstehen, die unter der Verwendung von wissenschaftlichen Methoden bei der Erhebung, Bewertung und Dokumentation von sozialen Zuständen zur Lösungsmöglichkeit bzgl. eines konkreten Problems aufzeigt. „Die Aktionsforschung verfolgt aber auch übergeordnete gesellschaftspolitische und ethische Zielsetzungen: Stärkung der Autonomie der Menschen, humane Arbeitswelt, Selbstverwirklichung, Kollektivismus/Solidarität, soziale Verantwortung etc. […]" (ebenda, S. 19). Die wissenschaftlichen Kritiker dieses Ansatzes werfen darum dieser Methode eine gewisse Form der Ideologisierung vor. Ergänzend dazu fordert Thomae bspw. (1999) die strikte Trennung von Wissenschaft und Praxis. Die Wissenschaft soll ungestört beobachten und die Praxis ungestört handeln. Sonst kommt es seiner Auffassung nach zu einer Gleichsetzung des Wahrheits- und Nützlichkeitskriteriums (vgl. S. 7f.). Kauffeld und Schneider (2014) sehen diese Probleme nicht. Sie beschreibt die Vorteile damit, dass die Organisation die Ergebnisse der Aktionsforschung für die Umsetzung von Veränderungsprozessen verwenden kann und der Forscher die Ergebnisse für die eigene Forschung für weitere Praxisprojekte nuten kann (vgl. S. 58).

Heimerl (2008) bescheinigt der Aktionsforschung durchaus Wissenschaftlichkeit, indem er sich auf die standardisierten Methoden sowie die objektivistische Erkenntnistheorie beruft. Die notwendigen objektiven Standards sieht er als erfüllt an, da die Beschreibung der Ausgangssituation entsprechend methodisch geleitet abläuft (siehe dazu auch Kap. 2.4). Der Autor schränkt den Begriff der Aktionsforschung insofern ein, dass, wenn diese Methode zum überwiegenden Teil als Problemlösungsinstrument eingesetzt wird und dabei keine Erkenntnisse über das organisationale Problem hinaus generiert werden, die notwendige Bedingung einer Forschungsmethode nicht als erfüllt anzusehen ist. Es besteht allerdings die Möglichkeit, aus den einzelnen Fallstudien ggf. allgemeingültige Ableitungen zu diskutieren (vgl. ebenda, S. 21).

Die Kritik an der ideologischen Ausrichtung der Aktionsforschung liegt in ihrem historischen Ursprung begründet, da diese Forschungsmethode in Zeiten der Human-Relations-Bewegung entstanden ist und sich im Schwerpunkt auf die Steigerung der „Produktivität und Menschlichkeit" (ebenda, S. 21) ausgerichtet hat. Ideologische Ansätze können dem Anspruch der Wissenschaft nicht gerecht werden, gleichzeitig die Wertneutralität sicherzustellen. Dieser Vorwurf kann zunächst nicht entkräftet werden. In der Argumentation richtet der Autor seinen Fokus auf die Erfolge und Potenziale der Aktionsforschung, denn es gilt: „Wenn du die Betroffenen früh einbindest, muss die Lösung inhaltlich nicht besser sein, aber du verringerst den Widerstand in der Umsetzung" (ebenda, S. 22).

Heimerl (2008) sieht die Aktionsforschung als grundsätzlichen Bestandteil des „Planned Change" (S. 22). Sie kann eingesetzt werden, um Maßnahmen zu entwickeln und deren Zielerreichung zu evaluieren. Dabei muss in jeden Fall beachtet werden, dass nie eindeutig geklärt werden kann, „[...] welche Intervention in einem sozialen System überhaupt eine Wirkung erzielt bzw. wo diese in welcher Form zutage tritt" (ebenda, S. 22).

Die Aktionsforschung hat sich als hilfreicher Ansatz erwiesen, um Veränderungsprozesse innerhalb von Organisationen zu begleiten. Das schrittweise Vorgehen unterstützt dabei die allmähliche Umentwicklung der Menschen einer Organisation. Aus Sicht des Autors hebt „[...] das Postulat des schrittweisen, zirkulären Vorgehens im sozialen Veränderungsprozess auf einer anwendungsorientierten Forschungsebene" (ebenda, S. 22) die philosophisch-ideologische Grundsatzdiskussion dieser Forschungsmethode auf.

Arens-Fischer et al. (2010a) diskutieren die heutige Relevanz der Aktionsforschung und nehmen dabei die Verortung dieser Methode vor dem Hintergrund der Arbeit im Wandel der Zeit vor.

Den bisherigen Auftrag der Aktionsforschung sehen die Autoren in: „Mehr Partizipation für weitgehend fremdbestimmte Beschäftigte" (S. 134). Aufgrund der sich stark ändernden Arbeitswelt ist es auch für die Aktionsforschung notwendig zu hinterfragen, wie sie auf diesen Wandelt reagieren muss. Die wesentlichen Merkmale dieses Wandels sehen die Autoren in den folgenden Punkten: „Prekäre Beschäftigungsverhältnisse und damit einhergehende diskontinuierliche Erwerbsverläufe breiten sich aus. Auch Arbeitszeit wird zunehmend flexibel selbstorganisiert, jedoch gleichzeitig kollektivvertraglich re-reguliert und kontrolliert. Betriebe entgrenzen sich auch in Bezug auf Rekrutierungsstrategien und Personalmanagement. Ebenso ist eine gleichzeitige Ausdehnung bzw. Entgrenzung und Eingrenzung der Unternehmen gegenüber ihren markförmigen Umwelten beobachtbar. Die Organisationsform Betrieb verliert ihren hegemonialen Status und wird durch viele konkurrierende Formen und Modelle ergänzt – jedoch nicht ersetzt" (ebenda, S. 135).

Als wesentlichen Treiber dieser Veränderungsprozesse betrachten die Autoren die sich ständig weiterentwickelnden Informationstechnologien. Sie lehnen dabei allerdings die viel propagierten Methapern der „Auflösung von Unternehmen" ab, unter anderem auch deshalb, weil diese zu einer „[...] Unterschätzung der neuen

An- und Herausforderungen der aktuellen Arbeitswelt – sowie einer hierauf aus-
gerichteten Aktionsforschung" (ebenda, S. 135) führt. Sie sehen in diesem Zusammenhang die Aktionsforschung als Managementtool, um diese sich ständig verändernden organisationalen Grenzen der Netzwerkgesellschaft zielgerichtet steuern
zu können.

Darüber hinaus zeichnet sich der Wandel der Arbeit auch in den neuen und sich
ständig verändernden Tätigkeits- und Organisationsformen ab. Hierbei tritt vor
allem die Forderung nach immer mehr Flexibilisierung der Menschen in den
Vordergrund. „Angesichts sich ständig ändernder dynamischer Organisationsstrukturen und Arbeitsinhalte, wird personen- und körpergebundenes Erfah-
rungswissen und lebendiges Arbeitsvermögen immer mehr zur einzig flexiblen
Ressource im Umgang mit Komplexität und Unwägbarkeiten" (ebenda, S. 136).

Weiterhin stellen die Autoren ebenso eine Veränderung innerhalb der betrieblichen
und gesellschaftlichen Innovationsprozesse fest. Hierbei fällt vor allem die zunehmende Ökonomisierung der Forschung auf, die immer stärker lösungsorientiert ausgerichtet wird und von der erwartet wird, bestimmte Anwendungsinnovationen her-
vorzubringen. Das hat zur Folge, dass „[…] innerhalb der Unternehmensorganisa-
tion und -netzwerke […; H. T.] damit einhergehend Prozesse der zunehmenden Ent-
hierarchisierung und Dezentralisierung statt[finden; H. T.], einzelne Innovations-
phasen […; H. T.] sich zunehmend [überlappen; H. T.] und interorganisatorische
Beziehungen inklusive der Einbeziehung externer Innovationspotenziale und -arran-
gements [zunehmend notwendig werden; H.T.]" (ebenda, S. 137).

Bezogen auf die Akteure innerhalb einer Organisation stellen Arens-Fischer et al.
(2010a) fest, dass stetig mehr von ihnen gefordert wird – bei gleichzeitiger Zunahme der Entscheidungsmöglichkeiten. Dabei ist jedoch zu beachten, dass diese
Entwicklung nicht mit einer echten Partizipation oder einer umfassenden Selbst-
bestimmung einhergeht. Bezogen auf die hier vorliegende Arbeit ist festzuhalten,
dass es eine Erwartungshaltung der Initiatoren der MAB hinsichtlich der Feedbackkompetenz gibt. In der theoretischen Konzeption der MAB die idealtypisch
durchgeführt wird, läge eine echte Partizipationsmöglichkeit für die Akteure einer
Organisation vor.

Vor dem Hintergrund der massiven Wandlungsprozesse sieht sich die Aktionsforschung mit anderen Themen als bisher konfrontiert, „[…] denn die Eindeutigkeit
„alter" Aufklärungsintention und die Eindimensionalität „alter" Partizipationsaus-
richtung gerät angesichts der Dialektik von neuen Partizipationszumutungen an
ihre Grenzen. Gerade, wenn Aktionsforschung […; H. T.] Aufklärung und Partizipation als erhaltensnotwendige Werte ernst nimmt, muss sie den Instrumentali-

sierungsverlockungen widerstehen: denn kaum eine Methode würde der betrieblichen Organisationsentwicklung mehr Zugriffspotential auf das ganze Subjekt in die Hand geben als die der Aktionsforschung. Vor diesem Hintergrund erscheint uns die Aktionsforschung einerseits als notwendiger denn je: denn angesichts realer Wandlungserfordernisse kann nur das Subjekt zum Subjekt der Gestaltung von Arbeit werden. Andererseits steht die Aktionsforschung vor neuen und ungelösten Fragen, will sie durch diese Gestaltungskompetenz das Subjekt nicht gleichzeitig zum unreflektierten Objekt seines eigenen Tuns machen" (ebenda, S. 138).

Pfeiffer et al. (2010) leiten aus ihren praktischen Anwendungserfahrungen bzgl. der Aktionsforschung drei wesentlichen Problemfelder ab, die im Folgenden betrachtet werden sollen (vgl. dazu S. 177 ff.):

1. Aktionsforschung braucht Freiraum – Unternehmen aber sind Herrschaftsraum[20]
   Da die vorliegende Studie im Kontext eines hierarchisch geprägten Unternehmens durchgeführt werden soll, ist es sinnvoll diese Strukturen zu nutzen. Das bedeutet konkret, dass die hier geplante Forschung direkt bei der Projektleitung der MAB angesiedelt wird, in diesem Fall dem Leiter der Personalbetreuung. Über ihn gibt es Zugangsmöglichkeiten über das formelle und informelle Netzwerk bis in die höchsten Berichtsebenen.

2. Aktionsforschung braucht Zeit – Innovationsarbeiter in innovativen Unternehmen haben keine[21]:
   Für die Durchführung der hier geplanten Untersuchung ergibt sich daraus die Herausforderung den Zugang zum Forschungsfeld zu finden. Das meint im Speziellen die Teilnehmer für die Pretests und Interviews (Siehe ausführlich dazu Kap. 3.3 und Kap. 3.4).

---

20 Bei diesem Punkt verweisen die Autoren auf die oftmals hierarchisch geprägten Organisationsstrukturen. Diese können zu Konflikten zwischen der aktionsforschungsorientierten Analyseperspektive und der Vorstellung der Geschäftsleitung führen. Die starke Reglementierung wirkt sich auf den gesamten Forschungsprozess aus (bspw. Forschungsdesign, Wahl der Interviewpartner etc.). Darüber hinaus ergeben sich vielfältige Spannungsfelder, wie das Anonymisierungsversprechen und die Notwendigkeit zur Offenlegung aus inhaltlichen Gründen.

21 In diesem Kontext beschreiben die Autoren vor allem die pragmatischen Schwierigkeiten. Dabei definieren sie das Zeitbudget als Hauptproblem. Aufgrund der hohen Arbeitsbelastung der zu untersuchenden Subjekte empfinden diese Maßnahmen wie Interviews oder Workshops als Störung und Fremdkörper. „Es interviewt sich einfach weniger frei, wenn auch durch die Thematisierung im Interview evident wird: Jede Minute des Interviews muss vom Interviewten faktisch wieder „reingearbeitet" werden (meist abends, also in der Freizeit)" (ebenda, S. 178).

3. Von der Emanzipation und Partizipation zur Subjektivierung und Ökonomisierung?[22]

Das vorliegende Forschungsdesign wird so ausgerichtet, dass den befragten Akteuren Raum gegeben wird, bspw. durch offene Fragen, Themen zu benennen die ihnen wichtig sind. Konkret soll herausgearbeitet werden was braucht es an prozessbegleitenden Maßnahmen für die MAB mehr, was braucht es weniger.

Zur Ableitung von Erklärungen zur Verhaltensänderung von Menschen innerhalb von sozialen Systemen empfehlen Arens-Fischer et al. (2010b) die szenische Aktionsforschung. „Dabei lassen sich nur dann Verhaltensvorhersagen treffen, wenn der komplexe Handlungskontext in den Forschungsprozess einfließt" (ebenda, S. 190).

Bei diesem Ansatz werden, unter Verwendung der Methoden der klassischen Organisationsforschung, Hypothesen zum Verhalten der Menschen generiert. Der Fokus liegt hier jedoch vordergründig auf der Erforschung der Veränderbarkeit von Verhalten. Im Anschluss erfolgt die Integration und empirische Überprüfung dieser Hypothesen „[…] zum Verhalten von Personen in organisationalen Kontexten in ein personal und organisational basiertes Verhaltensmodell im Sinne eines Strukturmodells der Organisation" (ebenda, S. 190). Die wissenschaftliche Vorgehensweise wird dabei als streng induktiv bezeichnet und die Akteure in den Forschungsprozess zu aktiven Teilnehmern entwickelt. Zur Hypothesenüberprüfung folgt der Wechsel in eine deduktive Systematik. Innerhalb der szenischen Aktionsforschung kommt es also zur Kombination von qualitativen und quantitativen Forschungsmethoden der Organisationsforschung.

Dieser Ansatz basiert auf der Annahme, dass die Wahrnehmung des Menschen mit all seinen Sinnen erfolgt, aus dem Wahrgenommenen selbstständig und individuell ein Sinn gebildet wird und der Mensch diesen selbsterzeugten Sinn dann eigensinnig zur Willensbildung im Handlungsprozess nutzt. Auch dieser Vorgang läuft zyklisch ab und soll einen komplexen Lernprozess bei Forschenden und Handelnden auslösen. Wichtig ist in diesem Zusammenhang, dass Hypothesen zunächst nur rahmenhaft umschrieben werden und sie im laufenden Prozess Veränderungen bzw. Präzisierungen unterliegen (vgl. ebenda, S. 191). Als edukatives Ziel sehen die Autoren das sogenannte Empowerment, „[…] d.h.

---

22   Hier sehen Pfeiffer et al. (2010) die Gefahr, dass die Aktionsforschung „[…] droht zur Fortsetzung der Prozesse von Subjektivierung und Ökonomisierung zu werden, anstatt eben jene zu hinterfragen und durch neue Gestaltungsansätze zumindest in ihren negativen Auswirkungen für die einzelnen Subjekte abzumildern. [...; H. T.] Das Verfahren kann damit auch die eigentlich zuständigen Funktionsbereiche in Unternehmen entlasten und immer (noch) mehr „Arbeit" aufs Subjekt in den Fachabteilungen übertragen. Damit droht sich die Partizipation umzukehren und die Emanzipation zum Bumerang zu werden" (ebenda, S. 178).

die Entwicklung der Fähigkeit der Beteiligten, ihre Position nach Maßgabe der Forschungsergebnisse selbstständig zu vertreten, ist ein edukatives Ziel der Aktionsforschung im Sinne einer Kompetenzentwicklung zum reflektierenden und gestaltenden Subjekt" (ebenda, S. 191). Wissenschaftlich betrachtet, soll ein tragfähiges Modell entwickelt werden, das die wahrheitsgemäße Hypothesenprüfung ermöglicht, und dabei gleichzeitig Erklärungs- und Gestaltungsansätze für die Praxis hervorgebracht werden.

Damit die Balance zwischen Theorie und Praxis gewahrt werden kann, werden innerhalb der szenischen Aktionsforschung drei Arten von „Räumen" errichtet (vgl. dazu ebenda, S. 195 ff.)

1.   Das Studierzimmer[23]
2.   Das Labor[24]
3.   Der Betrieb[25]

Diese Räume verhindern vorbeugend die Vereinnahmung der Erkenntnisperspektive durch die Nützlichkeitsperspektive, indem ein Wechselspiel zwischen den Räumen stattfindet, das zwischen Integration und Trennung der Wissenschaftler und Praktiker abläuft. Durch den Wechsel zwischen den Räumen kommt es zur Erprobung und Reflexion, wobei ein kollektiver Lernprozess initiiert wird.

Es geht bei diesem Ansatz auch nicht darum, Erkenntnisse aus dem Durchschnitt vieler Einzelfälle zu ziehen, sondern den Einzelfall möglichst in seiner gesamten Komplexität zu erfassen. Dem Vorwurf der ausschließlichen praktischen Problemlösung entzieht sich die szenische Aktionsforschung durch die enge Verknüpfung mit der Theorie (vgl. ebenda, S. 197 f.).

---

23   Richtet sich in erster Linie an den Forscher und dient der Theoriebildung sowie der wissenschaftlichen Reflexion. Hierbei muss auf streng auf die wissenschaftliche Kommunikation geachtet werden. Gleichzeitig erfolgt die Prüfung der Theorien auf Grundlage der vorab entwickelten Strukturmodelle, das Forschungsdesign sowie die Übertragbarkeit der Ergebnisse auf die Praxis.
24   Hier findet die direkte Beobachtung des Experiments im Rahmen des vorab definierten Situationskontexts statt. Dieser Ort dient ebenfalls zum gemeinsamen Austausch und zur Reflexion der Forscher und der Beforschten. Zur Erleichterung der Beforschten befindet sich dieser Raum in der Regel am Ort der betrieblichen Praxis. Innerhalb dieses Laborexperiments kommt es zur direkten Konfrontation der Organisation mit sich selbst. Das soll den teilnehmenden Akteuren die Möglichkeit verschaffen, Hypothesen zur Veränderbarkeit und den damit einhergehenden Barrieren zu generieren. Gleichzeitig soll so ein Raum, losgelöst vom betrieblichen Druck der Fehlerfreiheit, geschaffen werden.
25   Dieser Raum ist in den Mitgliedern der Organisation vorbehalten. Hier können sie bspw. die im Labor erzeugten Hypothesen zum Verhalten oder zur Gestaltung der Organisationsstrukturen in der Praxis erproben.

Im Kern wird die Aktionsforschung in der Literatur als ordinäre Methode der Organisationsentwicklung beschrieben (bspw. Heimerl 2008, Wimmer 2004). Besonders ist dabei die Selbstbeobachtung und Selbstreflexion der untersuchten Organisation (Wimmer 2004). Hieraus ergeben sich Ansätze zur Erweiterung von bestehenden Theorien sowie zur Veränderung von praktischen Themenkomplexen. Konkret auf diese Arbeit bezogen, soll untersucht werden inwiefern Vrooms VIE-Theorie zur Erklärung von Motivationsprozessen im Kontext von MAB verwendet werden kann. Praktisch soll daraus abgeleitet werden, wie prozessbegleitende Maßnahmen einer MAB konzipiert sein müssen, um die größtmögliche Wirkung entfalten zu können.

Das dieser Arbeit zugrundeliegende Verständnis bzgl. des Charakters der Aktionsforschung folgt der Auffassung von Lewin: Eine wissenschaftliche Untersuchung darf kein Selbstzweck sein, sondern muss theoretische und praktische Belange gleichberechtigt einbeziehen. Dabei bildet die Wissenschaft das Fundament, bestehend aus Theorie und standardisierten Methoden.

Die hier zitierten Autoren (bpsw. Heimerl 2008, French und Bell 1994) bescheinigen der Aktionsforschung das Potential zur Weiterentwicklung von Organisationen. Der große Vorteil liegt dabei in der Einbeziehung bzw. Beteiligung der Beforschten (Bortz und Döring 2006). So können Widerstände gegen einen möglichen Veränderungsprozess abgebaut werden. Es gilt der Grundsatz: Betroffene zu Beteiligten machen.

Den von Pfeiffer et al. (2010) beschriebenen Konfliktfeldern muss durch einen entsprechenden Versuchsaufbau begegnet werden. Zum Problem von Untersuchungen in hierarchisch geprägten Unternehmen wurde bereits in Kap. 2.3.2 Stellung genommen. Die hier angestrebte Evaluation ist im Bereich des Prozessverantwortlichen (Personalabteilung) verortet und von der Projektleitung ausdrücklich gewünscht und unterstützt. Zum Thema Zeit als knappe Ressource wurden dem hier vorliegenden Evaluationsprojekt keine direkten Einschränkungen auferlegt. Bezogen auf die Subjektivierung und Ökonomisierung ist festzuhalten, dass die Zielrichtung der Untersuchung auf dem Wegfall bzw. der Optimierung von prozessbegleitenden Maßnahmen bei MAB ausgerichtet ist. Es soll weniger darum gehen mehr Arbeit auf weniger Köpfe zu verteilen, sondern zu analysieren wie mit zielgerichteter Ausrichtung der Maßnahmen ein ähnlicher oder besserer Effekt auf die Teilnahmemotivation erreicht werden kann. Zur Sicherstellung des Einbezuges von allen relevanten Erkenntnisperspektiven, wird ein Multimethodeneinsatz geplant und alle am prozessbeteiligten Akteure quantitativ und qualitativ befragt. Im Vergleich der jeweiligen Methoden und Untersuchungsgruppen, sollen dann Implikationen für Theorie und Praxis abgeleitet werden.

Bevor ein konkretes Forschungsdesign entwickelt werden kann, muss zunächst der Aktionsforschungsprozess und die methodische Vorgehensweise beschrieben werden.

2.4.2 Methodische Vorgehensweise innerhalb des Aktionsforschungsprozesses

Aufgrund der vielfältigen Kritik an der Aktionsforschung bezeichnet Friedrichs (1990) die Vorgehensweise innerhalb dieser Methode als „[...] entscheidend[es; H. T.] integrativ[es, H. T.] Element der politischen und wissenschaftlichen Anforderungen der Aktionsforschung" (S. 374). Lewin ordnete den Phasen der Aktionsforschung folgende Grundstrukturen zu:

Abbildung 4:   Grundstrukturen der Phasen einer Aktionsforschung
(Friedrichs 1990, S. 374, in Anlehnung an Lewin 1953)

French und Bell (1994) schlagen vor, jeden Aktionsforschungsprozess mit der Zustandsbeschreibung der Organisation einzuleiten. Aus dieser Analyse lassen sich Annahmen und Hypothesen über den momentanen Zustand ableiten und weiterführend auch Veränderungsmaßnahmen entwickeln. Dabei muss beachtet werden, dass diese Maßnahmen aus einigen Variablen bestehen, die der Forscher direkt beeinflussen kann. Nach der Initiierung der Maßnahmen muss zu einem späteren Zeitpunkt eine erneute Zustandsbeschreibung der Organisation erfolgen. Aus dem

direkten Vergleich dieser beiden Zustandsbeschreibungen (vor und nach der Maß-
nahmeneinführung) können Rückschlüsse auf die Wirkung der Maßnahmen getroffen werden (vgl. S. 110 f.).

Die folgende Abb. zeigt den Aktionsforschungsprozess vor dem Hintergrund der
Organisationsentwicklung:

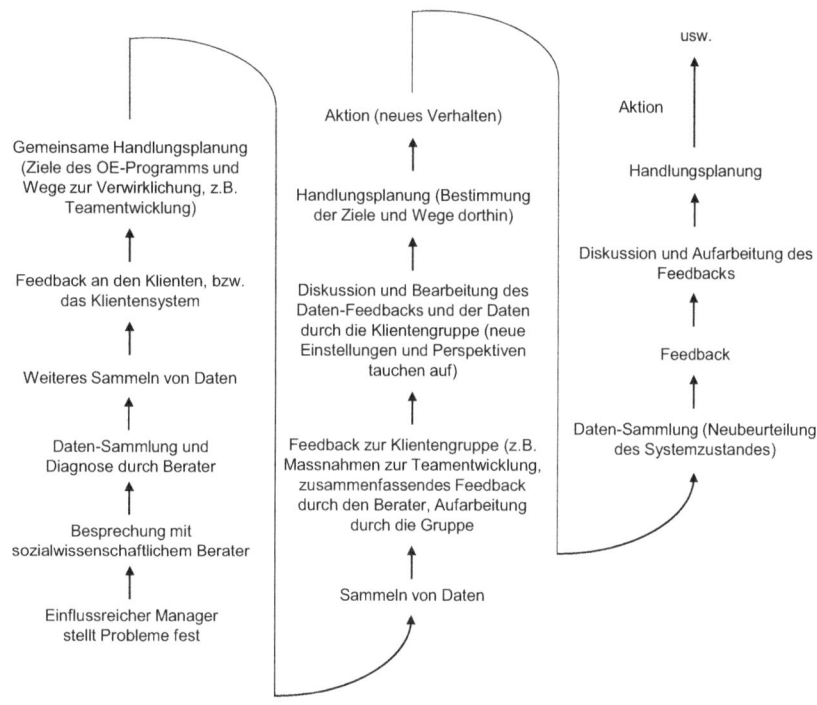

Abbildung 5:   Der Aktionsforschungsprozess im Hinblick auf die
Organisationsentwicklung (French und Bell 1994, S. 112)

Diese Abb. stellt eine Erweiterung des Modells von Lewin dar. Aber auch hier ist
klar der zyklische Charakter der Aktionsforschung zu erkennen. Die Hauptaspekte
dieses Modells sehen die Autoren in der Diagnose, Datensammlung, Feedback,
Aufarbeitung der Daten, Handlungsplanung und Handlungsdurchführung.

Den Prozesscharakter der Aktionsforschung sehen French und Bell (1994) durch
zwei wesentliche Ursachen erfüllt (vgl. dazu S. 113):

1. Die Aktionsforschung ist eine Abfolge von bestimmten Ereignissen und Maßnahmen innerhalb jedes Prozessschrittes.
2. Die Aktionsforschung verläuft zyklisch „[…] wobei manchmal dasselbe Problem in mehreren Zyklen und manchmal mehrere Probleme im selben Zyklus behandelt werden" (ebenda, S. 113).

Heimerl (2008) untergliedert die Vorgehensweise innerhalb des Aktionsforschungsprozesses in die Phasen der Diagnose, der Planung, der schrittweisen Handlung und die Reflexion der Veränderungen. Des Weiteren stellt er drei wesentliche Handlungsgrundsätze fest (vgl. dazu ausführlich S. 19 ff.):1. Das Verhältnis der Forschenden zum Untersuchungsgegenstand, 2. Die Aktionsforschung als zirkulärer Prozess, 3. Zielorientierung innerhalb der Aktionsforschung:

In der Weiterentwicklung der Aktionsforschung als Forschungsstrategie empfiehlt Friedrichs (1990) die Phase der Bewertung wesentlich zu verfeinern „[…] im Sinne des Evaluation Research" (S. 375). Diese Evaluation muss eingesetzt werden, um zu überprüfen, ob die untersuchten Maßnahmen Effekte zur Erreichung der gesetzten Ziele haben. Der Autor unterscheidet dabei in die formative und summative Evaluation. Bei der formativen Evaluation erhalten die Beteiligten während des Forschungsprozesses entsprechende Rückmeldungen, die dann zur Verbesserung desselbigen führen sollen. Bei der summativen Evaluation wird der Prozess zunächst abgeschlossen und erst im Nachgang erfolgt die Information bzw. Weitergabe von Empfehlungen an Akteure, die nicht direkt am Prozess beteiligt waren (vgl. ebenda). Zur Umsetzung der Evaluation beschreibt Friedrichs (1990) vier zwingende Voraussetzungen:

1. das Vorhandensein von spezifizierten Zielen,
2. Ziele, die in messbare Indikatoren operationalisiert werden können, um so die Zielerreichung überprüfbar zu machen,
3. die Möglichkeit zur Validierung der Messdaten anhand von Kontrollgruppen,
4. Vergleich aller gesammelten Daten mit den Zielindikatoren.

Die hier aufgezeigten Kernelemente des Aktionsforschungsprozesses (Diagnose, Planung, schrittweise Handlung und Reflexion der Veränderungen) müssen sich im Forschungsdesign und der Ergebnisanalyse der hier vorliegenden Arbeit wiederfinden. Gleichzeitig ist festzuhalten, wie in den Kap. 2.1 bis 2.3 schon mehrfach festgestellt, dass die Anwendung der Methoden der empirischen Sozialforschung in diesem Kontext notwendig ist. Aufgrund der starken Betonung dieser Forderung, wird den Methoden im Rahmen der Aktionsforschung ein eigenes Kap. gewidmet.

2.4.3   Methoden der Aktionsforschung

Moser (1975) diskutiert vor dem Hintergrund der unterschiedlichen Gütekriterien, die innerhalb der Aktionsforschung bzw. der klassischen empirischen Sozialforschung Gültigkeit haben sollen, inwiefern eine Anwendung der Methoden der empirischen Sozialforschung innerhalb der Aktionsforschung durchführbar sein kann.

Der Autor merkt dabei an, dass es vom Standpunkt der Aktionsforschung nicht zu akzeptieren ist, die Untersuchten zu Forschungsobjekten zu degradieren, so wie es in der empirischen Sozialforschung durchgeführt wird. „Dem Gütekriterium der Stimmigkeit zu den Zielen können diese Methoden auf dem Hintergrund emanzipatorischer Sozialforschung nicht entsprechen" (Moser 1975, S. 128). Trotzdem räumt er ein: „Allerdings bedeutet diese Kritik nicht, daß sich die Aktionsforschung von der klassischen empirischen Forschung in ihrer Methodenwahl nicht anregen lassen darf. Sofern nämlich das Kriterium der Stimmigkeit erfüllt werden kann und die Methode mit den Zielen vereinbar gemacht werden, steht einer Adaption klassischer empirischer Methoden nichts im Wege" (ebenda, S. 128). Dies ist also als Minimalanforderung anzusehen, die erfüllt sein muss, um die empirischen Methoden[26] in den Forschungsprozess der Aktionsforschung zu integrieren. Dazu ergänzt Krall (2008), dass ein Aktionsforschungsprozess primär die Verwendung von qualitativen Methoden nahe legt, aber nicht nur auf diese reduziert werden darf (vgl. S. 263f.).

Der Autor gibt dabei allerdings zu bedenken: Findet eine Verwendung innerhalb der Aktionsforschung statt, orientieren sich diese Methoden trotz allem an den Kriterien der klassischen Forschung. Dazu merkt Spiess (1994) an: „Nicht immer erscheint der erreichte Erfolg mit den herkömmlichen Kriterien der empirischen Sozialforschung meßbar. Dies zeigt an, daß sich der Aktionsforscher auf einer Gradwanderung zwischen den Ansprüchen der Wissenschaft und denen der Praxis befindet" (S.6).

Moser (1975) nimmt in diesem Zusammenhang eine Ausweitung des Begriffes der empirischen Forschung vor, indem er postuliert, dass die Methoden „[...] nicht mehr allein auf die nach bestimmten methodologischen und statistischen Regeln erhobenen Daten restringiert bleiben, sondern – unter Vorbehalt des systematischen Vorgehens – Datenerhebung nach Häufigkeit, teilnehmende Beobachtung und Befragung von Gewährungspersonen als Methoden erfahrungswissenschaftlicher Forschung bezeichnet [werden; H.T.]" (ebenda, S. 132).

---

26   Eine Übersicht dieser Methoden sowie die Begründung für die Methodenauswahl finden sich in Kap. 3.2

Die Datenerhebung nach Häufigkeit stellt dabei die Variante dar, die einem Verfahren der klassischen empirischen Sozialforschung am nächsten kommt. Es fällt dabei auf, dass der Forscher hier eine gewisse Distanz zu den Beforschten einnimmt. „Dabei muß insbesondere betont werden, daß die distanzierte Position des Forschers, der in einer bestimmten Phase eines Forschungsprojektes gezielt Informationen sammelt, noch nicht mit der Installierung eines neuen Abhängigkeitsverhältnisses für die >>Probanden<< verbunden sein muß. Sofern der Gesamtprozeß die Subjekte im sozialen Feld aktiv partizipieren läßt und sie in den Diskurs einbezogen werden, wo auch die Resultate der Datenerhebung verhandelt werden, spricht nichts gegen solche Forschungsaktivitäten" (ebenda, S. 132 f.).

Bezogen auf die Auswertung der statistisch erhobenen Daten im Rahmen der Aktionsforschung weist der Autor darauf hin, dass der Fokus hierbei nicht auf der „[…] Signifikanz von Resultaten einer statistischen Auswertung, sondern [auf dem; H. T.] inhaltliche[n; H. T.] Diskurs" (ebenda, S. 133) liegt. Demnach genügt im Rahmen der Aktionsforschung die Analyse von absoluten Zahlen und prozentualen Häufigkeiten. Sollte es vom Forschungsdesign notwendig sein, können auch einfache Verfahren, wie die Chi-Quadrat-Auswertung, oder andere nicht parametrische Verfahren zum Einsatz kommen. Wichtig ist hierbei auch die statistische Erhebung von charakteristischen Merkmalen, über welche die Gruppe der untersuchten Personen eindeutig beschrieben werden kann. Damit erhält man die Möglichkeit, in der Auswertung die Handlungsorientierungen und Normen von verschiedenen Subgruppen der Befragten zu unterscheiden und ggf. miteinander zu vergleichen (vgl. ebenda, S. 134).

Eine weitere Methode der empirischen Sozialforschung, die für die Aktionsforschung von Relevanz sein kann, sieht Moser (1975) in der teilnehmenden Beobachtung (strukturiert oder unstrukturiert). Hierbei weist der Autor ausdrücklich darauf hin, dass diese Variante von einer konkreten und theoretisch fundierten Fragestellung ausgehen muss (vgl. S. 133).

Die große Chance der Aktionsforschung liegt darin, die unbewussten Normen der Beforschten durch einen Wissenschaftler, der das Feld von außen betrachtet, bewusst zu machen (vgl. ebenda, S. 135). Dabei besteht gleichzeitig die Gefahr, dass durch die Wiedergabe von subjektivem Wissen eine gewisse Verzerrung der Informationen nicht auszuschließen ist. Auch die Fehlleitung des Forschers, wie etwa durch das Streuen von Gerüchten, kann zu falschen Ergebnissen führen. „Das Transparenzkriterium für Informationen erscheint nicht mehr gewährleistet, wenn Berichte über bestimmte Ereignisse über mehrere Stationen hinweg überliefert werden" (ebenda, S. 136).

Kritisch merkt Moser (1975) dabei an: „Gerade bei quantitativen Erhebungen übertrifft jedoch der Aufwand oft die Ergebnisse, weil der Forscher sich immer nur jenen Ausschnitten des Feldes zuwendet, auf die sein Instrument anspricht und alle anderen wichtigen Ereignisse zu übersehen droht" (S. 135).

Generell rät Moser (1975) zu einer sorgfältigen Planung des Forschungsdesigns und warnt vor einer willkürlichen Anwendung der klassischen Methoden der empirischen Sozialforschung im Rahmen der Aktionsforschung. Alle verwendeten Methoden müssen dem Forschungsvorhaben entsprechend angepasst und auf die Forschungsfragen ausgerichtet werden. Wichtig ist dabei auch die Sammlung und Kombination von Informationen auf unterschiedlichen Ebenen, um ein umfassendes Bild der ablaufenden Prozesse sowie der vorhandenen Einflussfaktoren zu erhalten. „Im Diskurs wird es dann in erster Linie darum gehen, die Validität dieser Daten abzuschätzen, verschiedenartige Daten miteinander zu konfrontieren und zu entschlüsseln – etwa wenn mit verschiedenen Methoden erhaltene Daten eines Informationstyps einander widersprechen" (ebenda, S. 136).

Wie bereits angekündigt sollte in diesem Kap. die Anwendung der Methoden der empirischen Sozialforschung im Kontext von Aktionsforschungsprozessen näher beschrieben werden. Die Autoren empfehlen zwar im Schwerpunkt die Anwendung von qualitativen Methoden, sehen aber auch den Methodenmix aus qualitativ und quantitativ als wünschenswert (Krall 2008). Wichtig ist, dass die Methoden am konkreten Forschungsinteresse ausgerichtet und nicht willkürlich verwendet werden (Moser 1975). Dadurch wird es möglich alle, für die Fragestellung der Untersuchung, relevanten Perspektiven zu erfassen. Auf dieser Grundlage kann dann die Merkmalscharakterisierung der untersuchten Gruppen erfolgen (ebenda). Wichtig ist insbesondere bei der Verwendung von quantitativen Methoden zu beachten, dass subjektives Wissen zu Verzerrungseffekten führen kann (ebenda). Dies muss im Rahmen der Ergebnisdiskussion aufgegriffen und analysiert werden.

2.4.4   Zwischenfazit

Das wesentliche Ziel dieser Arbeit ist die prozessbegleitenden Maßnahmen von MAB vor dem Hintergrund ihres Einflusses auf die Teilnahmemotivation zu untersuchen. In diesem speziellen Anwendungsfall werden MAB im Kontext von Organisationen betrachtet. Durch diesen praktischen Bezug ist es sinnvoll die Aktionsforschung als Ansatz für die Ausgestaltung des theoretischen Rahmens zu verwenden. Sie ermöglicht die direkte Veränderung von bestehenden Verhältnisse und bei einem entsprechend theoriegeleiteten Versuchsaufbau, auch die wissenschaftliche Reflexion von Zusammenhängen (Wimmer 2004). Damit dies gelingen kann muss der Kontext beschrieben werden, in dem die Daten erhoben werden

sollen. Zu diesem Zweck erfolgt in Kap. 3 die Beschreibung des Untersuchungsgegenstandes. Um der Forderung nach Wissenschaftlichkeit nachzukommen wird
der Untersuchungsgegenstand theoretisch (Kap. 3.1.3) verortet. Darüber hinaus
erfolgt die theoriegestützte Ableitung des Forschungsdesigns (Kap. 3., Abb. 7) sowie der verwendeten Erhebungsinstrumente (Kap. 3.3 und 3.4). Durch die Kombination von qualitativen und quantitativen Methoden (Interview und Fragebogen)
sollen zwei verschiedenen Quellen zur Datengewinnung zum Einsatz kommen.
Das ist eine Voraussetzung für das von Moser (1975) geforderte ganzheitliche Bild
auf unterschiedlichen Ebenen. Diese Ebenen unterscheiden sich dabei einmal nach
den befragten Akteuren (Führungskräfte und Mitarbeiter), aber auch nach den einzelnen Prozessschritten der MAB. Auf diese Einteilung wird im Zuge der Ergebnisinterpretation und -diskussion zu achten sein (siehe Kap. 5 und 6). König (1983)
gibt den Hinweis, dass im Rahmen von Aktionsforschungsprozessen Wissen erzeugt wird, dass eine bestimmte Situation erklärt, was dann wiederum die Grundlage für Veränderungsprozesse darstellt. Diese Einschränkung ist wichtig für die
Ergebnisinterpretation dieser Arbeit. Aufgrund der starken Verzahnung mit dem
Untersuchungsgegenstand bei gleichzeitiger Kontextabhängigkeit, muss kritisch
überprüft werden inwiefern eine Übertragbarkeit der Untersuchungsergebnisse auf
andere Bereiche möglich ist.

2.5   Anwendung von Vrooms VIE-Theorie auf den Kontext von MAB und Ableitung der Thesen

Der Fokus der hier durchgeführten Studie liegt auf den prozessbegleitenden Maßnahmen von MAB. Wie in Kap. 2.2 bereits hergeleitet, muss der Erklärungsansatz
im Bereich der Prozesstheorien gesucht werden. Die VIE Theorie nach Vroom
wurde nach Weinert (2004) bereits häufig als Erklärungsmodell im Kontext von
Analysen des Verhaltens im Kontext von Organisationen verwendet. Durch die konkrete Anwendung auf die prozessbegleitenden Maßnahmen von MAB wird ein weiterer Anwendungsfall geschaffen. Aus der Reflexion können dann Implikationen zu
Erweiterung dieser motivationstheoretischen Variante der verhaltenswissenschaftlichen Theorie abgleitet werden. Einschränkend müssen dabei die kritischen Positionen (siehe Kap. 2.2.3) von Weinert und Schirmer et al. beachtet werden.

Für die Ableitung von Thesen ist es wichtig zu verstehen, dass die hier vorliegende
Forschungsstrategie auf der Aktionsforschung beruht. Die traditionelle Empirie ist
hauptsächlich auf Hypothesentests und Wissenserweiterung ausgerichtet. Die Aktionsforschung zielt darauf ab, praxisorientiertes Wissen systematisch anzuwenden und daraus Erkenntnisse für die Theorie abzuleiten (vgl. Moser 1977b, S. 16).
Schneider (1980) gibt dabei zu bedenken, dass zu Beginn der Feldphase kein „[…]

kompletter Satz von operationalisierten Hypothesen oder gar ein fertige[s; H. T.] Erhebungsinstrument[...; H. T.]" (S. 7) zur Verfügung steht. Im Rahmen von Organisationsentwicklungsvorhaben beschreiben French und Bell (1994) die Aktionsforschung, wie bereits in Kap. 2.4 bereits erwähnt, als Prozess zur systematischen Datenerfassung. Die so gewonnenen Informationen dienen als Ausgangspunkt für die Thesenbildung und gleichzeitig auch als Initiationsindikator für Veränderungsprozesse (vgl. S. 110). Die so entstandenen Thesen können dann anschließend durch zusätzliche Datenerhebung verifiziert werden. Klüver und Krüger (1972) ergänzen dazu, dass die erhobenen Daten immer im Kontext der Erhebungssituation zu verstehen sind (vgl. S. 80). Das bedeutet auch, dass die Thesenbildung in diesem Kontext zu betrachten ist. „Die im action research aus der Reflexion über Realität abgeleiteten Hypothesen wären der Realität nicht mehr mit dem Ziel gegenübergestellt, sie zu bestätigen oder zu falsifizieren, sondern sie fungieren als Anweisungen für das Handeln in sozialen Situationen und werden der Überprüfung ausgesetzt, ob sie in Hinblick auf die Problemlösung angemessen sind oder nicht" (ebenda, S. 81).

Aufgrund der beschriebenen Einschränkungen im Rahmen des Aktionsforschungsprozesses haben die Hypothesen einen quasiuniversellen Charakter. „Die Einschränkungen bei der quasiuniversellen Hypothese beziehen sich auf die Wahrscheinlichkeit ihres Zutreffens" (Hussy et al. 2013, S. 33). Es geht im Schwerpunkt um die Identifikation von Regelhaftigkeiten, die nicht endgültig als falsch oder wahr verstanden werden dürfen (vgl. ebenda, S. 33).

Gleichzeitig kann durch diese Vorgehensweise der Kritik von Schirmer et al. (2009) an der VIE Theorie begegnet werden. Die Autoren bezweifeln, ob sich verschiedene qualitative Ziele angemessen skalieren und berechnen lassen. Durch die hier geplante Kombination von qualitativen und quantitativen Methoden, werden alle notwendigen Perspektiven einbezogen.

Als Ausgangspunkt für die Durchführung eines Aktionsforschungsprozesses schlagen French und Bell (1994) die Zustandsbeschreibung der Organisation vor. Dies bildet ihrer Ansicht nach die Grundlage zur Ableitung von Annahmen und Thesen über den momentanen Zustand. Weiterführend können auf dieser Basis auch Veränderungsmaßnahmen entwickelt werden (vgl. S. 110 f.).

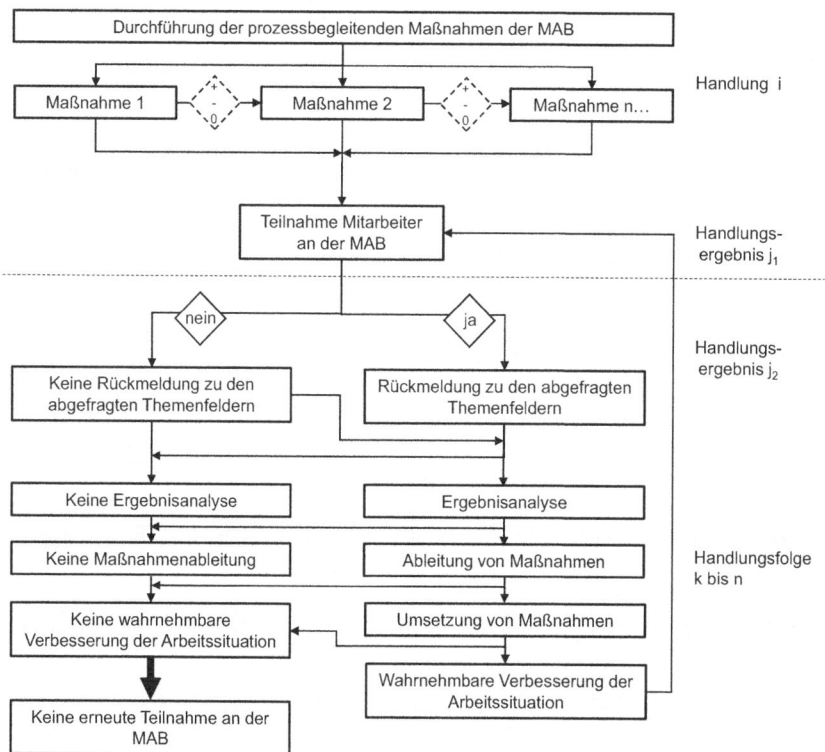

Abbildung 6:   Übertragung der VIE-Theorie nach Vroom auf den Kontext von MAB und deren prozessbegleitende Maßnahmen (eigene Darstellung)

Neben der Aktionsforschung als Grundlage für die hier vorliegende Forschungsstrategie soll die Übertragung der VIE-Theorie nach Vroom auf den Kontext der MAB und deren prozessbegleitende Maßnahmen erfolgen. Die Abbildung 6 zeigt dazu die schematische Darstellung. Als Handlung i ist hier die Durchführung der prozessbegleitenden Maßnahmen zu verstehen. Diese fallen nach Befragungskontext unterschiedlich häufig aus. Auch die Anwendungshäufigkeit variiert. Das Besondere ist hierbei, dass die Handlung nicht durch das Individuum, den Mitarbeiter, sondern durch die Organisation erfolgt. Damit findet in diesem Anwendungsfall die Verknüpfung des Verhaltens von zwei Akteuren statt, deren Handlungen

sich gegenseitig beeinflussen. Dabei muss vermutet werden, dass sich die Maßnahmen in ihrer Wirkung ergänzen (+), behindern (-) oder gar nicht beeinflussen
(0). Dies wirkt sich dann auf das Teilnahmeverhalten der Mitarbeiter an der Befragung aus. Daraus ergeben sich die folgenden Thesen:

*T1: Je mehr prozessbegleitenden Maßnahmen einer MAB von den Mitarbei-
tern wahrgenommen werden, desto höher ist die Teilnahmemotivation.*

*T2: Wenn prozessbegleitenden Maßnahmen im Rahmen einer MAB durch-
geführt werden, dann können sich diese in ihrer Wirkung wechselseitig verstärken.*

Dabei fällt auf, dass das Handlungsergebnis j zweigeteilt betrachtet werden muss.
In der ersten Handlungsergebnisebene j_1 steht die Erwartung, dass die Mitarbeiter
an der MAB teilnehmen. Haben sie das getan, „ja", erhält das Unternehmen eine
Rückmeldung zu den abgefragten Themenfeldern. Haben sie das nicht getan,
„nein", erfolgt keine Rückmeldung. Damit bilden die Optionen „Teilnahme" und
„Nichtteilnahme" die zweite Handlungsergebnisebene j_2.

Aus Optionen j_1 und j_2 ergeben sich unterschiedliche Handlungsfolgen. Ohne die
Rückmeldung zu den abgefragten Themenfeldern fehlt die Voraussetzung für eine
standardisierte Ergebnisanalyse. Ohne die Ergebnisanalyse gibt es keinen Aufsatz-
punkt zur Festlegung von Maßnahmen. Ohne Maßnahmen wird sich an der bestehenden Arbeitssituation nichts verbessern. Ohne Verbesserungen ist es schwer
vorstellbar, dass die Mitarbeiter einen Sinn in ihrer Teilnahme an der MAB sehen.

*T3: Wenn die Ableitung von Maßnahmen nicht zu einer wahrnehmbaren Ver-
besserung der Arbeitssituation der Mitarbeiter führt, dann sinkt die Teilnahmemotivation.*

Gleichzeitig kann diese Verweigerungshaltung auch als Grundlage für die Ergebnisanalyse dienen. Hier muss hinterfragt werden, was die Ursachen für die Nichtteilnahme sein können, um daraus wiederum Maßnahmen abzuleiten, die in ihrem
Ergebnis zur Teilnahme der Mitarbeiter an der nächsten Befragung führen. Wird
dieser Aspekt beachtet, ist der Kritikpunkt von Weinert (2004) aufgegriffen. Er
fordert die Betrachtung von weiteren Faktoren, die die Erwartung des Organisationsmitgliedes beeinflussen. In diesem Fall müssen die Dimensionen Führungsstil
und Erfahrungen in ähnlichen Situationen betrachtet werden.

*T4: Wenn die Nichtteilnahme an der MAB als Grundlage für die Ergeb-
nisanalyse verwendet wird dann steigt die Teilnahmemotivation an der MAB.*

Findet eine Teilnahme an der MAB statt, liegen auch Rückmeldungen zu den abgefragten Themenfeldern vor. Dies ist die notwendige Voraussetzung für eine

standardisierte Ergebnisanalyse. Im Rahmen dieser Analyse kommt es zur Ableitung von Maßnahmen. Wird die Wirkung dieser Maßnahmen nach deren Umsetzung sichtbar, ist die Voraussetzung für die Teilnahmemotivation an der nächsten MAB gegeben. Auffällig ist hierbei, dass jede Handlungsfolge zu einer Unterbrechung des Handlungsfolgenprozesses führen kann. Bleibt die Ergebnisanalyse trotz vorliegender Rückmeldungen aus, ist nicht mit einer erneuten Teilnahme an der MAB zu rechnen. Wird eine Ergebnisanalyse durchgeführt, aber keine Maßnahmen dabei abgeleitet, ist mit der Nichtteilnahme zu rechnen. Werden Maßnahmen abgeleitet, diese aber nicht umgesetzt, oder wird deren Effekt nicht wahrgenommen, besteht ebenfalls die Vermutung, dass eine erneute Teilnahme an der MAB ausbleiben wird.

Aus der Übertragung der VIE-Theorie nach Vroom auf den Kontext von MAB und deren prozessbegleitende Maßnahmen, wurden Thesen abgeleitet die den grundlegenden Rahmen der hier angestrebten Untersuchung bilden. Die Ableitung von Hypothesen ist in diesem gewählten Kontext durchaus möglich. Aufgrund der Art der hier angestrebten Forschung müssen die Aussagen nicht als Hypothesen, sondern als Thesen überprüft werden. Im nächsten Schritt ist es nun notwendig die dazugehörigen Forschungsfragen aus den bisherigen Ausführungen abzuleiten. Die Thesen und Forschungsfragen werden dann in der Konzeption des Forschungsdesigns zusammengeführt.

2.6 Ableitung der Forschungsfragen

Aus den vorangegangenen Betrachtungen in Kap. 2.1 lassen sich die Kernaufgaben der prozessbegleitenden Maßnahmen einer MAB ableiten. Diese bestehen darin, dem Mitarbeiter zu vermitteln, dass sich durch die Teilnahme die Arbeitssituation (möglichst maximal) verbessert. Dabei muss deutlich werden, dass die Teilnahme an der MAB eine wichtige Voraussetzung dafür ist, die eigene Arbeitsleistung verbessern zu können, indem bspw. die Arbeitsaufgaben effektiver erfüllt werden können. Die Fragen, die sich dabei stellen sind:

- Wollen die Mitarbeiter ihre Arbeitssituation verbessern oder sind sie damit zufrieden?
- Verhindert eine Nichtteilnahme an der MAB den Verbesserungsprozess?
- Führt eine Nichtteilnahme zur Verschlechterung der eigenen Arbeitssituation?
- Gibt es ggf. noch andere, vielleicht sogar wirksamere Instrumente zur Verbesserung der eigenen Arbeitssituation?
- Garantiert die Teilnahme eine individuell wahrnehmbare Verbesserung?

- Wie wird das Anstrengungsniveau gesehen, um die Verbesserung der Arbeitssituation wirklich herbeiführen zu können?
- Wie werden die prozessbegleitenden Maßnahmen einer MAB von den Mitarbeitern und Führungskräften wahrgenommen und wie beurteilen sie deren Wichtigkeit?
- Gibt es Maßnahmen, die aus der Sicht der Mitarbeiter und Führungskräfte als sinnvoll eingeschätzt werden? Und wenn ja, welche?
- Wie ist der Einfluss auf die Teilnahmemotivation der prozessbegleitenden Maßnahmen einer MAB einzuschätzen?
- Transportieren die prozessbegleitenden Maßnahmen die richtigen Informationen? Und kommen diese bei den Mitarbeitern und Führungskräften an?
- Wie beeinflussen einzelne Maßnahmen die Teilnahmemotivation? Ist es ggf. möglich mit weniger dafür aber qualitativ hochwertigen Maßnahmen ähnliche Effekte auf die Motivation zu erreichen?

Zur Erklärung des Einflusses der prozessbegleitenden Maßnahmen einer MAB auf die Teilnahmemotivation muss also herausgearbeitet werden, wie diese Maßnahmen hinsichtlich ihrer Wahrnehmung und Wichtigkeit bewertet werden. Hintergrund für diese Überlegung ist der Ausgangspunkt, dass in diesem Zusammenhang nur eine wahrgenommene Maßnahme auch eine Wirkung entfalten kann. Die Beurteilung der Wichtigkeit ist notwendig, um so Aussagen hinsichtlich der Wirkung von prozessbegleitenden Maßnahmen ableiten zu können. Dabei muss beachtet werden, dass das Wirkungsspektrum in die Kategorien förderlich, hinderlich oder wirkungslos zu differenzieren ist.

Aus der vorangestellten Diskussion in den Kap. 2.1 und 2.2 ergeben sich für die übergeordnete Diskussion weitere zentrale Fragen. Diese sind wichtig um der Forderung gerecht zu werden, die Ergebnisdiskussion nicht nur auf den Kontext der Erhebung zu beschränken. Die folgenden Fragen sind in Kap. 2.1 und 2.2 in der Auseinandersetzung mit der Literatur abgeleitet worden. Zur Steigerung der Transparenz der hier vorliegenden Untersuchung sollen sie hier noch einmal zusammengefasst dargestellt werden:

Aus der theoretischen Diskussion der Themenfelder MAB und Motivation ergeben sich demnach:

- Welche Rolle spielt der Faktor „Internationalität" im Kontext von prozessbegleitenden Maßnahmen einer MAB?
- Welche kulturellen Aspekte müssen bei der Konzeptionierung von prozessbegleitenden Maßnahmen beachtet werden?

- Sind die in der Literatur beschriebenen Nachhaltigkeitsmerkmale von MAB vollständig?
- Welchen Einfluss hat Hierarchie auf die Wirkung von prozessbegleitenden Maßnahmen einer MAB?
- Welche Rolle spielt die Feedbackfähigkeit einer Organisation für die Anwendung von prozessbegleitenden Maßnahmen einer MAB?
- Ist der Fokus auf den Follow-up-Prozess der alles entscheidende Ansatzpunkt?
- Wie muss die qualitative und quantitative Dimension von prozessbegleitenden Maßnahmen konzipiert sein?

In den vorangestellten Kap. wurden zunächst die zentralen Themenfelder MAB, Motivation, Evaluation und Aktionsforschung theoretisch beleuchtet. Aus der Diskussion folgte dann die Ableitung der für diese Arbeit relevanten Aspekte. Dabei wurde unter Anwendung von Vrooms VIE-Theorie auf den Kontext von MAB ein Wirkmodell erstellt. Auf dieser Basis erfolgte dann die Ableitung der relevanten Thesen für den weiteren Gang der Untersuchung. Zum Abschluss wurden die Forschungsfragen und Diskussionsschwerpunkte aus dem Kap. 2.1 bis 2.4 zusammengefasst dargestellt. Nach dem Abschluss der theoretischen Fundierung für diese Arbeit, schließt sich nun im nächsten Kap. die Darstellung der empirischen Untersuchung an. Dazu wird zunächst der Untersuchungsgegenstand beschrieben, bevor die Darstellung des Forschungsdesigns diskutiert wird. Auf der Basis der so gewonnen Erkenntnis kann dann in Kap. 4 die Datenauswertung und Dateninterpretation erfolgen. Dies bildet wiederum die Grundlage für die Beantwortung bzw. Diskussion der aufgestellten Thesen und der abgeleiteten Forschungsfragen (siehe Kap. 4.5).

3   Empirische Untersuchung

In diesem Kap. erfolgt die Darstellung und Begründung der empirischen Vorgehensweise dieser Arbeit. Wie bereits in Kap. 2 aufgezeigt muss zunächst festgestellt werden, welcher theoretische Rahmen für die Evaluierung von bestehenden Prozessen hinsichtlich ihrer Wirkung besteht. Dabei wird herausgearbeitet wie Wirksamkeitsevaluationen und Effizienzanalysen aufgebaut sein müssen. Dies bildet die Grundlage für die Entscheidung bezüglich der Evaluationsart, die im Rahmen dieser Arbeit zur Anwendung kommt.

Da die Aktionsforschung den konzeptionellen Gesamtrahmen der hier vorliegenden Studie bildet, muss vor ihrer konkreten Anwendung innerhalb einer Organisation, die Verortung im organisationalen Kontext erfolgen. Dabei wird gleichzeitig untersucht welche Methodologie zur Anwendung kommen kann. Dies soll eventuelle theoretische und praktische Widersprüche zwischen Evaluation und Aktionsforschung verhindern.

Aus dem Abgleich der theoretischen Erfordernisse der Evaluation und der Aktionsforschung, entsteht die Grundlage für die Begründung der Vorgehensweise sowie für die Auswahl der verwendeten Methoden.

Das hier zugrunde gelegte Forschungsdesign verfolgt einen quantitativen und qualitativen Evaluationsansatz. Wissenschaftliches Arbeiten bedingt die Sicherstellung höchstmöglicher Transparenz über den gesamten Forschungsprozess. Um dieser Anforderung gerecht zu werden, erfolgt in diesem Kap. die Beschreibung der Erhebungsinstrumente, der Durchführung des Pretests, der Festlegung und Begründung für die Auswahl der Stichprobe sowie des Ablaufs der Befragungen.

Damit der Untersuchungsgegenstand im Forschungsdesign verortet werden kann, muss dieser zunächst deskriptiv beschrieben werden. Auch die praxisrelevanten Rahmenbedingungen sollen dabei betrachtet werden (Kap. 3.1.1). Zur Sicherstellung der Nachvollziehbarkeit der hier durchgeführten Studie, erfolgt in Kap. 3.1.2 die konkrete Darstellung des Untersuchungsgegenstandes. In Kap. 2.1 wurde bereits die theoretische Auseinandersetzung mit dem Themenfeld der MAB durchgeführt. Die so erlangten Erkenntnisse werden nun in Kap. 3.1.3 zur Anwendung gebracht. Bei der Betrachtung der Nachhaltigkeit von Mitarbeiterbefragungen (Kap.2.1.2) wurden die Faktoren aufgezeigt, die theoretisch notwendig sind um

© Springer Fachmedien Wiesbaden GmbH, ein Teil von Springer Nature 2018
H. Traut, *Die Bedeutung prozessbegleitender Maßnahmen bei
Mitarbeiterbefragungen für die Teilnahmemotivation*, AutoUni – Schriftenreihe 120,
https://doi.org/10.1007/978-3-658-22042-6_3

eine MAB erfolgreich durchzuführen. Durch die Analyse des Untersuchungsgegenstandes vor dem Hintergrund dieser Faktoren, können ggf. erste Hinweise auf
etwaige Handlungspotentiale herausgearbeitet werden. Im Zwischenfazit (Kap.
3.1.4) werden die theoretischen Erkenntnisse gebündelt und erste Interpretationen
vorgenommen.

Auf dieser Grundlage erfolgt dann die konkrete Festlegung und Begründung der
Vorgehensweise sowie der verwendeten Methoden.

Die Abbildung 7 zeigt das so entwickelte Forschungsdesign dieser Arbeit. Nach
Atteslander et al. (2010) hängt die Auswahl der Methoden vom Gegenstandsbereich ab. Dieser ergibt sich wiederum aus dem Forschungsinteresse (Vgl. S. 54).
Der Gegenstandsbereich dieser Arbeit umfasst die Wahrnehmung der Wirkung
prozessbegleitender Maßnahmen von MAB auf die Teilnahmemotivation aus
Sicht von Führungskräften und Mitarbeitern. Die Zielsetzung ist dabei zum einen,
die prozessbegleitenden Maßnahmen hinsichtlich der Wahrnehmung, der Wichtigkeit und der Auswirkung auf die Teilnahmemotivation zu beurteilen. Zum anderen sollen Verbesserungspotenziale für die Maßnahmen sowie Implikationen
für Theorie und Forschungsmethodik abgeleitet werden.

Zur Zielerreichung wird hierzu ein kombinierter Methodeneinsatz angewendet.
Dieser besteht aus zwei Betrachtungsweisen. Die Erfassung der quantitativen
Ebene erfolgt durch die schriftliche Befragung von Führungskräften und Mitarbeitern. Zur Bestimmung der qualitativen Ebene werden teilstrukturierte Interviews bei den gleichen Zielgruppen eingesetzt. Die Herausarbeitung der in der
Zielsetzung beschriebenen Punkte erfolgt durch den Vergleich der Ergebnisse aus
den schriftlichen Befragungen und dem Vergleich der Ergebnisse aus den teilstrukturierten Interviews. Zur Vervollständigung der Analyseperspektiven wird
ebenfalls eine Gegenüberstellung zwischen den quantitativen und qualitativen Ergebnissen durchgeführt.

Die Merkmale der Forschung und der theoretische Rahmen sind in der Aktionsforschung und der VIE-Theorie nach Vroom angesiedelt. Damit liegt hier die explora-
tive Vorgehensweise der Aktionsforschung vor. Diese hat in der Regel eher einen
qualitativen Charakter. In diesem Anwendungsfall soll jedoch die Ergänzung durch
eine quantitative Betrachtung erfolgen.

Gegenstandsbereich	Wahrnehmung der Wirkung prozessbegleitender Maßnahmen von MAB auf die Teilnahmemotivation aus Sicht von Führungskräften und Mitarbeitern
Ziel	1. Beurteilung der prozessbegleitenden Maßnahmen hinsichtlich der Wahrnehmung, Wichtigkeit und Auswirkung auf die Teilnahmemotivation 2. Ableitung von Potentialen Implikation für Theorie und Forschungsmethodik
Kombinierter Methodeneinsatz	Quantitative Ebene — Schriftliche Befragung von Führungskräften und Mitarbeitern Qualitative Ebene — Teilstrukturierte Interviews mit Führungskräften und Mitarbeitern — Vergleich
Merkmale der Forschung und theoretischer Rahmen	Exploratives Vorgehen im Rahmen der Aktionsforschung ergänzt um die quantitative Betrachtungsweise Anwendung Vrooms VIE-Theorie

Abbildung 7: Forschungsdesign (eigene Darstellung)

Das hier verwendete Forschungsdesign basiert auf der Literaturanalyse mit dem Schwerpunkt auf den Themenbereichen der Aktionsforschung, MAB, Evaluation von Maßnahmen und Motivation. Die daraus entwickelten Thesen dienen als Ausgangspunkt für die Ableitung der Fragen (quantitative Erhebungsmethode). Dabei wird ein Fragebogen für die Befragung von betrieblichen Vorgesetzten und ein zweiter Fragebogen für die Befragung der Mitarbeiter entwickelt. Aus dem Vergleich und der Analyse der so gewonnenen Daten folgt die Entwicklung des Interviewleitfadens, um die Forschungsfragen auch auf der qualitativen Ebene beleuchten zu können. Aus der Zusammenführung der Erkenntnisse der quantitativen und der qualitativen Methoden werden Ableitung zu den Potenzialen und Handlungsbedarfe aufgezeigt sowie Implikationen für die Theorie und Forschungsmethodik herausgearbeitet.

3.1   Beschreibung des Untersuchungsgegenstandes

3.1.1   Einleitung und praktische Einbettung

Seit 2008 erfasst die Volkswagen AG jährlich und unternehmensweit die Stimmungslage der Mitarbeiter durch eine MAB, die Stiba genannt wird. Dieses soll ein gemeinsames Diagnoseinstrument für Mitarbeiter und Führungskräfte sein, um Positives und Verbesserungsbedarf festzustellen. Darüber hinaus soll damit die Möglichkeit geschaffen werden, dass Mitarbeiter und Führungskräfte gemeinsam aus den Ergebnissen Maßnahmen zur Verbesserung ableiten und umsetzen. Der Stellenwert dieser Befragung im Konzern wird durch die direkte Einbindung in die Unternehmensstrategie „Strategie 2018" hervorgehoben. Das Stiba wird hierbei als ein wesentlicher Indikator der Personalmanagement-Strategie beschrieben und als Möglichkeit betrachtet, das strategische Ziel „Top Arbeitgeber" zu werden, in eine quantifizierbare Messgröße zu überführen (vgl. Konzernteam Mitarbeiterbefragung 2014, S. 4 f.).

Dabei ist es wichtig zu erwähnen, dass nicht von Anfang an eine konzernweite Vollerhebung stattgefunden hat. Die Einführung des Stiba erfolgt sukzessive bei den einzelnen Konzernmarken und Gesellschaften, mit dem Ziel bis spätestens 2018 den Stiba-Prozess konzernweit umgesetzt zu haben.

Die wesentliche Zielsetzung des Stiba fasst der Konzern in den folgenden fünf Punkten zusammen (vgl. ebenda, S. 5):

- Erfassen des Stimmungsbilds im Konzern
- Erhöhung der Mitarbeiterzufriedenheit durch Beteiligung
- Verbesserung von Information, Qualität, Produktivität, Führung und Zusammenarbeit durch Ergebnisdurchsprachen
- Förderung des unternehmerischen Denkens und Handelns durch Festlegung konkreter Maßnahmen
- Steigerung des Arbeitgeberimages

Die Merkmale des Stiba lassen sich wie folgt beschreiben (vgl. dazu ebenda, S. 6):

bezogen auf das Instrument selbst:

- generell ist die Befragung mit 11 Aussagen mit je fünf Antwortmöglichkeiten standardisiert,
- ab der zweiten Durchführung wird die Frage 11 ergänzt, die als Selbstevaluation der Befragung konzipiert ist (siehe Fragenkatalog),

- jedes Jahr erfolgt die Festlegung einer zusätzlichen zwölften Frage zu einem aktuellen Thema[27] aus Konzernsicht,
- das Gesamt-Konzernergebnis fließt in die Festlegung des Long Term Incentives ein;

bezogen auf die Durchführung:

- erfolgt einmal jährlich,
- die Teilnahme ist anonym und freiwillig,
- alle internen, aktiven Mitarbeiter können teilnehmen,
- für alle organisatorischen Einheiten wird ein Stimmungsbild erstellt, alle Mitarbeiter erhalten das Ergebnis ihrer organisatorischen Einheit,
- betriebliche Vorgesetzte und Mitarbeiter besprechen die Ergebnisse, im Anschluss erfolgt die Maßnahmendokumentation, -verfolgung und -umsetzung,
- nach ca. 6 Monaten der Befragung ist ein Review bzgl. des Umsetzungsstands der Maßnahmen vorgesehen.

Der verwendete Fragebogen ist standardisiert und enthält 12 Fragen, die wiederum inhaltlich geclustert sind (siehe Abb. 8). Als Skalierung wird eine Likert-Skala verwendet, die farblich unterstützt ist.

Außerdem werden den Führungskräften und Mitarbeitern entsprechende Erläuterungstexte zur Verfügung gestellt, die zu einem besseren und vor allem einheitlichen Verständnis der Fragen führen sollen.

Die Abbildung 9 zeigt zusammengefasst noch einmal beispielhaft den konzernweiten Befragungszeitraum für das Jahr 2014. Für die Vorbereitungsphase wird der Zeitraum Kalenderwoche 14 bis 20 vorgeschlagen. Der Befragungskorridor ist von der Kalenderwoche 21 bis 26 vorgegeben, in diesem kann/muss der Befragungszeitraum festgelegt werden. In der Auswertungsphase kommt es zur Erzeugung der Ergebnisberichte kombiniert mit einer gleichzeitigen Plausibilitätskontrolle. Im Anschluss daran folgt der Zeitraum für die Ergebnisdurchsprachen und Maßnahmenfindung (Kalenderwoche 30 bis 44). Ab der Kalenderwoche 48 soll dann mit dem Review begonnen werden.

---

27 Die Besonderheit hierbei ist, dass die Frage 12 nicht in die Indexberechnung einbezogen wird. Eine ausführliche Beschreibung der Indexberechnung erfolgt auf Seite 180.

	trifft voll und ganz zu	trifft weitgehend zu	trifft teils teils zu	trifft kaum zu	trifft überhaupt nicht zu
In der Öffentlichkeit, bei Freunden und Bekannten wird [Volkswagen] positiv gesehen	☐	☐	☐	☐	☐
Über aktuelle Entwicklungen bei [Volkswagen] bin ich gut informiert	☐	☐	☐	☐	☐
Für Qualität wird in unserer Organisationseinheit (OE) genug getan	☐	☐	☐	☐	☐
Fehler oder Störungen im Arbeitsprozess werden in unserer OE schnell abgestellt	☐	☐	☐	☐	☐
Die Zusammenarbeit in meiner OE oder Gruppe ist gut	☐	☐	☐	☐	☐
Die Zusammenarbeit mit den Kollegen anderer OEs oder Gruppen ist gut	☐	☐	☐	☐	☐
Die Zusammenarbeit mit meinem direkten Vorgesetzten ist gut	☐	☐	☐	☐	☐
Leistungsdruck und Anforderungen sind für mich momentan gut zu bewältigen	☐	☐	☐	☐	☐
Meine derzeitige Arbeit macht mir Freude	☐	☐	☐	☐	☐
Ich arbeite gerne bei [Volkswagen]	☐	☐	☐	☐	☐
Die Durchsprache der Ergebnisse des Stimmungsbarometers war hilfreich für unsere OE	☐	☐	☐	☐	☐
Zusatzfrage 2014: Ich erhalte für meine erbrachten Leistungen persönliche Wertschätzung	☐	☐	☐	☐	☐

Abbildung 8: Fragenkatalog Stiba (Konzernteam Mitarbeiterbefragung 2014, S. 8)

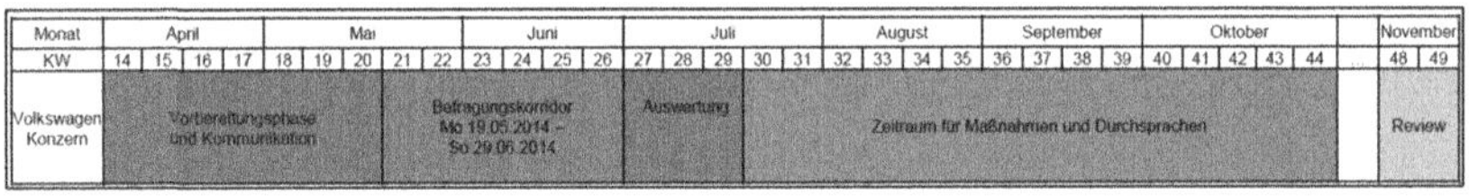

Abbildung 9: Konzernweiter Befragungszeitraum des Stiba im Jahr 2014 (Konzernteam Mitarbeiterbefragung 2014, S. 14)

Die Umsetzung des Stiba wird gesteuert durch das Konzernteam MAB und die jeweiligen Standort- bzw. Gesellschaftskoordinatoren.

Der Standardprozess des Stiba unterteilt sich in sechs Schritte: Vorbereitung, Befragung, Auswertung, Ergebnisdurchsprache, Maßnahmen und Review. In diesem Zusammenhang kommt dem Kommunikationskonzept eine tragende Rolle zu. Die Prozessschritte „Ergebnisdurchsprache" und „Maßnahmen" werden im Konzernstandard als die erfolgsentscheidenden Faktoren definiert.

In der Phase der Vorbereitung werden Projektleiter benannt und ein Projektteam gebildet, das die Durchführung für den Konzernbereich, die Gesellschaft oder den Standort organisiert. Hierbei handelt es sich um ein klassisches Projektmanagement mit Erstellung eines entsprechenden Zeitplans, Einbindung aller notwendigen Fakultäten (vor allem der Arbeitnehmervertretung) sowie um die IT-systemseitige Vorbereitung von Organisationsstrukturen. Dabei ist es wichtig, dass die technischen Voraussetzungen geprüft werden, wie bspw. die PC-Verfügbarkeit oder die Sicherstellung des Zugangs zu Passwörtern, Einrichtung eines Helpdesks etc.

Bezogen auf die Kommunikation soll transportiert werden, dass es sich beim Stiba um ein Instrument zum Anstoß von Veränderungsprozessen handelt. Zu diesem Zweck werden zentrale Kommunikationsmedien seitens des Konzernteams zur Verfügung gestellt, welche Zielgruppen spezifisch ausgerichtet (Management- und Führungskreise, Personalreferenten, Mitarbeiter) sind. Dabei handelt es sich unter anderem um Benutzerhandbücher für das IT-System, diverse Newsletter, Poster, Informationsbooklets etc. (vgl. ebenda, S. 29 ff.).

Die Befragungsphase erfolgt im Konzern überwiegend elektronisch. Dabei ist es von besonderer Bedeutung, dass alle Mitarbeiter eine Zugangsmöglichkeit zu PCs oder Eingabestationen haben. Um den Zugang zu vereinfachen, wurde die Möglichkeit geschaffen, von zuhause aus teilnehmen zu können. Während der Befragung ist ein Monitoring der Beteiligungsquoten auf Ebene der organisatorischen Einheit möglich. Die Datenschutzrichtlinien der Volkswagen AG sehen vor, dass eine Beteiligungsquote während der Befragung erst ausgewiesen wird, wenn mindestens 15 Mitarbeiter innerhalb einer Einheit abgestimmt haben. Besteht die Einheit generell aus weniger als 15 Mitarbeitern, ist ein Monitoring in diesem Fall nur über den übergeordneten Bereich möglich, sobald in der Aggregation mehr als 15 Mitarbeiter zusammenkommen, die abgestimmt haben. Damit soll erreicht werden, dass während der Befragung kein Druck auf die Beteiligungsquote erzeugt wird. Die Grenze von 15 Mitarbeitern wird als ausreichendes Abstraktionsniveau betrachtet, um Rückschlüsse auf kleinere organisatorische Einheiten mit einer Mitarbeiteranzahl kleiner 15 zu verhindern. Jedem Mitarbeiter ist es während des Befragungszeitraums möglich, die tagesaktuelle Quote des eigenen Bereichs unter den eben beschriebenen Voraussetzungen einzusehen. Für den Befragungszeitraum ist seit 2013 konzernweit ein einheitlicher Befragungskorridor festgelegt. Innerhalb dieses Korridors hat jede Konzernmarke/Gesellschaft maximal 4 Wochen Zeit, die Befragung durchzuführen (vgl. ebenda, S. 11; 34). Mit dieser einheitlichen Vorgehensweise soll erreicht werden, dass konzernweit die Ergebnisberichte zeitgleich zur Verfügung stehen und auch der Folgeprozess gemeinsam gestartet werden kann. Darüber hinaus können die IT-Ressourcen gebündelt und konzentriert eingesetzt werden.

Zur Teilnahme berechtigt sind dabei alle Mitarbeiter[28] die sich in einem aktiven Arbeitsverhältnis, unbefristet oder befristet, mit der Volkswagen AG zum Stichtag des Datenabzugs befinden[29] (vgl. ebenda, S. 12). Als teilgenommen wird jeder Mitarbeiter gewertet, der mindestens eine der zwölf Fragen angekreuzt hat. Auch diese Fragebögen fließen in den Ergebnisbericht ein. Dabei gilt zu beachten, dass zur Berechnung der Indexwerte nur die beantworteten Fragen verwendet werden. Die Fragen, die nicht beantwortet wurden, haben keinen weiteren Einfluss bzw. Auswirkungen.

Mit dem Ende der Befragungsphase startet die Auswertung. In dieser werden die Ergebnisberichte auf Basis der Struktur der organisatorischen Einheiten erzeugt. Die Stimme der direkten Vorgesetzten einer Einheit wird dabei nicht im Ergebnisbericht der eigenen, sondern der übergeordneten Einheit mitgezählt. Nach den Datenschutzrichtlinien darf es nur dann einen Ergebnisbericht geben, wenn mindestens fünf Mitarbeiter einer Einheit an der Befragung teilgenommen haben. Sind es weniger, werden diese Stimmen der nächsthöheren Ebene zugeordnet. Es ist also zu unterscheiden:

- während der Befragung – Veröffentlichung der Beteiligungsquote, wenn mindestens 15 Mitarbeiter an der Befragung teilgenommen haben,
- nach der Befragung – Erzeugung eines Ergebnisberichts, wenn mindestens 5 Mitarbeiter an der Befragung teilgenommen haben.

Die unterschiedliche Handhabung gründet darauf, dass während der Befragung Druck auf einzelne Mitarbeiter aus kleineren organisatorischen Einheiten bzgl. der Teilnahme vermieden werden soll. Nach der Befragung sollen die Ergebnisberichte möglichst umfassend für alle organisatorischen Einheiten zur Verfügung stehen. Dabei soll vermieden werden, dass Rückschlüsse auf das Abstimmverhalten von Mitarbeitern gezogen werden können. Ein ausreichender Schutz ist ab einer Gruppengröße von fünf Mitarbeitern, aus Sicht der Datenschutzkommission der Volkswagen AG, gegeben.

Jeder Mitarbeiter erhält Zugriff auf die Ergebnisse seiner eigenen Einheit sowie auf alle übergeordneten Berichte, in die seine Stimme eingeflossen ist. Dabei werden keinerlei biografischen Daten erhoben (siehe Abb. 10). Die betrieblichen Vorgesetzten erhalten darüber hinaus die Leseberechtigung für die Beteiligungsquote

---

28 Dazu gehören Auszubildende, Studenten im Praxisverbund, interne Doktoranden, Short-Term und Long-Term Expatriates, Langzeitkranke.
29 Von der Teilnahme ausgenommen sind studentische Beschäftigte (wie bspw. Bachloranden, Masteranden, externe Doktoranden), Praktikanten, Mitarbeiter im Sabbatical oder in Elternzeit, Ferienarbeiter, Mitarbeiter in passiver Altersteilzeit sowie Zeitarbeitnehmer.

bezogen auf die ihnen unterstellten Einheiten. Für die Personalabteilungen, Betriebsräte und Standortverantwortlichen sind Sonderzugriffsrechte nach Abstimmung möglich (vgl. ebenda, S. 35).

Die Ergebnisberichte bestehen standardisiert aus drei Seiten. Dabei stellt die Seite 1 (siehe Abb. 10) die prozentuale Verteilung der Antworten pro Frage, die Teilnehmer und die Beteiligungsquote dar. Hierbei gibt es drei Vergleichswerte I. zeigt das Ergebnis der organisatorischen Einheit, II. zeigt das Ergebnis der übergeordneten organisatorischen Einheit und III. das Standort- bzw. Unternehmensergebnis. Auf der rechten Seite neben dem Balken befindet sich der Stimmungsindex zu jeder Frage und Ebene. Für jede der zwölf Fragen wird die fünfstufige Skala farblich abgestuft dargestellt.

Die Abbildung 11 zeigt den sogenannten Historienvergleich. Hier wird die prozentuale Antwortverteilung pro Frage für das aktuelle Jahr und die zwei vorangegangenen Jahre dargestellt. Ebenfalls unter Angabe der Teilnehmer, der Beteiligungsquote und des Stimmungsindex. Diese Darstellungsform soll die Entwicklung der Stimmungslage innerhalb der organisatorischen Einheit darstellen und so die Analyse unterstützen. Dabei ist beispielsweise ein Abgleich möglich, inwiefern die Maßnahmen aus der vorangegangenen Befragung einen Einfluss auf die Stimmung genommen haben. Die dritte Seite (siehe Abbildung 12) stellt den Zeitreihenindex dar, in dem hier die Indizes der einzelnen Fragen für das aktuelle und die beiden Vorjahre in Form einer Wasserfallgrafik dargestellt sind. Die Intention dieser Darstellungsform ist dabei, ein Stärke-Schwächen-Profil der organisatorischen Einheit zu zeigen sowie die Wirkung der Maßnahmen im zeitlichen Verlauf zu verdeutlichen. Das bedeutet „Je größer die Abstände zwischen den Indizes der 3 Jahre sind, umso stärker ist die Entwicklung der Ergebnisse" (Konzernteam Mitarbeiterbefragung 2014, S. 39).

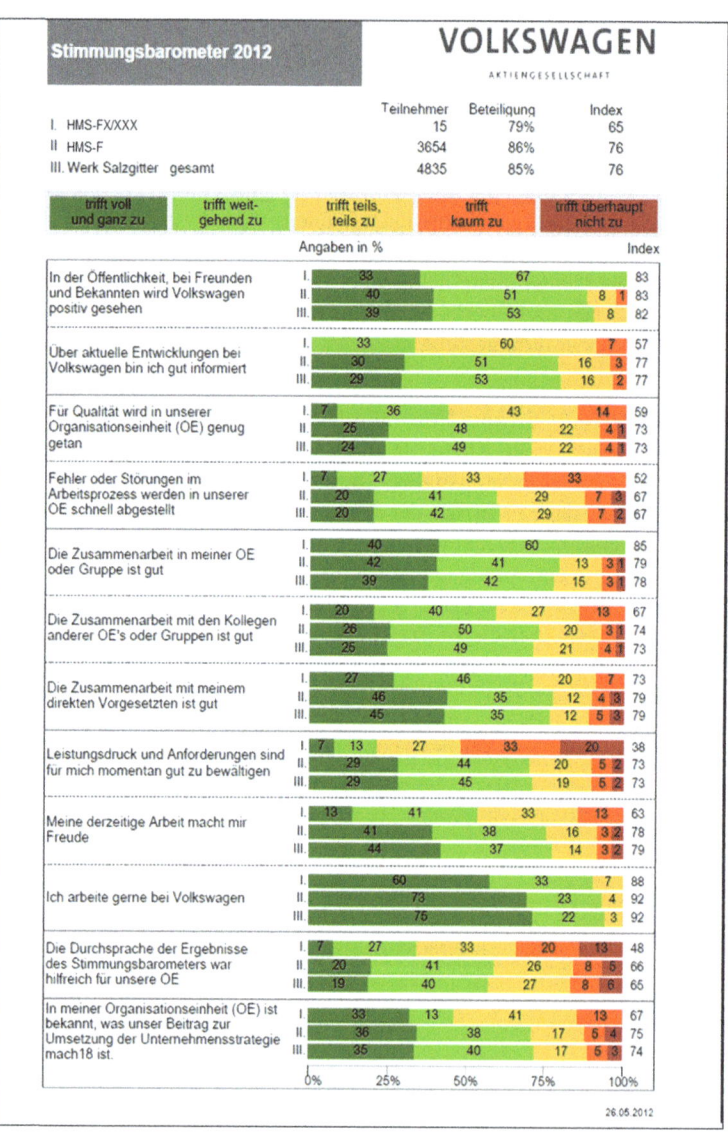

Abbildung 10:   Beispiel Ergebnisbericht Seite 1 Darstellung der eigenen
organisatorischen Einheit im Vergleich zu übergeordneten
organisatorischen Einheit

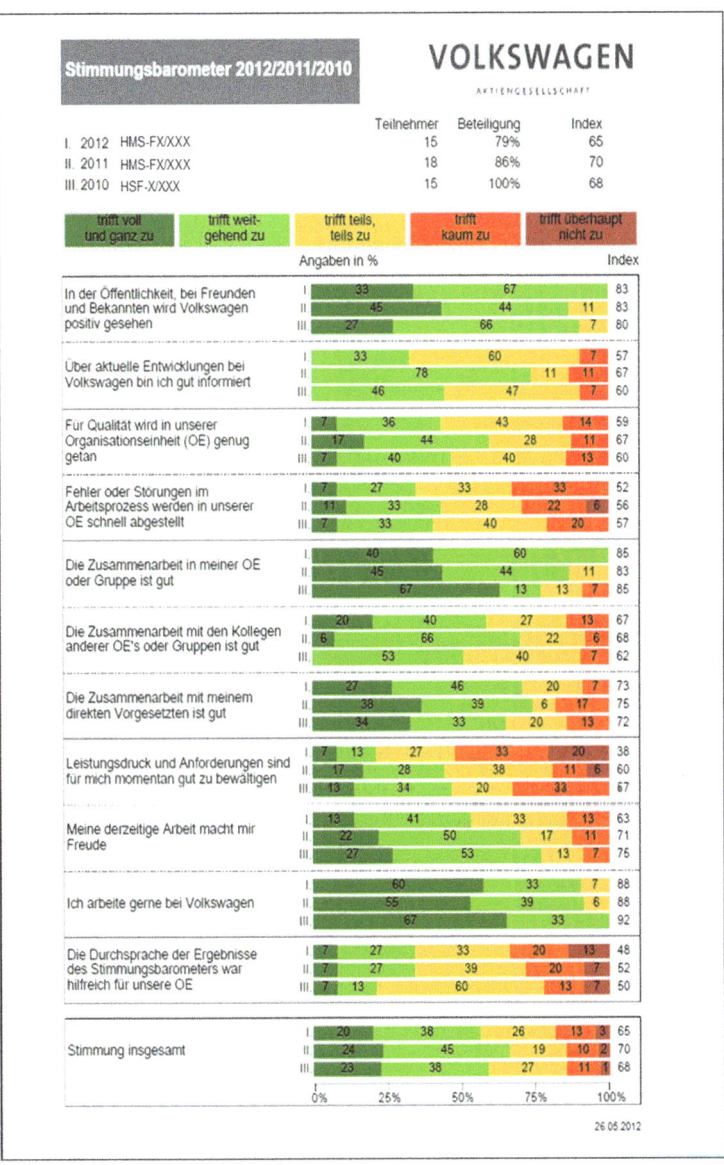

Abbildung 11: Beispiel Ergebnisbericht Seite 2 Darstellung der Ergebnisse der eigenen organisatorischen Einheit im Historienvergleich

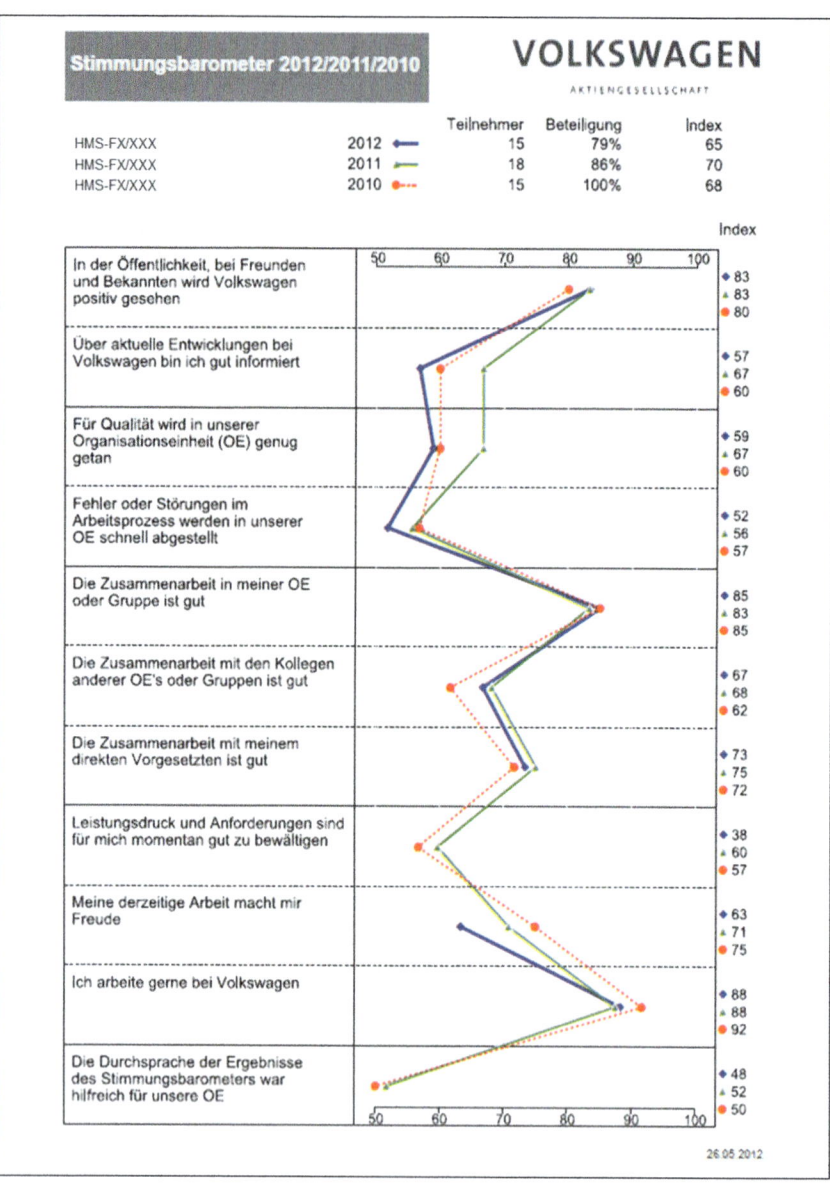

Abbildung 12:   Beispiel Ergebnisdarstellung Seite 3 Darstellung des
                    Zeitreihenindex in Form einer Wasserfallgrafik

Die Berechnung des Stimmungsindex der einzelnen Fragen erfolgt durch die Multiplikation mit den jeweiligen Gewichtungsfaktoren 100 für dunkelgrün, 75 für hellgrün, 50 für gelb, 25 für orange und 0 für rot.

Die Berechnung des Gesamtindex erfolgt über die einzelnen Indizes der Fragen eins bis elf. Der Index dient dazu, die Prozentwerte, in Abhängigkeit des Abstimmverhaltens, zu gewichten und zu einer Kennzahl zusammenzufassen. Dies ermöglicht bzw. vereinfacht den Vergleich von Fragen zwischen einzelnen organisatorischen Einheiten oder auch zwischen einzelnen Fragen. Die Gewichtungsfaktoren sind so gewählt, dass positiv bewertete Fragen einen hohen Indexwert (maximal 100) und Fragen, die eher negativ gesehen werden, einen niedrigen Index aufweisen. Bei der Nachrechnung gilt es zu beachten: „Ein Index, der anhand der dargestellten Prozentzahlen aus dem Bericht nachgerechnet wird, ist immer nur ein Näherungswert für den eigentlichen Index; denn ein aufgrund der prozentualen Verteilung errechneter Indexwert kann vom tatsächlichen Index abweichen, wenn eine Frage nicht von allen Mitarbeitern beantwortet wurde" (Konzernteam Mitarbeiterbefragung 2014, S. 40). Nach jeder Befragung erfolgt auch eine Auswertung der nicht beantworteten Fragen durch das Konzernteam MAB. Die Erkenntnisse aus dieser Auswertung werden nicht veröffentlicht, sondern fließen direkt in die Weiterentwicklung des Stiba.

Im Selbstverständnis der Volkswagen AG soll das Stiba als Instrument der Organisationsentwicklung eingesetzt werden. Darum soll der Schwerpunkt des gesamten Prozesses auf den Ergebnisdurchsprachen und den daraus abgeleiteten Verbesserungsaktivitäten liegen. Die Phase der Ergebnisdurchsprache beginnt direkt nach der Veröffentlichung der Ergebnisberichte. Dieser Rahmen soll für die Diskussion der Ergebnisse zwischen den Führungskräften und Mitarbeitern genutzt werden. Dabei konnen Verbesserungspotenziale aufgedeckt und Maßnahmen verbindlich definiert werden. Jeder Standort bzw. jede Gesellschaft hat die Möglichkeit, einen Schwerpunkt anhand der zwölf Fragen festzulegen, der als eine Art Motto für den Durchsprachezeitraum betrachtet werden kann. Als Orientierung wurden zwei Auswertungsgrundsätze entwickelt (siehe Abbildung 13).

Der ⅔ - ⅓ Grundsatz sagt aus, dass bei Fragen, deren gelber und oranger und roter Bereich in der Summe ihrer Ausprägung mehr als 33 % ergibt, Handlungsbedarf zu prüfen ist. Der Rot-Grundsatz ist heranzuziehen, wenn mehr als 10 % der Antwort im roten und orangenen Bereich liegen.

Die wesentliche Verantwortung für die Durchführung der Ergebnisdurchsprache liegt bei den betrieblichen Vorgesetzten bzw. jeweiligen Leitern der organisatorischen Einheiten. Diese sind dazu angehalten, möglichst zeitnah nach dem Erscheinen der Ergebnisse die Durchsprachen durchzuführen. Als Vorbereitung wird den

Vorgesetzten eine Grundlagenschulung zum Umgang mit den Ergebnisberichten und zur Durchführung der Durchsprachen angeboten. Darüber hinaus ist es möglich, die Durchsprachen durch externe oder interne Moderatoren begleiten zu lassen. Die so entwickelten Maßnahmen sollen in einem IT-System, dem Stiba-Befragungs- und Maßnahmensystem (kurz StiBa[M]), erfasst werden. Die so dokumentierten Maßnahmen sollen umgesetzt oder an die entsprechend zuständige Stelle weitergeleitet werden. Auch das Aufgreifen im Rahmen eines Workshops ist denkbar. Die Vorgesetzten sind dazu angehalten, die Umsetzung der Maßnahmen aktiv zu unterstützen und den Umsetzungsfortschritt regelmäßig zu verfolgen sowie ihre Mitarbeiter darüber zu informieren (vgl. Konzernteam Mitarbeiterbefragung 2014, S. 46). Gesellschaften und Standorte, die sich gegen die Nutzung des IT-Systems entschieden haben, können das Maßnahmentracking auch in Papierform organisieren.

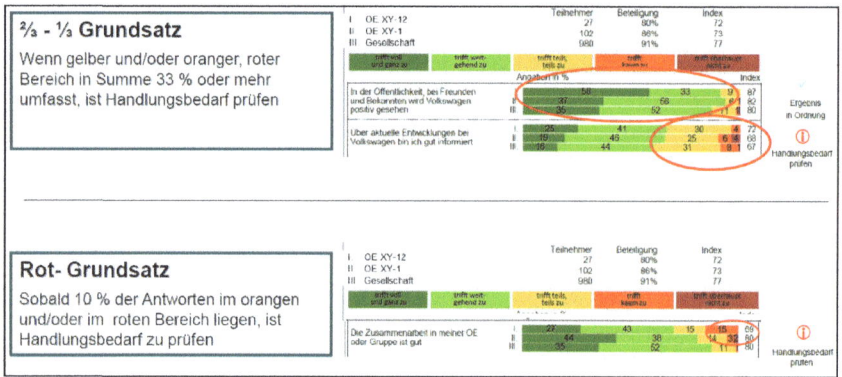

Abbildung 13:   Grundsätze zur Ergebnisinterpretation (Konzernteam Stimmungsbarometer 2014, S. 45)

Für die Durchführung der Reviewphase wird einerseits empfohlen, ca. 6 Monate nach der Befragung die Mitarbeiter über den aktuellen Abarbeitungsstand zu informieren. Anderseits besteht auch die Möglichkeit, das Review als regelmäßigen Agendapunkt im Rahmen der Teamgespräche zu thematisieren und so das Stiba und die Maßnahmen zu einem dauerhaften Gesprächsthema zu machen. Der Hintergrund für diese Vorgehensweise liegt in der Vermutung begründet, dass die Mitarbeiter aufgrund der langen Zeitspanne nicht mehr wissen, welche Verbesserungen aus den Durchsprachen hervorgegangen sind. Darum soll das Review vor allem genutzt werden, um das Positive in den Vordergrund zu stellen. Damit soll die Motivation der Mitarbeiter gesteigert werden, an der nächsten Befragung teilzunehmen. Außerdem kann so der Fokus der betrieblichen Vorgesetzten stärker auf die Verbesserungen gerichtet werden. Als Kernpunkte des Reviewtermins werden die folgenden Fragen vorgeschlagen (vgl. Konzernteam Mitarbeiterbefragung 2014, S. 48):

- Wie war das Ergebnis der letzten Befragung?
- Welche Maßnahmen wurden geplant?
- Was wurde realisiert?
- Was ist noch umzusetzen?
- Was ist nicht realisierbar und warum?

Zur Verbesserung der Transparenz des gesamten Stiba-Prozesses folgte im Jahr 2013 die Einführung des IT-Systems StiBa[M]. Das Besondere ist hierbei, dass sich dieses System an den sechs Prozessschritten orientiert und diese technisch unterstützt (siehe Abbildung 14). Es ist den Mitarbeitern möglich, aus insgesamt 30 Sprachen auszuwählen, was zu einem besseren Prozessverständnis und besonders auch Fragebogenverständnis beitragen soll. Über das StiBa[M] haben alle Mitarbeiter die Möglichkeit, sich über die einzelnen Prozessschritte zu informieren, Beteiligungsquoten einzusehen, Zugriff auf die Ergebnisberichte zu erhalten und sich jederzeit auch selbst über den Umsetzungsstatus der festgelegten Maßnahmen zu informieren. Dabei ist es wichtig zu beachten, dass sich die Zugriffsmöglichkeiten auf die eigene organisatorische Einheit beschränkt, damit der Datenschutz gewahrt bleibt.

Ein besonders wichtiger Punkt ist das Themenfeld der Anonymität. Damit sich jeder Mitarbeiter umfassend über den Umgang mit den Daten aus der Befragung informieren kann, schlägt das Konzernteam MAB eine Verstärkung von Kommunikationsmaßnahmen auf diesem Gebiet vor.

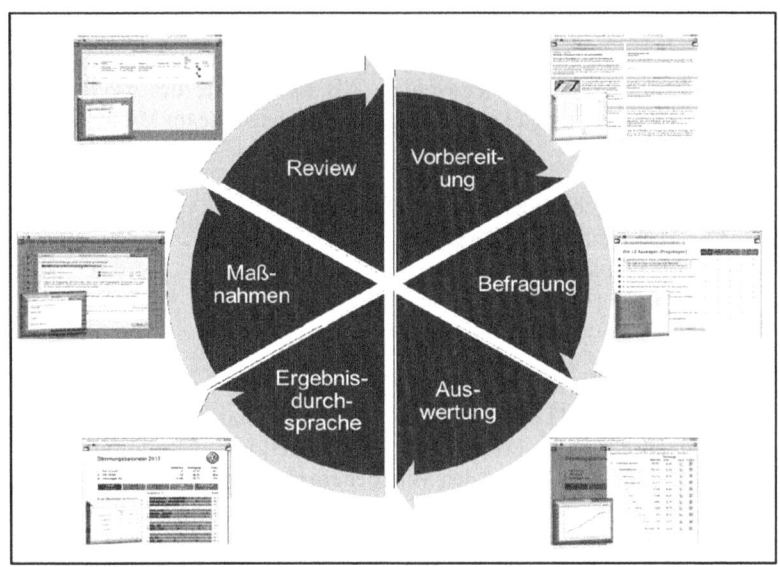

Abbildung 14:   Standardprozess in sechs Schritten im System StiBa[M]
(Konzernteam Mitarbeiterbefragung 2014, S. 49)

*3.1.2   Der Untersuchungsgegenstand: Die prozessbegleitenden Maßnahmen
bei Mitarbeiterbefragungen*

Im Kap. 3.1.1 wurde der Standardprozess zum Stiba beschrieben, so wie er nach
den zentralen Vorgaben durch das Konzernteam MAB durchgeführt werden sollte.
Dieser Prozessablauf stellt dabei die Kernelemente dar, deren Ausgestaltung und
Umsetzung im Verantwortungsbereich des jeweiligen Standorts bzw. der Gesellschaft liegt. Zur Kategorisierung der vorliegenden Maßnahmen des Untersuchungsgegenstandes erfolgt die Aufstellung nach Clustern in Anlehnung an Müller et al. (2007a).

Die Abbildung 15 zeigt die prozessbegleitenden Maßnahmen des Stiba, wie sie
am Standort Salzgitter zum Einsatz kommen, und deren Zuordnung zu Themenclustern.

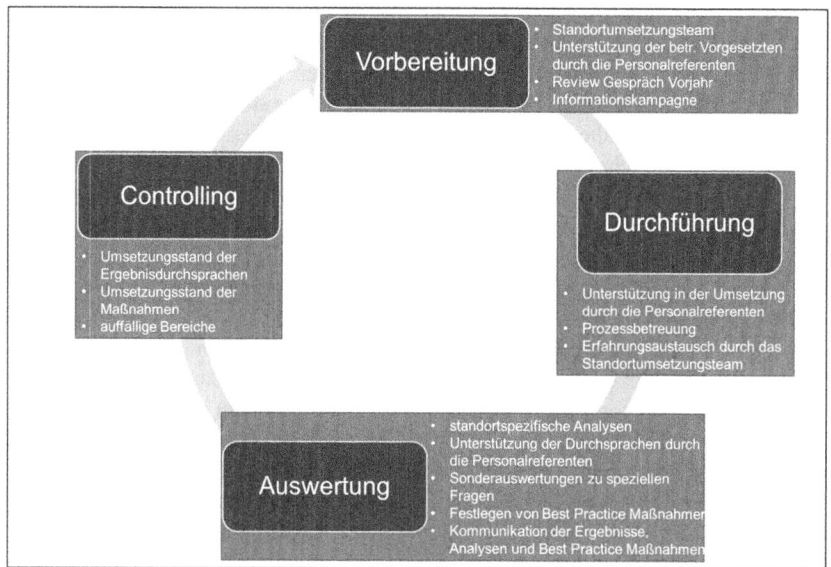

Abbildung 15: Prozessbegleitende Maßnahmen zum Stiba am Standort Salzgitter (eigene Darstellung)

Zum Themencluster „Vorbereitung" gehören die Maßnahmen:

- Standortumsetzungsteam:
  Dieses Team besteht aus je einem Vertreter der Hauptbereiche des Standorts. Dazu zählt bspw. das Controlling, die Fertigung, die Entwicklung etc. Die Kernaufgabe dieses Teams besteht darin, als Informationsmultiplikator in den eigenen Fachbereich zu fungieren, aber auch Feedback zum Instrument und zum Prozess an die Projektleitung zurück zu spiegeln. Im Wesentlichen wird hierin ein Informationskanal gesehen, der es den Mitarbeitern und Führungskräften erleichtern soll, Rückmeldungen abzusetzen oder an notwendige Informationen zu gelangen. Die Teamtreffen finden in regelmäßigen Abständen statt. Während der Vorbereitungs- und Befragungsphase alle zwei Wochen, danach einmal monatlich.
- Unterstützung der betrieblichen Vorgesetzten:
  Hierbei geht es hauptsächlich um die Unterstützung durch die Personalabteilung im Vorfeld und während der Befragung sowie um die eingesetzten Informationsmaterialien. Darüber hinaus wird den Führungskräften eine halbtägige Schulung zum Ablauf des Stiba und zum Umgang mit den Ergebnisberichten

bzw. Durchsprachen angeboten. Eine weitere Unterstützungsmaßnahme ist die Verteilung von Passwortbriefen, die benötigt werden, um über das IT-System StiBa[M] den Fragebogen beantworten zu können. Vorgesetzte und Mitarbeiter haben die Möglichkeit, über die Personalabteilung ein neues Passwort zu beantragen, sollte das alte abgelaufen oder vergessen worden sein.

- Review Gespräche:
  Über den Ablauf der Review Gespräch wird im Rahmen der internen Kommunikationsmedien informiert. Dazu werden die vom Konzernteam vorgegeben Leitfragen als Umsetzungsvariante vorgeschlagen. Die Umsetzung liegt in der Verantwortung der betrieblichen Vorgesetzten.
- Informationskampagne:
  umfasst viele verschiedene Einzelmaßnahmen. Es werden verschiedene Artikel im Intranet und der Mitarbeiterzeitung veröffentlicht. Zusätzlich erfolgt die Verteilung von Plakaten an den Werkstoren und den schwarzen Brettern, die auf den Befragungszeitraum hinweisen und die Ansprechpartner aus den einzelnen Bereichen vorstellen. Im Jahr 2011 wurde eigens ein standortbezogener Kurzfilm zum Thema Stiba gedreht. Darüber hinaus wird das Thema auf der Betriebsversammlung seitens der Arbeiternehmervertreter und von der Unternehmensseite angesprochen.

Zum Themencluster „Durchführung" gehören die Maßnahmen:

- Unterstützung in der Umsetzung durch die Personalreferenten:
  Die wesentliche Aufgabe der Referenten besteht in erster Linie in der Information der Vorgesetzten und Mitarbeiter zum Prozess, vor allem aber auch zu Fragen des Datenschutzes sowie zum Umgang mit dem IT-System. Darüber hinaus ist die Personalabteilung aussagefähig zum Stand der Beteiligungsquote während der Befragung. Mit Einführung des IT-Systems StiBa[M] ist es jedem Mitarbeiter und Vorgesetzten möglich, tagesaktuell die Beteiligungsquote der eigenen organisatorischen Einheit einzusehen
- Prozessbetreuung:
  meint das Zurverfügungstellen von Informationsmaterialien sowie das Vorhandensein und die Erreichbarkeit von Ansprechpartnern zu Fragen im laufenden Prozess. Diese Aufgabe wird im Wesentlichen durch die Standortkoordinatoren, das Standortumsetzungsteam und durch die Personalreferenten abgedeckt.
- Erfahrungsaustausch durch das Standortumsetzungsteam:
  Dieser Austausch findet in der Phase der Vorbereitung und der Befragung am intensivsten statt. Alle zwei Wochen findet ein regelmäßiges Treffen statt.

Hier können Fragen geklärt oder gemeinsame Absprachen zum weiteren Vorgehen getroffen werden. Im Anschluss an die Befragungsphase finden diese Treffen in einem monatlichen Turnus statt, um eine ganzjährige Betreuung des Prozesses zu gewährleisten.

Zum Themencluster „Auswertung" gehören die Maßnahmen:

- standortspezifische Analysen:
  Hier werden Berichte erstellt, in denen andere Indikatoren (wie bspw. der Gesundheitsstand) im Zusammenhang mit den Ergebnissen analysiert werden. Auf der Managementebene werden auch einzelne Fachbereiche untereinander verglichen, um in der Analyse weiterführende Ableitungen und Maßnahmen zu generieren.
- Unterstützung der Durchsprachen durch die Personalreferenten:
  In der Auswertungsphase erstellen die Personalreferenten individuelle Analysen für die jeweiligen Fachbereiche in ihrer Zuständigkeit. Diese Analysen werden dann mit der Fachbereichsleitung und dem Betriebsrat diskutiert. Dabei wird festgelegt, welche organisatorischen Einheiten durch eine externe oder interne Moderation unterstützt werden soll. Außerdem stellt das Personalwesen entsprechende Arbeitshilfen und Schulungen zum Umgang mit den Ergebnissen und zur Durchführung der Ergebnisdurchsprachen zur Verfügung.
- Sonderauswertungen zu speziellen Fragestellungen:
  Auf Anforderung des Bereichsverantwortlichen, des Personalwesens oder des Betriebsrats werden Rankings nach einzelnen Fragen aus dem Fragebogen erzeugt. Diese bilden die Grundlage für die Diskussion bzgl. des Einsatzes von externen/internen Moderatoren. Die Ergebnisse werden darüber hinaus verwendet, um sich ein ganzheitliches Bild über einen Bereich oder eine einzelne organisatorischen Einheit zu machen.
- Festlegen von Best-Practice-Maßnahmen:
  erfolgt durch den jeweiligen Leiter eines Bereichs. Dabei werden die Unterabteilungsleiter aufgefordert, die festgelegten Maßnahmen aus ihren organisatorischen Einheiten zu betrachten und die besten daraus hervorzuheben. Anschließend erfolgt die Präsentation vor der Bereichsleitung. Die jeweiligen Bereichsleiter sind dann angehalten, die aus ihrer Sicht besten Maßnahmen der Werkleitung und dem gesamten Werkmanagement darzustellen.
- Kommunikation der Ergebnisse und Maßnahmen:
  findet in erster Linie innerhalb der organisatorischen Einheit statt, indem der Vorgesetzte den Ergebnisbericht vorstellt. Zum Status der festgelegten Maß-

nahmen informiert er regelmäßig im Rahmen der internen Informationsrunden. Darüber hinaus werden einzelne Best-Practice-Maßnahmen über die werksinternen Kommunikationskanäle, wie bspw. Intranet oder Mitarbeiterzeitung, veröffentlicht.

Zum Themencluster „Controlling" gehören die Maßnahmen:

- Umsetzungsstand der Durchführung der Ergebnisdurchsprachen:
  In diesem Kontext erfolgt das Controlling in erster Linie durch die Bereichsverantwortlichen. Die Personalabteilung unterstützt durch gezielte bereichsbezogene Berichte. Außerdem soll jeder Personalreferent den Umsetzungsstand kennen, um in den Informationsrunden mit dem zuständigen Fachbereich ggf. Hinweise geben zu können. Gleichzeitig wird regelmäßig in den Werkmanagementsitzungen über den aktuellen Status informiert.
- Umsetzungsstand der Maßnahmenumsetzung:
  Diese Maßnahmen verläuft analog des Umsetzungsstands der Durchführung der Ergebnisdurchsprachen, nur dass hierbei der Fokus auf der Anzahl der festgelegten Maßnahmen sowie deren Abarbeitungsstand liegt.
- Auffällige Bereiche:
  werden gesondert analysiert und bspw. über den Historienvergleich auch in einem größeren Zeitrahmen betrachtet. Wird eine Frage über den Verlauf von drei Jahren stetig schlecht oder schlechter von den Mitarbeitern bewertet, hat das eine intensive Auseinandersetzung mit dem Bereich sowie weiterführende Analysen zur Folge.

Die Kommunikationskaskade zum Stiba 2014 wurde im Februar, in Form des Personal Telegramms, gestartet. Im Takt von ungefähr drei Wochen wurden über dieses Medium gezielt vorbereitende Informationen, die das Stiba betreffen, verbreitet. Dazu gehören bspw. Ankündigung des Befragungszeitraums, Vorstellung der Unterstützer aus den Fachbereichen, Kommunikation der Frage 12, Hinweise zum Umgang mit dem IT-System StiBa[M], während der Befragung wurde in der letzten Woche noch einmal darauf hingewiesen, wann die Befragung endet etc. Gleichzeitig wurde der Maßnahmenstatus aus dem Vorjahr im Rahmen des Fabriksteuerkreises (FSK)[30] ca. alle vier Wochen weiterberichtet. Ende März startete der Regeltermin mit den Unterstützern aus den jeweiligen Fachbereichen. Außerdem wurden die Meister des Standorts in einer zentralen Informationsveranstaltung (Anfang April) über den diesjährigen Ablauf des Stiba informiert. Ab der KW 19 wurden Plakate in der Größe A3 an den Informationsboards des Werks verteilt und zwar so, dass

---

30 Der Fabriksteuerkreis ist ein monatlich stattfindender Regeltermin, bei dem die Führungskräfte des oberen Managements zusammenkommen, um aktuelle Themen zu besprechen.

der Unterstützer aus dem jeweiligen Fachbereich dort kenntlich gemacht wurde. Eine Woche vor dem Beginn des Stiba wurden an den Werkstoren großflächige Plakate angebracht, die um die Teilnahme geworben haben und auf denen gleichzeitig erneut auf den Befragungszeitraum hingewiesen wurde. Ab der KW 20 standen zusätzliche Informationsmaterialien in Form eines Booklets und eines Nutzerhandbuchs zur Verfügung. Zum Start den Stiba wurde über alle PC-Bildschirme ein Pop-up geschaltet, das einen Hinweis zum Start der Befragung enthielt.

Während der Befragung wurde einmal wöchentlich die Beteiligungsquote im Werksvergleich kommuniziert. Nach Abschluss der Befragungsphase erfolgte die Kommunikation der erreichten Beteiligungsquote via Personal Telegramm sowie der Dank des Werkmanagements für die diesjährige Beteiligung.

3.1.3   Bewertung des Untersuchungsgegenstandes vor dem theoretischen Hintergrund der Mitarbeiterbefragung

Grundlegend ist festzuhalten, dass es sich beim Stiba um eine MAB nach dem Verständnis von Domsch und Ladwig (2006) handelt, da die wesentlichen Kriterien erfüllt sind.

Die Durchführung wird hauptsächlich durch den Personalbereich vorbereitet und unterstützt. Die Einbindung der Arbeitnehmervertretungen erfolgt im Rahmen der Vorabinformation sowie der Analysen der Ergebnisberichte. Gleichzeitig ist es den Betriebsräten auch gestattet, Ergebnisdurchsprachen aktiv zu begleiten. Der eingesetzte Fragebogen ist standardisiert, um die Vergleichbarkeit zwischen verschiedenen organisatorischen Einheiten und die Entwicklungen innerhalb einer organisatorischen Einheit im Verlauf von drei Jahren erfassen zu können. Die einzige Einschränkung in diesem Zusammenhang ist die variierende Frage 12. Die Anonymität und Freiwilligkeit bezogen auf die Teilnahme an der Befragung ist ebenfalls gegeben und wird durch die Kommission Datenschutz, die Personalabteilung und den Betriebsrat überwacht und durch die IT sichergestellt. Die Befragung richtet sich an alle Mitarbeiter des Volkswagen Konzerns gleichermaßen, auch wenn das System noch nicht endgültig flächendeckend bei allen Konzerngesellschaften bzw. -standorten aus Kapazitätsgründen eingeführt werden konnte. Die Befragung erfolgt überwiegend online, in manchen Gesellschaften bzw. Standorten schriftlich. Dies hängt von den vorhandenen IT-Ressourcen ab. Die Zielsetzung dieser Befragung besteht darin, die Einstellungen, Erwartungen, Bedürfnisse und Änderungsvorschläge zu bestimmten Themengebieten zu erfassen. Hierbei wird gezielt nach Bereichen der betrieblichen Arbeitswelt und der Umwelt gefragt: Information & Unternehmensimage, Qualität & Arbeitsprozesse/-organisation, Zusammenarbeit, Arbeitsbelastung & -zufriedenheit, Evaluation. Die Analyse der Stärken und Schwächen wird zum einen innerhalb der organisatorischen Einheit durchgeführt und um bereichs- und werksbezogene Analysen ergänzt. Diese ergeben sich hauptsächlich aus der Diskussion zwischen dem Werksmanagement, der Personalabteilung und dem Betriebsrat. Die Ursachenanalyse für eventuell aufgezeigte Missstände wird bei der Volkswagen AG als Führungsaufgabe verstanden. Ergänzend dazu sind auch die Kriterien, die Walter Bungard aufstellt, erfüllt. Die Ergebnisrückmeldung erfolgt anonym und ist nicht auf einzelne Mitarbeiter zurückzuführen. Und sie ist innerhalb der geforderten vier Wochen nach der Befragung abgeschlossen. Darüber hinaus findet die Befragung in einem regelmäßigen Turnus (einmal pro Jahr) statt. Weiterhin ist mit der Frage elf eine Selbstevaluationsfrage vorhanden, mit der Zielrichtung zu erfassen, inwiefern die Ergebnisdurchsprachen des letzten Jahres als hilfreich empfunden wurden.

Die von Müller et al. (2007a) beschriebenen Funktionen finden sich im Stiba ebenfalls wieder. Wie im vorherigen Absatz beschrieben, erfüllt das Stiba die Erhebungs-, Analyse- und Diagnosefunktion. Als Funktion moderner MAB sieht Bungard die Interventionsfunktion, die dann erfüllt ist, wenn die Vorlauf- und Folgeprozesse als integrale Bestandteile verstanden werden und die initiierten Veränderungsprozesse selbst Bestandteil der Evaluation werden.

Das Prozessverständnis des Konzerns, bezogen auf das Stiba, sieht eine ganzheitliche Betrachtung der vor- und nachgelagerten Prozesse vor. Die Übertragung des theoretischen Konzepts in die gelebte Praxis muss dabei allerdings noch untersucht werden. Zwar gibt es eine Selbstevaluationsfrage, die sich auf die Ergebnisdurchsprache bezieht, hierbei ist allerdings nicht klar herauszulesen, was damit gemeint ist und welches Verständnis bei den Mitarbeitern vorherrscht. Die Frage elf bezieht sich eindeutig auf die Durchsprache als Ereignis, sodass man nicht automatisch die Transferleistung von den Mitarbeitern erwarten kann, diese Frage auf den gesamten Follow-up-Prozess zu beziehen. Hier ist die gezielte Erklärung durch den betrieblichen Vorgesetzten notwendig. Es kann also unterstellt werden, dass die Absicht der Frage elf darin besteht, den gesamten Folgeprozess zu bewerten, es kann aber nicht ausgeschlossen werden, dass es sich hierbei nur um ein theoretisches Verständnis seitens der Fragebogenkonstrukteure handelt.

Die grundlegende Intention des Stiba, nämlich die Erfassung des Istzustands bezogen auf die obengenannten Themencluster, zur Feststellung von Optimierungspotenzialen, lässt sich in Verbindung mit der Funktion der MAB als Survey-Feedback-Verfahren bringen. Bei dieser Funktion liegt der Fokus verstärkt auf dem Feedback zu den vorhergegangenen Aktivitäten. Dies wird zwar im Stiba durch die Frage elf angedeutet, wie aber im vorangegangenen Absatz beschrieben, ggf. nicht ausreichend hinterfragt bzw. deutlich gemacht. Es ist also abhängig davon, wie ernsthaft der Umgang mit dem Stiba innerhalb einer organisatorischen Einheit betrieben und wie offen die Feedbackkultur durch den betrieblichen Vorgesetzten gepflegt wird.

Auch die von Müller et al. (2007a) beschriebene Kontrollfunktionen von MAB sind beim Stiba feststellbar. Dabei wird bspw. hinterfragt, ob jeder Mitarbeiter weiß, welchen Beitrag er zur Unternehmensstrategie leistet (Frage 12 aus dem Jahr 2012[31]).

Die Autoren bewerten bereits die reine Durchführung einer MAB als Teil einer partizipativen Führungskultur. Sie bildet die Basis dafür, die gesamte MAB als Interventions- und Partizipationsinstrument klassifizieren zu können, und damit auch, den Ausgangspunkt Organisationsentwicklungsprozesse anzustoßen. Die Durchführung der Ergebnisdurchsprachen ist ein wichtiger Baustein zur Gestaltung des Follow-up-Prozesses, bei dem anhand der Ergebnisse und unter Berücksichtigung der Grundsätze zur Ergebnisinterpretation entsprechende Stärken und Schwächen der organisatorischen Einheit aufgezeigt werden. Müller et al. (2007a) sehen die betrieblichen Führungskräfte des oberen und mittleren Managements als zentrale Figuren des Follow-up-Prozesses. Dies passt auch zur Ausrichtung der begleitenden Maßnahmen zum Stiba, die sich im überwiegenden Teil an die Vorgesetzten richten.

Vollzieht man nun die Einordnung des Stiba vor dem Hintergrund der Formen von MAB nach Domsch und Ladwig (2006), kommt man zu dem Schluss, dass es sich um eine Mischform handelt. In den vorangegangenen Abschnitten wurde herausgearbeitet, dass die Zielrichtung besteht, die allgemeine Zufriedenheit bzw. das Betriebsklima zu messen. Gleichzeitig sollen die Ergebnisse auch der Ausgangspunkt für Organisationsentwicklungsmaßnahmen sein. Die Initiative geht dabei von der Unternehmensleitung aus, die aber durch die Arbeitnehmervertretungen unterstützt wird. Es handelt sich beim Stiba um eine reine MAB, da ausschließlich Mitarbeiter mit einem gültigen Arbeitsvertrag zur Teilnahme berechtigt sind. Der Inhalt des Fragebogens kann mit Verweis auf Niethammer und Müller (2007, siehe Kap. 2.1.2) nicht als umfassend gewertet werden. Die Autoren ziehen die Grenze bei der Verwendung von 12 Items. Diese Zahl an Fragen wird als zu allgemeingültig betrachtet, um wirkliche Ableitungen auf die Arbeitssituation zu ermöglichen. Bezogen auf das Stiba werden fünf Themengebiete über elf Fragen abgebildet. Die Verbindlichkeit bei der Teilnahme folgt dem Freiwilligkeitsprinzip und

---

31 Die weiteren Fragen 12 waren bisher:
    2013: Wenn es für meine Aufgabe notwendig ist, kann ich mich weiterqualifizieren.
    2014: Ich erhalte für meine erbrachte Leistung persönliche Wertschätzung.

erfolgt schriftlich per Fragebogen. Als Zielgruppe dienen neben dem direkten betrieblichen Vorgesetzten auch die direkten Mitarbeiter sowie die Mitarbeiter der organisatorischen Einheit von vor- und nachgelagerten Bereichen. Die Abstimmung ist vollkommen anonymisiert, sodass Rückschlüsse auf einzelne Mitarbeiter nicht möglich sind. Borg (2002, vgl. S. 27) empfiehlt dazu möglichst wenig demographische Daten zu erfassen. Im Rahmen der Befragung zum Stiba, wird nur die organisatorische Einheit erhoben.

Die ersten elf Fragen des Fragebogens sind dabei standardisiert. Die zwölfte Frage variiert jedes Jahr. Die Befragung findet einmal jährlich und konzernweit (international) statt und ermöglicht es Mitarbeitern und auch den betrieblichen Vorgesetzten, ihre Meinung zu äußern. Die Veröffentlichung der Gesamtergebnisse erfolgt dabei an alle Mitarbeiter, während die Bereichsergebnisse nur im jeweiligen Bereich einsehbar sind.

Betrachtet man den Ablauf des Stiba, so stellt man fest, dass abweichend vom klassischen MAB-prozess (nach Jöns und Müller 2007a, S.15) der Prozessschritt des „Review" hier als Besonderheit hervorzuheben ist, während die anderen aufgezeigten Schritte alle zum Tragen kommen.

Das Review nimmt im Rahmen des Stiba einen besonderen Stellenwert ein, indem es den Follow-up-Prozess sechs Monate vor Beginn der nächsten Befragung bestimmt.

Die strategische Zieldefinition des Stiba ist verankert in der Unternehmensstrategie „Strategie 2018", in der es ein Ziel ist, Volkswagen zum Top-Arbeitgeber zu machen. Ein Instrument stellt dabei das Stiba dar, was eine Messung der Mitarbeiterzufriedenheit ermöglicht. Die Projektplanung bzw. -vorbereitung erfolgt zweigeteilt. Zum einen übernimmt das Konzernteam MAB (2014) zentrale Abstimmungen auf Konzernebene, wie bspw. bzgl. des Befragungszeitraums oder die Festlegung der zwölften Frage. Die Information und Vorbereitung zur Umsetzung übernehmen die jeweiligen Gesellschafts- bzw. Standortkoordinatoren mit ihren Projektteams. Die Gestaltung des Fragebogens erfolgt ebenfalls zentral über das Konzernteam. Der Informationsfluss und das Marketing werden über die Standortkoordination gesteuert, sodass alle Mitarbeiter rechtzeitig über den Ablauf der Befragung und die Ergebnisveröffentlichung sowie den sich anschließenden Folgeprozess informiert sind. Flankierend dazu wird für alle Führungskräfte ein Training zum Umgang mit dem Stiba während Durchführung und während des Folgeprozesses angeboten und durchgeführt. Das Management der Daten wird wiederum vom Konzernteam übernommen, das unter den Auflagen des Datenschutzes die Ergebnisberichte erzeugt, die Konsistenz überprüft und anschließend die Veröffentlichung der Berichte sicherstellt. Die Rückmeldung der Ergebnisse sowie die Ableitung von Maßnahmen werden durch die betrieblichen Vorgesetzten organisiert und erfolgen im Rahmen der regelmäßig stattfindenden Abteilungsrunden bzw. Teamgespräche. Für die Maßnahmenumsetzung werden während der Durchsprachen Verantwortliche definiert. Aber auch hier stehen die Vorgesetzten in der Pflicht, den Maßnahmenstatus zu controllen und bei der Umsetzung ggf. zu unterstützen. Das übergeordnete Controlling auf Standort- bzw. Gesellschaftsebene erfolgt durch die Projektkoordination. Da es sich beim Volkswagen Konzern um ein international agierendes Unternehmen handelt, muss auch das Stiba entsprechend international ausgerichtet sein. Damit die Befragung auch in anderen Teilen der Welt funktioniert, wurden die von Müller et al. (2007a) geforderten Länderkoordinatoren installiert. Diese wurden verstärkt in die Übersetzung der Fragebögen sowie in die Erstellung von Kommunikations- und Schulungsunterlagen einbezogen. Bezüglich der Einordnung der Follow-up-Strategien nach Niethammer und Müller (2007) wird die Forderung der Autoren beim Stiba umgesetzt, nämlich indem beim Stiba die Ergebnispräsentation und -interpretation zeitgleich mit Management und Mitarbeitern stattfindet.

3.1.4   Zwischenfazit

Beim Stiba handelt es sich um eine jährlich weltweit stattfindende MAB in einem konzernweit synchronisierten Zeitkorridor. Die Zielsetzung ist dabei die Erfassung des Stimmungsbilds, die Erhöhung der Mitarbeiterzufriedenheit, die Verbesserung von Information, Qualität, Produktivität, Führung und Zusammenarbeit, Förderung des unternehmerischen Denkens und Handelns sowie die Steigerung des Arbeitgeberimages. Die Gesamtsteuerung des Prozesses erfolgt durch ein zentrales Konzernteam. Die operative Umsetzung obliegt den Standort- bzw. Gesellschaftskoordinatoren.

Der Standardprozess unterteilt sich dabei in die folgenden sechs Schritte: Vorbereitung, Befragung, Auswertung, Ergebnisdurchsprache, Maßnahmen und Review.

Die Darstellung der Ergebnisse erfolgt in drei unterschiedlichen Berichten: im drei-Jahres-Vergleich, im Vergleich zu den übergeordneten organisatorischen Einheiten und als Wasserfall-Grafik. Die Ergebnisse einer Frage und eines Fragebogens werden zusammengenommen im Stimmungsindex subsumiert.

Die prozessbegleitenden Maßnahmen unterteilen sich in die Themencluster Vorbereitung, Durchführung sowie Auswertung und Controlling. Dabei orientieren sich die einzelnen Maßnahmen am Prozessverlauf des Stiba, der dadurch unter-

stützt und transparent gemacht werden soll. Das vordergründige Ziel der begleitenden Maßnahmen ist, eine möglichst hohe Anzahl von MAB zur Teilnahme an
der Befragung zu motivieren.

Die Bewertung des Stiba vor dem theoretischen Hintergrund der MAB zeigt, dass
das Stiba grundsätzlich die theoretisch erarbeiteten Kriterien einer MAB nach
Domsch und Ladwig (2006), Bungard und Müller et al. (2007a) erfüllt. Feststellbar sind die Erhebungs-, Analyse- und Diagnosefunktion. Die Interventionsfunktion kann nicht direkt nachgewiesen werden, da die initiierten Veränderungsprozesse nicht ausreichend evaluiert werden. Nach Müller et al. (2007a) ist die Interventionsfunktion bereits erfüllt, wenn die MAB durchgeführt wird. Die Kontrollfunktion ist feststellbar, da auch das Stiba so angelegt ist, dass die betrieblichen
Führungskräfte des oberen und mittleren Managements als zentrale Figuren des
Follow-up-Prozesses gesehen werden. Auch die begleitenden Maßnahmen des
Stiba sind zum überwiegenden Teil auf die Vorgesetzten ausgerichtet. Dabei muss
beachtet werden, dass alle Führungskräfte im integrierten Ansatz (Top-down und
Bottom-up) wichtig sind, da sie auch Mitarbeiter sind. Wird der Prozess nicht von
oben vorgelebt (hierarchisch gesehen), ist es umso schwerer, die Prozessqualität
für die Mitarbeiter der unteren Hierarchieebenen sicherstellen zu können.

Wie bereits im Zwischenfazit (Kap. 2.1.4) dargestellt, ist das dominierende Thema
im Rahmen von MAB die Kommunikation. Zum einen wird die Kommunikation
genutzt, um die MAB erfolgreich umzusetzen. Zum anderen ist die MAB gleichzeitig Kommunikationsmittel, das als Werkzeug genutzt werden soll, um die Kommunikation zwischen Mitarbeitern und Führungskräften sowie deren Zusammenarbeit zu verbessern.

In einem so stark von Kommunikation geprägtem Instrument zu Organisationsentwicklung, fällt es schwer Anonymität als wichtigen Faktor für das Gelingen der
MAB zu verstehen. Hieraus ergibt sich m.E. ein grundlegendes Dilemma. In Organisationen die ihre MAB mit starken Anonymitätshinweisen bewerben müssen,
findet sich hierin schon der erste Hinweis auf eine Schieflage der Feedbackkultur
und im weiteren Sinne im Umgang mit Veränderungsprozessen. Eine anonymi-
sierte Kommunikation im Kontext von Feedback, ist aus meiner Sicht beschränkt
in den Wirkungsmöglichkeiten. Damit können Probleme höchsten oberflächlich
sichtbar gemacht werden. Eine tiefgreifende Analyse der tatsächlichen Ursachen
halte ich bei so einer Vorgehensweise für unmöglich. Organisationen und ihre Akteure werden häufig als komplex und individuell beschrieben. Sollen hier eine Entwicklung bzw. ein Veränderungsprozess erfolgreich umgesetzt werden, ist es notwendig diese Individualität aufzugreifen und zu nutzen.

Die Doppelrolle der Führungskräfte, zum einen als Umsetzungsverantwortlicher der MAB und zum anderen als Betroffene des daraus resultierenden Feedbacks, ist eine weitere mögliche Fehlerquelle die zum Misslingen der MAB führen kann. Das macht es notwendig entsprechende Gegenmaßnahmen im Rahmen der Prozessbegleitung der MAB zu implementieren.

Ein weiterer wichtiger Einflussfaktor auf die MAB ist die Unternehmenskultur und das Hierarchiegefüge innerhalb der Organisation. Es ist zu diskutieren wie erfolgreich Feedback sein kann, wenn es unter Zwang angewendet wird. Demgegenüber steht die Frage inwiefern es zu Feedback im organisationalen Kontext kommt, wenn dem kein explizit zum Ausdruck gebrachtes, übergeordnetes Interesse seitens der Unternehmensleitung als Auslöser zu Grunde liegt.

Für die erfolgreiche Umsetzung der MAB müssen alle beteiligten Akteure in der Lage sein Feedback zu geben und auch annehmen zu können. Die bisherige Fokussierung in der Literatur, ist m.E. zu stark auf die Führungskräfte ausgerichtet. Die Mitarbeiter werden nachrangig betrachtet. Die Umsetzung der MAB kann aber nur gelingen, wenn Mitarbeiter und Führungskräfte gleichermaßen bereit und kognitiv in der Lage sind, diese gemeinsam zu gestalten. Dazu bedarf es neben der methodischen auch soziale Kompetenzen bei beiden Gruppen.

Für die Einschätzung der prozessbegleitenden Maßnahmen einer MAB ist es notwendig, diese den jeweiligen Prozessphasen zu zuordnen. Unter dieser Voraussetzung ist es möglich eine Gewichtung vorzunehmen in welchen Phasen die Teilnahmemotivation entsteht oder ggf. auch wieder verloren geht.

Aus diesen Erkenntnissen ergeben sich besondere Anforderungen für die Gestaltung von prozessbegleitenden Maßnahmen, die im Zuge der Ergebnisdiskussion herausgearbeitet werden müssen.

Nachdem das Stiba die allgemein anerkannten Kriterien einer MAB erfüllt, ist die Grundvoraussetzung gegeben, die Methoden der empirischen Sozialforschung zur Analyse der Forschungsfragen anzuwenden. Welche theoretischen Erklärungsansätze dieser Analyse zugrunde liegen und welche Forschungsfragen sich daraus ergeben, wird im folgenden Kap. erarbeitet.

3.2 Vorgehensweise, Auswahl und Begründung der verwendeten Methoden

Die Vorgehensweise dieser Arbeit basiert auf dem Ansatz der Aktionsforschung als Instrument der Organisationsentwicklung (siehe Kap. 2.4.1). Ziel ist eine praxisnahe Evaluation der prozessbegleitenden Maßnahmen bei MAB. Fettel

(1997) hat gezeigt das Evaluationen im Rahmen von MAB akzeptanzfördernd
sein können und das die befragten Mitarbeiter „…aufgrund bestehender Erfahrungen mit MAB, vielfältige Anregungen für die Konzeption einer MAB haben,
vor allem in Bezug auf die Inhalte, Rückmeldung und Maßnahmenumsetzung"
(S. 37).

Die Aktionsforschung bietet aufgrund ihrer praxisnahen Ausrichtung den geeigneten konzeptionellen Rahmen. Das Erkenntnissinteresse dieses Vorhabens besteht darin, herauszufinden, welche der eingesetzten begleitenden Maßnahmen
wahrgenommen werden und welche letztlich auch einen Einfluss auf die Teilnahme an der MAB haben. Wichtig ist in diesem Zusammenhang, dass die Methode nicht nur als Instrument zur Problemlösung eingesetzt wird, sondern auch
Erkenntnisse über das organisationale Problem hinaus erzeugt werden (vgl. Heimerl 2008, S. 21). Dabei sollen diejenigen in den Evaluationsprozess einbezogen
werden, an die sich die Maßnahmen richten. Das sind in diesem Fall die Mitarbeiter und die betrieblichen Vorgesetzten. Hier soll der Gedanke von Arens-Fischer
et al. (2010a) aufgegriffen werden, diese Personengruppen zu Subjekten der Mitgestaltung zu machen. Ergänzend dazu wird der Vorschlag von Flick (2006), wie
bereits in Kap. 2.3. dargestellt, aufgegriffen. Er empfiehlt für eine aufschlussreiche
Evaluation die Berücksichtigung der Perspektiven der jeweils Beteiligten. Dieser
Gedanke wird aufgegriffen indem sich die Befragung an die Vorgesetzten und
Mitarbeiter in einem eigenen Fragebogen richtet. Der Ergebnisauswertung der jeweiligen Erhebungsmethode wird dann, wie ebenfalls von Flick (2006) empfohlen, ein Vergleich angeschlossen.

Das hier angewendete Verfahren entspricht den Kriterien der szenischen Aktionsforschung, indem sowohl deduktive als auch induktive Verfahren zur Anwendung
kommen und dabei gleichzeitig Methoden der qualitativen und der quantitativen
Forschung eingesetzt werden. Dabei kann dem Vorwurf der ausschließlichen praktischen Problemlösung entgegengestellt werden, dass die szenische Aktionsforschung eine enge Verknüpfung mit der Theorie beinhaltet (vgl. Arens-Fischer et al.
2010a, S. 197 f.). Kuckartz et al. (2008) empfehlen die Kombination von qualitativen und quantitativen Erhebungsmethoden, wenn es beabsichtigt ist „…ein besseres
Verständnis für die Antworten in ihrem jeweiligen Kontext" (S. 12) zu entwickeln.

Dem Ansatz von French und Bell (1994, S. 110 f.) folgend, sollen aus der Zustandsbeschreibung des Begleitprozesses der MAB die Thesen abgeleitet werden.
Dabei wird sich die Auswertung nicht auf die Analyse von absoluten Zahlen und
prozentualen Häufigkeiten beschränken, wie bspw. von Moser (1975, vgl. S. 134)
vorgeschlagen wird. Ein Anknüpfungspunkt zwischen der Aktionsforschung und
der Evaluation findet sich bei Stockmann (2004). Er beschreibt die Anwendung

der Aktionsforschung als Methode der Evaluation, um die externe Validität zu verbessern (vgl. S. 20).

Die eingesetzten Methoden, die dieser Arbeit zugrunde liegen, sind jeweils Formen von Befragungen. Warum die Instrumente ausgewählt worden sind und auf welcher Basis die Entwicklung der Werkzeuge erfolgt ist, wird im Folgenden näher erläutert. Einführend sollen an dieser Stelle Atteslander et al. (2010) zitiert werden: „Befragung bedeutet Kommunikation zwischen zwei oder mehreren Personen. Durch verbale Stimuli (Fragen) werden verbale Reaktionen (Antworten) hervorgerufen: Dies geschieht in konkreten sozialen Situationen und unterliegt gegenseitigen Erwartungen. Antworten beziehen sich auf erlebte und erinnerte soziale Ereignisse, stellen Meinungen und Bewertungen dar. Mit dem Mittel der Befragung wird nicht soziales Verhalten insgesamt, sondern lediglich verbales Verhalten als Teilaspekt erfasst" (S. 109). Die Autoren sehen die Befragung als wichtige Methode, um an Informationen zu gelangen. Sie mahnen dabei aber auch gleichzeitig an, dass die Ergebnisse nicht überschätzt werden dürfen und dass es dabei zu Fehldeutungen kommen kann, wenn die eingesetzten Methoden unzureichend verankert sind (vgl. ebenda, S. 109 f.).

Eine zentrale Feststellung ist in diesem Zusammenhang die Unterscheidung von alltäglichen Befragungen und wissenschaftlichen Befragungen. Atteslander et al. (2010) stellen hierzu fest: „Weder Systematik noch Zielgerichtetheit reichen aus, um die alltägliche oder professionelle von der sozialwissenschaftlichen Befragung abzugrenzen. Der entscheidende Unterschied zwischen der alltäglichen und der wissenschaftlichen Befragung besteht in der theoriegeleiteten Kontrolle der gesamten Befragung. Wissenschaftlichkeit beruht auf systematischer Zielgerichtetheit und Theorie" (S. 11).

Zum Erfassen von qualitativen Informationen mit entsprechenden Interpretationsspielräumen empfehlen die Autoren die wenig und teilstrukturierten Instrumente. Soll der Schwerpunkt auf quantitativen Aussagen liegen, sollten teil- und stark strukturierte Methoden zum Einsatz kommen. Insgesamt nimmt die Reaktivität der Befragten mit zunehmendem Strukturierungsgrad ab.

Stockmann (2004) stellt in diesem Zusammenhang fest, „[...] daß quantitative und qualitative Methoden oft gut miteinander kombiniert werden können" (S. 21).

Zusammengefasst bedeutet das für den weiteren Gang der Untersuchung, dass die Grundlagen für die Verwendung und Kombination von qualitativen und quantitativen Erhebungsmethoden in diesem Kontext gegeben ist. Bezugnehmend auf die Anforderungen der Aktionsforschung werden Fragebögen und Interviewleitfäden im Rahmen von Gruppendiskussionen erarbeitet. Dabei werden Vertreter aus dem Bereich der Führungskräfte und Mitarbeiter einbezogen.

Zur Erfassung der quantitativen Perspektive wird ein Fragebogen entwickelt. Die ausführliche Herleitung und Beschreibung der Fragenentwicklung erfolgt in Kap. 3.3. Zur Erhebung der qualitativen Perspektive folgt in Kap. 3.4 die Betrachtung der Datenerhebung mittels Interview.

3.3   Datenerhebung mittels Fragebogen

Ein Teil der empirischen Daten, die dieser Arbeit zugrunde liegen, soll in Form einer schriftlichen Befragung via Fragebogen erhoben werden. Atteslander et al. (2010) beschreiben die Vorteile dieser Methode als „[...] vor allem finanzieller Art; sie ist in der Regel kostengünstiger; es kann meist in kürzerer Zeit mit weniger Personalaufwand eine größere Zahl von Befragten erreicht werden. Zudem fällt der Interviewer als mögliche Fehlerquelle weg, aber auch als Kontrollinstanz" (S. 157). Demgegenüber müssen auch etwaige Nachteile betrachtet werden: „Die Befragungssituation ist kaum hinreichend kontrollierbar. Es können andere Personen die Antworten des Befragten beeinflussen. Da dem schriftlichen Befragten kein Interviewer zur Seite steht, muss jede Frage zweifelsfrei verständlich sein, was von vornherein komplizierte Fragestellungen ausschließt. Das Risiko, dass einzelne Fragen unsorgfältig und unvollständig, ja überhaupt nicht ausgefüllt werden, ist groß. Die Repräsentativität der schriftlichen Befragung wird vor allem dadurch in Frage gestellt, dass die Zahl der Ausfälle, also jener Befragten, die den Fragebogen nicht beantworten, meist erheblich ist" (ebenda, S. 157). Zur Durchführung raten die Autoren ein entsprechendes Begleitschreiben beizulegen, das den Sinn der Befragung erläutert, deutlich macht, wer konzeptionell daran beteiligt ist und welches Interesse der Befragte selbst hat, daran teilzunehmen. Wichtig ist, dass das Ausfüllen so leicht wie möglich sein soll und dass ein entsprechender Hinweis auf die Anonymität vorhanden ist. Damit möglichst wenige Fragebögen verlorengehen, ist darauf zu achten, dass die Rücksendung umstandslos erfolgen kann. Weiterhin wird empfohlen, nach einer gewissen Zeitspanne ein Erinnerungsschreiben mit beigelegtem Fragebogen einzusteuern, um so die Rücklaufzahlen zu erhöhen (vgl. ebenda, S. 158).

Trotz aller Vorbereitung und Planung bezeichnen Atteslander et al. (2010) die Erreichung der Repräsentativität bei schriftlichen Befragungen als äußerst schwierig und nur selten zu gewährleisten. „Das Minimieren von Verzerrungen, wie sie mehr oder weniger in jeder Befragungsart vorkommen, ist besonders schwierig zu erreichen. Ein ernst zu nehmendes Problem bei postalischen Umfragen ist das Erreichen einer angemessenen Rücklaufquote" (ebenda, S. 161). Versucht der Forscher nun die Rücklaufquote durch bestimmte Incentivierungen zu erhöhen (wie bspw. Gutscheine o. ä.) kann sich das zwar positiv auf die Teilnahmequote auswirken, gleichzeitig aber auch eine Verzerrung des Antwortverhaltens mit sich bringen (vgl. ebenda, S. 161).

Neben der postalischen Versendung von Fragebögen hat sich in den letzten Jahren ein zunehmender Trend etabliert, schriftliche Fragebögen via E-Mail zu versenden. Atteslander et al. (2010) sprechen hierbei nicht von einer neuen Methode, sondern eher von einer neuartigen Technik. Sie geben dabei zu bedenken, dass diese Variante nur mit den Menschen funktioniert, die über den technischen Zugang verfügen und die den Umgang damit beherrschen. Der größten Vorteile sind dabei die geringen Erhebungskosten und eine unmittelbare Datenverfügbarkeit, da die Antworten direkt nach dem Ausfüllen in die entsprechenden Datenbanken übertragen werden können. Sie sprechen auch von dem Potenzial, die Motivation zur Beantwortung durch Videosequenzen, Bilder etc. zu erhöhen. Gleichzeitig verführt diese Technik dazu, beim Layout via Kopierfunktion immer ähnliche Fragen zu generieren, die dann einen Ermüdungseffekt nach sich ziehen. Auch auf die Problematik der Repräsentativität gibt es mithilfe der Onlinebefragung keine abschließende Antwort (vgl. ebenda, S. 166 f.).

Generell fordern Atteslander et al. (2010), dass der Fokus bei der Datenerhebung stärker auf die systematische Erfassung von Problemzusammenhängen gerichtet wird und weniger auf das Aufsummieren einzelner Daten. Sie stellen fest, dass meist die ungelösten Fragen im Rahmen einer Befragung den wesentlichen Erkenntnisteil ausmachen und weitere Forschung implizieren. Die Autoren befürworten jede Form der kritischen Auseinandersetzung von Befragungen, da nur so die verzerrenden Faktoren herausgearbeitet und kontrolliert werden können, was wiederum die Grundlage der Wissenschaftlichkeit bildet: „Fragen sind wissenschaftlich nur sinnvoll, wenn sie theoriebezogen angewendet werden. Antworten können nur sinngebend ausgewertet werden, wenn die soziale Situation im Wesentlichen systematischer Kontrolle unterliegt" (ebenda, S. 172).

3.3.1   Entwicklung der Fragebögen

Bezogen auf die Entwicklung von Fragebögen, die dem ernsthaften Erkenntnisgewinn dienen sollen, merkt Porst (2008) an, dass die Entwicklung dieses Instruments niemals leichtfertig durchgeführt werden darf. Es geht dabei „[…] nicht nur darum, irgendwie irgendwelche Fragen zu stellen, sondern [darum; H. T.] die inhaltlichen richtigen Fragen methodisch richtig [zu; H. T.] stellen" (Porst 2008, S. 11). In diesem Zusammenhang muss besonders auf die Sprache geachtet werden, die zur Formulierung der Fragen verwendet wird, da hier eine hohe Kontextabhängigkeit vorherrscht (vgl. ebenda, S. 11). Vor dem Hintergrund seiner Forderung nach dem wissenschaftlichen Umgangs mit Fragebögen schlägt er die

folgende Definition vor: „Ein Fragebogen ist eine mehr oder weniger standardisierte Zusammenstellung von Fragen, die Personen zur Beantwortung vorgelegt
werden mit dem Ziel, deren Antworten zur Überprüfung der den Fragen zugrun-
deliegenden theoretischen Konzepte und Zusammenhänge zu verwenden. Somit
stellt ein Fragebogen das zentrale Verbindungsstück zwischen Theorie und Analyse dar" (Porst 2008, S. 14; zit. nach Porst 1996, S. 738). Der Kern liegt für ihn
dabei darin, dass es sich bei den Fragen eines Fragebogens um „[...] eine theoretisch begründete und systematisch präsentierte Auswahl von Fragen" (Porst 2008,
S. 14) handelt, die dazu verwendet werden, ein theoretisch definiertes Erkenntnisinteresse auf Basis von empirischen Daten überprüfen zu wollen.

Bezogen auf die Konstruktion von Fragen verweisen Atteslander et al. (2010) in
Anlehnung an Schnell et al. (1999) auf die wichtigsten Regeln bei der Erstellung
von Fragen (vgl. Atteslander et al. 2010, S. 156):

- Verwendung von einfacher Wortwahl (d. h. Vermeidung von Fachausdrü-
  cken, Fremdwörtern, Abkürzungen oder Slang),
- möglichst kurze und neutrale Formulierungen von Fragen,
- Vermeidung von Suggestivfragen, hypothetischen Formulierungen, doppel-
  ter Negation und Überforderung des Befragten durch zu komplexe Sätze,
- Fokussierung der Frage auf einen Sachverhalt,
- Einhaltung der Balance der Antwortmöglichkeiten (positive und negative
  Antworten stehen gleichberechtigt nebeneinander).

Soll nun die Datenerhebung in Form einer quantitativen Befragung mittels Frage-
bogen durchgeführt werden, folgt zunächst die Überlegung, ob genügend Ressourcen zur Verfügung stehen, um die Grundgesamtheit[32] vollständig zu befragen. Ist
dies nicht möglich, wird in der Literatur die Befragung einer entsprechenden
Stichprobe empfohlen (vgl. bspw. Mayer 2013, S. 60 oder Atteslander et. al 2010,
S. 210). Entscheidend ist dabei, dass die Auswahl der Stichprobe anhand von
Merkmalen erfolgt, deren Mittelwerte im Wesentlichen den Merkmalen der
Grundgesamtheit entsprechen. Auch in der Verteilung dieser Merkmale müssen
sich Grundgesamtheit und Stichprobe gleichen. Sind diese Voraussetzungen erfüllt, spricht man von der Repräsentativität der Stichprobe. Damit ist gewährleistet, dass Rückschlüsse von der Stichprobe auf die Grundgesamtheit ohne verzer-
rende Effekte möglich sind (vgl. Mayer 2013, S. 60).

---

32 Grundgesamtheit meint hier „[...] die Gesamtmenge von Individuen, Fällen oder Ereignissen
    [...; H. T.], auf die sich die Aussagen der Untersuchung beziehen soll" (Mayer 2013, S. 60, in
    Anlehnung an Kromrey 1995).

Man unterscheidet zwischen zufallsgesteuerten (hier ist die Repräsentativität durch das Verfahren gegeben) und nicht zufallsgesteuerten Auswahlverfahren. Bei den nicht zufallsgesteuerten Verfahren soll die Repräsentativität dadurch erreicht werden, indem „[…] bestimmte Merkmale und ihre Verteilung in der Grundgesamtheit als Auswahlkriterien benutzt werden" (ebenda, S. 60 f.).

Die zufallsgesteuerten Auswahlverfahren werden unterteilt in die reine Zufallsauswahl, die geschichtete Zufallsauswahl, die Klumpenauswahl und das Quotaverfahren (siehe dazu ausführlich ebenda, S. 61 ff.).

Ziel einer Befragung via Fragebogen ist die Messung bestimmter Items. „Unter „Messen" wird allgemein die Zuordnung von Zahlen („Messwerten") zu Objekten gemäß festgelegten Regeln verstanden" (Schnell et al. 2013, S. 128). Diese allgemeine Definition greift den Autoren allerdings zu kurz, da keine Hinweise auf die Beziehung der Messwerte zueinander möglich sind, die den Beziehungen der gemessenen Objekte entsprechen (vgl. ebenda, S. 128). Mayer (2013) beschreibt das Messen als einen Vorgang, bei dem vorher festgelegte Merkmale systematisch erfasst werden und es dabei zu einer eindeutigen numerischen Zuordnung kommt. Die so erzeugten Daten unterliegen sogenannten Abbildungsvorschriften oder auch Zuordnungsregeln. Die jeweils gültige Zuordnungsregel bildet den Ausgangpunkt für die Verwendung eines Skalenniveaus. Wichtig ist hierbei zu beachten, dass der Informationsgehalt der Daten stark abhängig vom Skalenniveau ist. Bei der Verwendung einer Nominalskala können die Daten nur auf ihre Gleichheit untersucht werden. Die Ordinalskala ermöglicht die Erstellung von Rangreihen, da die Daten ihrer Größe nach darstellbar sind. Bei erhobenen Daten, denen eine Intervallskalierung zugrunde liegt, können Abstände zwischen den Messwerten betrachtet werden. Die Ratioskala ist dadurch gekennzeichnet, dass sie alle Eigenschaften der drei anderen Skalentypen vereint. Sie besitzt demnach die Unterscheidungs-, Rangordnung- und Intervallfunktion und ergänzt diese durch die Möglichkeit der Angabe eines absoluten Nullpunkts. Die Verwendungsmöglichkeit von statistischen Verfahren ist ebenfalls abhängig vom eingesetzten Skalenniveau (vgl. ebenda, S. 71). „Mit zunehmendem Messniveau steigen die Aussagekraft und der Informationsgehalt der Daten, wobei jedes Messniveau neben seinen charakteristischen Eigenschaften auch alle Eigenschaften der unteren Skalentypen besitzt" (ebenda, S. 71).

Neben der Betrachtung des Skalenniveaus muss das Augenmerk auch auf das jeweilige Skalierungsverfahren gerichtet werden. Die Autoren stellen in diesem Zusammenhang fest: „Leider gibt es keine formalen Regeln, wie man Items für eine Skala entdeckt oder auch nur formuliert. In der Regel werden Items bereits verwendeten Skalen entnommen, gelegentlich werden Aussagen von Befragten in

Vorstudien oder schriftliche Äußerungen zu Items umformuliert. Meist entspringen die Items allerdings der ungebremsten Phantasie der Skalenkonstrukteure" (S. 169). Darüber hinaus formulieren die Autoren folgende Faustregeln für die Entwicklung von Skalen (vgl. dazu ebenda, S. 169):

Bezogen auf die Formulierung entsprechender Statements soll es vermieden werden,

dass ...
...diese sich auf die Vergangenheit beziehen,
...diese als Tatsachen bzw. Tatsachenbeschreibungen aufgefasst werden,
...deren Interpretationsmöglichkeiten durch die Befragten nicht eindeutig sind,
...es keinen Bezug zu den Einstellungen gibt, die erfragt werden sollen,
...alle oder keine Befragten zustimmen.

Stattdessen sollen die Statements „[...] den gesamten affektiven Bereich der interessierenden Einstellung abdecken; einfach, klar und direkt formuliert sein; kurz sein und nur selten mehr als 20 Worte umfassen; immer nur einen vollständigen Gedanken enthalten; keine Worte, wie „alle", „immer", „niemand" und „niemals" enthalten; Worte wie „nur", „gerade" und „kaum" nur in Ausnahmefällen enthalten; aus einfachen Sätzen und nicht aus Satzgefügen oder Satzverbindungen bestehen; keine Worte enthalten, die den Befragten unverständlich sein könnten; keine doppelte Verneinung enthalten" (ebenda, S. 170).

Insgesamt beschreiben Schnell et al. (2013) fünf wesentliche Skalen: die Thurstone-Skalen, die Likert-Skalen, die Guttman-Skalen, die Rasch-Skalen und die Magnitude-Skalen (vgl. dazu S. 174 ff.). Der Schwerpunkt der folgenden Ausführungen liegt auf der Beschreibung der Likert-Skalen, die auch im Rahmen dieser Arbeit zum Einsatz kommen. Diese Skalen kommen, nach Aussage der Autoren, in der empirischen Forschung am häufigsten zur Anwendung. Die Statements dieser Skalen werden so aufgebaut, „[...] dass sie die interessierende Einstellung wiedergeben" (ebenda, S. 177). Die grundlegende Annahme bei der Verwendung der Likert-Skalen ist, dass nur eine Dimension zugrunde liegt „[...] und dass die Wahrscheinlichkeit für die Zustimmung zu einem Item mit steigender Ausprägung der latenten Variablen zunimmt: Die Itemcharakteristiken einer Likert-Skala müssen monoton sein" (ebenda, S. 177).

Ein wesentliches Entscheidungskriterium zur Verwendung dieser Skalenart, liegt in dem hohen Wiedererkennungswert zu der verwendeten Skala des Stiba (siehe dazu auch Kap. 3.1.1). Dieses Skalenniveau und die Vorgehensweise bei der Abstimmung sind den meisten Befragten nach mehrjähriger Anwendung bereits bekannt. Dies soll dazu beitragen etwaige Vorbehalte, gegenüber der hier geplanten Evaluation, möglichst klein zu halten.

Die Befragung der betrieblichen Vorgesetzten im Rahmen dieser Arbeit, erfolgt in Form einer internetgestützten Datenerhebung.

Die Vor- und Nachteile von Onlinebefragungen haben Thielsch und Weltzin (2009) in Tabelle 2 zusammengestellt.

Im Gegensatz zu dem eher problemzentrierten Bild von Onlinebefragungen von Schnell et al. (2013) stellen Thielsch und Weltzin (2009) fest: „Gleichzeitig erfreuen sich Online-Methoden zumeist einer hohen Akzeptanz bei den Befragten" (S. 71). Die Gründe dafür sehen die Autoren unter anderem in einem ehrlichen Antwortverhalten durch geringe Effekte sozialer Erwünschtheit. Als nachteilig wird in diesem Zusammenhang ebenfalls die Tatsache angesehen, dass die technische Ausstattung der Befragten unbekannt bleibt und zu Verzerrungseffekten führen kann. Außerdem hat der Forscher keine Möglichkeit, die Durchführungsbedingungen zu kontrollieren.

Schnell et al. (2013) verzeichnen in den letzten Jahren eine verstärkte Zunahme von internetgestützten Befragungen. Die Gründe dafür liegen ihrer Meinung nach in der schnelleren Durchführbarkeit, geringen Kosten, Wegfall der Datenerfassung etc. (siehe dazu auch Kuckartz 2009, S. 9). Sie unterscheiden die Formen in E-Mail-Survey, Mixed-Mode-Survey, konventioneller Survey und Web-Survey (vgl. dazu ausführlich ebenda, S. 369). Bezogen auf die Verwendung von onlinegestützten Befragungen für wissenschaftliche Zwecke weisen sie auf eine Vielzahl von möglichen Problemen hin. Da Die Befragung der betrieblichen Vorgesetzten im Kontext dieser Studie, in Form eines Web-Surveys durchgeführt wird, konzentrieren sich die folgenden Ausführungen auf diesen Themenbereich.

Tabelle 2:   Vor- und Nachteile von Onlineuntersuchungen (Thielsch und Weltzin 2009, S. 70)

Vorteile	Nachteile
Zeiteffizienz bei Erhebung, Auswertung und Präsentation der Daten	Die *Programmierung* der OnlineUntersuchung braucht einen gewissen zeitlichen Vorlauf
Aufwand und Kosten für Druck, Austeilung und Kodierung von Fragebögen, Interviewer und Dateneingaben entfallen	Gegebenenfalls *Aufwand für Einarbeitung* in entsprechende Befragungssoftware
Automatisierbarkeit und somit teilweise *hohe Objektivität*: Keine Fehlerquellen durch Dateneingabe, keine Versuchsleiter-Effekte, keine Gruppeneffekte	Die Durchführungsbedingungen der Datenerhebung können nicht kontrolliert werden, daher Probleme bei der Durchführungsobjektivität.
Heterogenere Stichprobenzusammensetzung als bei durchschnittlichen offline durchgeführten Studien	Keine *Repräsentativität* für die Gesamtbevölkerung erreichbar
Alokalität des Mediums: Manche offline schwer erreichbare Personenkreise sind online ansprechbar	Nicht alle Zielgruppen sind online, nicht alle Computer bezüglich Soft- und Hardware auf ausreichend aktuellem Stand
Hohe Datenqualität; Kontrollskripte verhindern „missing data"; Konsistenzprüfungen der Daten anhand von Zeitprotokollen u. ä. möglich	*Mehrfachteilnahmen* von Befragten sind technisch nur bedingt kontrollierbar, Rückfragen können nur asynchron und auf Initiative des Befragten hin beantwortet werden
Zumeist *hohe Akzeptanz* aufgrund von Freiwilligkeit, Flexibilität und Anonymität	*Akzeptanzprobleme* wenn die Befragten Direktmarketing oder andere unerwünschte Datennutzungen vermuten
Verfahrenstransparenz, Ethik: Online-Studien sind transparenter, da sie stärker öffentlich zugänglich sind als Offline-Studien	Daten(banken) der Online-Studie müssen gegen *unberechtigten Zugriff* geschützt werden.

Das wesentliche Kennzeichen von Web-Surveys ist, dass die Befragung hier über einen Web-Server durchgeführt wird, auf dem der Fragebogen hinterlegt ist. Hier kritisieren die Autoren vor allem die unbekannte technische Ausstattung der Befragten, die zu falschen Darstellungen besonders bei stark multimedial gestalteten Fragebögen führen können. Auch unterschiedliche Internetgeschwindigkeiten können sich hemmend auf die Teilnahmemotivation der Befragten auswirken. Allgemein gelten dieselben Regeln zur Erstellung von Fragebögen wie bei den Papierversionen auch (bspw. bei der Formulierung von Fragen, Gestaltung von Anschreiben etc.) (vgl. ebenda, S. 373 f.). Es werden folgende Hinweise zum Fragebogen-Design gegeben:

„- Fragennummern sollten abgetrennt links in einer eigenen Spalte stehen
- Antwortkategorien sollten vertikal übereinander immer in der gleichen Spalte stehen
- Alle Antwortkategorien sollten gleichzeitig angezeigt werden
- Entsprechend sind „Drop-Down-Boxen" nicht empfehlenswert
- Fragen in Form einer Antwortmatrix sollten vermieden werden
- Offene Fragen sollten allenfalls am Ende des Fragebogens [...,H. T.] verwendet werden
- Unterschiedliche Farben sollten vermieden werden
- Instruktionen für den Befragten sollten sich an der Stelle im Fragebogen finden, wo sie benötigt werden, nicht an einer Stelle als Block
- Instruktionen sollten anders erscheinen als Fragen (Wechsel der Schriftart oder Größe)
- Instruktionen sollten stets an der gleichen Stelle (auf der linken Seite) erscheinen; Fragen entsprechend auf der rechten Seite
- Auf keinen Fall empfiehlt es sich, zu versuchen, die Befragten zur Beantwortung einer Frage zu zwingen
- Es sollte für den Befragten stets erkennbar sein, an welcher Stelle im Fragebogen er sich befindet [..., H. T.]
- Trotz der einfachen technischen Realisierbarkeit der Filterführung bei elektronischen Fragebögen sollten Filter eher sparsam verwendet werden
- Fragebögen bei Websurveys lassen sich bildschirmweise aufbauen (eine Frage pro Bildschirm) oder als eine Seite, beidem der Bildschirm manuell „gerollt" [...; H. T.] werden muss. In der Regel ist „Scrolling" bei kurzen Fragebögen für den Befragten einfacher
- Alle Fragebögen benötigen umfangreiche inhaltliche Pretests, auch Websurveys
- Sehr sorgfältiges und langwieriges Pretesten der technischen Durchführbarkeit der Befragung auf unterschiedlichsten PCs ist unverzichtbar" (ebenda, S. 374 f.).

Die hier benannten Hinweise werden im Rahmen der Fragenentwicklung aufgegriffen (siehe Kap. 3.3.1.1). So werden bspw. alle Antwortkategorien gleichzeitig angezeigt, offen Fragen am Ende des Frageblocks platziert, es gibt keinen Zwang zur Beantwortung einer Frage, auch die Durchführung von Pretest ist erfolgt (siehe Kap. 3.3.2) etc.

Bei der Durchführung ist es wichtig sicherzustellen, dass jede Person nur einmal den Fragebogen beantwortet und wiederholte Beantwortungen ausgeschlossen sind. Besonderes Augenmerk ist in diesem Zusammenhang auf die Gewährleistung der Anonymität der Befragten zu richten. Hier muss eine entsprechende Ansprache gewählt werden, um das Vertrauen der Teilnehmer für die Befragung zu gewinnen (vgl. ebenda S, 76).

Zusammenfassend benennen Schnell et al. (2013) als schwierigste methodische Probleme von internetgestützten Befragungen die Stichprobenziehung und die Kooperation der Befragten: „Existiert keine Liste der Population vor der Durchführung der Studie und wird aus dieser Liste nicht zufällig ausgewählt, dann kann die Studie

nicht verallgemeinert werden [...H. T.]. Damit verbleibt die Anwendung internet-
gestützter Befragungen sehr speziellen, hochmotivierten Teilpopulationen vorbehalten, falls verallgemeinerbare Ergebnisse beabsichtigt sind" (ebenda, S. 376).

Liebig und Müller (2005) haben untersucht inwiefern es zu Verzerrungen bei Verwendung von online oder offline Befragungen kommt. Ihrer Einschätzung nach
ergibt sich dadurch keine Auswirkung auf die Durchführung. „Sehr viel näher liegt
die Überlegung, dass Formatunterschiede vor allem dann zu erwarten sind, wenn
heikle bzw. persönlich relevante Themen unter der Bedingung erfragt werden, in der
die Identifizierbarkeit der Beurteiler möglich bzw. wahrscheinlich ist. Unter solchen
Bedingungen ist davon auszugehen, dass die Befragten ihre Urteile systematisch
verzerren" (Liebig und Müller 2005, S. 26). Hierbei wird die Wahrung der Anonymität angesprochen und das für die Teilnehmer sichergestellt werden muss, dass
keine Rückverfolgbarkeit der Abstimmungsergebnisse auf Einzelpersonen möglich
ist. Relevant sind die Feststellungen von Liebig und Müller (2005) für die vorliegende Studie insofern, da in der Ergebnisauswertung ein Vergleich der jeweiligen
Ergebnisse aus den unterschiedlichen Erhebungsmethoden, vorgesehen ist.

Für den weiteren Gang der Untersuchung ergeben sich aus diesem Kap. praktische
Hinweise hinsichtlich der Gestaltung von Fragen, Gestaltung von Skalenniveaus
dem Aufbau des Fragebogens und der Auswahl der Stichprobe (nach Atteslander et
al. 2010). Diese Punkte werden in den nun folgenden Kap. aufgegriffen

Da die Befragung der Führungskräfte in Form einer Onlineuntersuchung erfolgt, hat
die Betrachtung der Vor-und Nachteile (nach Thielsch und Weltzin 2009) gezeigt
mit welchen Schwierigkeiten zu rechnen ist und welche Grundsätze zu beachten
sind. Schnell et al. (2013) geben Hinweise für das Fragebogen-Design bei Online-
befragungen die vor allem in die Betrachtungen in Kap. 3.3.1.1 einfließen.

3.3.1.1   Fragenbogen für die Befragung der betrieblichen Vorgesetzten

Der Fragebogen zur Befragung der betrieblichen Vorgesetzten (siehe Anlage 1) besteht insgesamt aus zehn Seiten inklusive Anschreiben und Danksagung. Der grundlegende Aufbau orientiert sich an den Prozessphasen des Stiba (siehe Kap. 3.1.1,
Abb.18).

Im Anschreiben werden zunächst die Hintergründe für die Befragung erläutert. Dabei wird ausdrücklich darauf hingewiesen, dass das Feedback zu den einzelnen Prozessschritten seitens der Führungskräfte erwünscht ist. Da diese Befragung in Form
einer Onlineumfrage durchgeführt werden soll und das Anschreiben via E-Mail ver-
schickt wird, ist der direkte Zugangslink im Text eingebettet. Es folgt ein Hinweis

auf die ungefähre Bearbeitungsdauer sowie auf die Freiwilligkeit und Anonymität der Teilnahme. Um das Vertrauen in diesem Punkt noch zu bestärken, wird im Anschreiben auf den Datenschutzkoordinator des Standorts verwiesen. Mit diesem Datenschutzkoordinator und den zuständigen Arbeitnehmervertretern wurden der Fragebogen und die Vorgehensweise im Vorfeld besprochen und abgestimmt. Weiterhin wird im Anschreiben hervorgehoben, bis wann die Teilnahme an der Befragung möglich ist. Unterschrieben wurde das Anschreiben mit der Signatur des Projektverantwortlichen sowie mit der Telefonnummer für eventuelle Rückfragen.

Der Fragebogen ist in neun Frageblöcke eingeteilt. Aus der Forderung von Jöns und Müller (2007a, siehe dazu auch Kap. 2.1) nach einem systematischen Kontrollsystem zur Absicherung der Nachhaltigkeit von MAB, lässt sich ableiten, dass es sinnvoll ist dieses Kontrollsystem auf den gesamten Prozess der MAB anzuwenden. Darum wird die Befragung im Rahmen dieser Arbeit auf die einzelnen Prozessschritte bzw. Maßnahmen des Untersuchungsgegenstandes ausgerichtet (vgl. dazu Abb. 14 und 15).

Der Aufbau der Fragen ist im Wesentlichen zweigeteilt. Im ersten Frageteil werden die Befragten aufgefordert, im Rahmen einer Nominalskala zu entscheiden, ob sie Kenntnis von dem Frageinhalt haben oder nicht. Im zweiten Teil wird der Grad der Zustimmung oder Ablehnung bezogen auf die Wichtigkeit erhoben, welche die Auskunftspersonen dem dargestellten Item beimessen. Die Erhebung der Wichtigkeit erfolgt über eine fünf-stufige Likert-Skala mit 1= trifft voll und ganz zu bis 5=trifft überhaupt nicht zu. Die fünf-stufige Likert-Skala des Frageblocks sieben bzgl. der Einschätzung auf die Auswirkung einzelner Maßnahmen auf die Teilnahmemotivation am Stiba ist gegliedert in 1=sehr hoch bis 5=keinen. Im letzten Abschnitt erfolgt die Erfassung von allgemeinen Daten, damit in der späteren Analyse Aussagen über Gruppen der Stichprobe möglich sind. Ein wesentliches Entscheidungskriterium zur Verwendung dieser Skalenart liegt, neben den bereits aufgeführten Gründen in Kap. 3.3, auch in dem hohen Wiedererkennungswert zu der verwendeten Skala des Stiba. Nach jedem Frageblock haben die Befragten die Möglichkeit, ihre Veränderungswünsche in einem Freitextfeld einzutragen. In der rechten oberen Ecke zeigt ein Fortschrittsbalken den Befragten an, wieweit sie bei der Beantwortung bereits gekommen sind.

Die neun Frageblöcke sind inhaltlich wie folgt gegliedert:

1. Frageblock zum Ansprechpartner in Sachen Stiba,
2. Frageblock Qualifizierungsmaßnahmen,
3. Frageblock Informationskampagne,
4. Frageblock Prozessbetreuung,
5. Frageblock Ergebnisanalyse,
6. Frageblock Controllingmaßnahmen,
7. Frageblock Effekte der Maßnahmen auf die Teilnahmemotivation der Mitarbeiter,
8. Frageblock Ausbau des Unterstützungsangebots,
9. Frageblock Allgemeine Daten zum Befragten.

Die Formulierung der Fragen erfolgte in Anlehnung an die Leitfragen von Hodapp (2007, S. 174 f.). Die von ihm vorgeschlagenen Cluster wurden an den Follow-up-Prozess des Stiba angepasst. Gleichzeitig ist die Entwicklung der Fragen an den Prozessphasen des Stiba ausgerichtet (vgl. dazu auch Abb. 14).

Abbildung 16 zeigt die Fragenentwicklung für die Prozessphase „Vorbereitung" der Vorgesetztenfragebögen (siehe dazu auch Anhang 1). Zur Entwicklung der Fragen wurde die Prozessphase in die zugehörigen Maßnahmencluster aufgeteilt. Nach der Operationalisierung des jeweiligen Maßnahmenclusters erfolgte die Entwicklung der Fragen. Für die Prozessphase „Vorbereitung" wurden die Fraugen als Aussagen formuliert. Damit wird es möglich, eine Bewertung hinsichtlich der Wahrnehmung und der Wichtigkeit vorzunehmen und dabei gleichzeitig den Fragebogenumfang nicht zu sehr zu erhöhen. Abweichend von dieser Systematik ist die letzte Frage dieses Themenblocks, die als offene Frage angelegt ist. Hier soll die Möglichkeit gegeben werden, Veränderungswünsche bezogen auf die abgefragten Maßnahmen zu erfassen.

Prozessphase	Maßnahmencluster	Operationalisierung	Fragenentwicklung	
			Wahrnehmung (Nominalskalierung: ja/nein)	Wichtigkeit (Likert-Skala: 1= trifft voll und ganz zu - 5 trifft überhaupt nicht zu)
			Es ist mir aufgefallen, dass	Das finde ich wichtig!
Vorbereitung	Standortumsetzungsteam	Vorhandensein des Ansprechpartners	es einen Ansprechpartner in Sachen Stimmungsbarometer in meinem Bereich gibt.	
		Informationsweitergabe durch den Ansprechpartner	der Ansprechpartner Informationen zum Stimmungsbarometer an meine Mitarbeiter und mich weitergibt.	
		Unterstützung der betriebl. Vorgesetzten	der Ansprechpartner die Anmeldung zu den Vorgesetzten-Seminaren unterstützt.	
			der Ansprechpartner bei der Einrichtung des Gruppenaccounts in meinem Bereich unterstützt	
		Weitergabe von Feedback an die Projektleitung	der Ansprechpartner das Feedback meiner Mitarbeiter und von mir an die Projektleitung weitergibt.	
	Unterstützung der betrieblichen Vorgesetzten durch die Personalreferenten	Qualifizierungsmaßnahmen	mir die Personalabteilung während der Durchführung Unterstützung anbietet.	
			mir Informationsmaterialien für die Ergebnisdurchsprache zur Verfügung gestellt werden.	
			es eine Schulung für die Ergebnisdurchsprache gibt.	
		Transfer der Inhalte aus den Qualifizierungsmaßnahmen	nicht abgefragt	Die selbstständige Vorbereitung auf die Ergebnisdurchsprache finde ich wichtig.
			nicht abgefragt	Die Anliegen meiner Mitarbeiter bei der Ergebnisdurchsprache in den Mittelpunkt zu stellen, finde ich wichtig.
			nicht abgefragt	Einen Einblick in die Stärken und Schwächen meiner Organisationseinheit durch die Ergebnisdurchsprache zu bekommen, finde ich wichtig.
			nicht abgefragt	Dass ich das Stimmungsbarometer zur Verbesserung meiner Organisationseinheit einsetzen kann, finde ich wichtig.
			nicht abgefragt	Die Möglichkeit gemeinsam mit meinen Mitarbeitern Verbesserungen zu erarbeiten, finde ich wichtig.
	Review Gespräch Vorjahr	Vorabinformation der Mitarbeiter	Ich informiere meine Mitarbeiter im Vorfeld zum Thema Stimmungsbarometer.	
		Vorjahresrückblick	Ich führe ein Vorjahresrückblick des Stimmungsbarometers in meinem Bereich durch.	
	Informationskampagne	Plakataktionen	SZ-Beschäftigte auf Großplakaten zum Stimmungsbarometer abgebildet sind.	
			das der Ansprechpartner in Sachen Stimmungsbarometer aus unserem Bereich auf einem Plakat an der Abteilungsinfotafel dargestellt wird.	
		Film	es einen standortbezogenen Film zum Stimmungsbarometer gibt.	
		Mitarbeiterzeitung	besonders positive Maßnahmen aus dem Stimmungsbarometer in der Mitarbeiterzeitung "MEMO" veröffentlicht werden.	
			mich unser Werkleiter, Personalleiter und Betriebsratsvorsitzender mich persönlich in der Mitarbeiterzeitung auf das Stimmungsbarometer anschreiben.	
		Kommunikation durch Vorgesetzte	der Werkleiter im Vorfeld das Stimmungsbarometer anspricht.	
		Kommunikation durch den Betriebsrat	der Betriebsrat im Vorfeld das Stimmungsbarometer anspricht.	
		Sonderschreiben	mich unser Werkleiter, Personalleiter und Betriebsratsvorsitzender mich persönlich in der Entgeltabrechnung auf das Stimmungsbarometer anschreiben.	
		Zwischenstandsberichte	regelmäßig zum Zwischenstand und zum Abschluss des Stimmungsbarometers berichtet wird.	
		Veränderungswünsche	offene Frage bzw. Aufforderung: Falls Sie Veränderungswünsche bezogen auf Maßnahmencluster haben, können Sie hier eintragen was aus Ihrer Sicht verbessert werden kann.	

Abbildung 16: Fragebogen für die Vorgesetzten – Fragenentwicklung für die Prozessphase Vorbereitung (eigene Darstellung)

Die Abbildung 17 zeigt die Fragenentwicklung für die Prozessphase „Durchführung". Die Vorgehensweise entspricht dem eben beschriebenen Muster. Für diese Prozessphase wurde auf die Fragenentwicklung für das Maßnahmencluster „Erfahrungsaustausch durch das Standortumsetzungsteam" verzichtet, da dieses Themenfeld bereits im Fragenkatalog der Prozessphase „Vorbereitung" enthalten ist.

Prozessphase	Maßnahmencluster	Operationalisierung	Fragenentwicklung		
			Wahrnehmung (Nominalskalierung: ja/nein)	Wichtigkeit (Likert-Skala: 1= trifft voll und ganz zu - 5 trifft überhaupt nicht zu)	
			Es ist mir aufgefallen, dass	Das finde ich wichtig!	
	Unterstützung in der Umsetzung durch die Personalreferenten	Thematisierung des Stimmungsbarometers durch die Personalabteilung	ich direkt von der Personalabteilung auf das Stimmungsbarometer angesprochen werde.		
Durchführung	Prozessbetreuung	Prozessunterstützung	ich wöchentlich über die Beteiligungsquote in meinem Bereich informiert werde.		
			drei Tage vor Ende via Erinnerungsbildschirm am PC auf das Stimmungsbarometer hingewiesen wird.		
	Erfahrungsaustausch durch das Standortumsetzungsteam	ist in der Prozessphase "Vorbereitung" bereits durch das Cluster "Standortumsetzungsteam" abgefragt			
	Veränderungswünsche		offene Frage bzw. Aufforderung:		
			Falls Sie Veränderungswünsche bezogen auf Maßnahmencluster haben, können Sie hier eintragen was aus Ihrer Sicht verbessert werden kann.		

Abbildung 17:   Fragebogen für die Vorgesetzten – Fragenentwicklung für die Prozessphase Durchführung (eigene Darstellung)

Für die Prozessphase „Auswertung" wurden die in Abb. 14 dargestellten Fragen entwickelt. Für die Maßnahmencluster „standortspezifische Analysen" und „Sonderauswertungen zu speziellen Fragen" wurden keine Fragen konstruiert, da diese vertraulichen Auswertungen nur den betroffenen Führungskräften zur Verfügung gestellt werden. Weiterhin wurden die Maßnahmencluster „Festlegung von Best-Practice-Maßnahmen", „Kommunikation der Ergebnisse", „Analysen und Best-Practice-Maßnahmen" keine Fragen entwickelt, da diese bereits im Cluster „Informationskampagne" enthalten sind.

In Abbildung 19 sind die Fragen der Prozessphase „Controlling" dargestellt. Hier wurde das Maßnahmencluster „Auffällige Bereiche" aus der Befragung herausgenommen. Bei diesen Auswertungen handelt es sich um vertrauliche Berichte, die nicht allen Führungskräften zugänglich sind. Damit fehlt die notwendige Voraussetzung für eine Beurteilung.

Prozessphase	Maßnahmencluster	Operationalisierung	Fragenentwicklung	
			Wahrnehmung (Nominalskalierung: ja/nein)	Wichtigkeit (Likert-Skala: 1= trifft voll und ganz zu - 5 trifft überhaupt nicht zu)
			Es ist mir aufgefallen, dass!	Das finde ich wichtig!
Auswertung	Standortspezifische Analysen		vertrauliche Berichte die nicht allen Führungskräften zur Verfügung stehen	
	Unterstützung der Durchsprachen durch die Personalreferenten	Moderation der Ergebnisdurchsprachen		es ein Unterstützungsangebot für die Ergebnisdurchsprache durch einen Moderator gibt, wenn in meinem Bereich bei der Frage 7 mehr als 30% Rot angekreuzt wurde.
		Auswertung der moderierten Ergebnisdurchsprachen		es einen Abschlussbericht der Moderatoren, die die Ergebnisdurchsprache begleitet haben, gibt.
	Sonderauswertungen zu speziellen Fragen		vertrauliche Berichte die nicht allen Führungskräften zur Verfügung stehen	
	Festlegung von Best Practice Maßnahmen			
	Kommunikation der Ergebnisse		ist in der Prozessphase "Vorbereitung" bereits durch das Cluster "Informationskampagne" abgefragt	
	Analysen und Best Practice Maßnahmen			
		Veränderungswünsche	offene Frage bzw. Aufforderung: Falls Sie Veränderungswünsche bezogen auf *Maßnahmencluster* haben, können Sie hier eintragen was aus Ihrer Sicht verbessert werden kann	

Abbildung 18: Fragebogen für die Vorgesetzten – Fragenentwicklung für die Prozessphase Auswertung (eigene Darstellung)

Prozessphase	Maßnahmencluster	Operationalisierung	Fragenentwicklung	
			Wahrnehmung (Nominalskalierung: ja/nein)	Wichtigkeit (Likert-Skala: 1= trifft voll und ganz zu - 5 trifft überhaupt nicht zu)
			Es ist mir aufgefallen, dass	Das finde ich wichtig!
Controlling	Umsetzungsstand der Ergebnisdurchsprachen	regelmäßige Berichterstattung	die Personalbetreuung den Umsetzungsstand der Durchsprachen regelmäßig erfasst.	
			monatlich in verschiedenen Gremien über den Umsetzungsstand der Durchsprachen berichtet wird.	
	Umsetzungsstand der Maßnahmen	regelmäßige Berichterstattung	die Personalbetreuung den Umsetzungsstand der Maßnahmen regelmäßig erfasst.	
			monatlich in verschiedenen Gremien über den Umsetzungsstand der Durchsprachen berichtet wird.	
	Auffällige Bereiche		vertrauliche Berichte die nicht allen Führungskräften zur Verfügung stehen	
		Veränderungswünsche	offene Frage bzw. Aufforderung: Falls Sie Veränderungswünsche bezogen auf *Maßnahmencluster* haben, können Sie hier eintragen was aus Ihrer Sicht verbessert werden kann.	

Abbildung 19: Fragebogen für die Vorgesetzten – Fragenentwicklung für die Prozessphase Controlling (eigene Darstellung)

Bei der Fragenentwicklung zur Beurteilung des Effekts der Maßnahmen auf die Teilnahmemotivation (Abbildung 20) werden die Befragten um eine Einschätzung der jeweiligen Prozessphasen gebeten. Die verwendete Likert-Skala kann dabei die Werte 1=sehr hoch bis 5=keinen annehmen. Auch hier wird in Form einer offenen Frage die Möglichkeit gegeben, Veränderungswünsche zu äußern.

Thema	Prozessphase	Maßnahmencluster	Fragenentwicklung (Likert-Skala: 1 = sehr hoch - 5 keinen)
Beurteilung des Effektes der Maßnahmen auf die Teilnahmemotivation			Wie beurteilen Sie den Effekt der folgenden Maßnahmen auf die Teilnahmemotivation Ihrer Mitarbeiter am Stimmungsbarometer?
	Vorbereitung	Standortumsetzungsteam	Die Arbeit des Projektteams
		Qualifikationsmaßnahmen	Die Qualifikationsmaßnahmen (bspw. Informationsmaterial, Schulungen, etc.)
		Informationskampagne	Die Informationskampagne
	Durchführung	Prozessbetreuung	Das Prozesscoachings (bspw. Info über wöchentliche Beteiligungsquote)
	Auswertung	Sonderauswertungen zu speziellen Fragen	Die Ergebnisanalyse (bspw. Auswertung der Frage 11 bezogen auf den eigenen Bereich)
	Controlling	/	Die Controllingmaßnahmen (bspw. Erfassung des Umsetzungsstandes der Maßnahmen)
	Veränderungswünsche		offene Frage bzw. Aufforderung: Falls Sie Veränderungswünsche bezogen auf *Maßnahmencluster* haben, können Sie hier eintragen was aus Ihrer Sicht verbessert werden kann.

Abbildung 20: Fragebogen für die Vorgesetzten – Fragenentwicklung für die Beurteilung des Effekts der Maßnahmen auf die Teilnahmemotivation (eigene Darstellung)

Um festzustellen, ob und wo ein Ausbau des Unterstützungsangebots gewünscht ist, wurden drei Fragen entwickelt (Abbildung 21). Die erste Frage bezieht sich dabei auf den grundsätzlichen Wunsch des Ausbaus von entsprechenden Maßnahmen. Bei der zweiten Frage soll eine Konkretisierung erfolgen, welche Maßnahme verändert werden soll. Hier ist auch eine Mehrfachnennung möglich. Mit der letzten Frage soll die Möglichkeit gegeben werden, gezielte Veränderungsvorschläge zu benennen.

Thema	Fragenentwicklung	
	Merkmale	Formulierung
Ausbau des Unterstützungsangebotes	Nominalskalierung	Ist es aus Ihrer Sicht wünschenswert, dass das Unterstützungsangebot weiter ausgebaut wird?
	Mehrfachauswahl möglich	Welches Maßnahmenangebot soll weiter ausgebaut werden?
	Offene Frage	Welche Unterstützung wünschen Sie sich konkret?

Abbildung 21: Fragebogen für die Vorgesetzten – Fragenentwicklung für den Ausbau des Unterstützungsangebots (eigene Darstellung)

Den Abschluss des Vorgesetzten-Fragebogens bildet die Erfassung von allgemeinen Informationen (Abbildung 22).

Thema	Fragenentwicklung	
	Merkmale	Formulierung
Allgemeine Informationen	Nominalskalierung	Welchem Bereich sind Sie zugeordnet?
	Ratioskala	Wie alt sind Sie?
	Nominalskalierung	Für wie viele Mitarbeiter sind Sie verantwortlich?
	Nominalskalierung	Wie lange arbeiten Sie schon am Stanodrt Salzgitter?
	Nominalskalierung	Wie lange sind Sie schon als betrieblicher Vorgesetzter eingesetzt?

Abbildung 22:   Fragebogen für die Vorgesetzten – Fragenentwicklung für allgemeine Informationen (eigene Darstellung)

3.3.1.2   Fragenbogen für die Befragung der Mitarbeiter

Der Fragebogen zur Befragung der Mitarbeiter (siehe Anlage 2) besteht insgesamt aus fünf Seiten inklusive Anschreiben und Danksagung. Der grundlegende Aufbau orientiert sich, wie der Fragebogen für die betrieblichen Vorgesetzten, an den Prozessphasen des Stiba (siehe Kap. 3.1.1, Abb. 14).

Wie beim Anschreiben der Vorgesetztenfragebögen werden zunächst die Hintergründe für die Befragung erläutert. Dabei wird ausdrücklich darauf hingewiesen, dass die ehrliche Meinung und das Feedback erwünscht sind. Auch der Umstand dass dieser Fragebogen nur an eine Stichprobe von Mitarbeitern versendet wird, ist im Anschreiben erwähnt. Es folgt ein Hinweis auf die ungefähre Bearbeitungsdauer sowie auf die Freiwilligkeit und Anonymität der Teilnahme. Um das Vertrauen in diesem Punkt noch zu bestärken, wird im Anschreiben auf den Datenschutzkoordinator des Standorts verwiesen. Mit diesem Datenschutzkoordinator und den zuständigen Arbeitnehmervertretern wurden der Fragebogen und die Vorgehensweise im Vorfeld besprochen und abgestimmt. Weiterhin wird im Anschreiben hervorgehoben, bis wann die Teilnahme an der Befragung möglich ist. Da es sich bei diesem Fragebogen um eine schriftliche Befragung handelt, die über die interne Hauspost zugestellt wird, ist ebenfalls der Hinweis vermerkt, wo diese Fragebögen abgegeben werden können. Auch die Angabe der Kontaktdaten des Versenders (Telefonnummer und E-Mail-Adresse) sind auf dem Anschreiben erwähnt.

Der Fragebogen ist in fünf Frageblöcke eingeteilt. Analog der Vorgehensweise bei den betrieblichen Vorgesetzten wird auch diese Befragung auf die einzelnen Prozessschritte bzw. Maßnahmen des Untersuchungsgegenstandes ausgerichtet (vgl. Kap. 3.3.1.1).

Wie bei dem Fragebogen für die Vorgesetzten ist der Aufbau im Wesentlichen zweigeteilt. Insgesamt ist dieser Fragebogen kürzer, da sich der Großteil der untersuchten Maßnahmen direkt an die betrieblichen Vorgesetzten richtet. Im ersten Frageteil werden die Befragten aufgefordert, im Rahmen einer Nominalskala zu entscheiden, ob sie Kenntnis von dem Frageinhalt haben oder nicht. Im zweiten Teil wird der Grad der Zustimmung oder Ablehnung bezogen auf die Wichtigkeit erhoben, welche die Auskunftspersonen dem dargestellten Item beimessen. Die Erhebung der Wichtigkeit erfolgt über eine fünf-stufige Likert-Skala mit 1=trifft voll und ganz zu bis trifft überhaupt nicht zu. Nach jedem Frageblock haben die Befragten die Möglichkeit, ihre Veränderungswünsche in einem Freitextfeld einzutragen. Die fünf-stufige Likert-Skala des Frageblocks vier bzgl. der Einschätzung auf die Auswirkung einzelner Maßnahmen auf die Teilnahmemotivation am Stiba ist gegliedert in 1=sehr hoch bis 5=gar nicht und 1=sehr stark bis 5=gar nicht. Im letzten Abschnitt erfolgt die Erfassung von allgemeinen Daten, damit in der späteren Analyse Unterscheidungen von Gruppen der Stichprobe möglich sind. Ein wesentliches Entscheidungskriterium zur Verwendung dieser Skalenart liegt neben den aufgeführten Gründen in Kap. 3.3 auch in dem hohen Wiedererkennungswert zu der verwendeten Skala des Stiba (siehe Kap. 3.1.1). Dieses Skalenniveau und die Vorgehensweise bei der Abstimmung sind den meisten Befragten nach mehrjähriger Anwendung bereits bekannt. Am Ende des Fragebogens folgt nach der Danksagung nochmals der Hinweis darauf, wo die Fragebögen abgegeben werden können.

Die fünf Frageblöcke sind inhaltlich wie folgt gegliedert:

1.   Frageblock zum Ansprechpartner in Sachen Stiba,
2.   Frageblock Umgang des Vorgesetzten mit dem Stiba,
3.   Frageblock Informationskampagne,
4.   Frageblock Teilnahmemotivation und Verbesserungswünsche,
5.   Frageblock Allgemeine Daten zum Befragten.

Auch hier erfolgte die Formulierung der Fragen in Anlehnung an die Leitfragen von Hodapp (2007, S. 174 f.) mit der Anpassung nach den Prozessschritten des Stiba. Die Entwicklung der Fragen bezieht sich im Schwerpunkt auf die Prozessphase „Vorbereitung". Hierbei muss beachtet werden, dass sich die meisten der begleitenden Maßnahmen an die Führungskräfte richten.

Abbildung 23 zeigt die Fragenentwicklung für die Prozessphase „Vorbereitung" der Vorgesetztenfragebögen (siehe dazu auch Anhang 2). Die Entwicklung der Fragen entspricht derselben Vorgehensweise wie bei den Fragen für die Vorgesetzten.

Prozessphase	Maßnahmencluster	Operationalisierung	Fragenentwicklung	
			Wahrnehmung (Nominalskalierung: ja/nein)	Wichtigkeit (Likert-Skala: 1= trifft voll und ganz zu - 5 trifft überhaupt nicht zu)
			Es ist mir aufgefallen, dass	Das finde ich wichtig!
Vorbereitung	Standortumsetzungsteam	Vorhandensein des Ansprechpartners		es einen Ansprechpartner in Sachen Stimmungsbarometer in meinem Bereich gibt.
		Informationsweitergabe durch den Ansprechpartner		der Ansprechpartner Informationen zum Stimmungsbarometer an meine Mitarbeiter und mich weitergibt.
	Umgang des betrieblichen Vorgesetzten mit dem Stimmungsbarometer	Ergebnisdurchsprache		es eine Ergebnisdurchsprache in meinem Bereich gibt.
				sich mein direkter Vorgesetzter auf die Ergebnisdurchsprache vorbereitet.
				mein direkter Vorgesetzter meine Anliegen bei der Ergebnisdurchsprache in den Mittelpunkt stellt.
				mein direkter Vorgesetzter einen Einblick in die Stärken und Schwächen der Organisationseinheit durch die Ergebnisdurchsprache bekommt.
				mein direkter Vorgesetzter gemeinsam mit uns das Stimmungsbarometer nutzt um Verbesserungen zu erarbeitet.
				mein Bereich durch die Personalabteilung während des Stimmungsbarometers unterstützt wird.
	Review Gespräch Vorjahr	Vorabinformation der Mitarbeiter	Ich informiere meine Mitarbeiter im Vorfeld zum Thema Stimmungsbarometer.	
		Vorjahresrückblick	mein direkter Vorgesetzter einen Vorjahresrückblick des Stimmungsbarometers in meinem Bereich durchführt.	
	Informationskampagne	Plakataktionen		SZ-Beschäftigte auf Großplakaten zum Stimmungsbarometer abgebildet sind.
				der Verantwortliche aus meinem Bereich auf einem Plakat in meiner Abteilung dargestellt wird.
		Film		es einen standortbezogenen Film zum Stimmungsbarometer gibt.
		Mitarbeiterzeitung		besonders positive Maßnahmen aus dem Stimmungsbarometer in der Mitarbeiterzeitung "MEMO" veröffentlicht werden.
				mich unser Werkleiter, Personalleiter und Betriebsratsvorsitzender mich persönlich in der Mitarbeiterzeitung auf das Stimmungsbarometer anschreiben.
		Kommunikation durch Vorgesetzte	der Werkleiter im Vorfeld das Stimmungsbarometer anspricht.	
		Kommunikation durch den Betriebsrat	der Betriebsrat im Vorfeld das Stimmungsbarometer anspricht.	
		Sonderschreiben		mich unser Werkleiter, Personalleiter und Betriebsratsvorsitzender mich persönlich in der Entgeltabrechnung auf das Stimmungsbarometer anschreiben.
		Veränderungswünsche		offene Frage bzw. Aufforderung: Falls Sie Veränderungswünsche bezogen auf Maßnahmencluster haben, können Sie hier eintragen was aus Ihrer Sicht verbessert werden kann.

Abbildung 23: Fragebogen für die Mitarbeiter – Fragenentwicklung für die Prozessphase Vorbereitung (eigene Darstellung)

Zur Feststellung der Teilnahmemotivation der Befragten wurde eine Likert-Skala von 1=sehr hoch bis 5=gar nicht verwendet (Abbildung 24).

Thema	Fragenentwicklung	
	Merkmale	Formulierung
Teilnahmemotivation	(Likert-Skala: 1= sehr hoch - 5 gar nicht)	Wie hoch ist Ihre Motivation am Stimmungsbarometer teilzunehmen?

Abbildung 24: Fragebogen für die Mitarbeiter – Fragenentwicklung zur Teilnahmemotivation am Stiba (eigene Darstellung)

Bei der Fragenentwicklung zur Beurteilung des Effekts der Maßnahmen auf die Teilnahmemotivation (Abbildung 25) werden die Mitarbeiter um eine Einschätzung der jeweiligen Prozessphasen gebeten. Die verwendete Likert-Skala kann dabei die Werte 1=sehr hoch bis 5=keinen annehmen. Hier wird in Form einer offenen Frage die Möglichkeit gegeben, Veränderungswünsche zu äußern.

Thema	Prozessphase	Maßnahmencluster	Fragenentwicklung (Likert-Skala: 1= sehr stark - 5 gar nicht)
Beurteilung des Effektes der Maßnahmen auf die Teilnahmemotivation			Wie stark haben die folgenden Punkte Ihre Teilnahme am Stimmungsbarometer positiv beeinflusst?
	Vorbereitung	Standortumsetzungsteam	Die Arbeit des Ansprechpartners in Sachen Stimmungsbarometer in meinem Bereich
	Alle	Rolle des betrieblichen Vorgesetzten	Ihr direkter Vorgesetzter
	Alle	Informationskampagne	Die Informationskampagne(z.B.: Plakate, MEMO Artikel,...)
		Veränderungswünsche	offene Frage bzw. Aufforderung: Falls Sie Veränderungswünsche bezogen auf *Maßnahmencluster* haben, können Sie hier eintragen was aus Ihrer Sicht verbessert werden kann

Abbildung 25: Fragebogen für die Mitarbeiter – Fragenentwicklung zur Beurteilung des Effekts der Maßnahmen auf die Teilnahmemotivation (eigene Darstellung)

Um festzustellen, ob und wo ein Ausbau des Unterstützungsangebots gewünscht ist, wurden zwei Fragen entwickelt (Abbildung 26). Die erste Frage soll erfassen, welche der Maßnahmen verbessert werden soll. Dazu wird die Möglichkeit der Mehrfachauswahl gegeben. Mit der zweiten Frage sollen konkrete Anknüpfungspunkte zur Verbesserung identifiziert werden.

Thema	Fragenentwicklung	
	Merkmale	Formulierung
Ausbau des Unterstützungsangebotes	Mehrfachauswahl möglich	Was soll verbessert werden?
	Offene Frage	Welche Verbesserungen wünschen Sie sich?

Abbildung 26: Fragebogen für die Mitarbeiter – Fragenentwicklung zum Ausbau des Unterstützungsangebots (eigene Darstellung)

Den Abschluss des Mitarbeiter-Fragebogens bildet die Erfassung von allgemeinen Informationen (Abbildung 27).

Thema	Fragenentwicklung	
	Merkmale	Formulierung
Allgemeine Informationen	Nominalskalierung	Welchem Bereich sind Sie zugeordnet?
	Nominalskalierung	Welchem Mitarbeiterkreis sind Sie zugeordnet?

Abbildung 27: Fragebogen für die Mitarbeiter – Fragenentwicklung allgemeine Informationen (eigene Darstellung)

3.3.2 Pretest

Der Ausgangspunkt für die Forderung des Einsatzes von Pretest-Methoden für jede Art von Datenerhebung liegt in dem Mangel begründet, dass es nur unzureichend Konstruktionsrichtlinien gibt, die dann auch noch empirisch betrachtet und belegt wurden (vgl. Prüfer und Rexroth 1996, S. 3). Der Pretest wird von den Autoren als unverzichtbares Instrument angesehen, um zu prüfen, ob die verwendeten Fragen auch zu validen und reliablen Antworten führen. Dabei unterscheiden sie eine Vielzahl verschiedener Testmethoden, wie Standard-Pretest, Behaviour Coding, Random Probe, intensive Interviews, unstrukturierte/qualitative Interviews/Tiefeninterviews, Analyse der Antwortverteilung, Split-ballot, Think Aloud, Probing, Focus Groups und Experten. Borg und Treder (2003) weisen darauf hin, dass durch ein sorgfältig durchgeführtes Pretesting der Anteil der nichtbeantworteten Fragen (Item-Nonresponses) reduziert werden kann (vgl. S. 93).

Aufgrund der Vielzahl der hier erwähnten Methoden soll die ausführliche Betrachtung auf die für diese Arbeit relevante Methode beschränkt werden. Für den Pretest des Fragebogens dieser Arbeit wurde die Methode der Focus Groups eingesetzt. Das Ziel bei der Anwendung von Focus Groups ist es, Hinweise bzgl. der Akzeptanz und des Verständnisses für das Befragungsthema, von Themenbereichen innerhalb der Befragung oder sogar zu einzelnen Fragen zu sammeln. Prüfer und Rexroth (1996) empfehlen diese Methode besonders für den Test von Fragebögen (vgl. S. 29). Der Ablauf dieser Methode sieht vor, dass zunächst jeder Befragte den Bogen für sich allein bearbeitet und es keine Rückfragemöglichkeit gibt. Dabei soll die realistische Erhebungssituation simuliert werden, was gleichzeitig dazu dient, die notwendige Bearbeitungszeit zum Ausfüllen der Bögen zu erfassen. Im Anschluss daran erhalten die Befragten die Möglichkeit, sich über den Fragebogen, Frageformulierungen und den Rahmenbedingungen zu äußern. Danach werden vom Forscher bereits vorbereitete Fragen bzgl. des Fragenverständnisses gestellt. Grundsätzlich sollte eine Dokumentation via Tonbandaufnahme oder Protokoll erfolgen (vgl. ebenda, S. 29). Als Vorteil dieser Variante beschreiben die Autoren die Möglichkeit, dass mehrere Personen gleichzeitig zum Fragebogen befragt werden können. Damit gehen gleichzeitig die Nachteile von sozialer Interaktion sowie gruppendynamischen Prozessen einher, die zu entsprechenden Verzerrungseffekten führen können. „Diese Nachteile sowie die -meist-geringe Fallzahl lassen es ratsam erscheinen, den Fragebogen vor seinem endgültigen Einsatz einem Feld-Pretest unter möglichst realistischen Bedingungen zu unterziehen" (ebenda, S. 30).

Auch Schnell et. al (2013) stellen fest, dass aus den vorhandenen Theorien zur Befragung nicht alle Details eines Fragebogens konstruiert und abgeleitet werden können und sprechen sich darum für den Einsatz von Pretests aus (vgl. S. 339 f.). „Pretests dienen vor allem der Überprüfung

- der ausreichenden Variation der Antworten,
- des Verständnisses der Fragen durch den Befragten,
- der Schwierigkeit der Fragen für den Befragten,
- des Interesses und der Aufmerksamkeit des Befragten gegenüber den Fragen,
- der Kontinuität des Interviewablaufs („Fluss"),
- der Effekte der Fragenanordnung,
- der Güte der Filterführung,
- von Kontexteffekten,
- der Dauer der Befragung,
- des Interesses des Befragten gegenüber der gesamten Befragung,
- der Belastung des Befragten durch die Befragung" (ebenda, S. 339 f.).

Die Autoren empfehlen, den Pretest in mehreren Phasen der Befragung durchzuführen. So sollte man bspw. den Anfang mit Entwicklungs-Pretests begleiten, um die eben genannten Probleme weitestgehend einzugrenzen bzw. zu vermeiden. Im Abschluss-Pretest können dann kleinere Korrekturen vorgenommen, Fragen ggf. umgestellt oder gekürzt werden (vgl. ebenda, S. 340).

Auf der Basis der vorangestellten Empfehlungen wurden zwei Arten von Pretests konzipiert. Dies ist sinnvoll da in der vorliegenden Erhebung zwei unterschiedliche Zielgruppen (Führungskräfte und Mitarbeiter) mit unterschiedlichen Erhebungsinstrumenten (Online-Befragung und Papier-Befragung) untersucht werden sollen.

Für das Pretesting der Online-Befragung der Führungskräfte wurde ein standardisierter Ablaufplan erstellt:

1. Begrüßung und Erklärung des Ablaufs
2. kurze Vorstellung der eigenen Person, Thema und Ziel der Dissertation, Ziel des Tests
3. Durchführung der Befragung: Aushändigen des Anschreibens, Aufrufen des Links, Ausfüllen des Fragebogens durch den Tester
4. Gemeinsame Diskussion

Während des Ausfüllens wurden durch den Autor zu jeder Fragebogenseite vorher festgelegte Fragen gestellt:

- Sind die Instruktionen zum Ausfüllen des Fragebogens verständlich?
- Gibt es Fragen die unklar oder verwirrend sind?
- Gibt es Fragen die besonders schwierig zu beantworten sind?
- Gibt es Fragen bei denen es Bedenken gibt, eine offene und ehrliche Antwort zu geben?
- Wie sind Sie zu dieser Antwort gekommen?
- Gibt es etwas, dass Sie bei der Frage nicht verstanden haben?

Nach der Übertragung des Fragebogens für die Führungskräfte auf die Online-plattform wurde zunächst ein technischer Funktionstest durchgeführt, bei dem die Dateneingabe und das Herunterladen simuliert werden konnten. Im Anschluss daran folgte der Pretest im „Live-System". Dazu wurde mit einer Auswahl von fünf Führungskräften Vor-Ort-Termine vereinbart. Die Anmerkungen wurden protokolliert und in die Fragebogengestaltung einbezogen. Die eingeflossenen Veränderungen aus diesen Tests ergaben sich bspw. aus der unklaren Verwendung von Abkürzungen, die Anpassung der Bearbeitungszeit im Anschreiben und der Schärfung von internen Begrifflichkeiten (unterschiedliche Auffassungen von Bereichsleiter vs. Abteilungsleiter).

Der Pretest für die Befragung der Mitarbeiter wurde als Fokusgruppendiskussion mit 10 Personen an drei unterschiedlichen Terminen durchgeführt. Der Ablauf sah dabei wie folgt aus:

1. Begrüßung und Erklärung des Ablaufs
2. kurze Vorstellung der eigenen Person, Thema und Ziel der Dissertation, Ziel des Tests
3. Durchführung der Befragung
4. Gruppendiskussion

Bei der Durchführung der Befragung wurden die Zeiten erfasst, die die Mitarbeiter zum Ausfüllen der Fragebögen benötigten. Die eingeflossenen Veränderungen aus diesen Tests ergaben sich bspw. aus der unklaren Verwendung von Abkürzungen, gestalterische Hinweis zur Verbesserung der Lesbarkeit (farbliche Konzeption der Frageblöcke) und das Einfügen eines Freitextfeldes mit Hilfslinien zur besseren Beschreibbarkeit.

3.3.3   Festlegung und Beschreibung der Stichprobe

3.3.3.1   Stichprobe für die Befragung der betrieblichen Vorgesetzten

Da sich die begleitenden Maßnahmen des Stiba im Schwerpunkt an die betrieblichen Vorgesetzten richten und der Zugang über einen standardisierten E-Mail-Verteiler in vollem Umfang möglich ist, erfolgt der Versand des Onlinefragebogens an alle betrieblichen Vorgesetzten des Volkswagen Werkes Salzgitter. Von den 256 angeschriebenen Vorgesetzten nahmen insgesamt 159 an der Befragung teil, dies entspricht 62 %. Diese Vorgehensweise entspricht der Form einer aktiven Rekrutierung (nach Thielsch und Weltzin 2009, S. 75).

Bei den allgemeinen Daten wird das Alter, die Spannbreite der Mitarbeiterverantwortung, die Standortzugehörigkeit sowie die Einsatzzeit als betrieblicher Vorgesetzter erhoben. Aus Gründen der Anonymität wurde bei der Erhebung des Alters die Einteilung in die Altersgruppen 20 bis 35 Jahre, 36 bis 50 Jahre und 51 bis 65 Jahre vorgenommen. Dabei konnte die höchste Rücklaufquote von 59 % in der Altersgruppe 36 bis 50 Jahre erzielt werden. 30 % Rückläufer wurden in der Altersgruppe 51 bis 65 erreicht und den geringsten Rücklauf mit 11 % kennzeichnet die Gruppe der 20- bis 35-Jährigen. Die Abbildung 28 zeigt die Altersverteilung der Führungskräfte (mit Stand 08/2011). Da es sich um eine Vollerhebung handelt, wurden alle Führungskräfte des Standorts angeschrieben. Hinsichtlich der Rückläufer stimmt die Altersverteilung des Werks mit der der Rückläufer kumulativ überein.

Für die Spannbreite der Mitarbeiterverantwortung musste ebenfalls aus Anonymitätsgründen eine Verteilung gewählt werden, die keine Rückschlüsse auf einzelne Personen zulässt. Hier erfolgt die Unterscheidung in Vorgesetzter mit einer Führungsspanne von weniger oder exakt 50 Mitarbeitern (57 %) und eine Führungsspanne von mehr als 50 Mitarbeitern (43 %).

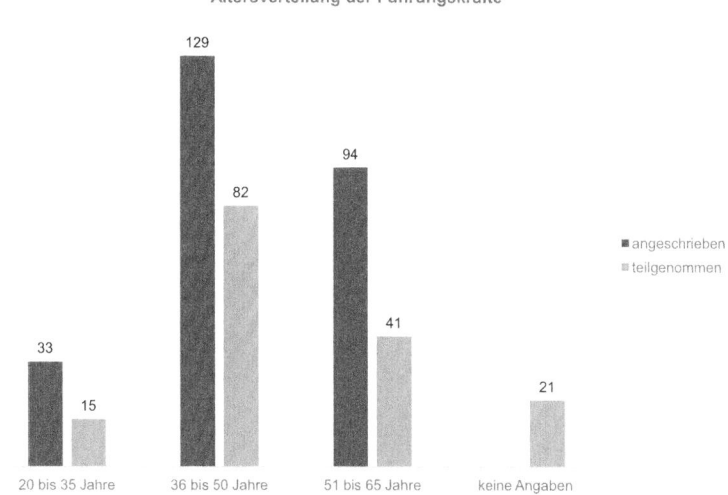

Abbildung 28:   Altersverteilung der befragten Führungskräfte (eigene
Darstellung)

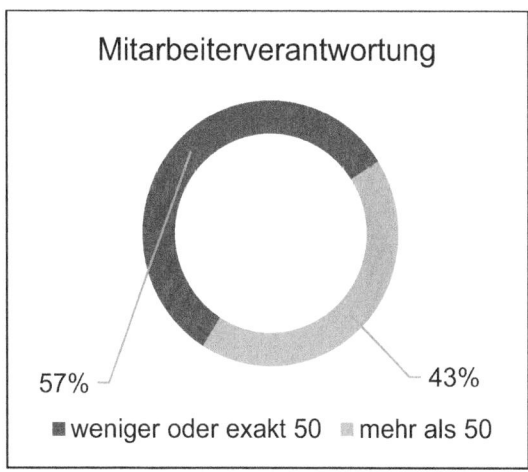

Abbildung 29:   Mitarbeiterverantwortung der befragten Führungskräfte (eigene
Darstellung)

Bei der Erfassung der Einsatzzeit gaben 94 % der Befragten an, länger als 2 Jahre und 6 % weniger als 2 Jahre am Standort Salzgitter zu arbeiten. Dabei sind 71 % schon mehr als 5 Jahre und 29 % weniger als 5 Jahre als Führungskraft eingesetzt.

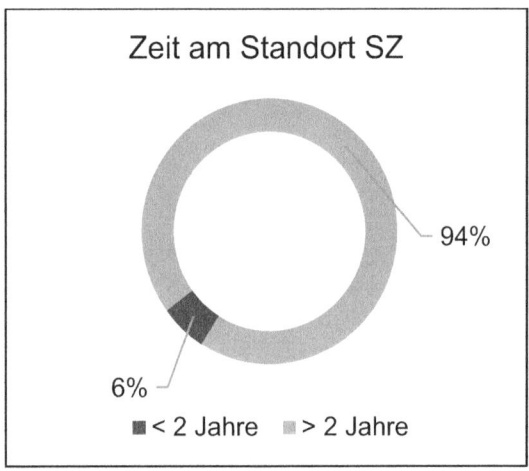

Abbildung 30:   Einsatzzeitraum der befragten Führungskräfte am Standort Salzgitter (eigene Darstellung)

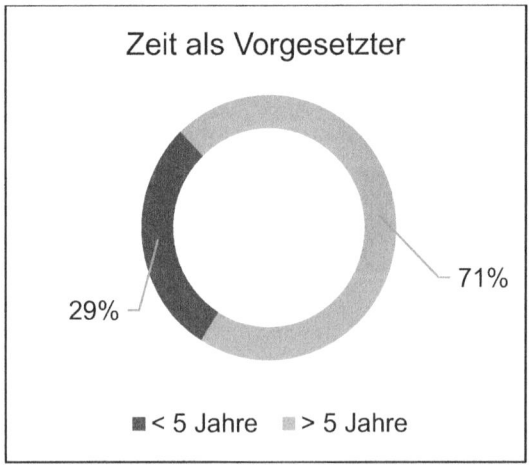

Abbildung 31:   Zeitraum als Führungskraft (eigene Darstellung)

3.3.3.2   Stichprobe für die Befragung der Mitarbeiter

Bei der MAB handelt es sich um eine geschichtete Zufallsstichprobe. Als Merkmal zur Schichtenbildung dient die Zugehörigkeit zu einem Fachbereich. Die Stichprobenziehung erfolgte im August 2011.

Die Grundgesamtheit besteht in dieser Studie aus den Mitarbeitern des Standorts Salzgitter, die nicht in einer Vorgesetztenfunktion tätig sind. Insgesamt wurden 20 % der Mitarbeiter aus jeder Fachabteilung befragt. Die Zufallsauswahl wurde über die Excel-Funktion „Zufallszahl" erzeugt und sichergestellt. Damit ergibt sich eine Gesamtanzahl von 1 031 angeschriebenen Mitarbeitern, von denen 287 antworteten. Dies entspricht einer Rücklaufquote von 28 %.

Die Abb. 32 zeigt in einer absteigenden Rangreihe das Verhältnis der Grundgesamtheit zur Stichprobe. Die meisten Mitarbeiter wurden aus den Bereichen der Fertigung (Produktcenter 1 bis 4), Produktionsinstandhaltung, Logistik und Qualitätssicherung angeschrieben. Der blaue Balken zeigt dabei die Anzahl der dort eingesetzten Mitarbeiter. Der rote Balken bildet die Anzahl der angeschriebenen Mitarbeiter ab.

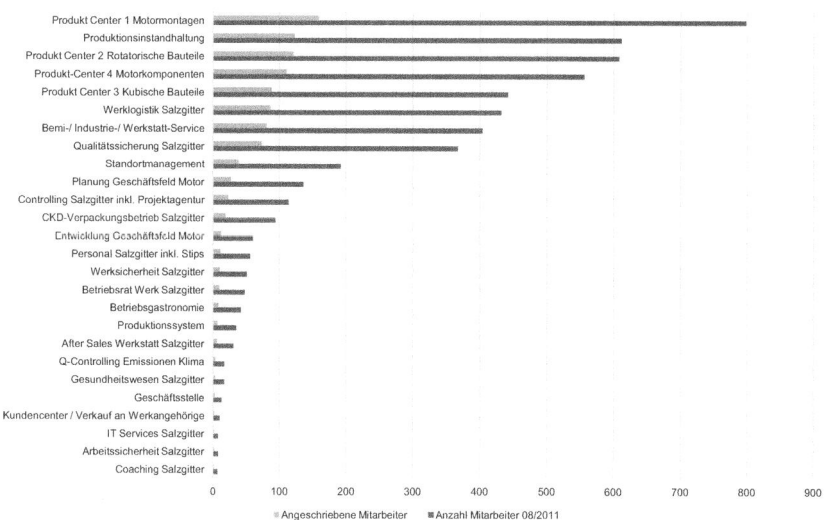

Abbildung 32:   Verhältnis Grundgesamtheit zur Stichprobe (eigene Darstellung)

Die Abb. 33 zeigt die Rückläufer der Fragebögen nach Bereichen im Verhältnis zur Anzahl der angeschriebenen Mitarbeiter. 32 Mitarbeiter haben keine Angabe zu ihrer Bereichszugehörigkeit gemacht. Die meisten Rückläufer gab es aus dem Bereich Bemi-/Industrie-/Werkstatt-Service mit insgesamt 41 zurückgesendeten Fragebögen. Keine Rückläufer (oder keine Angabe) erfolgte aus den Bereichen Werkssicherheit, Betriebsrat, Betriebsgastronomie, After-Sales-Werkstatt, Q-Controlling Emissionen, Kundencenter/Verkauf an Werkangehörige, IT-Services und Arbeitssicherheit. Besonders auffällig ist, dass im Bereich Produktionssysteme mehr Rückläufe (13) eingegangen sind, als Mitarbeiter (7) angeschrieben worden sind. Eine Überprüfung der Fragebogeneingaben und -auswertungen ergab, dass es sich hierbei nicht um einen Eingabefehler handelt. Damit kann es sich hierbei um bewusst oder unbewusst gemachte Falschangabe oder um einen doppelt ausgefüllten Fragebogen handeln.

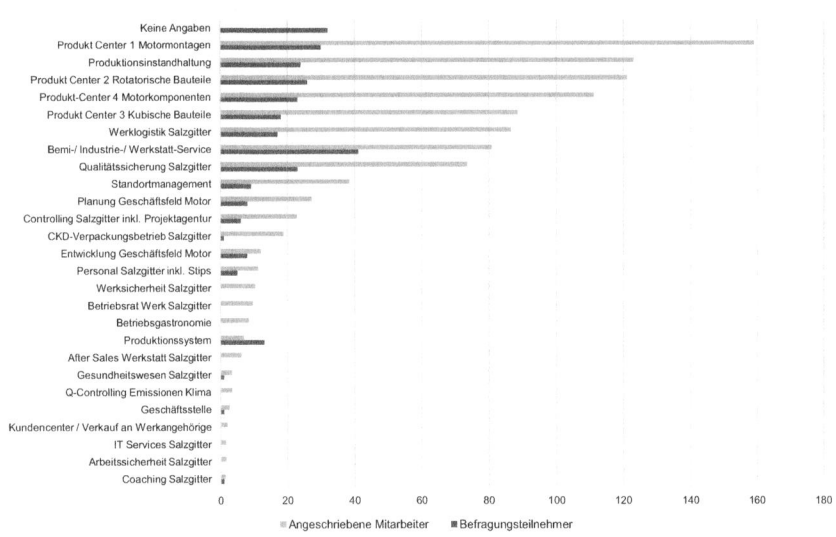

Abbildung 33:   Rückläufer nach Bereichen (eigene Darstellung)

3.3.4   Ablauf der Fragebogenbefragung

Im folgenden Abschnitt soll der Ablauf der jeweiligen Untersuchung beschrieben werden. Die Aspekte, die für beide Untersuchungen gelten, werden den Beschreibungen vorangestellt. Im Anschluss erfolgt die Darstellung der spezifischen Merkmale der Untersuchung.

Nach Klärung und Festlegung des Untersuchungsgegenstands mit der Personallei-
tung erfolgte zunächst die Konzeption der Fragebögen. Daran anschließend wurde
ein Pretest im Rahmen von Focus Groups (siehe Kap. 3.3.2) durchgeführt.

Die Ankündigung der Befragung erfolgte im Rahmen von Führungskräfteinfor-
mationsrunden, über einen Artikel in der internen Kommunikation, durch die Personalreferenten in den Fachbereichsinformationsrunden und über die Informationsrunden der Teamsprecher.

Hodapp (2007) bemerken in diesem Zusammenhang: „Der Zeitpunkt, zu dem der
MAB Check durchgeführt wird, ist entscheidend für die Verwertbarkeit der Ergebnisse" (S. 178). Sie empfehlen, diese Form der Erhebung an der Organisationsstruktur der MAB auszurichten. Befragt man direkt nach der MAB, nehmen
die Mitarbeiter keine Veränderungen wahr, befragt man jedoch nach der MAB und
kurz vor der nächsten Befragung, werden eher Veränderungen wahrgenommen.
Er empfiehlt sich, die Folgebefragung ca. 4 bis 6 Monate nach der Kommunikation
der Ergebnisse durchzuführen (vgl. ebenda, S. 178).

3.3.4.1 Besonderheiten beim Ablauf der Befragung der betrieblichen
Vorgesetzten im Rahmen der durchgeführten Evaluation

Die Entscheidung zur Durchführung einer Onlinebefragung basieren im Wesentlichen auf den Vorteilen die Thielsch und Weltzin (2009) beschrieben haben (siehe
dazu auch Kap. 3.3.1). Im Schwerpunkt sind hierbei die Zeit- und Kosteneffizienz
bei gleichzeitig hoher Automatisierbarkeit zu nennen. Außerdem war es möglich
die von den Autoren beschriebenen Nachteile überwiegend zu entkräften. Eine
Programmierung war bspw. nicht notwendig, da auf die Internetplattform SoSci
Survey zurückgegriffen werden konnte (Leiner, 2014). Hier ist die notwendige
Oberfläche für das Erstellen von Fragebögen bereits vorhanden. Aufgrund der
kundenfreundlichen Ausrichtung dieser Plattform, war eine Einarbeitungszeit von
weniger als einem Tag notwendig. Dem Nachteil der Repräsentativität konnte begegnet werden, da eine vollständige Emailliste alle Vorgesetzten des Standortes
vorlag und damit der Zugang zur kompletten Grundgesamtheit bestand. Über diese
Plattform hat man die Möglichkeit, E-Mail-Listen hochzuladen, aus denen dann
die Teilnehmer angeschrieben werden. Um eine Mehrfachteilnahme auszuschließen, wurden den E-Mail-Empfängern spezifische Seriennummern zugewiesen. Jeder Teilnehmer erhält so seinen individuellen Schlüssel. Die Sicherstellung der
Anonymität übernimmt die Plattform SoSci Survey. Hier ist die Zuordnung der
Daten zur Person bekannt, diese werden aber nicht an den Durchführenden wei-
tergegeben. Im Rahmen der Versendung der Serien-E-Mails an die Teilnehmer der

Befragung erfolgt die Kombination des vorher erstellten Anschreibens mit dem Link zur Abstimmung.

Nach der Übertragung des Fragebogens auf die Onlineplattform wurde zunächst ein technischer Funktionstest durchgeführt, bei dem die Dateneingabe und das Herunterladen simuliert werden konnten. Im Anschluss daran folgte der Pretest im „Live-System" (siehe dazu Kap. 3.3.2).

Die Befragung startete am 05.09.2011 und war für 3 Wochen angelegt. Jeweils zu den Wochenanfängen (12.09. und 19.09.) erfolgte ein Erinnerungsschreiben an die Führungskräfte, die noch nicht an der Befragung teilgenommen hatten. So konnte eine Beteiligungsquote von 62 % erreicht werden.

3.3.4.2 Besonderheiten beim Ablauf der Befragung der Mitarbeiter im Rahmen der durchgeführten Evaluation

Die Durchführung der Evaluation im Kontext dieser Arbeit erfolgte in Papierform. Dazu wurden die Fragebögen ausgedruckt und in Umschläge verpackt, die bereits mit den Anschriften der zufällig ausgewählten Teilnehmer versehen waren. Der Versand erfolgt über die hausinterne Post direkt an den Arbeitsplatz der Mitarbeiter. Die Rücksendung der Fragebögen erfolgte über eigens dafür aufgestellte Briefkästen, die mit dem Stiba-Symbol versehen waren. Diese wurden an allen Werkstoren sowie an allen Waschkauen gut sichtbar angebracht. Die Leerung erfolgte 2-mal pro Woche. Die Befragung startete am 05.09.2011 und war für 3 Wochen angelegt. Die Verwendung eines Erinnerungsschreibens wurde durch die Arbeitnehmervertretung abgelehnt, da direkt im Anschluss eine weitere konzernweite Erhebung geplant war. Somit wurde eine Beteiligungsquote von 28 % erreicht.

3.4   Datenerhebung mittels Interview

Wird das Interview als Methode zur Erhebung von Daten verwendet und begreift man das Interview als soziale Situation, muss sich der Interviewer darüber im Klaren sein, dass eine vollständige Kontrolle der Umgebung und der Interviewsituation nie möglich ist. Die Forderungen im Rahmen der theoretischen Vorüberlegungen können nur dahin gehen, dass Faktoren definiert werden müssen, die so gut wie möglich zu kontrollieren sind (vgl. Atteslander et al. 2010).

Atteslander et al. (2010) lehnen eine Einteilung in strukturierte und unstrukturierte Interviews ab, „[…] weil es kein Gespräch gibt, das nicht in irgendeiner Weise strukturiert ist" (ebenda, S. 134). Sie schlagen darum die Kategorien wenig strukturiertes, teilstrukturiertes und stark strukturiertes Interview vor. Das wenig strukturierte Interview ist gekennzeichnet durch einen hohen Freiheitsspielraum durch den Interviewer, der so die Möglichkeit hat, seine Fragen der Situation und dem Befragten individuell anpassen zu können. Es ist dabei kein Fragebogen vorhanden, was die Flexibilität der Gesprächsführung noch einmal unterstreicht. Zwar folgt der Interviewer einem bestimmten Ziel, dabei ist die nächste Frage aber abhängig von der Antwort des Befragten. „Das Ziel wenig strukturierter Befragung ist, Sinnzusammenhänge, also die Meinungsstrukturen des Befragten zu erfassen. Nachfragen sollen sich auf die Zentralität wesentlicher Meinungen beziehen [..., H. T.] Nicht isolierte Reaktion auf einzelne Stimuli wird angestrebt, sondern offene Reaktionsmöglichkeiten des zu Befragenden" (ebenda, S. 134). In Vorbereitung auf die Durchführung eines stark strukturierten Interviews muss die Konstruktion eines Fragebogens erfolgen. Der Spielraum ist für den Interviewer und den Befragten damit klar vorgegeben. Dies kann dazu führen, dass Fragen aufgrund von Verständnisproblemen nicht verstanden und falsch beantwortet werden. Auch Reihenfolge und Anzahl der Fragen sind fest vorgegeben. Die inhaltliche Ausgestaltung basiert auf der theoretisch fundierten Problemstellung. Bei der Konzeption muss dabei beachtet werden, dass der Antwortbereitschaft des Befragten bestimmte Grenzen gesetzt sind. Atteslander et al. (2010) sprechen hier von 30 bis 60 Minuten (vgl. S. 135). Bei der Entwicklung der Fragen muss hinsichtlich des Schwierigkeitsgrads auch die Zeitressource beachtet werden. Bei den teilstrukturierten Interviews wird der Fragenkatalog vorher festgelegt, allerdings kann der Interviewer die Reihenfolge frei wählen (vgl. ebenda, S. 135).

Insgesamt ist festzuhalten, dass mit zunehmendem Strukturierungsgrad die Möglichkeiten zur Auswertung von quantitativen Aspekten ansteigen. Im Umkehrschluss bedeutet dies also, dass mit abnehmender Strukturiertheit die qualitativen Aspekte eher in den Vordergrund rücken (vgl. ebenda, S. 144).

Atteslander et al. (2010) stellen verschiedene Anwendungsbereiche der einzelnen Befragungstypen vor: wenig strukturierte Befragungen, Befragungen in Gruppen, Leitfaden-Befragungen, narratives Interview und Fragebogenbefragungen (vgl. dazu S. 139-144). Aufgrund der Ausrichtung dieser Arbeit soll sich die folgende Abhandlung auf die Leitfaden-Befragung fokussieren. Sie gehört zur Gruppe der teilstrukturierten Interviews. Als Anwendungsbereiche empfehlen die Autoren Forschungsdesigns, die dazu genutzt werden, um die Thesenentwicklung zu ermöglichen oder wenn spezielle Gruppen innerhalb einer Stichprobe speziell erforscht werden sollen. Für die Dokumentation wird das Anfertigen von Notizen, Gedächtnisprotokollen nach der Befragung oder Tonbandaufzeichnungen empfohlen (vgl. ebenda, S. 142).

Im Vergleich zum strukturierten oder standardisierten Interview werden folgende Nachteile beschrieben (vgl. ebenda, S. 142, in Anlehnung an Schnell et al. 1999):

- hohe Anforderungen an die Interviewer, daraus resultierend ein besonderer Schulungsbedarf,
- der Interviewer hat einen starken Einfluss auf die Datenqualität,
- höhere Anforderungen an den Befragten hinsichtlich seiner Sprach- und Sozialkompetenz,
- höherer zeitlicher Aufwand,
- komplizierte Auswertemöglichkeit aufgrund der geringen Vergleichbarkeit der Ergebnisse.

Weitere Spezifikationen des teilstrukturierten Interviews stellen die Expertenbefragung sowie das Intensivinterview dar. Das Experteninterview richtet sich an eine spezifische Auswahl von Befragten, denen auf bestimmten Themengebieten eine Expertise unterstellt werden kann. Das Intensivinterview richtet sich an Probanden, deren individuelle Erfahrungen herausgearbeitet werden sollen (vgl. ebenda, S. 142 f.).

Durch die Verwendung eines Leitfadens bekommt das Gespräch eine Struktur. Hält sich der Interviewer konsequent an den Fragenkatalog erhöht dies am Ende die Vergleichbarkeit der so gewonnenen Daten (vgl. Mayer 2013, S. 37).

Bezogen auf die Wahl der Stichprobe steht bei qualitativen Verfahren nicht die statistische Repräsentativität im Vordergrund, sondern „[…] die Relevanz der untersuchten Subjekte für das Thema" (ebenda, S. 39). Nichtsdestotrotz sind verallgemeinerbare Aussagen möglich, wenn diese im speziellen Fall begründet sind und andere Argumente angeführt werden können, warum die Erkenntnisse auf weitere Situationen anwendbar sind. Dabei muss festgelegt werden, für welche Situationen und Zeiten die Gültigkeit besteht (vgl. ebenda, S. 41).

In diesem Zusammenhang beschreibt der Autor zwei Varianten zur Festlegung der Stichprobe. Bei der ersten Variante bestimmt der Forscher vorab die Stichprobe anhand bestimmter Kriterien bzw. Merkmale. Diese werden aus dem Erkenntnisinteresse bzw. der Fragestellung abgeleitet. Die zweite Variante ist durch das sogenannte theoretische Sampling gekennzeichnet. Dieses basiert auf dem erreichten Erkenntnisstand während der Untersuchung und kann im Rahmen dieser erweitert werden (vgl. ebenda, S. 39).

3.4.1   Entwicklung des Leitfadens und Hinweise zur Durchführung

Den Ausgangspunkt für die Entwicklung eines Leitfadens bilden die Beschäftigung mit anderen Untersuchungen sowie die eigene Felderkundung. Mayer (2013) empfiehlt daraus, das sogenannte sensibilisierende Konzept zu entwerfen. Damit soll die Eingrenzung „[…] des zu behandelnden Realitätsausschnittes und die Berücksichtigung wesentlicher Aspekte" (ebenda, S. 43) erfolgen.

Nach der Konzipierung des Leitfadens rät der Autor zum Pretest, d. h. zur Durchführung von Probeinterviews, um problematische, unverständliche oder zu komplexe Frageformulierungen im Vorfeld zu erkennen (vgl. ebenda, S. 45 f.).

Ist der Zugang zur Stichprobe der Befragung schwierig, kann dieser durch die Unterstützung von sogenannten Gatekeepern ermöglicht werden. Dabei handelt es sich um Schlüsselpersonen, die aufgrund bestimmter Eigenschaften in der Lage sind, den Zugang zu eröffnen. Dabei muss beachtet werden, dass diese Gatekeeper unter Umständen ein Eigeninteresse dabei verfolgen könnten (vgl. ebenda, S. 46).

Auch die Anonymisierung spielt hierbei eine wichtige Rolle. Manche Befragte wünschen nicht, dass ihre Aussagen mit ihrem Namen in Verbindung gebracht werden können. Außerdem führt die Zusicherung der Anonymität zu einer offeneren Gesprächsatmosphäre (vgl. ebenda, S. 46).

Damit sich der Interviewer voll und ganz auf das Gespräch konzentrieren kann, wird die Verwendung eines Aufnahmegeräts empfohlen (das Einverständnis des Interviewten vorausgesetzt). Mit dieser Vorgehensweise kann vermieden werden, dass das Interview auf einen Frage-Antwort-Dialog reduziert wird. Der Interviewer entscheidet im laufenden Gespräch, ob die gestellten Fragen ausreichend beantwortet wurden oder ob ggf. noch „[…] Sondierungsfragen, Kontrollfragen, Verständnisfragen" (ebenda, S. 47) notwendig sind.

Die in diesem Kap. beschriebenen Hinweise für die Entwicklung des Leitfadens und Hinweise zur Durchführung wurden dabei wie folgt aufgegriffen: Die von Mayer (2013) empfohlene Beschäftigung mit anderen Untersuchung erfolgte in Kap. 3.4. Die eigene Felderkundung ergibt sich aus meiner aktiven Teilnahme als Themenverantwortlicher für die praktische Umsetzung des Stiba. Auch ein Pretest der Leitfäden wurde durchgeführt um Verständnisfragen zu klären. Die Ergebnisse sind direkt in die weiterführende Konzeption eingeflossen. Der Zugang zur Stichprobe wird ausführlich in Kap. 3.4.3 beschrieben. Die Interviews werden anonymisiert, so dass keine Rückschlüsse auf einzelne Personen möglich sind. Auch der Hinweis der Tonaufnahme wird aufgegriffen. Die Interviews liegen als digitale Aufnahme vor.

3.4.1.1 Leitfaden für die Interviews mit den betrieblichen Vorgesetzten

Der Leitfaden für die Vorgesetzteninterviews ist in der Anlage 4 hinterlegt und gliedert sich in fünf Themenblöcke. Der erste Themenblock umfasst den Einstieg. Hier werden Zielrichtung und Hintergrund der Befragung erläutert, der Ablauf erklärt und noch einmal explizit auf die Freiwilligkeit und die Anonymität hingewiesen.

Der zweite Themenblock behandelt das Stiba im Allgemeinen. Hier soll der Befragte auf das Thema hingeführt werden, indem er sich zunächst allgemein damit auseinandersetzt und der Redefluss hergestellt wird. Dazu erfolgt zunächst im ersten Schritt die Rückbesinnung auf den Umgang mit Veränderungsprozessen, bevor es das Stiba gab. Danach wird erfragt, welche anderen Methoden zur Durchführung von Veränderungsprozessen bekannt sind und genutzt werden und wie die Vorgesetzten deren Nutzen einschätzen. Im Anschluss folgt die Reflexion über das eigene Erleben des Stiba sowie die Einschätzung des Instruments aus der Sicht der Führungskräftekollegen. Mit der nächsten Frage wird der Interviewte aufgefordert, das Stiba aus der Sicht seiner Mitarbeiter zu beurteilen, bevor er dann den Prozessablauf in seinem verantworteten Bereich näher erläutert. Darauf folgt die Darstellung der positiven und negativen Veränderungen, die seit der Durchführung des Stiba wahrgenommen wurden. Den Abschluss bildet die Frage nach den Veränderungswünschen.

Im dritten Themenblock geht es um die Teilnahmemotivation der Vorgesetzten in ihrer Rolle als Mitarbeiter, die Reflexion der Teilnahmemotivation aus Sicht der Mitarbeiter und welche Einflussmöglichkeit die Führungskraft bei sich selbst sieht, seine Mitarbeiter zur Teilnahme zu motivieren.

Der vierte Themenblock fokussiert die begleitenden Maßnahmen. Dabei geht es im Schwerpunkt um die Einschätzung des Vorgesetzten auf die Auswirkung der Maßnahme hinsichtlich der Teilnahmemotivation der Mitarbeiter, welche Punkte finden sie dabei positiv oder negativ und welche Veränderungswünsche gibt es bezogen auf die begleitenden Maßnahmen.

Den fünften Themenblock bildet der Gesprächsabschluss. Hier wird den Befragten die Möglichkeit durch eine offene Fragenformulierung eröffnet, die Punkte, die ihnen wichtig erscheinen, zu äußern.

Die Abb. 34 veranschaulicht die Vorgehensweise bei der Entwicklung der Fragen für den Interviewleitfaden. Die einzelnen Themenbereiche wurden bereits im vorherigen Abschnitt erläutert. Aus den Themenbereichen folgte die Operationalisierung der Frageschwerpunkte. Dies ist wiederum die Grundlage zur Ableitung bzw. Entwicklung der entsprechenden Fragen.

Themenbereich	Operationalisierung	Fragenentwicklung
I. Einstieg	Gesprächseinführung	Gesprächseinführung: Begleitend zum Stimmungsbarometer am Standort Salzgitter gibt es eine Vielzahl von Maßnahmen, die den Prozess des Stimmungsbarometers unterstützen sollen. In meiner Untersuchung geht es darum zu erfassen, welche dieser Maßnahmen Ihnen helfen und welche Unterstützung Sie sich ggf. darüber hinaus wünschen. Ich habe dazu einige Fragen vorbereitet, möchte dieses Interview aber möglichst offengestalten und Ihren Erzählungen folgen. D.h. ich werde Ihnen einige Erzählanstöße geben und nachfragen,wenn mich etwas näher interessiert. Ablauf des Interviews erläutern, Hinweis auf Anonymität + Freiwilligkeit
II. MAB allgemein	Umgang mit Veränderungsprozessen	Wie konnten die Mitarbeiter Veränderungsprozesse bei VW anstoßen als es noch kein Stüba gab?
		Welche weiteren Möglichkeiten gibt es neben dem Stüba, Veränderungsprozesse anzustossen? (falls mehrere genannt werden – welches sind die wichtigsten / erfolgreichsten, um etwas in Gang zu setzten?)
	Sicht auf die MAB	Wie haben Sie das Stüba bisher erlebt?
		Wie sehen Ihre Führungskräftekollegen das Stimmungsbarometer?
		Wie sehen Ihre Mitarbeiter das Stimmungsbarometer?
	Durchführung der MAB	Wie wird das Stüba in Ihrem Verantwortungsbereich durchgeführt? -Was ist Ihnen dabei aufgefallen (pos./neg.)? -Wo bekommen Sie Unterstützung? -Was hilft Ihnen bei der Durchführung? -Was wünschen Sie sich?
	Wahrgenommene Veränderungen durch die MAB	Welche Veränderungen (pos./neg.) hat es aus Ihr Sicht gegeben seit das Stüba durchgeführt wird?
		Welche Veränderungen würden Sie vornehmen und warum?
III. Teilnahmemotivation	persönliche Sicht	Was motiviert Sie persönlich am Stüba teilzunehmen? Warum?
	Sichtweise der unterstellten Mitarbeiter	Was motiviert aus Ihrer Sicht die Mitarbeiter am Stüba teilzunehmen? Warum?
	Eigene Einflussmöglichkeit auf die Teilnahmemotivation der unterstellten Mitarbeiter	Welchen Einfluss haben Sie als Vorgesetzter auf die Teilnahmemotivation Ihrer MA am Stüba? Warum?
IV. begleitende Maßnahmen	Standortumsetzungsteam	Welche Unterstützung nehmen Sie durch das Umsetzungsteammitglied in Ihrem Bereich wahr? -Wie wirkt sich das auf die Motivation der Mitarbeiter aus am Stüba teilzunehmen? Warum? -Was ist Ihnen dabei aufgefallen (pos./neg.)? -Was wünschen Sie sich? Warum?
	Vorbereitung auf die MAB	Wie fühlen Sie sich auf das Stüba vorbereitet? -Welche Qualifizierungsmaßnahmen kennen Sie? -Wo holen Sie sich bei Bedarf Unterstützung? -Was wünschen Sie sich? Warum?
	Informationskampagne	Welche Maßnahmen der Informationskampagne am Standort kennen Sie? -Wie wirkt sich das auf die Motivation der Mitarbeiter aus am Stüba teilzunehmen? Warum? -Was ist Ihnen dabei aufgefallen (pos./neg.)? -Was wünschen Sie sich? Warum?
	Unterstützung durch die Personalabteilung	Welche Aufgabe hat die Personalabteilung aus Ihrer Sicht im Stimmungsbarometerprozess? -Wie wirkt sich das auf die Motivation der Mitarbeiter aus am Stüba teilzunehmen? Warum? -Was ist Ihnen dabei aufgefallen (pos./neg.)? -Was wünschen Sie sich? Warum?
	Aufgabe des betrieblichen Vorgesetzten im Prozess	Welche Aufgabe haben Sie als Vorgesetzter aus Ihrer Sicht im Stimmungsbarometerprozess? -Wie wirkt sich das auf die Motivation der Mitarbeiter aus am Stüba teilzunehmen? Warum? -Was ist Ihnen dabei aufgefallen (pos./neg.)? -Was wünschen Sie sich? Warum?
V. Gesprächsabschluss		Was möchten Sie noch ergänzen? Wie ging es Ihnen in diesem Gespräch?

Abbildung 34: Interview mit den Vorgesetzten – Fragenentwicklung für den Leitfaden (eigene Darstellung)

3.4.1.2   Leitfaden für die Interviews mit den Mitarbeitern

In der Anlage 3 ist der Leitfaden für die Interviews mit den Mitarbeitern abgebildet. Das Interview gliedert sich ebenfalls wie der Vorgesetztenleitfaden in fünf
Abschnitte. Dabei wurde darauf geachtet, dass sich diese Leitfäden weitestgehend
ähneln, um die spätere Vergleichbarkeit zu vereinfachen. Zu Beginn erklärt der
Interviewer den Zweck des Interviews und verortet die Befragung im Unternehmenskontext. Danach erfolgt die Information über die Vorgehensweise und die
Aufzeichnung des Gesprochenen. Zum Schluss dieser ersten Phase wird noch einmal ausdrücklich auf die Anonymität und die Freiwilligkeit bzgl. der Aussagen
hingewiesen.

Der zweite Themenblock beinhaltet allgemeine Fragen zum Stiba. Dies soll dazu
dienen, dass der Befragte in einen Erzählfluss kommt. Zunächst wird bei der Reflexion darauf abgezielt, wie Veränderungsprozesse bei Volkswagen vor der Einführung des Stiba stattgefunden haben. Dann folgt die Frage, welche Instrumente
dem Interviewten bekannt sind, die neben dem Stiba für das Anstoßen von Veränderungsprozessen genutzt werden können und wie die Wichtigkeit bzw. deren Erfolg eingeschätzt wird. Daran anschließend folgt die Frage, welche Meinung der
Proband über das Stiba hat und wie seine Kollegen dazu stehen. Als nächstes soll
die Beschreibung erfolgen, wie das Stiba im eigenen Bereich abläuft und was sich
seit der Durchführung wahrnehmbar verbessert hat.

Im dritten Themenblock wird der Proband befragt, ob er am Stiba teilnimmt oder
nicht. Mit der Folgefrage sollen die zugrunde liegenden Motivationsgründe herausgearbeitet werden.

Der vierte Themenblock ist auf die prozessbegleitenden Maßnahmen ausgerichtet.
Diese Fragen orientieren sich stark an den Maßnahmen. Hier soll noch einmal näher darauf eingegangen werden, welche dieser Maßnahmen von den Befragten
wahrgenommen werden, wie sie diese einschätzen, was ihnen daran gefällt oder
was ggf. stört.

Den letzten Themenblock bildet der Gesprächsabschluss. Hier wird den Interviewten nochmals die Möglichkeit durch eine offene Fragenformulierung gegeben, die
Punkte, die ihnen wichtig erscheinen, zu äußern.

Abb. 35 veranschaulicht die Vorgehensweise bei der Entwicklung der Fragen für
den Interviewleitfaden. Die einzelnen Themenbereiche wurden bereits im vorherigen Abschnitt erläutert. Hierbei fällt die Reduzierung der Fragen im Vergleich
zum Vorgesetztenleitfaden auf. Dieser resultiert aus dem Umstand, dass sich der
Großteil der begleitenden Maßnahmen direkt an die Führungskräfte richtet. Auch

hier wurde aus den Themenbereichen die Operationalisierung der Frageschwerpunkte hergeleitet, was anschließend in der Fragenentwicklung mündete.

Themenbereich	Operationalisierung	Fragenentwicklung
I. Einstieg	Gesprächseinführung	Gesprächseinführung: Begleitend zum Stimmungsbarometer am Standort Salzgitter gibt es eine Vielzahl von Maßnahmen, die den Prozess des Stimmungsbarometers unterstützen sollen. In meiner Untersuchung geht es darum zu erfassen, welche dieser Maßnahmen Ihnen helfen und welche Unterstützung Sie sich ggf. darüber hinaus wünschen. Ich habe dazu einige Fragen vorbereitet, möchte dieses Interview aber möglichst offengestalten und Ihren Erzählungen folgen. D.h. ich werde Ihnen einige Erzählanstöße geben und nachfragen, wenn mich etwas näher interessiert. Ablauf des Interviews erläutern, Hinweis auf Anonymität + Freiwilligkeit
II. MAB allgemein	Umgang mit Veränderungsprozessen	Wie konnten die Mitarbeiter Veränderungsprozesse bei VW anstoßen als es noch kein Stiba gab? Welche weiteren Möglichkeiten gibt es neben dem Stiba, Veränderungsprozesse anzustoßen? (falls mehrere genannt werden – welches sind die wichtigsten / erfolgreichsten, um etwas in Gang zu setzen?)
	Sicht auf die MAB	Welche Meinung haben Sie zum Stimmungsbarometer? Warum? Wie sehen Ihre Kollegen das Stimmungsbarometer? Warum?
	Durchführung der MAB	Wie läuft das Stimmungsbarometer in Ihrem Bereich ab? -Wer informiert Sie/ wie informieren Sie sich? -Wie erleben Sie Ihren Vorgesetzten dabei?
	Wahrgenommene Veränderungen durch die MAB	Was hat sich aus Ihrer Sicht durch das Stimmungsbarometer verbessert?
III. Teilnahmemotivation	persönliche Sicht	Warum nehmen Sie am Stiba teil / nicht teil?
	Motivationsgründe	Können Sie mir bitte die wichtigsten Motivationsgründe für Sie nennen am Stiba teilzunehmen? Warum?
	Standortumsetzungsteam	Welche Aktivitäten nehmen Sie durch das Umsetzungsteammitglied in Ihrem Bereich wahr? -Welche Auswirkungen haben diese Aktivitäten auf Sie? Warum? -Was stört Sie daran? Was finden Sie gut? Warum?
IV. begleitende Maßnahmen	Informationskampagne	Welche Maßnahmen sind Ihnen bzgl. der Informationskampagne am Standort aufgefallen? Warum? - haben sie diese am Stiba teilgenommen? Wenn ja/nein, warum? - Welche dieser Maßnahmen motivieren Sie am Stiba teilzunehmen? Warum? - Was würden Sie sich wünschen? Warum?
	Unterstützung durch die Personalabteilung	Welche Aktivitäten der Personalabteilung nehmen Sie zum Stimmungsbarometerprozess wahr? - Was stört Sie daran? Was finden Sie gut? Warum? - Was würden Sie sich wünschen? Warum?
	Aufgabe des betrieblichen Vorgesetzten im Prozess	Welche Aufgabe hat Ihr Vorgesetzter aus Ihrer Sicht im Stimmungsbarometerprozess? -Was stört Sie daran? Was finden Sie gut? Warum? -Was würden Sie sich wünschen? Warum?
V. Gesprächsabschluss		Was möchten Sie noch ergänzen? Wie ging es Ihnen in diesem Gespräch?

Abbildung 35: Interview mit den Mitarbeitern – Fragenentwicklung für den Leitfaden (eigene Darstellung)

3.4.2 Grundlagen für die Auswertung der Interviews

Zur Feststellung einer geeigneten Auswertungsmethode im Kontext dieser Arbeit, sollen zunächst zwei mögliche Verfahren gegenübergestellt werden. In der Abwägung der Vor- und Nachteile soll dann die für das Forschungsdesign praktikabelste Methode ausgewählt und für diese Studie angepasst werden.

Die Auswertung der hier vorliegenden Interviews erfolgt auf Basis der teiltranskribierten Aufnahmen (siehe Anhang). Bei der Auswertung soll das Überindividuell-Gemeinsame herausgestellt werden. Der Forscher muss sich darüber im Klaren sein, dass die Interpretation von Texten immer konkurrierenden Deutungen gegenübersteht (Mayer 2013, S. 47).

Mayer (2013) fokussiert sich bei seinen Auswertungsmethoden auf inhaltliche Aspekte. Darum bezieht er Pausen, Stimmlage und andere parasprachliche Erscheinungen nicht in seine Interpretation mit ein. Der Autor beschreibt zunächst ein sechsstufiges Verfahren in Anlehnung an Mühlfeld. Diese Methode ist durch ihre pragmatische Ausrichtung gekennzeichnet. Dabei werden im ersten Schritt alle Antworten markiert, die zur Beantwortung einer Frage des Leitfadens dienen. Im zweiten Schritt folgt die Zuordnung dieser Textstellen in ein Kategoriensystem, welches im Vorfeld durch die Auseinandersetzung mit Theorie, anderen Untersuchungen etc., entwickelt wurde. In der dritten Stufe muss die innere Logik zwischen den einzelnen Antworten innerhalb des Interviews hergestellt werden. Hierbei geht es um den Abgleich von bedeutungsgleichen und sich widersprechenden Teilen der Antwort. In der vierten Phasen folgt die schriftliche Fixierung dieser inneren Logik. Im fünften Schritt wird der Text mit den entsprechenden Interviewausschnitten sowie der Vergleich der Auswertung mit dem transkribierten Text erstellt. Die sechste und letzte Phase beinhaltet die Überführung der Auswertung in eine Präsentation. Hier werden keine weiteren Interpretationen vorgenommen. Es handelt sich hierbei ausschließlich um die Darstellung der Erkenntnisse (vgl. ebenda, S. 49 f.).

Als zweite Auswertungsvariante bezieht sich Mayer (2013) auf das von Meuser und Nagel entwickelte Verfahren. Hierbei werden die Interviews paraphrasiert und einzeln thematisch zugeordnet. Die Verknüpfungen und der Vergleich von Aussagen einzelner Interviews finden später statt. Im ersten Schritt erfolgt die Paraphrasierung. Diese ist durch die textgetreue Wiedergabe von Gesprächsinhalten in den eigenen Worten gekennzeichnet. Diese Paraphrasierungen werden im zweiten Schritt thematisch geordnet. Dabei ist zu beachten, dass auch Themen angesprochen werden können, die nicht erfragt wurden, aber im Laufe des Gesprächs zum Vorschein kommen. Sind alle relevanten Textpassagen zu entsprechenden Themenclustern innerhalb der Interviews geordnet, kann die Zusammenführung aus den anderen Interviews erfolgen. Dabei muss der Forscher darauf achten, dass bei der Datenverdichtung keine Information verlorengehen, wie bspw. durch voreilige Zusammenfassung. Um dies zu vermeiden rät Mayer (2013) zu einer kontinuierlichen Überprüfung der inhaltlichen Zusammenhänge und Sinnhaftigkeit der Zuordnungen. In der vierten Stufe erfolgen die Abgrenzung von der Sprache der Interviewten und die Herausstellung von Gemeinsamkeiten und Unterschieden im

Hinblick auf die zugrunde gelegte theoretische Verortung. Die Verallgemeinerbarkeit beschränkt sich hierbei auf das vorliegende Material. Werden im Rahmen
von Experteninterviews bereits wissenschaftliche Fachbegriffe verwendet, ist bei
der Analyse darauf zu achten, dass sich die Bedeutung nicht mit der des Auswer-
tenden decken muss. In der fünften Stufe folgt die Einbeziehung relevanter Theorien und damit die theoretische Generalisierung (vgl. ebenda, S. 50 ff.).

Bezogen auf die Gütekriterien stellt Mayer (2013) fest, dass diese im Schwerpunkt auf die quantitativen Methoden abzielen. Er warnt vor dem selektiven Zi-
tieren von passenden Interviewpassagen, was zwangsläufig zu einer selektiven
Plausibilisierung der Auswertungen führt. Als wichtigen Ansatzpunkt zur Herstellung der Zuverlässigkeit sieht er die Herstellung der Transparenz, wo die
Aussage des Interviewten beginnt und ab wann die Interpretation des Forschers
dabei einsetzt. Gleichzeitig muss die Vorgehensweise detailgenau beschrieben
werden, um hier die Vergleichbarkeit zu anderen Forschungsdesigns zu ermöglichen.

Die Gültigkeit von qualitativen Methoden hängt von verschiedenen Bestimmun-
gen ab: Die ökologische Validität beschreibt bspw. die Alltagsnähe, Natürlich-
keit der Daten und ihrer Interpretationen, die kommunikative Validität (inwiefern stimmen die Befragten den Ergebnisinterpretationen zu) und die Validierung in der Praxis zeigt an, ob zukünftige Ergebnisse korrekt vorhergesagt werden können (vgl. ebenda, S. 50 ff.).

Damit Interviews ausgewertet werden können, ist die Transkription, also ihre
Überführung in eine schriftliche Form, notwendig. Dabei stellt Dittmar (2002) ein
Paradoxon fest: „Um beobachtungsadäquate Verschriftlichungen gesprochener
Sprache/mündlicher Rede herstellen zu können, müssen wir bereits über ein weit-
gehendes Wissen über wesentliche Eigenschaften mündlicher Diskurse und Inter-
aktionen verfügen; diese strukturellen und pragmatischen Eigenschaften sollen
aber erst in den Untersuchungen systematisch herausgefunden und unserem Wissen zugänglich gemacht werden [...]" (S. 51). Um die Anforderung der Wissenschaftlichkeit dieser Methode zu erfüllen, ist es notwendig, dass transparent gemacht wird, wie das Transkript entstanden ist, sowie welche Kriterien und Nota-
tionszeichen verwendet wurden. Diese einzelnen Punkte werden dann in den Tran-
skriptionsregeln zusammengefasst (vgl. Dresing und Pehl 2010, S. 723). Der
grundlegende Anspruch in der einschlägigen Literatur zur Thematik der Transkription sieht vor, dass die Gesprächssituationen möglichst umfassend beschrieben werden. Wohlwissend, dass niemals alle vorhandenen Einflussfaktoren vollständig beschrieben werden können: „Transkription ist und bleibt immer eine In-
formationsreduktion [...]" (ebenda, S. 726). Entschließt sich der Forschende aus
arbeitsökonomischen Abwägungen zu einer Reduktion des zu transkribierenden

Materials, muss er sich im Klaren darüber sein, auf welcher Grundlage diese Reduktion erfolgt und auch diese Entscheidung muss entsprechend nachvollziehbar dargestellt werden. Dresing und Pehl (2010) sehen eine Teil-Transkription als angemessen an, „[…] wenn man bestehende Erkenntnisse mit Beispielen unterlegen möchte" (S. 724).

Im Vergleich der beiden beschriebenen Varianten wird deutlich, dass die zweite Auswertungsvariante für die Auswertung der hier durchgeführten Interviews angewendet werden soll. Die Entscheidung basiert im Wesentlichen darauf, dass das es sich bei der ersten Variante im Schwerpunkt nur um die Darstellung der Erkenntnisse handelt. Um dem Anspruch einer transparenten Datenanalyse gerecht zu werden, muss der Weg der Erkenntnisgewinnung nachgezeichnet werden. Wie bereits in Kap. 2.3 beschrieben wird ein Vergleich der jeweiligen Untersuchungsgruppen und Methoden angestrebt. Die Einbeziehung der Vergleichsebenen ist in der zweiten Auswertungsvariante nach Mayer (2013) explizit enthalten.

3.4.3   Festlegung und Beschreibung der Stichprobe

Die Auswahl der Stichprobe für die Interviews erfolgt in Form eines qualitativen Stichprobenplans. Diesem liegt zugrunde, dass die Anzahl von möglichen Einflussfaktoren zu groß ist, um im Rahmen einer Untersuchung berücksichtigt werden zu können (vgl. Schreier et al. 2008, S. 4). Bei der Stichprobenziehung sollte darauf geachtet werden, dass vor dem Hintergrund der Beteiligungsbereitschaft und den verfügbaren Ressourcen ein möglichst umfassendes Meinungsbild erfasst werden kann. Aufgrund des Umstands, dass die meisten Mitarbeiter und Vorgesetzten im Bereich der Fertigung und den fertigungsnahen Bereichen eingesetzt sind, wurde auch hier der Schwerpunkt bei der Auswahl von möglichen Interviewpartnern gelegt. Nichtsdestotrotz mussten Abstriche bzgl. der freiwilligen Teilnahme akzeptiert werden.

Vor diesem Hintergrund setzt sich die Stichprobe wie folgt zusammen: Bei den Vorgesetzten wurde ein Unterabteilungsleiter aus der Qualitätssicherung (fertigungsnaher Bereich), ein Meister aus der Produktionsinstandhaltung (fertigungsnaher Bereich), ein Meister aus der Motormontage, ein Meister aus der Fertigung für Motorkomponenten und eine Meisternachwuchskraft befragt. Die Stichprobe der interviewten Mitarbeiter besteht aus einem Angestellten aus dem Bereich der Logistik, einem Angestellten aus dem Bereich Produktionssystem, einem Lohnempfänger aus der Fertigung für kubische Bauteile und zwei Zeitlohnempfängern aus dem Bereich der Logistik. Insgesamt wurden damit zehn Interviews anhand der Leitfäden (Anlagen 3 und 4) durchgeführt.

Tabelle 3: Stichprobenzusammensetzung der Interviews (eigene Darstellung)

Nr.	Hierarchiestufe	Fachbereich	Kategorie
1.	Unterabteilungsleiter	Qualitätssicherung	fertigungsnaher Bereich
2.	Meister	Instandhaltung	fertigungsnaher Bereich
3.	Meister	Motormontage	Fertigung
4.	Meister	Montage Motorkomponenten	Fertigung
5.	Meisternachwuchskraft	Motormontage	Fertigung
6.	Mitarbeiter	Logistik	fertigungsnaher Bereich
7.	Mitarbeiter	Produktionssystem	fertigungsnaher Bereich
8.	Mitarbeiter	Montage kubische Bauteile	Fertigung
9.	Mitarbeiter	operative Logistik	fertigungsnaher Bereich
10.	Mitarbeiter	operative Logistik	fertigungsnaher Bereich

3.4.4 Durchführung der Interviews

Abgeleitet aus dem Studium der Literatur und den ersten Erkenntnissen aus der deskriptiven Analyse der Fragebogenergebnisse folgt nun die Entwicklung des Interviewleitfadens. Ähnlich wie bei der Fragebogenentwicklung wurde auch der Leitfaden im Rahmen von Kolloquien mit anderen Doktoranden diskutiert und einem ausführlichen Pretesting unterzogen. Dazu wurden Tests mit 5 Mitarbeitern und 5 Vorgesetzten durchgeführt. Der Schwerpunkt lag hierbei vor allem auf dem Frageverständnis sowie auf der Ermittlung der Zeitdauer für das Interview. Die Erkenntnisse flossen im Anschluss in die Konzeption der Leitfäden ein.

Die Befragung der Vorgesetzten erfolgt ausschließlich in deren eigenen Büros, was zu einer entspannten und vertrauensvollen Atmosphäre beitragen soll. Die Befragung der Mitarbeiter erfolgte in einem Besprechungszimmer im Personalwesen des Standorts Salzgitter. Eine etwaige Schulung der Interviewer konnte in diesem Fall entfallen, da der Autor dieser Arbeit die Interviews alle selbstständig durchgeführt hat.

4 Datenauswertung und Dateninterpretation

Nach der theoretischen Verortung des Untersuchungskomplexes dieser Arbeit (Kap. 2), der Beschreibung des Untersuchungsgegenstandes sowie der Darstellung und Begründung des Forschungsdesigns (Kap. 3), erfolgt in diesem Kap. die Auswertung und Interpretation der erhobenen Daten.

Der Aufbau der Auswertung richtet sich dabei nach befragten Zielgruppen der betrieblichen Vorgesetzten und Mitarbeiter. Die Ergebnisdarstellung erfolgt für die jeweilige Zielgruppe und die angewendete Methode (Fragebogen und Interview). Daran anschließend wird ein Vergleich der beiden Gruppen im Rahmen des angewendeten Erhebungsinstrumentes vorgenommen, bevor die Ergebnisse der Fragebögen und Interviews gegenübergestellt werden. Auf dieser Grundlage können dann Verbesserungspotentiale und Handlungsempfehlungen herausgearbeitet werden. Damit ist die erste Forderung der Aktionsforschung nach praktischen Implikationen erfüllt.

Für die Datenauswertung gilt es den Hinweis von Döring (2009) zu beachten. Sie stellt fest, dass sich im Rahmen von Evaluationsstudien oftmals nur schwach nachweisbare Effekte finden lassen. Darum empfiehlt sie „…anstelle der statistischen Signifikanz z.B. die Musterläufigkeit der Ergebnisse zu beachten" (S. 125).

Die Reflexion der Aktionsforschung im Kontext der hier durchgeführten Untersuchung sowie die Diskussion der Forschungsfragen und Thesen bilden die Basis für die Ableitung von Implikationen für die Wissenschaft. Damit ist auch die zweite Forderung der Aktionsforschung erfüllt.

Im nachfolgenden Kap. 5 erfolgt die Herausarbeitung der Implikationen für Praxis, Theorie und Methodik. Daran anschließend (Kap. 6) wird die kritische Würdigung dargestellt und die wesentlichen Kernpunkte dieser Arbeit zusammengefasst.

4.1 Auswertung der Fragebogenbefragung

Die Auswertung der Fragebogenbefragung gliedert sich in die Auswertung der Befragung der betrieblichen Vorgesetzten (Kap. 4.1.1), die Auswertung der Befragung der Mitarbeiter (Kap. 4.1.2) sowie den Vergleich der jeweiligen Befra-

© Springer Fachmedien Wiesbaden GmbH, ein Teil von Springer Nature 2018
H. Traut, *Die Bedeutung prozessbegleitender Maßnahmen bei Mitarbeiterbefragungen für die Teilnahmemotivation*, AutoUni – Schriftenreihe 120, https://doi.org/10.1007/978-3-658-22042-6_4

gungen (Kap. 4.1.3). Im Anschluss an diese Auswertungen sollen dann die Ableitungen für die prozessbegleitenden Maßnahmen einer MAB erfolgen (siehe Kap.
4.1.4).

4.1.1   Auswertung Befragung der betrieblichen Vorgesetzten

Genau wie die Aufteilung der Fragebögen erfolgt auch die Auswertung entlang
der einzelnen Themencluster, bezogen auf die prozessbegleitenden Maßnahmen
erfolgen. Die Abb. 36 zeigt zusammengefasst die angegebene Wahrnehmung der
Maßnahmen. Die Kernfrage war hierbei, ob die jeweilige Maßnahme durch die
betrieblichen Vorgesetzten wahrgenommen wird.

Insgesamt werden alle Maßnahmencluster von mindestens 70 % der Befragten
wahrgenommen. Dabei fällt auf, dass die Maßnahmen der Ergebnisdurchsprache
mit 91 % den höchsten Wert aufweisen. Darauf folgen mit 86 % die Maßnahmen
der Prozessbetreuung, mit 78 % die Informationskampagne und Controllingmaßnahmen, mit 73 % das Standortumsetzungsteam.

Die Moderatorenunterstützung wird von 30 % der Befragten nicht wahrgenommen und stellt hier den niedrigsten Wert dar.

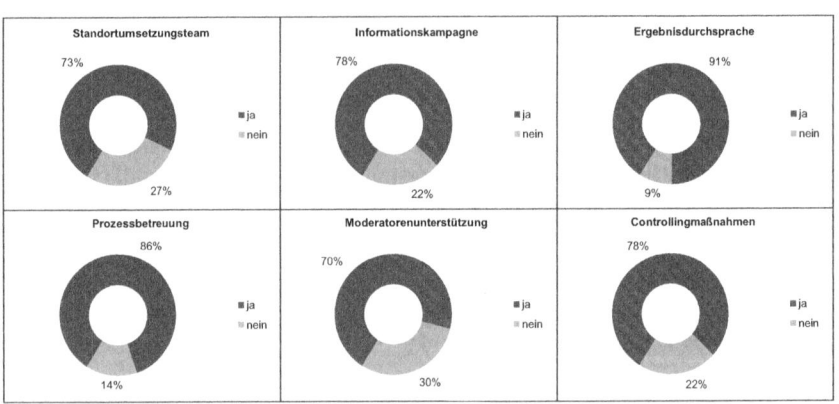

Abbildung 36:   Übersicht Wahrnehmung der Maßnahmen aus Sicht der
betriebl. Vorgesetzten (eigene Darstellung)

Die Abb. 37 zeigt das Ranking der Wichtigkeit[33] bezogen auf die einzelnen Maßnahmencluster.

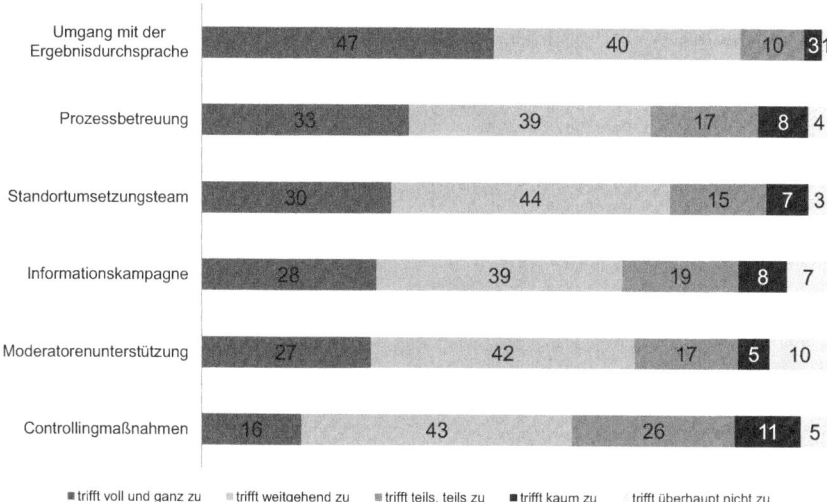

Abbildung 37:   Ranking Wichtigkeit der Maßnahmen (eigene Darstellung)

Um dieses Ranking zu erstellen, wurde eine Gewichtung nach folgender Formel vorgenommen:

$$Index = \frac{dunkelgrün*100+hellgrün*75+orange*50+hellrot*25+dunkelrot*0}{100}$$

Daraus ergeben sich die folgenden Indexwerte (aufgerundet):

1. Umgang mit der Ergebnisdurchsprache (83),
2. Prozessbetreuung (73),
3. Standortumsetzungsteam (73),
4. Informationskampagne (69),
5. Moderationsunterstützung (68),
6. Controllingmaßnahmen (64).

Die Detailauswertung für die Wahrnehmung des Standortumsetzungsteams ist in
Abb. 38 dargestellt. Hierbei fällt auf, dass der höchste Zustimmungswert bzgl. der

---

33   Siehe dazu auch Kap. 3.3, begriffliche Verortung der „Wichtigkeit" im Rahmen der hier durch-
     geführten Befragung.

Wahrnehmung des Vorhandenseins eines Ansprechpartners mit 91 % erreicht wird. Der geringste Wahrnehmungswert mit 58 % wird bei der Unterstützung bzgl. der Seminaranmeldung angegeben.

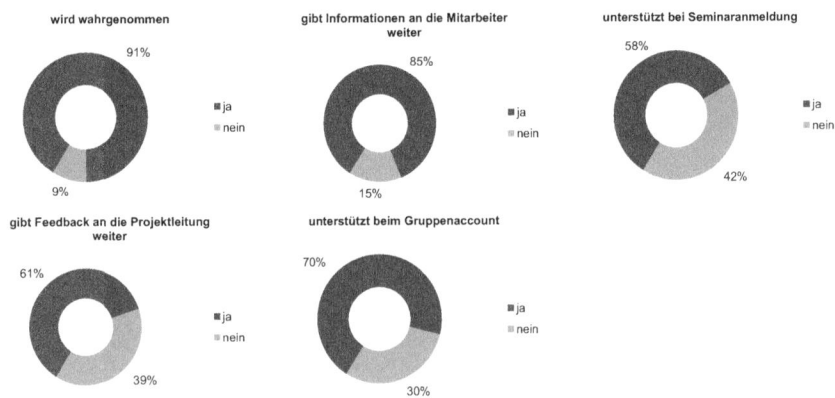

Abbildung 38:   Wahrnehmung des Standortumsetzers durch die betriebl. Vorgesetzten (eigene Darstellung)

Wie in Abb. 39 dargestellt, befindet sich die Wichtigkeit, im Vergleich zu den anderen prozessbegleitenden Maßnahmen, im Mittelfeld. Bezogen auf die einzelnen Unterpunkte ergibt sich das folgende Bild: Auch hier erfolgte das Ranking nach den Indizes der jeweiligen Balken. Daraus ergeben sich die folgenden Werte:

1. Vorhandensein des Ansprechpartners (83),
2. Informationsweitergabe an den Vorgesetzten und die Mitarbeiter (77),
3. Unterstützung bei der Einrichtung des Gruppenaccounts (73),
4. Weitergabe des Feedbacks an die Projektleitung (66),
5. Unterstützung bei der Anmeldung zum Vorgesetztenseminar (66).

Für die Phase der Ergebnisdurchsprache ist der höchste Wahrnehmungswert mit 97 % bezogen auf die zur Verfügung gestellten Informationsmaterialien festzustellen. Der kleinste Wahrnehmungswert entfällt auf die Vorgesetztenschulung zum Umgang mit der Ergebnisdurchsprache (siehe Abb. 54). Dieser ist insgesamt mit 87 % aber immer noch als eher hoch einzuschätzen.

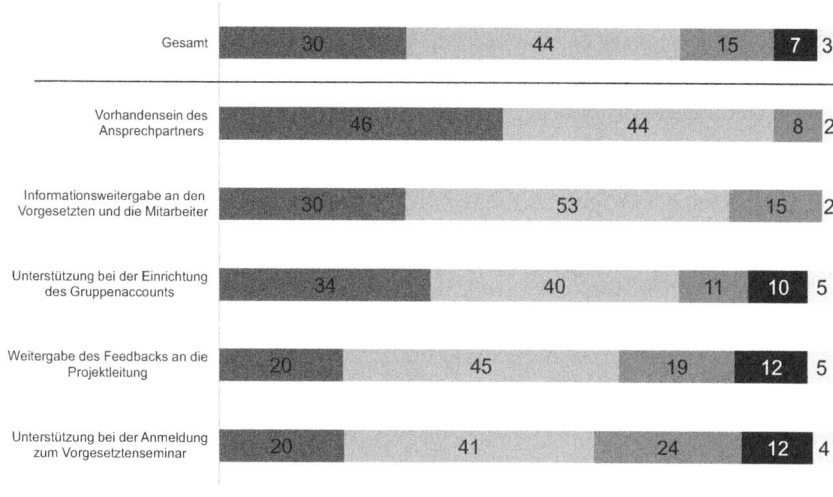

Abbildung 39:   Wichtigkeit der einzelnen Maßnahmen des
Standortunterstützungsteams (eigene Darstellung)

Abbildung 40:   Wahrnehmung der begleitenden Maßnahmen zur Phase der
Ergebnisdurchsprache durch die betriebl. Vorgesetzten (eigene
Darstellung)

Die Abb. 41 zeigt das Ranking der Wichtigkeit der Maßnahmen, die während der
Ergebnisdurchsprache durchgeführt werden. Dieses Maßnahmencluster wird von
den Vorgesetzten insgesamt als das Wichtigste angesehen. Für die Indizes ergeben
sich hier die folgenden Werte:

1. Anliegen der Mitarbeiter stehen im Mittelpunkt (90),
2. Die Möglichkeit Verbesserungen zu erarbeiten (89),
3. Einblick in die Stärken und Schwächen der eigenen organisatorischen Einheit zu bekommen (86),
4. Vorbereitung auf die Ergebnisdurchsprache (86),
5. Informationsmaterialien (82),
6. wird genutzt, um Verbesserungen zu erarbeiten (81),
7. Schulung zur Vorbereitung auf die Durchführung der Durchsprache (75),
8. Unterstützung durch die Personalabteilung (74).

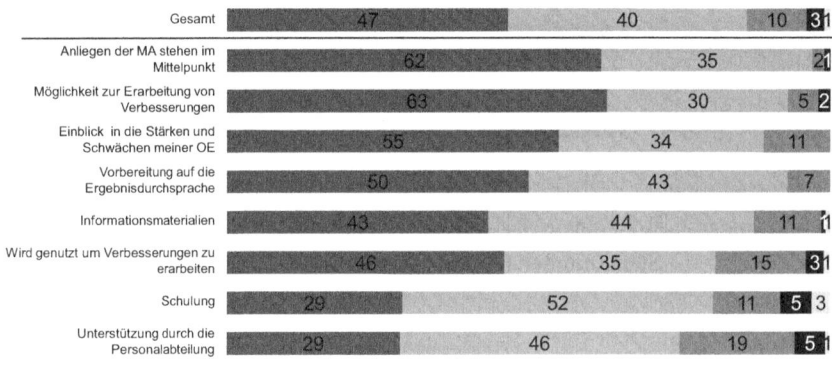

Abbildung 41:   Wichtigkeit der einzelnen Maßnahmen während der Phase der Ergebnisdurchsprache (eigene Darstellung)

Die verschiedenen Maßnahmen der Informationskampagne werden trotz ihrer offensiven Ausrichtung durchaus differenziert von den Führungskräften bewertet (Abb. 42). Den höchsten Wahrnehmungswert erreicht dabei das Item „Vorabinfo durch Vorgesetzten" mit 99 %. Am wenigsten wird der standortbezogene Film wahrgenommen. Hier geben nur 48 % der Befragten an, diesen zu kennen.

Abbildung 42: Wahrnehmung der begleitenden Maßnahmen der Informationskampagne durch die betricbl. Vorgesetzten (eigenc Darstellung)

Mit 74 %, bezogen auf die Ansprache in der Mitarbeiterzeitung, und 72 %, bezogen auf die Ansprache des Stiba durch den Betriebsrat, sinkt die Wahrnehmung in diesem Maßnahmenbereich. Am geringsten fallen die Befragungswerte für die Kenntnis über den Unterstützer aus dem eigenen Fachbereich mit 68 % sowie den Imagefilm mit lediglich 48 % aus.

Auf den gesamten Begleitprozess gesehen, ist die Informationskampagne bei der Einschätzung bzgl. ihrer Wichtigkeit im Mittelfeld verortet (siehe Abb. 43). Die jeweiligen Indizes sind hier:

1. Vorabinformation durch den Vorgesetzten (86),
2. Maßnahmenveröffentlichung in der MEMO (80),
3. Ansprache Werkleiter (79),

4. Zwischenstandsberichte (78),
5. Ansprache Betriebsrat (74),
6. Vorjahres-Review (72),
7. Ansprechpartner aus dem Bereich auf Plakat (69),
8. Ansprache Mitarbeiterzeitung (67),
9. Ansprache Entgeltabrechnung (64),
10. Stiba Film (57),
11. SZ-Beschäftigte auf Großplakat (53).

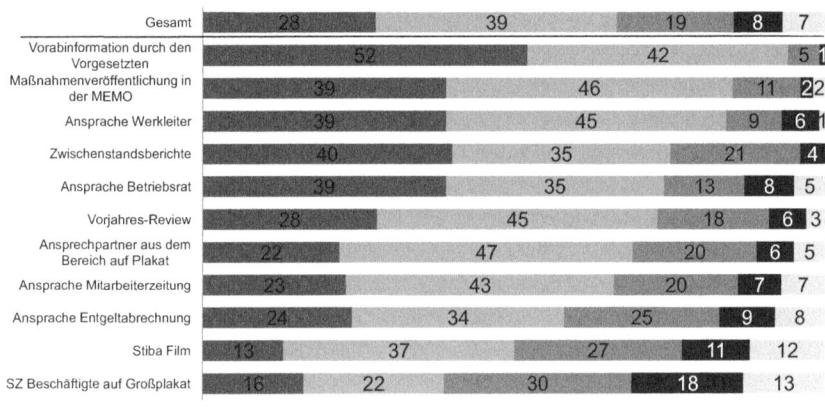

Abbildung 43:   Wichtigkeit der einzelnen Maßnahmen der
                    Informationskampagne (eigene Darstellung)

Bei den begleitenden Maßnahmen, bezogen auf die Prozessbetreuung (Abb. 44),
werden von 92 % die Erinnerungsbildschirme wahrgenommen. Diese werden
zentral eingesteuert, sodass beim Start jedes Computers das vorher festgelegte In-
formationsmedium angezeigt wird. Bei 89 % der befragten Führungskräfte sind
die Informationen zum Stand der aktuellen Beteiligung an der Befragung angekommen. Den niedrigsten Wert hat in diesem Maßnahmenpaket die Unterstützung
durch die Personalabteilung mit 78 %.

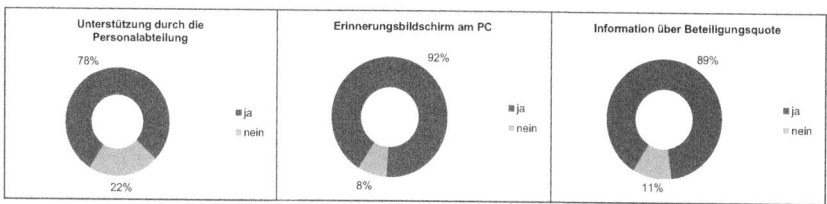

Abbildung 44: Wahrnehmung der begleitenden Maßnahmen der Prozessbetreuung durch die betriebl. Vorgesetzten (eigene Darstellung)

In der Gesamteinschätzung werden die Maßnahmen der Prozessbetreuung insgesamt als zweitwichtigste bewertet (siehe Abb. 37). Das Ranking der Indizes lautet hier wie folgt:

1. wöchentliche Information über die Beteiligungsquote (80),
2. Erinnerungsbildschirm am PC (72),
3. direkte Ansprache durch die Personalabteilung (69).

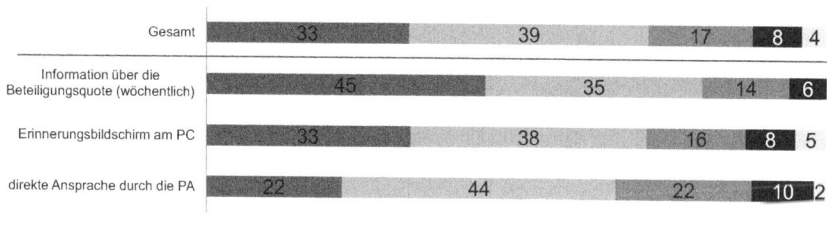

Abbildung 45: Wichtigkeit der einzelnen Maßnahmen der Prozessbetreuung (eigene Darstellung)

Das Angebot, die Ergebnisdurchsprache durch externe Moderatoren unterstützen zu lassen, ist bei 94 % der befragten Vorgesetzten bekannt. Allerdings kennen nur 45 % auch den Abschlussbericht der Moderatoren. Wie in Abb. 46 dargestellt, wird im Vergleich die Wichtigkeit der Moderatoren gesamt als gering betrachtet. Die Indizes ergeben hier:

1. Moderatorenunterstützung (72),
2. Abschlussbericht der Moderatoren (64).

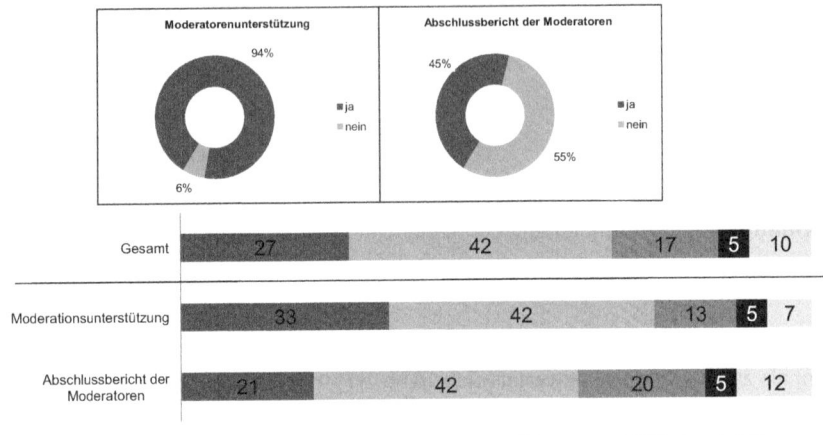

Abbildung 46:   Wahrnehmung und Wichtigkeit der Moderatorenunterstützung
(eigene Darstellung)

Die Controllingmaßnahmen sind hauptsächlich auf den Folgeprozess nach der Ergebnisdurchsprache ausgerichtet. Hier erfolgt das Tracking bzgl. des Umsetzungsstands der Durchsprachen durch die Personalabteilung, was von 91 % der Befragten registriert wird. 85 % geben an, dass ihnen die Erfassung des Umsetzungsstands der festgelegten Maßnahmen aufgefallen ist. Bei jeweils 69 % der Führungskräfte sind die Berichte zum Umsetzungsstand der Maßnahmen und Durchsprachen bekannt.

Bei der Einschätzung der Wichtigkeit befinden sich die Controllingmaßnahmen insgesamt gesehen an letzter Stelle. Für die Aufteilung auf die jeweiligen Unterpunkte ergeben sich die folgenden Indizes:

1.   Erfassung Umsetzungsstand Maßnahmen durch die PA (67),
2.   Erfassung Umsetzungsstand Durchsprachen durch die PA (66),
3.   Berichte Umsetzungsstand der Durchsprachen (62),
4.   Berichte Umsetzungsstand der Maßnahmen (61).

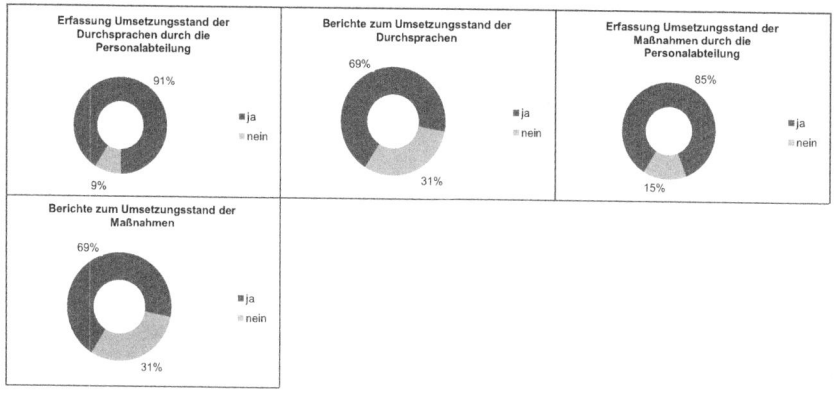

Abbildung 47: Wahrnehmung der Controllingmaßnahmen durch die betriebl. Vorgesetzten (eigene Darstellung)

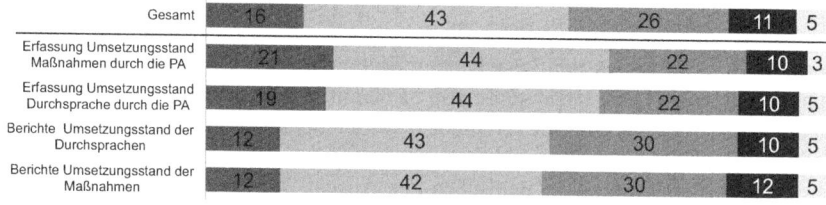

Abbildung 48: Wichtigkeit der Controllingmaßnahmen (eigene Darstellung)

Bei der Einschätzung des Effekts der jeweiligen Maßnahmen auf die Teilnahme-motivation der Mitarbeiter (siehe Abb. 49) wurde die Ergebnisdurchsprache am höchsten bewertet. Den Ansprechpartnern aus dem eigenen Fachbereich wurde der geringste Einfluss zugewiesen. Dabei ergaben sich diese Indizes:

1. durch die Ergebnisdurchsprache (68),
2. durch die Prozessbetreuung (62),
3. durch die Informationskampagne (61),
4. durch den direkten Vorgesetzten (60),
5. Controllingmaßnahmen (57),
6. durch den Ansprechpartner im Bereich (55).

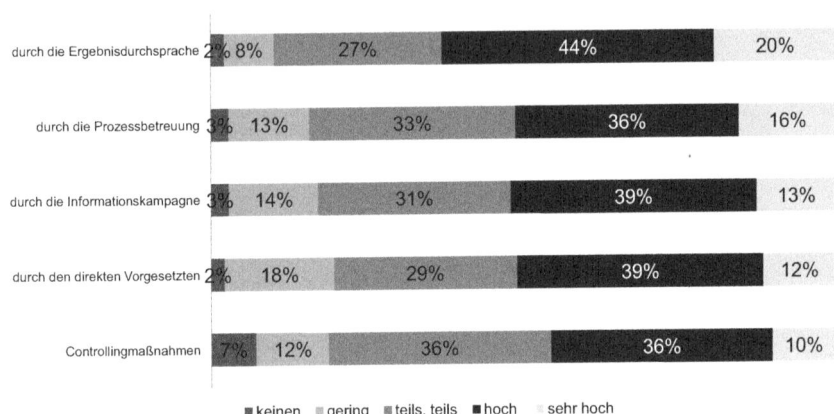

Abbildung 49: Einschätzung der Effekte der Maßnahmen auf die Mitarbeitermotivation zur Teilnahme am Stiba (eigene Darstellung)

Im Rahmen der Befragung hatten die Vorgesetzten die Gelegenheit, sich zu äu-ßern, ob sie sich neben den bestehenden Maßnahmen noch weiteren Unterstüt-zungsbedarf wünschen. Dies wurde von 55 % mit ja beantwortet (siehe Abb. 50). Dabei gaben 33 % an, dass die Arbeit des Ansprechpartners im Bereich ausgebaut werden soll, 29 % wünschen sich bessere Qualifikationsmöglichkeiten und bes-sere Ergebnisanalysen, 24 % wünschen den Ausbau der Prozessbetreuung, 15 % eine verbesserte Informationskampagne und Controllingmaßnahmen.

Die Auswertung der offenen Fragen ergab insgesamt 61 Statements. Davon bein-halteten 56 % Hinweise zum Umgang mit dem Stiba, 25 % die Arbeit des An-sprechpartners, 15 % die Informationskampagne und 5 % Strukturthemen (Abb. 51).

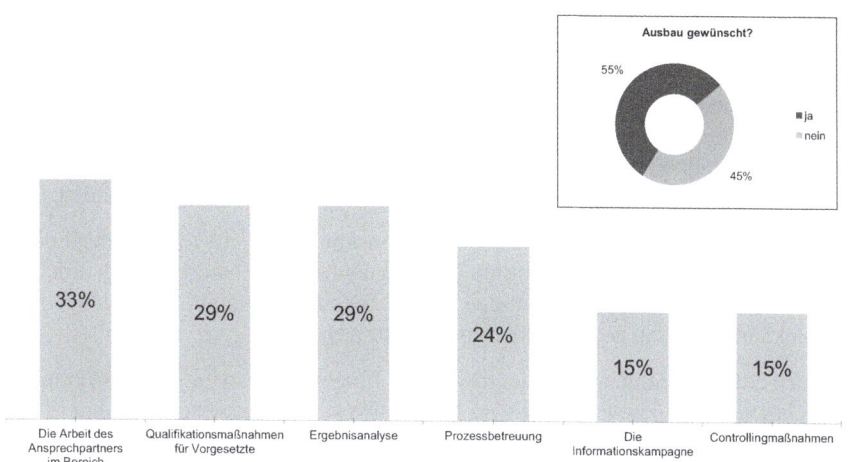

Abbildung 50:   Ausbau des Unterstützungsangebots (eigene Darstellung)

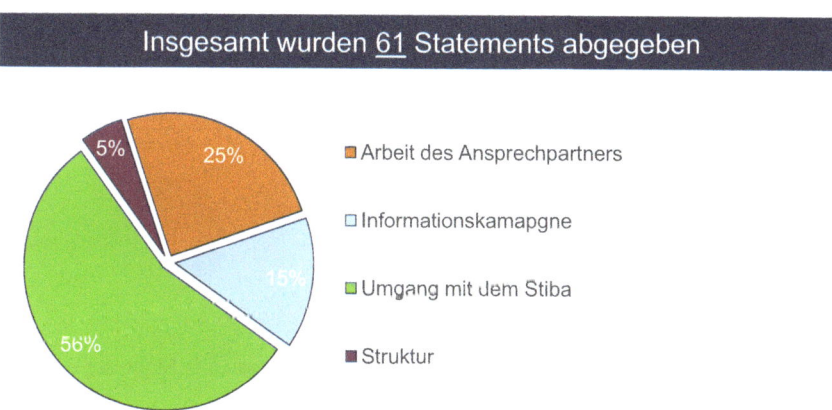

Abbildung 51:   Auswertung der offenen Fragen (eigene Darstellung)

Bei dem Cluster „Umgang mit dem Stiba" (56 %) wurde im Schwerpunkt der Druck auf die Beteiligungsquote während der Befragung zurückgemeldet. Weitere Äußerungen betreffen den Wunsch, die Fragen zu ändern, Ressourcen zur Maßnahmenumsetzung zur Verfügung zu stellen, das notwendige Zeitpotenzial im Arbeitsalltag zu schaffen, die Vorgesetztenschulungen zu intensivieren und eine

Austauschplattform für die Führungskräfte zur Verfügung zu stellen sowie den Einsatz von Moderatoren während der Durchsprachen auszubauen.

Bei der Arbeit des Ansprechpartners (25 %) lag der Schwerpunkt darauf, dass diese ihre Unterstützerfunktion mehr ausfüllen sollen und diese nicht nur auf Abfragen und Mahnen zu reduzieren. Die Beteiligung der Personalabteilung und des Betriebsrats sollte insgesamt aktiver während des Prozesses gestaltet werden.

Bezogen auf das Themenfeld der Informationskampagne (15 %) war der Fokus hier auf die Reduktion der Quantität der Maßnahmen gerichtet. Positiv wurde die Qualität der Erläuterungstexte zu den Fragen des Stiba erwähnt. Außerdem sollte der Bekanntheitsgrad des Standortfilms erhöht werden.

Bei den Strukturthemen (5 %) wurde darauf hingewiesen, dass die Abstimmung zwischen den Vorgesetzten und dem Personalwesen zu verbessern ist, indem die Zuständigkeiten im Vorfeld geklärt werden.

4.1.2   Auswertung Befragung der Mitarbeiter

In der Übersicht über die Wahrnehmung der Maßnahmen aus Sicht der Mitarbeiter ist zusammengefasst dargestellt, wie die jeweilige Cluster beurteilt worden sind (siehe Abb. 52).

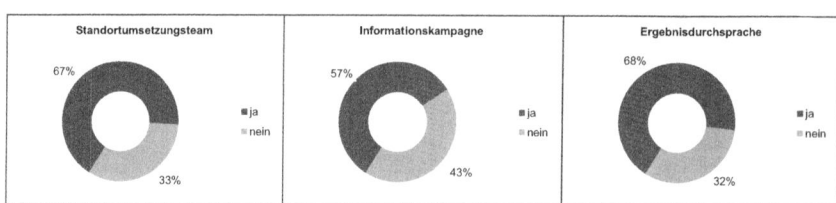

Abbildung 52:   Übersicht Wahrnehmung der Maßnahmen aus Sicht der Mitarbeiter (eigene Darstellung)

Insgesamt werden die Maßnahmen der Ergebnisdurchsprache von 68 % der Befragten wahrgenommen, gefolgt von den Aktivitäten des Standortumsetzungsteams mit 67 % und der Informationskampagne mit 57 %.

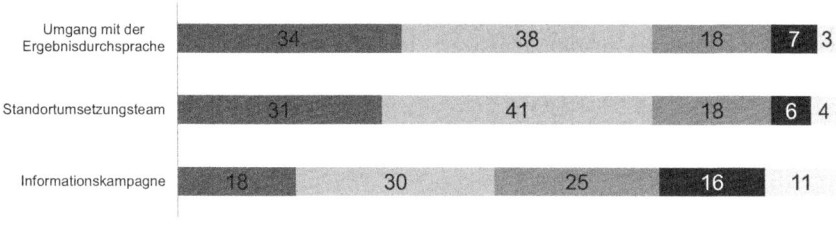

Abbildung 53: Ranking Wichtigkeit der Maßnahmen aus Sicht der Mitarbeiter (eigene Darstellung)

Beim Ranking der Wichtigkeit der Maßnahmen aus Sicht der Mitarbeiter wird die Informationskampagne als am wenigsten wichtig bewertet (Index 57), danach folgen die Maßnahmen der Standortumsetzer (Index 72). Die höchste Wichtigkeit wird dem Umgang mit der Ergebnisdurchsprache zugeschrieben (Index 73).

In der Detailauswertung (Abb. 54) für die Wahrnehmung des Ansprechpartners aus den Bereichen fällt auf, dass die Weitergabe der Information ähnlich wie die gesamte Wahrnehmung der entsprechenden Person gesehen wird. Die Weitergabe von Informationen ist mit einem Wichtigkeitsindex von 73 bewertet und das Vorhandensein des Ansprechpartners mit einem Wichtigkeitsindex von 72.

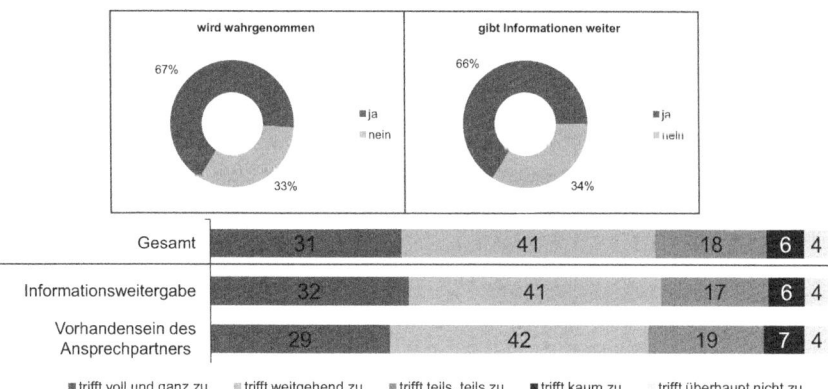

Abbildung 54: Wahrnehmung und Wichtigkeit des Ansprechpartners im Bereich aus Sicht der Mitarbeiter (eigene Darstellung)

Die Wahrnehmung der Items bezogen auf die Ergebnisdurchsprache ist in Abb. 55 dargestellt. Der höchste Wahrnehmungswert entspricht 91 % und bezieht sich darauf, dass die Ergebnisdurchsprache im Fachbereich des Befragten durchgeführt wird. Den geringsten Zustimmungswert (30 %) erhält die wahrgenommene Unterstützung durch die Personalabteilung.

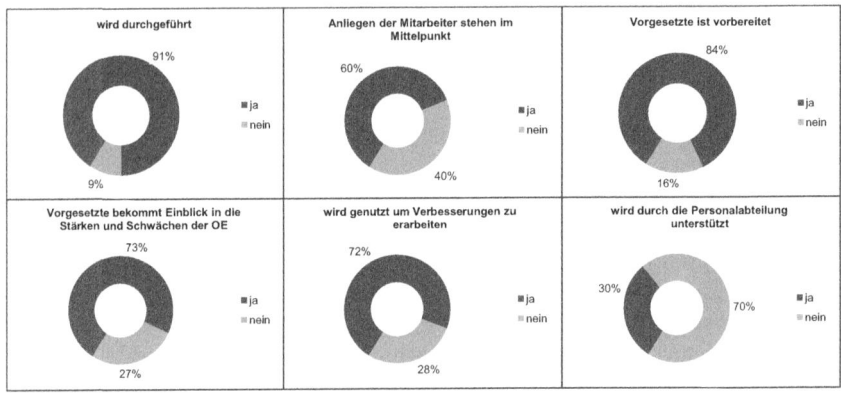

Abbildung 55: Wahrnehmung Umgang mit der Ergebnisdurchsprache aus Sicht der Mitarbeiter (eigene Darstellung)

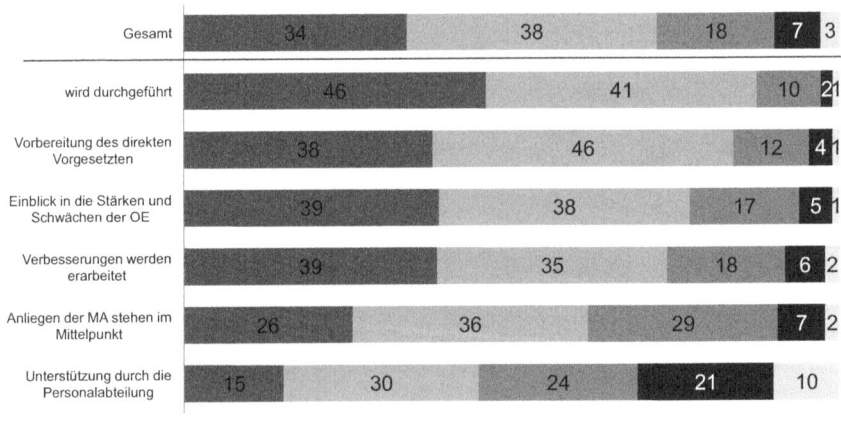

Abbildung 56: Ranking der Wichtigkeit Umgang mit der Ergebnisdurchsprache aus Sicht der Mitarbeiter (eigene Darstellung)

Hinsichtlich des Rankings der Wichtigkeit wird mit einem Index von 55 die Unterstützung der Personalabteilung am niedrigsten bewertet. Am wichtigsten ist den befragten Mitarbeitern, dass die Ergebnisdurchsprache durchgeführt wird (Index 82). Die Vorbereitung des Vorgesetzten ist mit einem Index von 79 auf dem zweiten Platz der Rangfolge. Dass der Vorgesetzte einen Einblick in die Stärken und Schwächen der organisatorischen Einheit bekommt, erhält den Wichtigkeitsindex von 77. Dass während der Durchsprache Verbesserung erarbeitet werden, hat den Index 75 und dass der Fokus während der Durchsprache auf die Anliegen der Mitarbeiter ausgerichtet ist, einen Index von 69.

Den größten Zustimmungswert (82 %) bezogen auf die Wahrnehmung der Informationskampagne erhielt die Vorabinformation durch den direkten Vorgesetzten (siehe Abb. 57). Weniger wichtig wird hier das Plakat mit dem Ansprechpartner aus dem eigenen Bereich mit nur 22 % wahrgenommen.

Bezogen auf die Einschätzung der Wichtigkeit der jeweiligen Maßnahmen ergibt sich das folgende Ranking nach den Indizes (Rundungswerte):

1. Vorabinformation durch den Vorgesetzten (74),
2. Vorjahres-Review (74),
3. Maßnahmenveröffentlichung in der MEMO (64),
4. Ansprache Betriebsrat (56),
5. Ansprache Entgeltabrechnung (56),
6. Ansprache Werkleiter (56),
7. Ansprache Mitarbeiterzeitung (53),
8. SZ-Beschäftigte auf Großplakat (53),
9. standortbezogener Film (44),
10. Ansprechpartner aus dem Bereich auf Plakat (44).

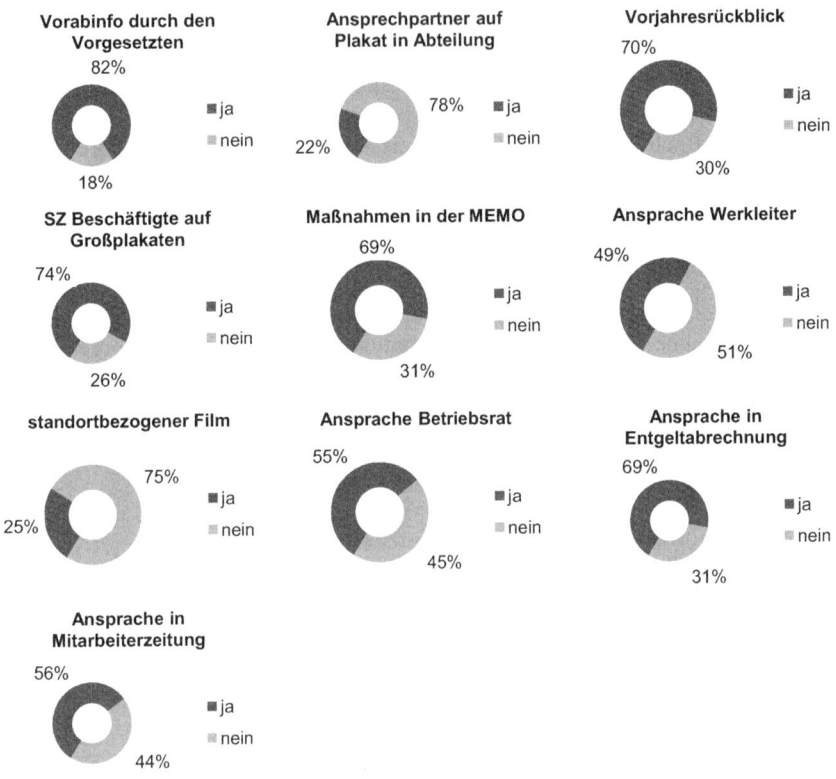

Abbildung 57: Wahrnehmung der Maßnahmen der Informationskampagne aus Sicht der Mitarbeiter (eigene Darstellung)

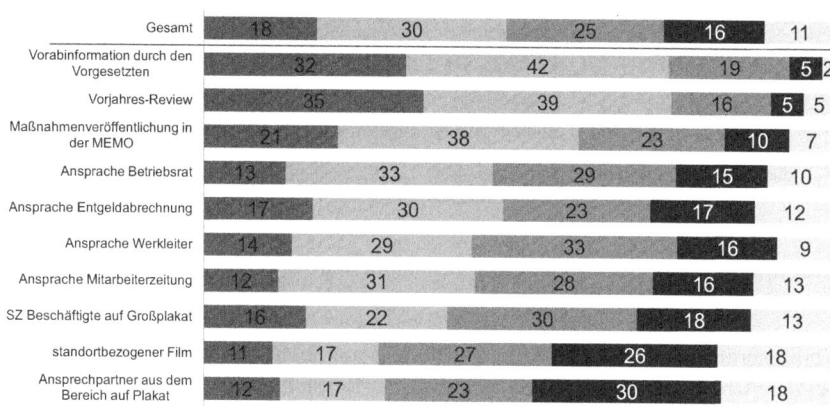

Abbildung 58:   Wichtigkeit Maßnahmen der Informationskampagne aus Sicht der Mitarbeiter (eigene Darstellung)

Die Abb. 59 zeigt die Auswertung der Angaben zur Teilnahmemotivation am Stiba aus der Sicht der befragten Mitarbeiter. Dabei geben insgesamt 65 % an, hoch oder sehr hoch motiviert zu sein. 17 % sind nur gering oder gar nicht motiviert und 18 % teils, teils.

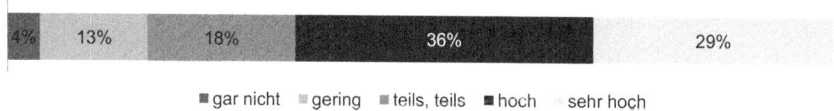

Abbildung 59:   Teilnahmemotivation am Stiba (eigene Darstellung)

Bezogen auf die Beeinflussung der Teilnahmemotivation (Abb. 60) sehen 47 % der Probanden einen starken bis sehr starken Einfluss durch den betrieblichen Vorgesetzten. Der Einfluss durch die Informationskampagne wird von 32 % mit stark oder sehr stark angegeben. Dem Ansprechpartner des Bereichs wird von 31 % der Mitarbeiter eine Einflussnahme auf die Teilnahmemotivation bescheinigt.

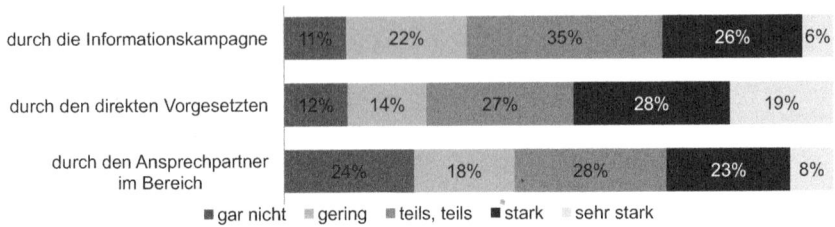

Abbildung 60: Beeinflussung der Teilnahmemotivation am Stiba (eigene
Darstellung)

Verbesserungsbedarf (siehe Abb. 61) besteht aus Sicht von 41 % der Befragten
bei der Arbeit des Ansprechpartners aus dem Bereich und bei der Informationskampagne. 13 % geben an, dass der Umgang des Vorgesetzten mit dem Stiba verbessert werden muss.

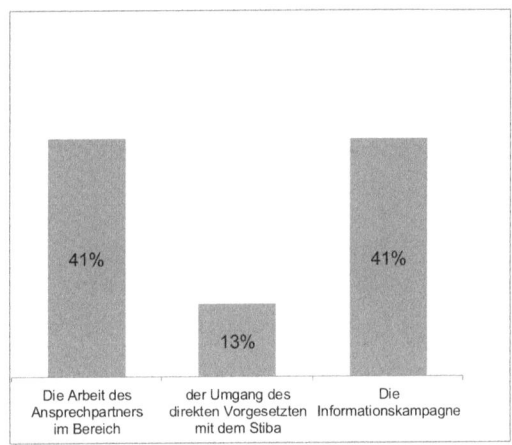

Abbildung 61: Verbesserungsbedarfe aus Sicht der Mitarbeiter (eigene
Darstellung)

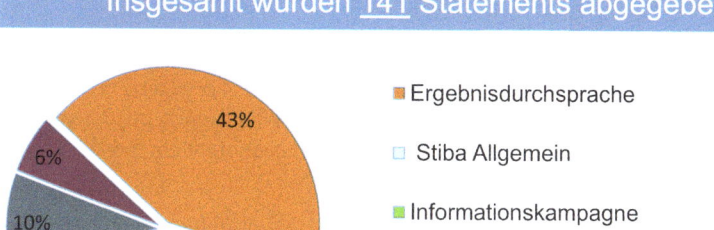

Abbildung 62: Auswertung der offenen Fragen zu Verbesserungspotenzialen (eigene Darstellung)

Die Auswertung der offenen Fragen (siehe Abb. 62) ergab insgesamt 141 Rückmeldungen. Davon entfallen 43 % auf den Themenbereich der Ergebnisdurchsprachen, 27 % auf das Stiba allgemein, 14 % auf die Informationskampagne, 10 % auf den Umgang mit dem Stiba und 6 % auf die Arbeit des Ansprechpartners aus dem Fachbereich.

Der Schwerpunkt der Rückmeldungen bzgl. der Ergebnisdurchsprache lag auf der Maßnahmenumsetzung. Hier wurde angemerkt, dass oftmals die notwendigen Ressourcen nicht zur Verfügung stehen. Weiterhin wurde kritisiert, dass der Fokus zu stark auf den Bereichen „trifft kaum zu" und „trifft überhaupt nicht zu" gerichtet ist. Für den Themenbereich „Qualität" sollten entsprechende Kernthemen zentral vorgegeben werden.

Bei den Statements, die sich allgemein auf das Stiba beziehen, wird im Schwerpunkt der Wunsch geäußert, das Management direkt beurteilen zu können. Außerdem wurde die Befragungshäufigkeit thematisiert. Hier gehen allerdings die Rückmeldungen auseinander. Während die eine Hälfte eine höhere Befragungshäufigkeit wünscht, fordert die andere Hälfte größere Zeiträume zwischen den Befragungen.

Bei den Rückmeldungen zur Informationskampagne lag der Schwerpunkt auf der Quantität der eingesetzten Methoden. Hier gingen die Meinungen eindeutig in die Richtung, dass zu viel kommuniziert wird. Gleichzeitig wird auch eine höhere Qualität bei den Maßnahmen der Informationskampagne eingefordert. Darüber hinaus gibt es die Hinweise, dass Informationen zum Stiba auch seitens des Betriebsrats zur Verfügung gestellt werden sollten.

Beim Themenfeld „Umgang mit dem Stiba" wird eine höhere Qualität bei der Durchführung der Durchsprachen durch den betrieblichen Vorgesetzten eingefordert. Hier wünschen sich die Befragten eine höhere Ernsthaftigkeit bei der Diskussion der Themen. Auch der Druck auf die Beteiligungsquote während der Befragung wird kritisch gesehen.

Zur Arbeit des Ansprechpartners im Bereich wird hauptsächlich angeregt, dass dessen Bekanntheitsgrad erhöht wird und auch diese Mitarbeiter ihre Aufgabe entsprechend ernst nehmen sollten.

4.1.3   Vergleich Befragung der betrieblichen Vorgesetzten und der Mitarbeiter

Aufgrund der unterschiedlichen inhaltlichen Ausrichtung der jeweiligen prozessbegleitenden Maßnahmen des Stiba ist ein Vergleich nur in den Punkten mit einer inhaltlichen Überschneidung möglich. Dabei handelt es sich um den Ansprechpartner im Bereich, die Informationskampagne und den Umgang mit der Ergebnisdurchsprache.

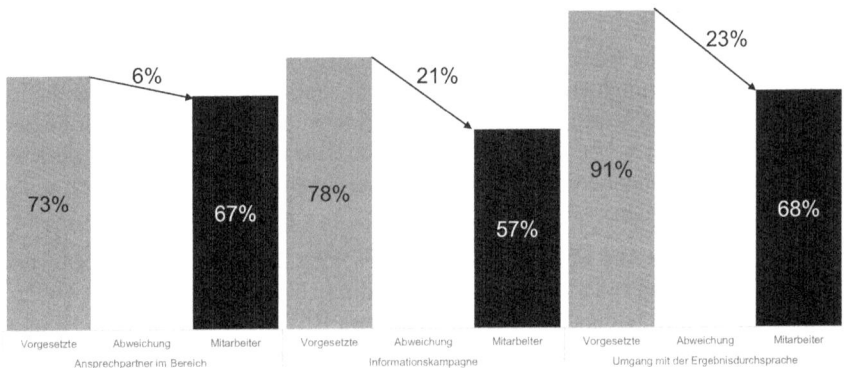

Abbildung 63:   Vergleich Wahrnehmung der begleitenden Maßnahmen zwischen Vorgesetzten und Mitarbeitern (eigene Darstellung)

Die Abb. 63 zeigt den Vergleich bzgl. der Wahrnehmung der begleitenden Maßnahmen. Die Ansprechpartner des Bereichs werden von 73 % der befragten Vorgesetzten und von 67 % der befragten Mitarbeiter wahrgenommen. Daraus ergibt

sich eine Differenz von 6 %. Die Maßnahmen der Informationskampagne werden
von 78 % der Vorgesetzten und von 57 % der Mitarbeiter wahrgenommen. Die
Differenz beträgt hier 21 %. Die Maßnahmen, die den Umgang mit der Ergebnisdurchsprache beeinflussen, werden von 91 % der Führungskräfte und von 68 %
der Mitarbeiter wahrgenommen. Hier beträgt die Differenz 23 %. Insgesamt wird
für die Wahrnehmung der einzelnen Aspekte deutlich, dass die verglichenen Maßnahmen von den betrieblichen Vorgesetzten stärker wahrgenommen werden, als
von den Mitarbeitern.

Abbildung 64:   Vergleich Wahrnehmung der begleitenden Maßnahmen im
Detail zwischen Vorgesetzten und Mitarbeitern (eigene
Darstellung)

Bei der Betrachtung der einzelnen (vergleichbaren) Maßnahmen im Detail ist festzustellen, dass der Kurvenverlauf insgesamt bei den Vorgesetzten und Mitarbeitern ähnlich ist. Die Werte der Vorgesetzten liegen dabei höher als die der Mitarbeiter. Der durchschnittliche Abstand zwischen den jeweiligen Linien beträgt
25 %. Am weitesten entfernt sind die Wahrnehmungswerte bei der Unterstützung
durch die Personalabteilung (Vorgesetzte 88 % und Mitarbeiter 30 %). Die größte
Annäherungen ist im Bereich der Informationskampagne bezogen auf den Beile-

ger in der Entgeltabrechnung (Vorgesetzte 81 % und Mitarbeiter 69 %). Der niedrigste Wahrnehmungswert bei den Mitarbeitern bezieht sich auf den Ansprechpartner im Bereich (22 %). Bei den Vorgesetzten ist es der standortbezogene Film, mit nur 48 % Wahrnehmung. Den höchsten Wahrnehmungswert erreicht bei beiden befragten Gruppen die Vorabinformation durch den Vorgesetzten (Mitarbeiterwahrnehmung von 82 %, Vorgesetztenwahrnehmung 99 %).

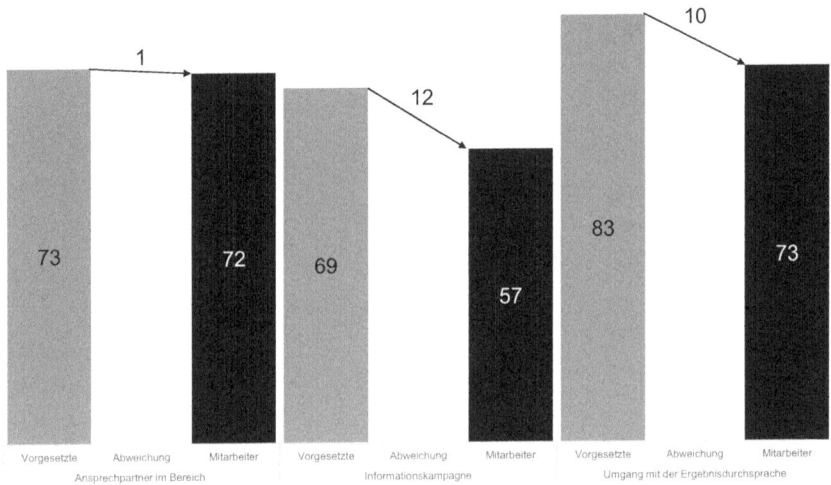

Abbildung 65: Vergleich Einschätzung der Wichtigkeit der begleitenden Maßnahmen zwischen Vorgesetzten und Mitarbeitern (eigene Darstellung)

In der Abb. 65 ist der Vergleich der Gesamtindexwerte, bezogen auf die Einschätzung der Wichtigkeit der einzelnen Maßnahmen, dargestellt. Die Arbeit des Ansprechpartners im Bereich wird von den Vorgesetzten mit einem Wichtigkeitsindex von 73 und von den Mitarbeitern von 72 bewertet. Damit ergibt sich eine Differenz von einem Prozentpunkt. Die Maßnahmen der Informationskampagne werden mit den Wichtigkeitsindizes 69 (Vorgesetzte) und 57 (Mitarbeiter) bewertet. Die Differenz beträgt hier 12 Prozentpunkte. Beim Umgang mit der Ergebnisdurchsprache betragen die Indizes bei den Führungskräften 83 Prozentpunkte und bei den Mitarbeitern 73 Prozentpunkte. Die Differenz entspricht hier 10 Prozentpunkten.

Bei der Betrachtung der Wichtigkeit der begleitenden Maßnahmen wird deutlich, dass die Vorgesetzten insgesamt die Maßnahmen wichtiger einschätzen als die

Mitarbeiter. Dabei fällt gleichzeitig auf, dass die Differenz, bezogen auf die Einschätzung der Wichtigkeit, geringer ist als die Differenz bei der Wahrnehmung der einzelnen Maßnahmen.

Ergänzend dazu zeigt die Einschätzung der Wichtigkeit im Detail. Die durchschnittliche Differenz beträgt hier 12,4 Prozentpunkte. Die geringste Differenz entfällt auf den Wichtigkeitsindex der Darstellung von SZ-Beschäftigten auf Großplakaten (53 Prozentpunkte). Die größte Differenz, mit 25 Prozentpunkten, ist bei den Ansprechpartnern im Bereich festzustellen (Vorgesetzte 69 Prozentpunkte, Mitarbeiter 44 Prozentpunkte). Als weitere Besonderheit ist auffällig, dass die Wichtigkeit des Vorjahresrückblicks von den Mitarbeitern mit 74 Prozentpunkten wichtiger eingeschätzt wird als von den Führungskräften (72 Prozentpunkte).

Abbildung 66:   Vergleich der Wichtigkeit der begleitenden Maßnahmen im Detail zwischen Vorgesetzten und Mitarbeitern (eigene Darstellung)

Insgesamt sind bei der Einschätzung der Wichtigkeit gleiche Tendenzen festzustellen. Das bedeutet, dass Maßnahmen, die von den betrieblichen Vorgesetzten als wichtig angesehen werden, tendenziell auch von den Mitarbeitern als wichtiger eingeschätzt werden.

Betrachtet man die Indexwerte der jeweiligen Einschätzung der Einflussfaktoren auf die Teilnahmemotivation (siehe Abb. 53) der Mitarbeiter fällt auf, dass die Ansichten tendenziell unterschiedlich sind. In den Vergleichskategorien bewerten die betrieblichen Vorgesetzten die Informationskampagne ähnlich hoch wie ihre eigene Funktion bezüglich der Einflussmöglichkeiten auf die Teilnahmemotivation (Index von 61 Prozentpunkten), während die Mitarbeiter den direkten Vorgesetzten an diese Stelle setzen (Index von 47 Prozentpunkten). An zweiter Stelle sehen sich die Vorgesetzten selbst (Index von 60 Prozentpunkten). Demgegenüber geben die Mitarbeiter hier die Maßnahmen der Informationskampagne an (Index von 32 Prozentpunkten). Einigkeit herrscht bei der Einschätzung des Ansprechpartners aus den jeweiligen Bereichen, der sich auf dem letzten Platz befindet. Aus Sicht der Führungskräfte ist dieser mit einem Index von 55 Prozentpunkten bewertet. Aus Sicht der Mitarbeiter beträgt der Index hier 31 Prozentpunkte. Die durchschnittliche Differenz beträgt 22 Prozentpunkte. Am größten gehen die Einschätzungen bei der Informationskampagne auseinander, mit einer Differenz von 29 Prozentpunkten. Der geringste Unterschied ist bei den Maßnahmen der Kategorie „betrieblicher Vorgesetzte" mit einer Differenz von 13 Prozentpunkten festzustellen.

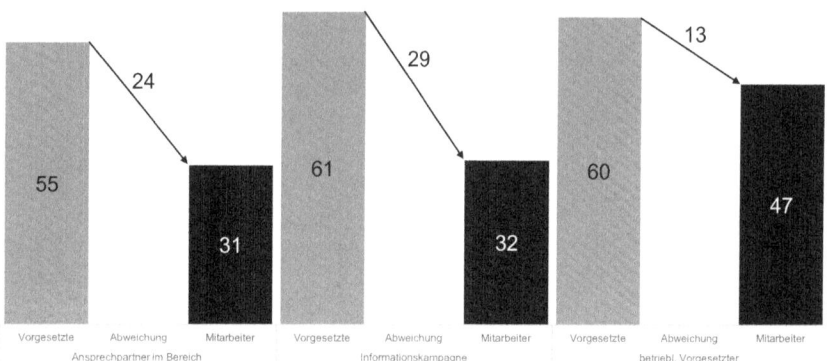

Abbildung 67: Vergleich der Einschätzung der Einflussfaktoren auf die Teilnahmemotivation zwischen Vorgesetzten und Mitarbeitern (eigene Darstellung)

Bei dem Vergleich der Antworten zu den Verbesserungsbedarfen (Abb. 68) fällt auf, dass die meisten Vorgesetzten hier Handlungsbedarf bei den Ansprechpartnern aus dem Bereich sehen (33 Prozentpunkte). Der geringste Handlungsbedarf ist im Bereich der Informationskampagne (15 Prozentpunkte) verortet. Die Mitarbeiter bewerteten die Handlungsbedarfe bei den Ansprechpartnern im Bereich sowie der Informationskampagne mit jeweils 41 Prozentpunkten. Der geringste

Handlungsbedarf entfällt auf das Maßnahmencluster der betriebl. Vorgesetzten (13 Prozentpunkte). Die durchschnittliche Differenz beträgt hier 16,7 Prozentpunkte.

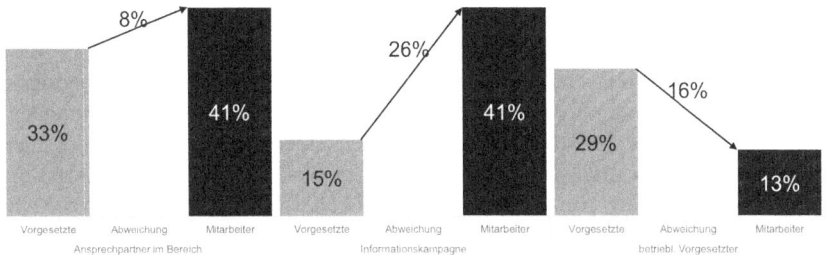

Abbildung 68:   Vergleich Verbesserungsbedarfe zwischen Vorgesetzten und Mitarbeitern (eigene Darstellung)

Die Auswertung der offenen Fragen (Abb. 69) zeigt, dass sich die Rückmeldungen der Vorgesetzten im Schwerpunkt um den Umgang mit dem Stiba drehen (56 %). Den geringsten Wert erreichen hier die Anmerkungen zur Informationskampagne (15 %). Bei den Mitarbeitern kamen die meisten Rückmeldungen zur Informationskampagne (14 %). Die wenigsten Anmerkungen waren zum Ansprechpartner im Bereich zu verzeichnen (6 %).

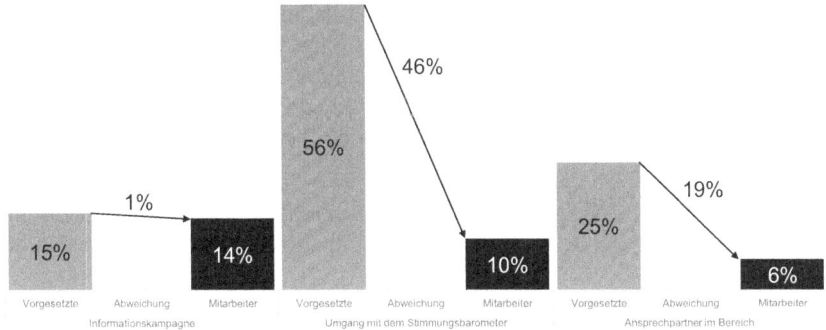

Abbildung 69:   Vergleich Auswertung der offenen Fragen zwischen Vorgesetzten und Mitarbeitern (eigene Darstellung)

*4.1.4   Ableitungen aus den Auswertungen der Fragebögen für die
prozessbegleitenden Maßnahmen einer MAB*

Bei den betrieblichen Vorgesetzten fällt insgesamt die starke Wahrnehmung der
prozessbegleitenden Maßnahmen auf. Hier liegt der geringste Wert bezogen auf
die Wahrnehmung schon bei 70 %. Der höchste feststellbare Wert liegt mit 91 %
auf den Maßnahmen aus dem Bereich der Ergebnisdurchsprachen. Der niedrigste
Wert wurde für Moderatorenunterstützung ermittelt. Geht man in die Detailanalyse, wird deutlich, dass die Maßnahmen unterschiedlich stark wahrgenommen
werden. Bei den am stärksten wahrgenommenen Maßnahmen zeigt sich, dass die
Zielgerichtetheit einen ganz wesentlichen Aspekt darstellt. Auch scheinen die eingesetzten Maßnahmen den Vorgesetzten ihre Rolle im Prozess der MAB deutlich
zu machen, da sie bspw. verstanden haben, dass die Ergebnisdurchsprache den
wichtigsten Prozessschritt darstellt.

Bezogen auf die Einschätzung der Wichtigkeit der prozessbegleitenden Maßnahmen zeigt sich ein überwiegend positives Bild. Wie eben schon erwähnt, wird der
Umgang mit der Ergebnisdurchsprache als wichtigstes Maßnahmenpaket gesehen
und auch dass die Anliegen der Mitarbeiter während der Durchsprache im Mittelpunkt stehen.

Bei den Effekten auf die Teilnahmemotivation der Mitarbeiter wird der Ergebnisdurchsprache der höchste Wert zugesprochen. Knapp mehr als die Hälfte wünscht
sich einen Ausbau der prozessbegleitenden Maßnahmen, vor allem bezogen auf
die Arbeit des Ansprechpartners im Bereich. Dabei muss allerdings sichergestellt
sein, dass es nicht zu einer Rollenüberlagerung mit der Rolle des Vorgesetzten
kommt. Dazu ist eine klare Aufgabendefinition notwendig. Insgesamt führen zu
viele Maßnahmen ohne spezifische Ausrichtung zu der Wahrnehmung, dass Druck
auf die Beteiligung ausgeübt wird, ohne dabei die Teilnahmemotivation zu erhöhen.

Also sollten die prozessbegleitenden Maßnahmen reduziert und zielgerichtet sein,
um eine möglichst starke Wirkung auf die Teilnahmemotivation entwickeln zu
können.

Aus der Perspektive der Mitarbeiter werden die Maßnahmen um das Themenfeld
der Ergebnisdurchsprache besonders stark wahrgenommen. Gleichzeitig steht
auch das Verhalten der betrieblichen Vorgesetzten im Fokus und zwar nicht nur
während der Befragung und der Ergebnisdurchsprache, sondern während des gesamten Prozesses der MAB. Für die begleitenden Maßnahmen bedeutet dies, dass
den Vorgesetzten dabei ein entsprechendes Prozessverständnis vermittelt werden
soll. Dabei muss klar herauskommen, an welchem Punkt sie ihre Mitarbeiter ggf.

verlieren bzw. wo die Einflussmöglichkeiten sind, um die Teilnahmemotivation möglichst hoch zu halten. Den Mitarbeitern sind weniger die Maßnahmen der Informationskampagne wichtig als der Umgang der Vorgesetzten mit dem Gesamtprozess. Es muss also bei der Konzeption von prozessbegleitenden Maßnahmen eher um Zielgerichtetheit und Qualität gehen als um Quantität.

Beim Vergleich der Perspektiven von Führungskräften und Mitarbeitern fällt vor allem auf, dass die verglichenen Maßnahmen von den betrieblichen Vorgesetzten stärker wahrgenommen werden als von den Mitarbeitern. Damit müssen Überlegungen erfolgen, wie einzelne Maßnahmen angepasst werden können, um deren Wahrnehmungsgrad nach Zielgruppen zu erhöhen.

Bei der Betrachtung der Wichtigkeit der begleitenden Maßnahmen wird deutlich, dass die Vorgesetzten insgesamt die Maßnahmen wichtiger einschätzen als die Mitarbeiter. Dabei fällt gleichzeitig auf, dass die Differenz bezogen auf die Wichtigkeit geringer ist als die Differenz bezogen auf die Wahrnehmung der einzelnen Maßnahmen. Insgesamt sind bei der Einschätzung der Wichtigkeit gleiche Tendenzen aus Sicht der Vorgesetzten und Mitarbeiter festzustellen. Das bedeutet, dass Maßnahmen, die von den betrieblichen Vorgesetzten als wichtig angesehen werden, tendenziell auch von den Mitarbeitern als wichtiger eingeschätzt werden.

Die Maßnahmen der Informationskampagne haben aus Sicht der Vorgesetzten das größte Einflusspotenzial. Die Mitarbeiter beschreiben hingegen die Führungskräfte als wichtigsten Einflussfaktor auf ihre Teilnahmemotivation. Es scheint in diesem Zusammenhang also ratsam, diese beiden Aspekte miteinander zu verknüpfen. Das bedeutet, den Vorgesetzten muss ihre Funktion als Informationsmultiplikator klar sein. Wichtig ist dabei, dass die Informationsweitergabe sich nicht nur auf die Sachinhalte bezieht, sondern auch die persönliche Einstellung des Vorgesetzten zur MAB bzw. zum Umgang mit Feedback zum Ausdruck kommt.

Zusammenfassend bleibt festzuhalten, dass die Ergebnisdurchsprachen einen wichtigen Punkt markieren. Die ausschließliche Fokussierung auf die Ergebnisdurchsprache ist zu einseitig, denn eine MAB besteht aus mehreren Prozessschritten. Soll eine hohe Teilnahmemotivation erreicht werden, müssen alle Prozessschritte mit der gleichen Ernsthaftigkeit durchgeführt werden. Die einzelnen Prozessschritte können nicht losgelöst voneinander betrachten werden, da sie sich wechselseitig beeinflussen. Die prozessbegleitenden Maßnahmen sollten diese Ganzheitlichkeit unter Betonung der individuell relevanten Aspekte widerspiegeln, wenn sie einen positiven Einfluss auf die Teilnahmemotivation haben sollen. Wichtig ist es dabei, die prozessbegleitenden Maßnahmen einer MAB nicht zu überfrachten. Wenige und dafür zielgerichtete Maßnahmen, lassen einen positiveren Effekt auf die Teilnahmemotivation vermuten. Was nun genau viel und wenig in diesem Kontext bedeuteten, ist an dieser Stelle nicht endgültig feststellbar. Dies liegt an der Individualität des jeweiligen Settings. Hierin unterscheiden sich nicht nur Organisationen voreinander, sondern bereits schon Bereiche – Abteilung und Unterabteilungen innerhalb derselben Organisation.

4.2   Auswertung der Interviews

Die Auswertung der Interviews erfolgt in Form von Teiltranskriptionen. Nach Dresing und Pehl (2010) kann dieses Verfahrenen angewendet werden, um bestehende Erkenntnisse zu untermauern. Die Auswertung orientiert sich an den Themenfeldern der Interviewleitfäden (siehe Anhang 3 und 4). Hierbei wurden alle relevanten Äußerungen teiltranskribiert und ausgewertet. Die Feststellung der Relevanz erfolgt durch den Autor nach inhaltlichen Schwerpunkten, d. h., inwiefern die Äußerungen zur Beantwortung der Fragen beitragen. In den nun folgenden Übersichten sind Themencluster dargestellt, die bereits inhaltlich zusammengefasst sind. Es handelt sich hierbei um die sinngemäße Wiedergabe der Interviewpartner und nicht um schriftliche Zitate.

Als Grundlage zur Zuordnung der Aussagen aus den Interviews wurde ein Cluster entwickelt, dass an den Fragen des Leitfadens ausgerichtet ist (vgl. Anhang 4). Die ausführliche Beschreibung sowie die Begründung erfolgt bereits ausführlich in Kap. 3.4. Die Zuordnung der Statements aus den Interviews zu den jeweiligen Clustern erfolgte auf Basis der inhaltlichen Analyse der Aussagen im Rahmen der Teiltranskription (siehe Anhang).

Wie bereits in Kap. 3.4.2 hergeleitet soll die zweite Auswertungsvariante nach Mayer (2013) angewandt werden. Hierdurch wird die Verknüpfung und Vergleich von Aussagen einzelner Interviews möglich. Nach der Erarbeitung der Themencluster wird die Herausstellung von Gemeinsamkeiten und Unterschieden der jeweiligen Untersuchungsgruppen (Vorgesetzte und Mitarbeiter) möglich. Nachdem Vergleich und der Analyse der jeweiligen Ergebnisse, soll eine Gegenüberstellung der unterschiedlichen Datenerhebungsmethoden erfolgen.

4.2.1   *Auswertung Interviews der betrieblichen Vorgesetzten*

Insgesamt wurden 5 Interviews mit Vorgesetzten durchgeführt: mit einem Meister aus der Instandhaltung, einem Meister und einer Meisternachwuchskraft aus der Motorenfertigung, einem Meister aus der Komponentenfertigung und einem Unterabteilungsleiter aus der Qualitätssicherung durchgeführt. Es handelt sich hierbei um eine bewusste Auswahl der Personen. Einmal werden so die Sichtweisen von unterschiedlichen Hierarchieebenen einbezogen und dabei auch gleichzeitig die Meinungen aus unterschiedlichen Werksbereichen erfasst. Das längste Interview dauerte 46:46 Minuten und das kürzeste 33:32 Minuten. Die durchschnittliche Interviewzeit betrug 39:00 Minuten.

Tabelle 4:   Cluster für die Auswertung der Interviews der Vorgesetzten (eigene Darstellung)

Themenblock
Stimmungsbarometer allgemein
Anstoß von Veränderungsprozessen vor dem Stimmungsbarometer
Anstoß von Veränderungsmöglichkeiten parallel zum Stimmungsbarometer
Meinung über das Stimmungsbarometer
Sicht der Führungskräftekollegen auf das Stimmungsbarometer
Durchführung des Stimmungsbarometers im eigenen Bereich
Erreichte Verbesserungen durch das Stimmungsbarometer
Veränderungswünsche bzgl. des Stimmungsbarometers
Teilnahmemotivation
Gründe für die eigene Teilnahme am Stimmungsbarometer
Teilnahmemotivation der Mitarbeiter aus Sicht der Führungskräfte
Einfluss als Vorgesetzter auf die Teilnahmemotivation der Mitarbeiter
Begleitende Maßnahmen
Beurteilung des Ansprechpartners aus dem eigenen Bereich
Einschätzung der eigenen Vorbereitung auf das Stimmungsbarometer
Beurteilung der Informationskampagne
Beurteilung der Aktivitäten seitens des Personalwesens
Beurteilung der Aufgaben des Vorgesetzten im Rahmen des Stimmungsbarometers
Sonstige Anmerkungen

Die Einteilung der Themenblöcke stellt sich dabei wie folgt dar: Stiba allgemein, Teilnahmemotivation, begleitende Maßnahmen und sonstige Anmerkungen. Zu den einzelnen Themenblöcken erfolgt die Unterteilung in Themencluster. Zum Stiba allgemein gehören: Anstoß von Veränderungsprozessen vor dem Stiba, Anstoß von Veränderungsmöglichkeiten parallel zum Stiba, Meinung über das Stiba, Sicht der Führungskräftekollegen auf das Stiba, Durchführung des Stiba im eigenen Bereich, erreichte Verbesserungen durch das Stiba und Veränderungswünsche bzgl. des Stiba. Zum Themenblock Teilnahmemotivation gehören: Gründe für die eigene Teilnahme am Stiba, Teilnahmemotivation der Mitarbeiter aus Sicht der Führungskräfte und Einfluss als Vorgesetzter auf die Teilnahmemotivation der Mitarbeiter. Der Themenblock begleitende Maßnahmen beinhaltet: Beurteilung des Ansprechpartners aus dem eigenen Bereich, Einschätzung der eigenen Vorbereitung auf das Stiba, Beurteilung der Informationskampagne, Beurteilung der Aktivitäten seitens des Personalwesens sowie Beurteilung der Aufgaben des Vorgesetzten im Rahmen des Stiba. Der letzte Themenblock sonstige Anmerkungen hat keine weiteren Cluster. Die Vorgehensweise bei der Datenanalyse wurde bereits in der Einleitung (Kap. 4.2) beschrieben.

In der Tabelle 5 sind die Rückmeldungen aus den Interviews der Vorgesetzten zum Themenblock „Stimmungsbarometer allgemein" vergleichend zusammengefasst[34]. Generell kennen die betrieblichen Vorgesetzten die Instrumente zur Initiierung von Veränderungsprozessen. Einige der befragten Führungskräfte knüpfen den Anstoß von Veränderungsprozessen an die Hierarchie. Ihrer Meinung muss dieser Anstoß Top-down erfolgen. Die Interviewpartner haben grundsätzlich ein positives Bild über das Stiba. Sie sehen es als Ausgangspunkt zur Reflexion des eigenen Verhaltens und des Verantwortungsbereichs. Kritisch wird in diesem Zusammenhang gesehen, dass Maßnahmen, die über den eigenen Verantwortungsbereich hinaus wirken sollen, nur schwer umsetzbar sind. Die Sichtweise auf das Stiba ist abhängig von der Hierarchiestufe und der Einsatzzeit als Führungskraft. Die wesentlichen Unterscheidungen ergeben sich vor allem in der Priorisierung des Stiba im Arbeitsalltag und damit einhergehend auch bzgl. der Zeit für die Ergebnisdurchsprache. Auch unterscheiden sich die Vorgehensweise in den unterschiedlichen Fachbereichen und damit auch die Rückmeldung bzgl. der Veränderungswünsche. Thematisch geht es um die Teilnahmemotivation der eigenen Mitarbeiter, Umgang mit dem Stiba im eigenen Bereich, Anwendung des IT-Systems, den Kommunikationsprozess oder die Gestaltung der Befragung.

---

34   Die Anhänge 5 bis 9 zeigen die Auswertungen der Vorgesetzteninterviews.

Tabelle 5: Vergleich Auswertung der Interviews der Vorgesetzten –
Themenblock Stimmungsbarometer allgemein (eigene
Darstellung)

Themenblock		
Stimmungsbarometer allgemein	**Gemeinsamkeiten**	**Unterschiede**
Anstoß von Veränderungsprozessen vor dem Stimmungsbarometer	- Anstoß von Veränderungsprozessen im eigenen Bereich, bspw. durch direktes Gespräch Mitarbeiter -Vorgesetzter	- Veränderungsprozess konnten nur durch das Management also TOP-DOWN angestoßen werden - keine Möglichkeit
Anstoß von Veränderungsmöglichkeiten parallel zum Stimmungsbarometer	- Ideenmanagement - KVP (Kontinuierlicher Verbesserungsprozess) - Teamgespräche/Mitarbeiterrunden	
Meinung über das Stimmungsbarometer	- grundlegend positive Einstellung gegenüber dem Stiba - guter Ausgangspunkt zur Reflektion des eigenen Verhaltens und des Verantwortungsbereichs - Sicherstellung der Anonymität?	- kritisch:Maßnahmenumsetzung über den eigenen Verantwortungsbereich hinaus, - Akzeptanzssteigerung in den letzten Jahren - Umgang mit Beteiligung
Sicht der Führungskräftekollegen auf das Stimmungsbarometer	- Sichtweise ist abhängig von der Hierarchiestufe und Einsatzzeit als Führungskraft	
Durchführung des Stimmungsbarometers im eigenen Bereich		- Priorissierung im Alltag - Zeit für die Ergebnisdurchsprache - Erfassung der Maßnahmen - Vorgehensweise
Erreichte Verbesserungen durch das Stimmungsbarometer	- das Stiba schafft den Raum zur strukturierten Besprechung/Diskussion von zwischenmenschlichen Themen	
Veränderungswünsche bzgl. des Stimmungsbarometers		- Teilnahmemotvation der Mitarbeiter erhöhen - Priorisierung erfolgt ausschließlich über die Personalabteilung - Verwendung standortbezogener Fragen - Schulung zum Umgang mit dem IT-System für die Mitarbeiter anbieten - Akzeptanz des Instruments bei den Vorgesetzten erhöhen - Forderung nach ganzjährigem Kommunikationsprozess

Quantitativ, meint hier Auszählung der inhaltlichen Nennungen, betrachtet zeigt die Auswertung der Einschätzung zum Themenblock „Teilnahmemotivation" überwiegend Gemeinsamkeiten (Tabelle 6). Bezogen auf die Motivationsgründe beschreiben die Führungskräfte die Motive der Partizipation und der Wertschätzung als wesentlich. Dies gelingt vor allem durch die persönliche Ansprache. Wichtig ist auch die Vorbildfunktion der Vorgesetzten, derer sie sich ganzjährig bewusst sein müssen. Als hinderlich wird vereinzelt der Druck auf die Beteiligungsquote angegeben.

Tabelle 6:   Vergleich Auswertung der Interviews der Vorgesetzten –
Themenblock Teilnahmemotivation (eigene Darstellung)

Themenblock		
Teilnahmemotivation	**Gemeinsamkeiten**	**Unterschiede**
Gründe für die eigene Teilnahme am Stimmungsbarometer	- Feedbackmöglichkeit zum Anstoß von Veränderungen	- Langzeitvergleich wichtig, um Entwicklungen deutlich zu machen - Diskussion von zwischenmenschlichen Themen
Teilnahmemotivation der Mitarbeiter aus Sicht der Führungskräfte	- Wertschätzung der Mitarbeiter durch Beteiligung - Motivationshintergründe abhängig vom Alter	- Ausschließlicher Fokus auf die Beteiligungsquote eher hinderlich
Einfluss als Vorgesetzter auf die Teilnahmemotivation der Mitarbeiter	- persönliche Ansprache des Mitarbeiters durch den Vorgesetzten ist wichtig - Vorgesetzte haben eine ganzjährige Vorbildfunktion - Bereichswechsel eines Vorgesetzten birgt die Chance, neue Motivationsimpulse setzen zu können - Hilfestellung bei Schwierigkeiten mit der IT	

Tabelle 7:   Vergleich Auswertung der Interviews der Vorgesetzten –
Themenblock begleitende Maßnahmen (eigene Darstellung)

Themenblock		
Begleitende Maßnahmen	**Gemeinsamkeiten**	**Unterschiede**
Beurteilung des Ansprechpartners aus dem eigenen Bereich		- bewusste Auswahl ist wichtig - klare Aufgabendefinition - mehr Engagement
Einschätzung der eigenen Vorbereitung auf das Stimmungsbarometer	- Austausch mit anderen Vorgesetzten ist wichtig - je länger die Führungskraft in dieser Funktion ist, umso weniger Anleitung ist nötig	- zur Verfügung stehende Infomaterialien sind hilfreich - Vorgesetztenschulung ist hilfreich
Beurteilung der Informationskampagne	- Informationsangebot ist zu umfassend (unnötig)	- Informationsangebot ist gut, da so wirklich jeder Mitarbeiter erreicht wird
Beurteilung der Aktivitäten seitens des Personalwesens	- Unterstützung bei der Moderation von Ergebnisdurchsprachen	- zu wenig Aktivitäten seitens der operativen Personaler
Beurteilung der Aufgaben des Vorgesetzten im Rahmen des Stimmungsbarometers	- Verantwortung für die Durchführung liegt beim Vorgesetzten - Information und Motivation der Mitarbeiter	

Bezogen auf die begleitenden Maßnahmen (Tab. 7) ist den Führungskräften der Austausch mit anderen Führungskräften wichtig. Sie kritisieren überwiegend die Quantität der Maßnahmen der Informationskampagne. Positiv hervorgehoben wird die Unterstützung bei der Moderation der Ergebnisdurchsprachen durch die Mitarbeiter der Personalabteilung. Wichtig ist in diesem Zusammenhang, dass die Vorgesetzten sich für die Durchführung der Durchsprachen verantwortlich fühlen. Außerdem sehen sie sich in der Pflicht, ihre Mitarbeiter über die Befragung zu informieren und diese zur Teilnahme zu motivieren. Die Wahrnehmung ist in diesem Kontext nicht durchweg eindeutig. Dies lässt wiederum auf eine fachbereichsspezifische Anforderung an die begleitenden Maßnahmen schließen.

4.2.2 Auswertung Interviews der Mitarbeiter

Insgesamt wurden 5 Mitarbeiter interviewt zwei Mitarbeitern der Logistik (Angestellter und Zeitlöhner), mit einem Angestellten aus dem Bereich Produktionssystem, einem Leistungslöhner aus der Fertigung für Kubische Bauteile sowie einem Zeitlöhner aus dem Bereich CKD-Verpackungsbetrieb Salzgitter, um auch hier ein möglichst breites Meinungsspektrum erfassen zu können. Das längste Interview dauerte 37:43 Minuten und das kürzeste 28:05 Minuten. Die durchschnittliche Interviewzeit betrug 28:05 Minuten.

Tabelle 8:   Cluster für die Auswertung der Interviews der Mitarbeiter (eigene Darstellung)

Themenblock
Stimmungsbarometer allgemein
Anstoß von Veränderungsprozessen vor dem Stimmungsbarometer
Anstoß von Veränderungsmöglichkeiten parallel zum Stimmungsbarometer
Meinung über das Stimmungsbarometer
Sicht der Kollegen auf das Stimmungsbarometer
Ablauf des Stimmungsbarometers im eigenen Bereich
Erreichte Verbesserungen durch das Stimmungsbarometer
Teilnahmemotivation
Gründe für die Teilnahme
Begleitende Maßnahmen
Beurteilung des Ansprechpartners aus dem eigenen Bereich
Beurteilung der Informationskampagne
Beurteilung der Aktivitäten seitens des Personalwesens
Beurteilung der Aufgaben des Vorgesetzten im Rahmen des Stimmungsbarometers
Sonstige Anmerkungen

Das Cluster ist in Themenblöcke unterteilt. Diese setzen sich wie folgt zusammen: Stiba allgemein, Teilnahmemotivation, begleitende Maßnahmen und sonstige Anmerkungen. Damit entspricht dies dem Interviewleitfaden für die Mitarbeiter. Zu den einzelnen Themenblöcken wurde die Unterteilung in Themencluster vorgenommen. Zum Stiba allgemein gehören: Anstoß von Veränderungsprozessen vor dem Stiba, Anstoß von Veränderungsmöglichkeiten parallel zum Stiba, Meinung über das Stiba, Sicht der Kollegen auf das Stiba, Ablauf des Stiba im eigenen Bereich und erreichte Verbesserungen durch das Stiba. Zum Themenblock Teilnahmemotivation gehört das Cluster Gründe für die eigene Teilnahme am Stiba. Der Themenblock begleitende Maßnahmen beinhaltet: Beurteilung des Ansprechpartners aus dem eigenen Bereich, Beurteilung der Informationskampagne, Beurteilung der Aktivitäten seitens des Personalwesens sowie Beurteilung der Aufgaben des Vorgesetzten im Rahmen des Stiba. Der letzte Themenblock sonstige Anmerkungen hat keine weiteren Cluster.

Die Tabelle 9 zeigt im Vergleich die Gemeinsamkeiten und Unterschiede aus den Rückmeldungen im Rahmen der Mitarbeiterinterviews bezogen auf den Themenblock Stiba allgemein[35]. Als wesentlicher Auslöser von Veränderungsprozessen wird der betriebliche Vorgesetzte beschrieben. Auch die Kommunikation der Mitarbeiter untereinander ist dabei wichtig. Im Allgemeinen wird das Stiba als guter Ausgangspunkt zur Feststellung von Veränderungsbedarfen verstanden. Wichtig sind dabei der Umgang der Führungskraft mit der Durchsprache und die Wahrnehmbarkeit der dadurch hervorgebrachten Veränderungen. Auch bei der Auswertung der Mitarbeiterinterviews lassen sich bereichsspezifische Unterschiede feststellen. So werden bspw. der Vertrauensmann oder auch die Top-down-Entscheidung des Managements als Auslöser von Veränderungsprozessen beschrieben. Durchaus kritisch wird das Stiba hinsichtlich der Fragensystematik, des Stellenwerts im Arbeitsalltag und auch bzgl. der Durchführung der Durchsprachen diskutiert. Auch das Thema Anonymität scheint selbst nach mehrjähriger Durchführung immer noch eine Rolle in der Wahrnehmung der Mitarbeiter zu spielen. Der gesamte Informationsfluss zum Thema Stiba wird ganz unterschiedlich beschrieben. Während in einigen Bereichen eine regelmäßige Thematisierung über das ganze Jahr stattfindet, wird in anderen Bereichen nur unmittelbar im Rahmen der Befragung darüber gesprochen. Genauso unterschiedlich werden auch die erreichten Verbesserungen gesehen. Diese sind für die Mitarbeiter einerseits kaum wahrnehmbar, andererseits wird ihnen ein positiver Einfluss auf das Abteilungsklima bescheinigt.

---

35   Die Anhänge 10 bis 14 zeigen die konzentrierten Auswertungen der Mitarbeiterinterviews.

Tabelle 9:   Vergleich Auswertung der Interviews der Mitarbeiter –
Themenblock Stimmungsbarometer allgemein (eigene
Darstellung)

Themenblock		
Stimmungsbarometer allgemein	**Gemeinsamkeiten**	**Unterschiede**
Anstoß von Veränderungsprozessen vor dem Stimmungsbarometer	- Direkte Ansprache des Vorgesetzten durch den Mitarbeiter auf Missstände	- Gespräch mit Vertrauensmann - TOP-DOWN Entscheidung durch das Management
Anstoß von Veränderungsmöglichkeiten parallel zum Stimmungsbarometer	- Kommunikation untereinander - nichts ausser dem Stiba bekannt	- Vorschläge werden durch einen oder mehrer Ideengeber erarbeitet und dann von der Gruppe beschlossen
Meinung über das Stimmungsbarometer	- guter Ausgangspunkt zur Reflektion möglicher Veränderungspotentiale	- Systematik der Fragen - Stellenwert im Arbeitsalltag - Durchführung der Durchsprachen
Sicht der Kollegen auf das Stimmungsbarometer	- Umgang des Vorgesetzten mit der Durchsprache - Wahrnehmbarkeit von Veränderungen?	- Befürchtungen bzgl. Anonymität
Ablauf des Stimmungsbarometers im eigenen Bereich	- Information in erster Linie über den betrieblichen Vorgesetzten	- Regelmäßige Thematisierung vs. Thematisierung nur zur Befragung
Erreichte Verbesserungen durch das Stimmungsbarometer		- kaum wahrnehmbare Verbesserung - positiver Einfluss auf das Klima in der Abteilung - Sichtbar werden der Stimmung - Abteilungsübergreifend

Auch im Themenblock Teilnahmemotivation (Tab. 10) wird die Anonymität thematisiert. Die Rückmeldungen unterscheiden sich allerdings bezogen auf die Wirkung. Als hinderlich für die Teilnahmemotivation werden die Grenzen des Stiba bei zu komplexen Themenstellungen beschrieben. Einer der interviewten Mitarbeiter sieht als primären Motivationsgrund die Chance zur Gestaltung des Unternehmens und nicht die Einstellung der Vorgesetzten.

Tabelle 10:   Vergleich Auswertung der Interviews der Mitarbeiter –
Themenblock Teilnahmemotivation (eigene Darstellung)

Themenblock		
Teilnahmemotivation	**Gemeinsamkeiten**	**Unterschiede**
Gründe für die Teilnahme	- Anonymität (Nachvollziehbarkeit der Antworten): spielt keine Rolle vs. Verweigerungshaltung	- Grenzen des Stiba: komplexe Themen - Einstellung des Vorgesetzten ist nicht der primäre Teilnahmegrund - Stiba = Chance zur Gestaltung des Unternehmens

Bezogen auf die begleitenden Maßnahmen (Tab. 11) fällt auf, dass der Ansprechpartner aus dem Fachbereich unterschiedlich wahrgenommen wird – wenn überhaupt. Von den Mitarbeitern, die ihn kennen, wird er als Informationsmultiplikator beschrieben. Insgesamt ist den interviewten Mitarbeitern eine persönliche Kommunikation wichtig. Dabei ist auf die Quantität der eingesetzten Kommunikationsmittel zu achten. Ist diese zu hoch, wird dies als Teilnahmezwang gewertet, was sich negativ auf die Motivation auswirkt. Die Aktivitäten seitens der Perso-nalabteilung werden von den Mitarbeitern nicht wahrgenommen. Es gibt keinen persönlichen Kontakt, lediglich die Erwähnung durch den betrieblichen Vorge-setzten. Dieser stellt auch die zentrale Figur hinsichtlich der Sicherstellung des Informationsflusses dar. Wichtig ist in diesem Zusammenhang, wie sich die Füh-rungskraft gegenüber der MAB positioniert. Allgemein wird die Umsetzungsge-schwindigkeit der Maßnahmen kritisiert. Es fehlt weiterhin an eienr Möglichkeit, persönliche Rückmeldungen während der Befragung zu geben. Weiterhin gibt es Hinweise darauf, dass der Befragungsturnus von einem Jahr als zu knapp empfun-den wird.

Tabelle 11:   Vergleich Auswertung der Interviews der Mitarbeiter – Themenblock begleitende Maßnahmen (eigene Darstellung)

Themenblock		
Begleitende Maßnahmen	Gemeinsamkeiten	Unterschiede
Beurteilung des Ansprechpartners aus dem eigenen Bereich	- Informationsmultiplikator - nimmt Fragen entgegen	- nicht bekannt vs. bekannt - spricht die Meister bzgl. Beteiligungsquote an
Beurteilung der Informationskampagne	- persönliche Kommunikation ist wichtig - Plakate fallen nicht mehr auf oder werden als überflüssig eingeschätzt	- Emailhäufigkeit bzgl. Stiba eher demotivierend - keine gesonderte Motivation über die Informationskampagne nötig, da vom Instrument überzeugt - Informationsflut = Teilnahmezwang - Wunsch danach die reale Beteiligungsquote zu akzeptieren
Beurteilung der Aktivitäten seitens des Personalwesens	- nicht bekannt - Personalreferenten wurden nicht persönlich erlebt	- von den Vorgesetzten erwähnt bzgl. Abfragen - kein persönlicher Kontakt - persönliche Ansprache durch den Personalreferenten wird nicht als nötig erachtet
Beurteilung der Aufgaben des Vorgesetzten im Rahmen des Stimmungsbarometers	- wesentlicher Informationsfluss läuft über die Führungskraft - Schwerpunkt liegt auf der Teilnahme der Mitarbeiter - Meinung des Vorgesetzten über das Stiba kommt zum Ausdruck (hier: positiv)	- Umsetzungsgeschwindigkeit der Maßnahmen wird kritisiert - Vorgesetztenwechsel wurde als störend empfunden, da sich der "Alte" Vorgesetzer nicht mehr um die Maßnahmen gekümmert hat
Sonstige		- Möglichkeit für persönliche Anmkerungen - halbjährliches Resümee wäre wünschenswert - Maßnahmenzwang= verringert die Teilnahmemotivation - Befragungsturnus zu knapp

4.2.3 *Vergleich Interviews der Mitarbeiter und der betrieblichen Vorgesetzten*

Allgemein unterscheiden sich die Mitarbeiter und Vorgesetzten bezogen auf ihre organisatorische Zuordnung. Die interviewten Mitarbeiter sind hauptsächlich in den fertigungsnahen Bereichen eingesetzt. Bei den Vorgesetzten waren Meister und Unterabteilungsleiter aus dem Fertigungsbereich vertreten. Interviews mit den Vorgesetzten waren durchschnittlich knapp 11 Minuten länger.

Der Anstoß von Veränderungsmöglichkeiten vor dem Stiba wird von beiden Gruppen insgesamt ähnlich beschrieben: entweder als Top-down-Prozess, der vom Management ausgelöst werden muss oder als Feedback der Mitarbeiter direkt an den betrieblichen Vorgesetzten oder über die Vertrauensleute oder im Rahmen anderer Instrumente, wie KVP bzw. Ideenmanagement. Parallel zum Stiba sehen die Vorgesetzten vor allem die Teamgespräche als wichtige Instrumente an, aber auch das Ideenmanagement und den kontinuierlichen Verbesserungsprozess. Das grundlegende Feedback über das Instrument Stiba ist bei den Befragten positiv. Einige Vorgesetzte haben allerdings in ihrem Verantwortungsbereich eine Feedbackkultur etabliert, die das Stiba aus ihrer Sicht überflüssig macht. Dieses wird darum als notwendige aber nicht nützliche Pflicht gesehen. Die Reflexion der Sichtweise der anderen Kollegen auf dieses Instrument wird unterschiedlich beschrieben. Obwohl die Grundstimmung positiv ist, bringen die meisten keine direkten Verbesserungen mit dem Instrument in Verbindung. Die Führungskräfte richten die Durchführung des Stiba in ihrem Bereich im Kern am Standardprozess, in Abhängigkeit der Anforderungen ihres eigenen Fachbereichs, aus. Bei den befragten Mitarbeitern fällt auf, dass der Vorgesetzte stark in der Rolle des Thementreibers und Informationsmultiplikators gesehen wird. Die wichtigste erreichte Verbesserung durch das Stiba besteht aus Sicht der Vorgesetzten in der Schaffung einer Möglichkeit, um strukturiert über zwischenmenschliche Themen oder Themen, für die sonst im Arbeitsalltag zu wenig Zeit ist, gezielt sprechen zu können. Die interviewten Mitarbeiter vermitteln ein unterschiedliches Bild. Einige nehmen keine direkte bzw. unmittelbare Verbesserung durch das Stiba wahr. Anderen gefällt ebenfalls die Möglichkeit, sich die Zeit zu nehmen, um bestimmte Themen in der Gruppe und mit dem Vorgesetzten diskutieren zu können, was sich wiederum positiv auf das Arbeitsklima auswirkt.

Als Motivationsgründe für ihre Mitarbeiter beschreiben die Vorgesetzten bspw. die Wertschätzung durch die Auszeichnung von besonders guten Maßnahmen, das Ernstnehmen der Ergebnisdurchsprachen, die Möglichkeit der anonymen Meinungsäußerung, aber auch den ehrlichen Umgang mit den Maßnahmen und dem gesamten Instrument. Die Mitarbeiter benennen als Motivationsgründe die Möglichkeit, Feedback geben zu können, die Chance, Veränderungsprozesse im eigenen Bereich anzustoßen und mitgestalten zu können.

Die Führungskräfte beschreiben die Arbeit des Ansprechpartners unterschiedlich. Auf der einen Seite besteht der Wunsch der stärkeren Beteiligung und Information direkt vor Ort. Auf der anderen Seite besteht die Forderung, dass der Ansprechpartner nicht die Aufgabe der Führungskraft übernehmen, sondern eher im Hintergrund als Informationsquelle dienen soll. Die befragten Mitarbeiter kennen größtenteils ihren Ansprechpartner nicht und sehen auch eher ihre Vorgesetzten in der Informationspflicht. Außerdem besteht das Vertrauen, sich bei Fragen auch direkt an die Führungskraft zu wenden. Bezogen auf die Informationskampagne besteht der Wunsch seitens der Führungskräfte, den Umfang zu reduzieren und stattdessen zielgruppenspezifischere Kommunikationsinstrumente einzusetzen. Generell ist die Einbindung der Mitarbeiter durch Informationen wichtig. Aus meiner Sicht ist von etwaigen Sonderaktionen während der Befragung abzuraten, da hier ggf. der Fokus falsch gesetzt wird. Auch bei den Mitarbeitern fällt das Urteil unterschiedlich aus. Mitarbeiter mit einem E-Mail- Zugang fühlen sich zu häufig informiert bzw. erinnert. Die Informationskampagne wird insgesamt als weniger wichtig eingeschätzt. Die Aktivitäten seitens des Personalwesens werden als unterstützend beschrieben, bspw. als Moderator für die Ergebnisdurchsprache oder durch gezielte Schulungen von Vorgesetzten. Die Mitarbeiter nehmen kaum bis gar keine Aktivitäten seitens der Personalabteilung wahr. Bezogen auf die eigene Rolle der Führungskräfte im Stiba-Prozess sind sich alle Interviewten der Verantwortlichkeiten bewusst. Auch die Mitarbeiter beschreiben ihre Führungskräfte als gut vorbereitet und mit hohem Identifikationsgrad bzgl. des Instruments.

4.2.4   *Anregungen aus den Auswertungen der Interviews für die prozessbegleitenden Maßnahmen einer MAB*

Aufgrund der Anzahl von zehn durchgeführten Interviews sind keine repräsentativen Aussagen aus den erhobenen Daten möglich. Darum erfolgt in diesem Kap. die Darstellung von Anregungen aus den Auswertungen der Interviews.

Bei der Auswertung der Führungskräfteinterviews wird deutlich, dass diese die prozessbegleitenden Maßnahmen sowie den gesamten Umgang mit der MAB unterschiedlich erleben. Beispielsweise beschreibt eine Gruppe von Vorgesetzten die Vielzahl der Kommunikationsmöglichkeiten als wichtig und hilfreich. Eine andere Gruppe empfindet diese eher als störend. Es lassen sich Andeutungen feststellen, dass die Vorgesetzten ihre Hauptaufgabe darin sehen, die MAB zu organisieren und durchzuführen. Dabei wird gleichzeitig ein Problem deutlich, nämlich dass die Rollenidentifikation der Führungskräfte als Verantwortliche für die MAB mit dem Abschluss des Befragungszeitraums nachlässt. Oder anders formuliert: Haben die Mitarbeiter an der MAB teilgenommen, fehlt bei den Vorgesetzten das Verständnis, mit der gleichen Intensität den Follow-up-Prozess zu gestalten. Eine Ursache dafür ist, dass andere Themen im Arbeitsalltag nach der Befragung wieder stärker in den Vordergrund drängen. Für den gesamten Prozess der MAB bedeutet dies, dass die Rollen der einzelnen am Prozess beteiligten Akteure geschärft werden müssen, damit für alle verständlich ist, wie die prozessbegleitenden Maßnahmen die ihnen zugedachte Wirkung vollumfänglich entfalten können.

Die Wirkungsreichweite der Maßnahmen wird in diesem Fallbeispiel hauptsächlich im eigenen Bereich gesehen. Demgegenüber wird es als schwierig erachtet, übergeordnete Themen umzusetzen. Die Umsetzungsgeschwindigkeit der festgelegten Maßnahmen wird insgesamt als langfristig charakterisiert. Dies führt zu Wahrnehmungsproblemen bzgl. des Nutzens der MAB. Gleichzeitig wird die Wahrnehmung der Effekte der MAB überlagert durch andere Instrumente der Organisationsentwicklung. Dies führt dazu, dass diese Effekte nicht mit der MAB in Verbindung gebracht werden und damit eine negative Auswirkung auf die Teilnahmemotivation einhergeht.

Der zunehmend stärker wahrgenommene Druck auf die Beteiligungsquote führt ebenfalls zu einer Minderung der Teilnahmemotivation, die nicht durch die prozessbegleitenden Maßnahmen aufgefangen werden kann.

Nach der Analyse der beschriebenen Punkte fällt auf, dass ältere MA aus Sicht der Vorgesetzten der MAB eher negativ eingestellt sind und häufiger Probleme im Umgang mit der eingesetzten IT haben.

Mit wachsender Erfahrung im Umgang mit der MAB nimmt der Bedarf an prozessbegleitenden Maßnahmen zur Unterstützung der Führungskräfte ab.

Betrachtet man diese Aspekte insgesamt, muss empfohlen werden, dass eine bewusste Auswahl von gezielten prozessbegleitenden Maßnahmen erfolgen sollte. Aufgrund der unterschiedlichen Ansprüche, Voraussetzungen und Gegebenheiten einzelner Fachbereiche, kann diese Auswahl nur durch die Führungskraft erfolgen. Die Empfehlung ist also den Führungskräften verschiedene Maßnahmen anzubieten und sie ggf. durch Anwendungsschulungen zu unterstützen. Treten die prozessbegleitenden Maßnahmen in einer zu hohen Frequenz auf, werden diese eher als Druckmittel verstanden und haben dann tendenziell hemmendere Effekte auf die Teilnahmemotivation. Darum sollten die prozessbegleitenden Maßnahmen in ihrer Gesamtheit analysiert und in diesem Zusammenhang auf ein notwendiges Minimum reduziert und ausgerichtet werden.

Auch bei den befragten Mitarbeitern fällt die unterschiedliche Sichtweise auf die prozessbegleitenden Maßnahmen und die MAB auf. Dabei wird deutlich, dass vor allem der betriebliche Vorgesetzte und sein Umgang mit der MAB besonders im Fokus stehen. Der eigene Nutzen durch die Teilnahme an der MAB ist den befragten Mitarbeiter nicht immer deutlich, was sich hemmend auf die Teilnahmemotivation auswirkt. Erschwerend kommt hinzu, dass in diesem Fallbeispiel den festgelegten Maßnahmen eher ein kleiner Wirkungsradius zugeschrieben wird. Diese Feststellung unterstreicht die Überlegung, dass die Zielgerichtetheit von prozessbegleitenden Maßnahmen ein ganz wesentlicher Aspekt in der Gesamtbetrachtung darstellt.

Im Vergleich der Analysen der Interviews von Führungskräften und Mitarbeitern, fällt auf, dass die Bereiche mit einer etablierten Feedbackkultur eine eher positive Sicht auf die MAB haben, diese dabei gleichzeitig als unnötig empfinden und damit auch den Stellenwert der prozessbegleitenden Maßnahmen als eher gering einschätzen. Die Wirkung der prozessbegleitenden Maßnahmen auf diese Personengruppe ist als gering einzuschätzen.

Besonders eindeutig zeichnet sich ab, dass der Wahrnehmungsschwerpunkt bei allen befragten Akteuren auf der Phase der Durchführung der Befragung und nicht auf dem Follow-up-Prozess liegt. Insgesamt ist die Wahrnehmung von Verbesserungen durch die MAB als eher gering einzuschätzen. Dies stellt einen entscheidenden Ansatzpunkt für die prozessbegleitenden Maßnahmen dar.

4.3   Abgleich der Ergebnisse der verschiedenen Datenerhebungsmethoden

Bezogen auf den Ansprechpartner aus dem eigenen Bereich finden sich zwischen der Fragebogenbefragung und innerhalb der Interviews die gleichen Tendenzen hinsichtlich der Wahrnehmung. Insgesamt wird der Ansprechpartner eher von den Führungskräften als von den Mitarbeitern wahrgenommen. Die Auswertung der Fragebögen ergibt bezogen auf die Einschätzung der Wichtigkeit einen hohen Wert und ein gleiches Bild bei den Führungskräften sowie Mitarbeitern. Die Analyse der Interviews zeigt, dass die befragten Mitarbeiter den Ansprechpartner als eher weniger wichtig erachten, da sie hauptsächlichen ihren betrieblichen Vorgesetzten in der Verantwortung sehen. Auch die befragten Führungskräfte messen dem Ansprechpartner nur eine geringe Wichtigkeit bei.

Für die Maßnahmen der Informationskampagne ergibt sich ein ähnlich differenziertes Bild. Hier muss die Ausrichtung nach Zielgruppen erfolgen. Mitarbeiter mit regelmäßigem E-Mail-Zugang haben einen anderen Informationsbedarf als bspw. Mitarbeiter, die ausschließlich an Montagelinien arbeiten. Generelle Meinung ist, dass bei einem ernsthaften Umgang mit dem Folgeprozess ein Großteil der Maßnahmen der Informationskampagne weggelassen werden kann und die übrigen Maßnahmen zielgerichteter eingesetzt werden müssen.

Beim Umgang mit der Ergebnisdurchsprache wird in der Auswertung der Fragebögen deutlich, dass die Wahrnehmung der Vorgesetzten und Mitarbeiter diesbezüglich auseinandergeht. Die Interviewteilnehmer beschreiben die Durchführung der Durchsprachen als gut. Die Analyse der Fragebögen zeigt jedoch, dass die Wichtigkeit der Durchsprache von den Vorgesetzten höher eingeschätzt wird als von den Mitarbeitern.

Die Einschätzung des Einflusses auf die Teilnahmemotivation zeigt ähnliche Tendenzen bei der Auswertung der Fragebögen und der Interviews. Für die Mitarbeiter ist der Umgang des betrieblichen Vorgesetzten der wichtigste Faktor. Die Führungskräfte sehen neben dem Umgang mit der Ergebnisdurchsprache auch die Maßnahmen der Informationskampagne als wesentliche Einflussgröße. Insgesamt beurteilen beide Untersuchungsgruppen bei beiden Datenerhebungsmethoden die Arbeit des Ansprechpartners am schlechtesten.

4.4 Reflexion auf die Aktionsforschung im Kontext der durchgeführten Untersuchung

Allgemein wird im Aktionsforschungsprozess die Neutralität und Objektivität des Forschers aufgehoben (siehe Kap. 2.4). Dies geschieht durch die direkte Interaktion des Forschers mit den am Forschungsprozess beteiligten Akteuren. Schulz (2016) hat festgestellt, dass es bei Forschungsdesigns, die in eine Organisation oder ein Unternehmen eingebettet sind, unmöglich ist diese „...ohne Beteiligung der Betroffenen zu betreiben" (S. 132).

Bezogen auf diese Arbeit wurde dieses Kriterium erfüllt, indem die Fragebögen und Interviewleitfäden im Rahmen von Gruppendiskussionen entstanden sind. Beteiligt waren daran jeweils Vertreter der Führungskräfte und Mitarbeiter.

Wie bereits in Kap. 2.4 dargestellt, handelt es sich bei der Aktionsforschung um unmittelbar angewandte Forschung unter Verwendung sozialwissenschaftlicher Methoden. Die hier durchgeführte Untersuchung erfolgte durch die Verwendung von Fragebögen und leitfadengestützten teilstrukturierten Interviews. Die Befragung der beiden Zielgruppen durch die Fragebögen erfolgte jeweils in der Phase der Durchführung der Ergebnisdurchsprachen bzw. Maßnahmenumsetzung. Aus der Analyse dieser Ergebnisse folgte die Entwicklung der teilstrukturierten Interviews. Damit ist neben der quantitativen Analyseebene auch eine qualitative Analyseebene gegeben. Aus dem Vergleich und der ganzheitlichen Betrachtung der jeweiligen Erhebungsmethoden lässt sich für jede untersuchte Maßnahme ein entsprechendes Optimierungspotenzial ableiten. Damit wurde auch die Anforderung erfüllt, Ansätze zur Weiterentwicklung von bestehenden Maßnahmen zu finden. Die Evaluationsergebnisse lassen dabei auch Ableitungen bzgl. der Zielerreichung der einzelnen Maßnahmen zu (siehe Kap. 5).

Pfeiffer et al. (2010) fordern die Herstellung einer Balance zwischen Theorie und Praxis (siehe dazu auch Kap. 2.4.1). Dies geschieht durch die Sicherstellung der wissenschaftlichen Reflexion (Kap. 6.1), das Aufzeigen eines nachvollziehbaren

Forschungsdesigns (Kap. 3, Abb. 7) und eine Prüfung der Übertragbarkeit der Ergebnisse auf die Praxis (Kap. 5).

Ein weiteres wichtiges Merkmal der Aktionsforschung ist die Reflexion des Forschers auf den durchgeführten Prozess (Kap. 4.4 und Kap. 6.1) sowie die Konfrontation der Organisation mit sich selbst. Rosenkranz (1982) beschreibt in diesem Zusammenhang die Aktionsforschung als „...adäquate Form des Feedbacks für eine Organisation" (S. 3). Diese Konfrontation ist zum einen durch die Methoden der Datenerhebung gegeben. Das bedeutet, dass durch die Auswahl der Fragen eine thematische bzw. inhaltliche Auseinandersetzung der Befragten erfolgen muss, um diese beantworten zu können. Darüber hinaus stellen die Ergebnispräsentation und -diskussion im organisationalen Kontext weitere Anknüpfungspunkte dar.

Die Zusammenfassung der Reflexion auf die Aktionsforschung im Kontext der hier durchgeführten Untersuchung ist Tab. 12 noch einmal im Überblick dargestellt.

Tabelle 12:   Zusammenfassung der Reflexion auf die Aktionsforschung (eigene Darstellung)

Merkmal der Aktionsforschung	Herleitung Autor und Kapitel in dieser Arbeit	Anwendung
1.direkte Interaktion des Forschers mit den beteiligten Akteuren	Heinz (1997)	•Gruppendiskussionen zur Erstellung der Fragebögen und Interviewleitfäden
	ausführliche Beschreibung in Kap. 2.4	•Ergebnispräsentation und –diskussion im organisationalen Kontext
2.unmittelbar angewandte Forschung unter Verwendung sozialwissenschaftlicher Methoden	Heimerl (2008)	•Thema mit direktem praktischen Bezug
	ausführliche Beschreibung in Kap. 2.4.1	•Verwendung von Fragebögen und Interviews
3.Balance zwischen Theorie und Praxis	Arens-Fischer et al. (2010b)	•Diskussion der Forschungsfragen und Thesen •Aufzeigen eines nachvollziehbaren Forschungsdesigns •Ableitung von Handlungsempfehlungen für die Praxis •Erkenntnisse für die Theorie
	ausführliche Beschreibung in Kap. 2.4.1	
4.Reflexion des Forschers auf den durchgeführten Prozess	Arens-Fischer et al. (2010b)	•Kritische Würdigung
	ausführliche Beschreibung in Kap. 2.4.1	
5.Konfrontation der Organisation mit sich selbst	Arens-Fischer et al. (2010b)	•Gruppendiskussion zur Entwicklung der Erhebungsinstrumente •Beantwortung der Fragen durch inhaltliche Reflexion der Teilnehmer
	ausführliche Beschreibung in Kap. 2.4.1	•Ergebnispräsentation und –diskussion im organisationalen Kontext

4.5   Diskussion der Forschungsfragen und Thesen

In Kap. 2.6 erfolgte die Ableitung der Forschungsfragen und Thesen für die vorliegende Untersuchung. In diesem Abschnitt soll nun die Diskussion auf Basis der

Befragungsergebnisse erfolgen. Zur besseren Lesbarkeit ist eine Aufgliederung in Unterkapitel sinnvoll.

4.5.1 Diskussion der Thesen

Aus der eben dargestellten Diskussion ergeben sich die folgenden Rückschlüsse auf die Thesen:

T1: Je mehr prozessbegleitenden Maßnahmen einer MAB von den Mitarbeitern wahrgenommen werden, desto höher ist die Teilnahmemotivation.

Diese These kann nicht bestätigt werden. Die Wirkungsweise der prozessbegleitenden Maßnahmen ist so individuell wie die Mitarbeiter und deren Wahrnehmung. Wichtigster Faktor ist in diesem Zusammenhang der betriebliche Vorgesetzte. Wie in Abb. 60 aufgezeigt wurde, sehen 47 % der Probanden einen starken bis sehr starken Einfluss durch den betrieblichen Vorgesetzten auf die Teilnahmemotivation an der MAB. Demgegenüber steht die Informationskampagne (32 % starker oder sehr starker Einfluss auf die Teilnahmemotivation) und der Ansprechpartner des Bereichs (31 % starker oder sehr starker Einfluss auf die Teilnahmemotivation). Der Umgang der Führungskräfte mit der MAB und den begleitenden Maßnahmen entscheidet maßgeblich über die Wirkungsweise auf die Teilnahmemotivation. Wichtig ist dabei ist zu beachten, dass es weitere Einflussfaktoren auf die Teilnahmemotivation gibt (siehe Informationskampagne und Ansprechpartner des Bereiches).

In der Abb. 69 konnte aufgezeigt werden, dass Mitarbeiter und Vorgesetzte zu unterschiedlichen Einschätzungen hinsichtlich der Beurteilung der Einflussfaktoren auf die Teilnahmemotivation kommen. Während für die Vorgesetzten Informationskampagne (61 Prozentpunkte) und die Rolle der Führungskraft (60 Prozentpunkte) einen ähnlich hohen Stellenwert haben, geben die Mitarbeiter die Rolle des Vorgesetzten als wichtigsten Faktor an (47 Prozentpunkte). Hier findet sich ein Indiz für die unterschiedliche Wahrnehmung bezüglich der prozessbegleitenden Maßnahmen von MAB und deren Wirkung.

Einen Hinweis auf den quantitativen Umfang der prozessbegleitenden Maßnahmen findet sich in der Auswertung der offenen Fragen (Abb. 62). Die Mitarbeiter wünschen sich keine Ausweitung des Maßnahmenangebots, sondern eher eine qualitative Steigerung. Bei den Vorgesetzten lassen sich die gleichen Antworttendenzen erkennen (Abb. 51). Damit eine prozessbegleitende Maßnahme allerdings eine Wirkung entfalten kann, muss sie bei der jeweiligen Zielgruppe auch ankommen. Gleichzeitig sind die Vorgesetzten dazu angehalten, ihre Rolle als Führungskraft auf den Kontext der MAB zu übertragen. In einem Vorgesetzten-Interview (siehe Tabelle 5) wurde kritisiert, dass die Priorisierung im Rahmen der MAB hauptsächlich durch den Personalbereich vorgegeben wird. Dadurch fühlt sich der Vorgesetzte zurückgesetzt. In der Folge daraus erschwert dies die Identifikation der Führungskraft mit der MAB. Bei den Mitarbeitern kann das dann als geringe Priorisierung der MAB im Arbeitsalltag gewertet werden (siehe Tabelle 9).

T2: Wenn prozessbegleitenden Maßnahmen im Rahmen einer MAB durchgeführt werden, dann können sich diese in ihrer Wirkung wechselseitig verstärken.

Bei der Diskussion dieser Thesen müssen unterschiedliche Perspektiven betrachtet werden. Zum einen gibt es Maßnahmen die auf die Teilnahmemotivation der Mitarbeiter (bspw. die Maßnahmen der Informationskampagne, siehe Abb. 43) ausgerichtet sind. Zum anderen gibt es Maßnahmen (siehe Abb. 40), die sich speziell an die Führungskräfte richten. Dabei muss bedacht werden, dass die Vorgesetzten in diesem Kontext in eine doppelte Funktion ausfüllen. Neben ihrer Rolle als Führungskraft sind sie gleichzeitig auch Mitarbeiter.

Die Wirkung der prozessbegleitenden Maßnahmen einer MAB hängt hauptsächlich davon ab an wen sie sich richtet und wie zielgruppenspezifisch die inhaltliche Ausgestaltung ist. Aus den hier vorliegenden Evaluationsergebnissen lässt sich als größter Wirkungsverstärker aus Sicht der Mitarbeiter die Führungskraft beschreiben. In Abb. 53 geben 72% der befragten Mitarbeiter an, dass ihnen der Umgang mit der Ergebnisdurchsprache sehr wichtig ist. Die maßgebliche Gestaltung der Durchsprachen obliegt dem jeweiligen Vorgesetzten. Außerdem schreiben 47% der befragten Mitarbeiter den Führungskräften einen starken bis sehr starken Einfluss auf die Teilnahmemotivation an der MAB zu (siehe Abb. 60). Zur Steigerung der empfundenen Qualität bezüglich der Ergebnisdurchsprache wurde erfasst, dass die Maßnahmenumsetzung als wichtiges Kriterium beschrieben wird. Dies deckt sich auch mit den Hinweisen aus der Literatur (siehe Kap. 2.1, bspw. Bungard, Niethammer und Müller, etc.).

Die Wechselwirkung zwischen einzelnen Maßnahmen kann mit den Daten die im Rahmen dieser Studie erhoben worden nicht abschließend beurteilt werden. Es stellt sich grundsätzlich die Frage, ob dieses Themen jemals abschließend zu betrachten ist. Aus meiner Sicht ist es nicht möglich alle individuellen und organisationalen Einflussfaktoren zu betrachten, die einen Einfluss auf die Wirkung von prozessbegleitenden Maßnahmen haben oder haben könnten.

Festzuhalten ist dabei aber trotzdem, dass es das Ziel von prozessbegleitenden Maßnahmen von MAB sein muss, die Führungskraft so zu informieren und auf den Prozess der MAB vorzubereiten, dass diese so in die Lage versetzt wird die unterstellten Mitarbeiter zur Teilnahme zu motivieren.

Vor dem Hintergrund von MAB in hierarchischen Strukturen ist es auf der einen Seite wichtig, die MAB strategisch in diesen Strukturen entsprechen zu verorten. Gleichzeitig ist es für die Projektleitung wichtig, die Rolle der Vorgesetzten dabei zu stärken. In den Interviews gab es die Rückmeldung, dass die Priorisierung der untersuchten MAB hauptsächlich durch den Bereich Personal erfolgt ist (siehe Tabelle 5). Das lässt zwei Ableitungen zu. Zum einen kann sich der Vorgesetzte dadurch übergangen fühlen, wenn ein anderer Fachbereich die Priorisierung für ihn übernimmt. Zum anderen kann dadurch auch der Rückschluss entstehen, dass das Thema der MAB im eigenen Bereich als nicht wichtig genug erachtet wird um selbst eine Priorisierung vorzunehmen. Beides führt zu einem hinderlichen Effekt auf die Teilnahmemotivation und der Identifikation der Führungskraft mit der Befragung.

Aus diesen Umständen lässt sich für die prozessbegleitenden Maßnahmen von MAB ableiten, dass ihnen der Spagat gelingen muss zwischen den Vorgaben zur Umsetzung des Prozesses und dabei gleichzeitig dem notwendigen Freiraum für die Vorgesetzten zur Gestaltung.

T3: Wenn die Ableitung von Maßnahmen nicht zu einer wahrnehmbaren Verbesserung der Arbeitssituation der Mitarbeiter führt, dann sinkt die Teilnahmemotivation.

Es ist deutlich geworden, dass die Mitarbeiter einen persönlichen Nutzen erkennen müssen, damit sie an der MAB teilnehmen wollen. Das zeigt sich zum Beispiel in der Beurteilung der Wichtigkeit durch die Mitarbeiter im Umgang mit der Ergebnisdurchsprache (Abb. 53). 72% der Befragten sehen die Ergebnisdurchsprache als wichtig oder sehr wichtig an. Bei den offenen Fragen konnte gezeigt werden, dass die Maßnahmenumsetzung an sich und die zur Verfügung stehenden Ressourcen einen zentralen Punkt in der Wahrnehmung der Mitarbeiter einnehmen (siehe dazu auch Abb. 62).

Der festgestellte individuelle Nutzen einer Maßnahme kann unterschiedliche Ausprägungen annehmen und muss nicht zwingend an die Ableitung an Maßnahmen geknüpft sein. In Abb. 72 wird bspw. gezeigt, dass der Nutzen auch erzeugt werden kann, in dem die Mitarbeiter Zugang zu bestimmten Informationen bekommen. Dies wird durchaus als Wertschätzung gesehen und führt dann wiederum zu positiven Motivationseffekten. Als wesentlicher Informationsmultiplikator wird im Rahmen der Mitarbeiter-Interviews die Führungskraft beschrieben (Tabelle 11). Die interviewten Mitarbeiter beschreiben die persönliche Kommunikation als

wesentlich wichtiger, im Vergleich zu Plakaten und Flyern. Bezogen auf die einzelnen Maßnahmen der Informationskampagne führt demnach eine quantitative
Nutzung eher dazu, dass die Wahrnehmung der Mitarbeiter geringer wird.

Im Rahmen der Vorgesetzten-Interviews wurde deutlich, dass ihnen der Langzeit-
vergleich im Kontext der MAB wichtig ist um Entwicklungstendenzen zu erken-
nen (Tabelle 6). Kritisch wird der wahrgenommene ausschließliche Fokus auf die
Beteiligungsquote gesehen. Das findet sich sowohl in den Rückmeldungen aus den
Fragebögen (Abb. 62) als auch in den Interviews wieder (Tabelle 6). Die befragten
Vorgesetzten haben das Thema Information und Kommunikation im Kontext der
MAB für sich erkannt (siehe bspw. Tabelle 7). Es bleibt aber anzunehmen, dass
es Unterschiede in der Umsetzung du Ausgestaltung gibt.

Im Rahmen der unternehmensseitigen Schulung wird vermittelt, dass neben dem
Umsetzungsstand von einzelnen Maßnahmen ggf. auch die nicht Umsetzbarkeit
einer Maßnahme transparent gemacht werden muss. Den Mitarbeitern wird so das
Gefühl gegeben in den Prozess einbezogen zu sein. Meiner Ansicht nach ist es den
Mitarbeitern wichtiger ein gleichberechtigter Teil des Prozess zu sein, als die
100%ige Umsetzung jeder Maßnahme. Gleichberechtigt bedeutet in diesem Zusammenhang den Zugang zu Informationen über den Status der Maßnahmen und
die Hintergründe für deren Gelingen oder Scheitern.

*T4: Wenn die Nichtteilnahme an der MAB als Grundlage für die Ergeb-
nisanalyse verwendet wird dann steigt die Teilnahmemotivation an der MAB.*

Diese These muss so diskutiert werden, dass die Ableitung von Maßnahmen per
se noch keine direkte Auswirkung auf die Teilnahmemotivation bewirken wird.
Entscheidend dabei ist, dass der Mitarbeiter seinen individuellen Nutzen daraus
zieht. Im Zweifel steht es zu vermuten, dass die Nichtteilnahme eine gewisse be-
reichsübergreifende Aufmerksamkeit erzeugt. Zumindest bei MAB im Rahmen
von stark hierarchischen Unternehmen kann davon ausgegangen werden, dass in
der Detailanalyse auch die Betrachtung von Bereichen ohne Beteiligung erfolgt.
Somit kann die Verweigerungshaltung als Mittel eingesetzt werden, um sich Ge-
hör zu verschaffen. Führt dies jedoch dazu, dass die Mitarbeiter durch dieses Verhalten eine größere Aufmerksamkeit erzeugen als mit ihrer Teilnahme, wird es
schwer, diesem Trend entgegenzuwirken.

Aus der Übertragung der VIE-Theorie nach Vroom auf den Kontext von MAB und
deren prozessbegleitende Maßnahmen, wurden Thesen abgeleitet und beschrieben.
Im nächsten Schritt ist es nun notwendig die dazugehörigen Forschungsfragen zu
diskutieren. Aus der Reflexion der Thesen und Forschungsfragen können dann Implikationen für die Praxis und Wissenschaft abgeleitet werden.

4.5.2   Diskussion der Forschungsfragen

Wie bereits ausführlich in Kap. 2.4 dargestellt, muss es im Rahmen eines Aktionsforschungsprozesses gelingen praktisch anwendbares Wissen zu erzeugen, das in
der Lage ist den Untersuchungsgegenstand zu verändern. Gleichzeitig muss der
Forderung nach Wissenschaftlichkeit entsprochen werden, in dem aus der Abstraktion der Ergebnisse verallgemeinerbare und auf andere Situationen übertrag-
bares Wissen entsteht. Davon ausgehend erfolgte in Kap. 2.6 die Ableitung von
Forschungsfragen und Diskussionsschwerpunkten, die nun vor dem Hintergrund
der erhobenen Daten diskutiert werden.

Verhindert eine Nichtteilnahme an der MAB den Verbesserungsprozess?

Wichtig ist dabei zunächst die Feststellung, dass die MAB nicht das einzige Instrument zur Initiierung von Veränderungsprozessen ist. Von den interviewten Vorgesetzten und Mitarbeitern wurde bspw. der „Kontinuierliche Verbesserungsprozess"
oder das Ideenmanagement benannt (siehe bspw. 1. Interview Vorgesetzter – Anhang 5, 3. Interview Vorgesetzter – Anhang 7, 1. Interview Mitarbeiter – Anhang
10).

Bezogen auf den Themenbereich der MAB wurde Im Rahmen der Interviews herausgestellt, dass Bereiche mit einer vorhandenen Feedbackkultur die Sinnhaftigkeit
der MAB hinterfragen. Aus der Perspektive dieser Mitarbeiter ist eine jährlich stattfindende Befragung zeitlich zu weit vom Tagesgeschehen entfernt, um auf aktuelle
Entwicklungen und Probleme reagieren zu können. So stellte bspw. ein interviewter
Mitarbeiter fest: „am wichtigsten ist die Kommunikation untereinander, das Stiba ist
nur einmal im Jahr" (4. Interview Mitarbeiter – Anhang 13). Die Mitarbeiter sind
bereit, ihre Arbeitssituation kritisch zu hinterfragen und einen Beitrag zur Verbesserung zu leisten, sehen aber teilweise den Sinn in der MAB nicht. „Das Stiba ist wichtig, damit die Vorgesetzten wissen was in ihrer Mannschaft vorgeht, umso einen
Ansatzpunkt für den Anstoß von Verbesserungsprozessen zu haben" (5. Interview
Mitarbeiter – Anhang 13). Der gleiche interviewte Mitarbeiter stellt aber auch eine
gewisse Verdrossenheit bzgl. der MAB fest, da es einen Zwang zur Maßnahmenfindung gibt und ständig neue Themen besprochen werden (vgl. ebenda).

Um bei dieser Mitarbeitergruppe eine Teilnahmemotivation zu erzeugen, müssen
die prozessbegleitenden Maßnahmen spezifisch ausgerichtet werden. Wichtig ist dabei, den persönlichen Nutzen herauszustellen. Den größten Einfluss auf die Teilnahmemotivation der Mitarbeiter hat der unmittelbare betriebliche Vorgesetzte. Hier ist
es besonders wichtig, wie die Führungskraft generell mit dem Feedback der Mitarbeiter umgeht (siehe auch Bungard 2007b, Kap. 2.1.2). Bereiche ohne die angespro-

chene Feedbackkultur haben durch die MAB die Chance, eine ebensolche zu erzeugen. Dies hängt maßgeblich vom Umgang der Führungskraft mit dem Gesamtprozess der MAB ab. Verweigern sich die Mitarbeiter, kann der Vorgesetzte auch diese
Verweigerungshaltung als Grundlage für die Ergebnisdurchsprache verwenden.
Letztlich ist die MAB nur ein Hilfsmittel, das genutzt und gestaltet werden kann, um
die eigene Situation zu reflektieren. Die Qualität und damit einhergehenden Verbes-
serungsmaßnahmen können nur so gut sein, wie sie von den handelnden Akteuren
genutzt werden. Dieses Verhalten können die prozessbegleitenden Maßnahmen nur
unterstützen. Ist die grundlegende Einstellung der Mitarbeiter und Führungskräfte
gegenüber der MAB negativ, ist der Einfluss dieser Maßnahmen auf die Teilnahmemotivation mittelmäßig bis gering einzuschätzen. Sie müssen darüber hinaus auch
im gesamten Kontext der Unternehmenskultur betrachtet werden. In diesem Zusammenhang lässt sich auch die Frage diskutieren:

Führt eine Nichtteilnahme zur Verschlechterung der eigenen Arbeitssituation?

Das direkte Ausbleiben der Teilnahme führt im ersten Blick nicht zu einer Verschlechterung der Arbeitssituation des Mitarbeiters. Vielmehr ist dieses Verhalten
ein Indiz für andere vorliegende Problemfelder. Bei der Analyse dieser Situation
stellt sich die Frage, worin diese Vermeidungshaltung begründet ist. Mehrere interviewte Vorgesetzte geben an, bei der Feststellung von einer Verweigerungshaltung
das persönliche Gespräch mit den Mitarbeitern zu suchen, um so die Hintergründe
zu erfahren und dem Mitarbeiter zu vermitteln das ihm seine Meinung wichtig ist
(vgl. 1. Interview Vorgesetzter – Anhang 5, 2. Interview Vorgesetzter – Anhang 6).

Es kann ein Anzeichen dafür sein, dass die Arbeitssituation bereits schon schlecht
oder im entgegengesetzten Fall so gut ist, dass die Mitarbeiter den eigenen Nutzen
an der Teilnahme nicht erkennen. Die prozessbegleitenden Maßnahmen einer MAB
sollten speziell dieses Thema aufgreifen und besonders fokussieren. Durch diese direkte Konfrontation ist es denkbar, das Vermeidungsverhalten aufzubrechen und die
Teilnahmemotivation neu zu erzeugen. Dies ist allerdings eine Vermutung, die einer
empirischen Überprüfung bedarf.

*Gibt es ggf. noch andere, vielleicht sogar wirksamere Instrumente zur Verbesse-
rung der eigenen Arbeitssituation?*

In der vorliegenden Untersuchung wird deutlich, dass die MAB nicht das einzige
eingesetzte Instrument zur Etablierung von Verbesserungsprozessen sein muss
(siehe bspw. 1. Interview Vorgesetzter – Anhang 5, 3. Interview Vorgesetzter –
Anhang 7, 1. Interview Mitarbeiter – Anhang 10). Kommt es zur Verwendung von

einer Vielzahl unterschiedlichster Instrumente, sind Auswirkungen auf die prozessbegleitenden Maßnahmen einer MAB zu vermuten. Eine unmittelbare Folge
kann dabei sein, dass die Mitarbeiter Schwierigkeiten haben umgesetzte Maßnahmen einem der Instrumente direkt zuzuordnen. Dies ist aber wichtig, da nur so der
Nutzen des Instruments deutlich wird. Bei den Interviews der Vorgesetzten fällt
dabei auf, dass bei 4 von 5 Gesprächen der vordergründige Nutzen der MAB darin
gesehen wird einen Gesprächsanlass zu haben, um über gemeinsam die Situation
im Team zu reflektieren (Anhänge 5,6,8,9). Den Mitarbeitern fällt im Rahmen der
Interviews diese Reflexion eher schwer (Anhänge 10 – 14).

Das bedeutet für die Ausrichtung der prozessbegleitenden Maßnahmen, dass eine
klare Abgrenzung zwischen der MAB und den anderen Verbesserungsinstrumen-
ten deutlich werden muss. Außerdem ist eine direkte und unmissverständliche
Verknüpfung zwischen Instrument – Maßnahme – persönlichem Nutzen wichtig,
um eine hohe Teilnahmemotivation zu erzeugen.

Garantiert die Teilnahme eine individuell wahrnehmbare Verbesserung?

Nach der vorliegenden Datenlage zeichnet sich ab, dass die Motive der Teilnahme nicht ausschließlich in der Wahrnehmung der individuellen Verbesserung liegen. Die weiteren Aspekte, die zu einer Beeinflussung der Teilnahmemotivation führen können sind:

- das Pflichtverständnis dem Unternehmen gegenüber, ein Feedback zur Ar-
  beitssituation zu geben (2. Interview Mitarbeiter – Anhang 11),
- Chance zur Mitgestaltung des Unternehmens (5. Interview Mitarbeiter –
  Anhang 14)
- Verbundenheit oder Frust gegenüber dem betrieblichen Vorgesetzten (4.
  Interview Vorgesetzter – Anhang 8, 4.Interview Mitarbeiter – Anhang 13).

Die prozessbegleitenden Maßnahmen müssen so ausgerichtet sein, dass klar herausgestellt wird, welche Potenziale sich durch die Teilnahme an der MAB für
den Einzelnen ergeben. Dabei muss darauf verwiesen werden, dass die Wir-
kungsmöglichkeit nicht im eigenen Bereich begrenzt ist, sondern auch darüber
hinausgehen kann.

*Wie wird das Anstrengungsniveau gesehen, um die Verbesserung der Arbeitssitu-
ation wirklich herbeiführen zu können?*

Für die Mitarbeiter ist die MAB hauptsächlich in der eigentlichen Befragungsphase wahrnehmbar. Das wird bspw. durch die Aussage deutlich „Stiba ist nur

einmal im Jahr" (4.Interview Mitarbeiter – Anhang 13). Je weiter der Befra-
gungszeitpunkt und die Festlegung der Maßnahmen in der Vergangenheit liegen,
umso schwerer fällt den Befragten die Reflexion dieses Themas (1. Interview
Mitarbeiter – Anhang 10, 2. Interview Mitarbeiter – Anhang 11). Es ist auffällig,
dass den Maßnahmen der untersuchten MAB im Wesentlichen ein kleiner Wirkungsradius zugesprochen wird und übergeordnete Themen nicht wahrnehmbar
behandelt werden: „Wenn nur noch die komplexen Themen übrig bleiben, stößt
das Stiba an seine Grenzen" (4.Interview Mitarbeiter – Anhang 13).

Zielsetzung für die prozessbegleitenden Maßnahmen muss es sein einen Metho-
denkoffer anzubieten, der sowohl Maßnahmenumsetzung im eigenen Bereich als
auch übergreifende Maßnahmen unterstützt und deutlich macht.

*Wie werden die prozessbegleitenden Maßnahmen einer MAB von den Mitarbei-
tern und Führungskräften wahrgenommen und wie beurteilen sie deren Wichtigkeit?*

Beim Vergleich der Perspektiven von Führungskräften und Mitarbeitern (Kap.
4.1.3 und 4.2.3) fällt vor allem auf, dass die betrachteten Maßnahmen von den
betrieblichen Vorgesetzten stärker wahrgenommen werden als von den Mitarbeitern (Abb. 65 und 66). Außerdem wird deutlich, dass Bereiche mit einer etablierten
Feedbackkultur eine eher positive Sicht auf die MAB haben, diese dabei gleichzeitig als unnötig empfinden und damit auch den Stellenwert der prozessbegleitenden Maßnahmen als eher gering einschätzen. Die Wirkung der prozessbegleitenden Maßnahmen auf diese Personengruppe ist als gering einzuschätzen. Der
Wahrnehmungsschwerpunkt bei allen befragten Akteuren liegt auf der Phase der
Durchführung der Befragung und nicht auf dem Follow-up-Prozess. Das wird vor
allem dadurch deutlich, dass immer wieder der Druck auf die Beteiligungsquote
thematisiert wird (siehe Auswertung der offenen Fragen Abb. 51 und Abb. 62,
aber auch im Kontext der Interviews ab Anhang 5). Insgesamt ist die Wahrnehmung von Verbesserungen durch die MAB als eher gering einzuschätzen. Dies
stellt den wichtigsten Ansatzpunkt für die prozessbegleitenden Maßnahmen dar.
Damit sind Überlegungen nötig, wie einzelne Maßnahmen angepasst werden können, um deren Wahrnehmungsgrad nach Zielgruppen zu erhöhen.

Betrachtet man die Wichtigkeit der begleitenden Maßnahmen, wird deutlich, dass
die Vorgesetzten insgesamt die Maßnahmen wichtiger einschätzen als die Mitarbeiter (siehe Abb. 67 und 68). Dabei fällt gleichzeitig auf, dass die Differenz bezogen auf die Wichtigkeit geringer ist als die Differenz bezogen auf die Wahrnehmung der einzelnen Maßnahmen. Insgesamt sind bei der Einschätzung der Wich-

tigkeit gleiche Tendenzen aus Sicht der Vorgesetzten und Mitarbeiter festzustellen. Das bedeutet, dass die Maßnahmen, die von den betrieblichen Vorgesetzten als wichtig angesehen werden, tendenziell auch von den Mitarbeitern als wichtiger eingeschätzt werden.

Die Maßnahmen der Informationskampagne haben aus Sicht der Vorgesetzten das größte Einflusspotenzial (Abb. 69). Die Mitarbeiter beschreiben hingegen die Führungskräfte als wichtigsten Einflussfaktor auf ihre Teilnahmemotivation. Es scheint in diesem Zusammenhang ratsam, diese beiden Aspekte miteinander zu verknüpfen. Das bedeutet, den Vorgesetzten muss ihre Funktion als Informationsmultiplikator klar sein. Wichtig ist dabei, dass die Informationsweitergabe sich nicht nur auf die Sachinhalte bezieht, sondern auch die persönliche Einstellung des Vorgesetzten zur MAB und vor allem zum Thema Feedback zum Ausdruck kommt.

Gibt es Maßnahmen, die aus der Sicht der Mitarbeiter und Führungskräfte als sinnvoll eingeschätzt werden? Und wenn ja, welche?

Aus der hier durchgeführten Analyse wird deutlich, dass weniger der Wunsch nach mehr Maßnahmen vorliegt, sondern nach mehr Zielgerichtetheit und Qualität bei der Umsetzung. Das geht vor allem aus den Auswertungen der offenen Fragen (Abb. 51 und Abb. 62) hervor. Mögliche Kategorien bzgl. der Ausrichtung von prozessbegleitenden Maßnahmen können sich orientieren an: Altersgruppen, Funktion im Unternehmen (Mitarbeiter mit/ohne Personalverantwortung), Arbeitsinhalten (taktgebundene/taktungebundene Tätigkeit), Zugangsmöglichkeiten zu Informationssystemen (regelmäßig/unregelmäßig/gar nicht), Führungsspanne, Betriebszugehörigkeit etc.

Wie ist der Einfluss auf die Teilnahmemotivation der prozessbegleitenden Maßnahmen einer MAB einzuschätzen?

Die hier vorliegenden Daten geben Hinweise darauf, dass die Teilnahmemotivation der Mitarbeiter in erster Linie von der Identifikation des Vorgesetzten mit der MAB abhängt (Abb. 60). Erkennt man dieses als den zentralen Ansatzpunkt für prozessbegleitende Maßnahmen, ist dies eine wichtige Grundlage zur Reduktion der Anzahl und Einsatzhäufigkeit ebendieser. Werden zusätzliche Maßnahmen neben jenen, die sich an die Führungskräfte richten, eingesetzt, besteht schnell die Gefahr einer Übersättigung und alle Maßnahmen im Zusammenhang mit der MAB werden als Druckmittel empfunden. Dies wirkt sich hemmend auf die Teilnahmemotivation aus. Ganz wesentlich ist die grundsätzliche Spannweite der prozessbegleitenden Maßnahmen. Es reicht nicht nur, den Befragungszeitraum zu fokussieren, sondern es ist ein Gesamtkonzept zur Begleitung aller Prozessschritte im Rahmen einer MAB notwendig.

Transportieren die prozessbegleitenden Maßnahmen die richtigen Informationen?
Und kommen diese bei den Mitarbeitern und Führungskräften an?

In dem hiergewählten Untersuchungsbeispiel findet die MAB bereits seit mehreren Jahren statt. Dadurch stellt sich eine gewisse Routine hinsichtlich des Ablaufs bei den Vorgesetzten und Mitarbeitern ein (siehe Borg 2015). Das führt zum einen dazu, dass der technische Umgang mit der MAB nicht mehr neu erlernt wird, sondern lediglich etwaige Neuerungen vermittelt werden müssen. Um diese Frage eindeutig zu beantworten ist zu klären, was eine richtige Information für eine prozessbegleitende Maßnahme ist oder sein kann. Dies ist abhängig von verschiedensten Einflussfaktoren wie dem Anwendungskontext, der Einstellung der Mitarbeiter und Führungskräfte gegenüber der MAB, dem Stellenwert der MAB innerhalb der Organisation und der Zielrichtung der MAB. In der Auswertung der Interviews zeichnet sich ein unterschiedliches Bild. Während manche Führungskräfte die Vielfalt an Maßnahmen als Unterstützung empfinden, „…da so wirklich jeder erreicht wird" (1. Interview Vorgesetzter – Anhang 5), fordern andere die „…dosierte und zielgerichtete Ansprache der Mitarbeiter" (5. Interview Vorgesetzter – Anhang 9). Bei den Mitarbeitern gibt es ähnliche Unterschiede. Ein Mitarbeiter beschreibt das Verhalten seines Vorgesetzten so: „er kümmert sich um die Teilnahme, aber übertreibt es nicht" (1. Interview Mitarbeiter – Anhang 10). Ein zweiter Mitarbeiter empfindet es so: „der Schwerpunkt liegt auf der Beteiligung, der Folgeprozess spielt keine Rolle" (2. Interview Mitarbeiter – Anhang 11).

Um allen individuellen Anforderungen gerecht zu werden sollten die prozessbegleitenden Maßnahmen von MAB ein Angebot sein, aus dem sich in erster Linie Führungskräfte bedienen können. Hierbei ist unterstellt, dass die Führungskraft am besten einschätzen kann, was für die eigenen Mitarbeiter als Maßnahme am sinnvollsten geeignet ist.

Wie beeinflussen einzelne Maßnahmen die Teilnahmemotivation? Ist es ggf. möglich mit weniger dafür aber qualitativ hochwertigen Maßnahmen ähnliche Effekte auf die Motivation zu erreichen? Wie muss die qualitative und quantitative Dimension von prozessbegleitenden Maßnahmen konzipiert sein?

Wie in dem vorangestellten Abschnitt bereits beschrieben zeigen die erhobenen Daten bezogen auf diese Fragen ein heterogenes Bild. Während manche Führungskräfte die Vielfalt an Maßnahmen als Unterstützung empfinden, „…da so wirklich

jeder erreicht wird" (1. Interview Vorgesetzter – Anhang 5), fordern andere die
„…dosierte und zielgerichtete Ansprache der Mitarbeiter" (5. Interview Vorgesetzter – Anhang 9).

Die Wirkung einzelner Maßnahmen ist so individuell wie jeder Mitarbeiter und
jeder Vorgesetzte. Als zentraler Treiber der Motivation für die Teilnahme an der
MAB, kann aus den hier vorliegenden Daten die Führungskraft abgeleitet werden
(Abb. 60). Der Schwerpunkt der inhaltlichen Gestaltung von Maßnahmen, muss
also darauf ausgerichtet sein, die Vorgesetzten in die Lage zu versetzen ihre Mitarbeiter von dem Instrument MAB zu überzeugen. Dazu ist es notwendig die MAB
als Hilfsmittel für einen ständigen Feedbackprozess zu verstehen. Ist dieses Verständnis bei allen beteiligten Akteuren vorhanden, kann zunehmend auf den Einsatz von prozessbegleitenden Maßnahmen verzichtet werden. Vielmehr ergibt sich
dann die Gelegenheit zielgerichtet die Gestaltung einzelner Aspekte des Feed-
backprozesses zu fokussieren.

*Welche Rolle spielt der Faktor „Internationalität" im Kontext von prozessbeglei-
tenden Maßnahmen einer MAB?*

Wie bereits in der Beantwortung der Frage „Transportieren die prozessbegleitenden Maßnahmen die richtigen Informationen?" beschrieben, ist es zu vermuten,
dass eine starke Kontextabhängigkeit hinsichtlich der Anwendung von prozessbegleitenden Maßnahmen von MAB besteht. Müller et al. (2007a) haben festgestellt,
dass Internationalität und geografische Verbreitung der Befragung die Herausforderungen potenzieren (siehe Kap. 2.1.1) Welche konkreten Anforderungen daraus
für die prozessbegleitenden Maßnahmen entstehen, muss im Rahmen weiterfüh-
render Forschung geklärt werden.

*Welche kulturellen Aspekte müssen bei der Konzeptionierung von prozessbeglei-
tenden Maßnahmen beachtet werden?*

Der wichtigste Aspekt ist in diesem Kontext die Feedbackkultur. D.h. wie wird
innerhalb der Organisation mit Feedback umgegangen, wie wird es durch die einzelnen Akteure vorgelebt und wie fließt es letztendlich in die Veränderungsprozesse ein. Für die Konzeption der prozessbegleitenden Maßnahmen von MAB im
Kontext von Organisationen ist es wichtig, die Feedbackkompetenz der Mitarbeiter und Führungskräfte zu kennen. Es macht einen Unterschied aus, ob das Thema
Feedback gelebte Praxis im Arbeitsalltag ist oder ob es sich um ein neues Instrument handelt.

Ein weiterer Aspekt ist die Hierarchie. Für das Funktionieren von Feedback müssen die hierarchischen Rahmenbedingungen beachtet werden. Für die Konzeption

der prozessbegleitenden Maßnahmen hat dies in erster Linie prozessuale Auswirkungen. D.h. es gilt zu bedenken wie die Maßnahmen in die Wirkmechanismen der Hierarchie eingebunden sein müssen, um ihr Ziel zu erreichen. Bungard (2007b) kritisiert dabei, dass Führungskräfte in der Regel zu wenig Unterstützung durch ihre eigenen Führungskräfte bekommen. Ein alltäglicher und normaler Umgang mit Feedback wird also über die Hierarchieebenen zu wenig vorgelebt und eingefordert. Es scheint bislang immer noch zu gelten: Fachkompetenz vor Sozialkompetenz (und damit auch vor Feedbackkompetenz).

Sind die in der Literatur beschriebenen Nachhaltigkeitsmerkmale von MAB vollständig?

In Kap. 2.1.2 erfolgte die Darstellung der Nachhaltigkeitsmerkmale einer MAB, abgeleitet aus der Literatur. Aus meiner Sicht muss hier das Merkmal der Feedbackkompetenz aller am Prozess beteiligten Akteure ergänzt werden. Diese steht in unmittelbarem Zusammenhang zu dem bereits beschriebenen Merkmal „Einstellung aller am Prozessbeteiligten zur Veränderungsbereitschaft". Die Veränderungsbereitschaft an sich sagt noch nichts darüber aus, ob die Akteure in der Lage sind Veränderungen zu initiieren. Dazu ist die Feedbackkompetenz wichtig. Darüber wird ausgedrückt wie hoch die Fähigkeit der Akteure einer Organisation zur Selbst-und Fremdreflexion ausgeprägt ist und wie Veränderungsprozesse daraus abgeleitet werden.

Welchen Einfluss hat Hierarchie auf die Wirkung von prozessbegleitenden Maßnahmen einer MAB?

In hierarchisch geprägten Strukturen ist der Einfluss auf die prozessbegleitenden Maßnahmen als hoch einzuschätzen. So beschreibt bspw. ein interviewter Mitarbeiter das Veränderungsprozesse in der Regel als Top-Down-Entscheidung vom Management ausgehen (vgl. 5. Interview Mitarbeiter – Anhang 14). Es scheint eine hohe Sensibilität zu existieren die darauf ausgerichtet ist welche Themen von den Vorgesetzten priorisiert und damit auch regelmäßig thematisiert werden. Dieses Verhalten engt den persönlichen Gestaltungsspielraum ein und führt dazu, dass Vorgesetzte eher reagieren als agieren. Gleichzeitig ist anzunehmen, dass ein Abgleich bei den Akteuren einer Organisation stattfindet zwischen dem was offen kommuniziert und was tatsächlich vorgelebt wird. In diesem Zusammenhang scheint die ausgeführte Handlung wichtiger, als der rein kommunizierte Inhalt.

Welche Rolle spielt die Feedbackfähigkeit einer Organisation für die Anwendung von prozessbegleitenden Maßnahmen einer MAB?

Wie bereits beschrieben ist die Feedbackfähigkeit bzw. Feedbackkompetenz aus meiner Sicht ein zentrales Kriterium für das Gelingen einer MAB. Aus den bisherigen Erkenntnissen der Datenauswertung und der Ergebnisdiskussion lässt sich die Vermutung ableiten: Je höher die Feedbackfähigkeit einer Organisation ausgeprägt ist, umso weniger prozessbegleitende Maßnahmen sind zur Unterstützung der MAB notwendig. Aus den hier vorliegenden Daten lässt sich diese Vermutung nur allgemein beschreiben. Ein konkreter Zusammenhang wird in weiterführenden Untersuchungen zu belegen sein.

Ist der Fokus auf den Follow-up-Prozess der alles entscheidende Ansatzpunkt?

Geht es um die Betrachtung der Teilnahmemotivation ist diese Frage nach den bisherigen Erkenntnissen klar zu verneinen. Nach den hier erhobenen Daten sehen die Mitarbeiter vor allem die Führungskräfte als wesentliche Einflussfaktoren (siehe Abb. 60) für das Gelingen der MAB. Dabei ist nicht ein einzelner Prozessschritt der MAB von Bedeutung, sondern wie der Vorgesetzte generell und bezogen auf das gesamte Jahr mit dem Thema Feedback umgeht. Wichtig ist der Aspekt, dass es sich bei der MAB um ein Instrument handelt, dass Feedbackprozesse unterstützen soll. Während die MAB in der Regel eine punktuelle Datenerhebung darstellt, wird der Feedbackprozess jeden Tag erlebt (positiv, negativ oder neutral). In der Folge daraus wird so die Teilnahmemotivation der Mitarbeiter beeinflusst.

4.6 Kriterien zur Beurteilung von prozessbegleitenden Maßnahmen einer MAB

Hodapp et al. (2007) sehen eine besondere Herausforderung darin Kriterien zu finden, mit denen sich der Erfolg einer MAB beschreiben lässt. An dieser Stelle wird dieses Problem auf den Themenbereich der prozessbegleitenden Maßnahmen von MAB bezogen.

Aus der Reflexion der bisherigen Erkenntnisse dieser Studie, wurden die folgenden Kriterien zur Beurteilung von prozessbegleitenden Maßnahmen einer MA abgeleitet (siehe **Tabelle 13**). Durch die Entwicklung von Kriterien die zur standardisierten Beurteilung von Maßnahmen herangezogen werden können, wird es einfacher deren Nutzen transparent zu machen und dabei gleichzeitig auch die Vergleichbarkeit zwischen einzelnen Maßnahmen herzustellen. Diese systematische Klassifizierung ist der Ausgangspunkt für weitere Prozessoptimierungen.

Tabelle 13:   Kriterien zur Beurteilung von prozessbegleitenden Maßnahmen
einer MAB

Kriterien zur Beurteilung von prozessbegleitenden Maßnahmen einer MAB	Bewertung
Zielgruppe der Maßnahmen	Führungskräfte / Mitarbeiter / beide
Definition der Maßnahmen	ja/ nein - ausreichend / nicht ausreichend
Fokussierung der Maßnahmen	zielgerichtet / unspezifisch
unterstützte Prozessphasen	Planung / Durchführung / Follow-up / Mitarbeiter-Information / Marketing für die MAB
Anwendungshäufigkeit	während des gesamten MAB-Prozesses / während Phase ...
Aufwandsabschätzung	gering / mittel / hoch
Einschätzung der Maßnahmenwirkung/Zielerreichung	ja/nein/teilweise
Auswirkung der Maßnahmen auf die MAB	keine / unterstützt
Vorhandensein von Maßnahmen mit ähnlichem Fokus	ja / nein
Vorhandensein von Maßnahmen, die zur selben Zeit wirken	ja / nein
geschäter Einfluss der Maßnahme auf die Teilnahmemotivation	gering / mittel / hoch

Aufgrund der individuellen Settings von MAB wurde auf ein weiterführendes Be-
wertungsschema verzichtet. Die hier aufgezeigten Kriterien sollen einen Anknüpfungspunkt darstellen, der dann an spezifische Anwendungsfelder angepasst und
adaptiert werden kann. Vorstellbar ist bspw. die Gewichtung der Kriterien. Ob
eine prozessbegleitende Maßnahme als nutzbringend erachtet wird, ist trotz aller
Objektivierungsversuche letztlich kontextabhängig.

5   Implikationen für Praxis, Theorie und Methodik

Die hier durchgeführte Untersuchung trägt dazu bei, die Wirkungsweisen der Begleitprozesse von MAB aus wissenschaftlicher Sicht und aus der Unternehmensperspektive besser zu verstehen. Wie Hodapp et al. (2007) in ihren Untersuchungen festgestellt haben, erfolgt in den wenigsten Untersuchungen eine systematische und ganzheitliche Betrachtung des Prozesses der MAB. Bungard (2007b) sieht im Kern die Führungskraft als entscheidenden Akteuer für das Gelingen von MAB. Die hier vorgestellten empirischen Daten erlauben Ableitungen bzgl. der eingesetzten Maßnahmen hinsichtlich der Wahrnehmung bei Führungskräften und Mitarbeitern sowie bezüglich des Einflusses auf die Teilnahmemotivation der Mitarbeiter. Gleichzeitig liegt damit ein Evaluationsschema für die ganzheitliche Betrachtung von MAB-Prozessen im Rahmen der Aktionsforschung vor. Der Fokus beschränkt sich nicht nur auf den Folgeprozess, sondern richtet sich auf den gesamten Prozess, der vor, während und nach der MAB abläuft. Somit kann dieser Versuchsaufbau als Ausgangspunkt für weitere Forschungen, unter Berücksichtigung der kritischen Würdigung, dienen.

Im Kern belegen die hier erhobenen Daten die Wichtigkeit der Sichtweise der Führungskraft und des Umgangs mit der gesamten MAB. Hodapp et al. (2007) sehen „[…] die positiven Effekte der Rückspiegelung und die sich daran anschließende Intervention als zentralen Erfolgsfaktor der MAB" (S. 106). Nach den Erkenntnissen dieser Studie muss diese Aussage um die Rolle der Führungskräfte erweitert werden. Daraus ergibt sich also, dass die Rückspiegelung und die anschließende Intervention durch den betrieblichen Vorgesetzten initiiert und durchgeführt werden. Die Reflexion der Mitarbeiter auf die eigene Rolle im Prozess ist eher passiv, kombiniert mit der Erwartungshaltung an eine aktive Prozessgestaltung durch den Vorgesetzten.

Ridder und Bruns (2000) kritisieren die Fokussierung der meisten Untersuchungen zu MAB, als zu stark ausgerichtet „…auf die Akzeptanz dieses Instruments und die Bereitschaft der Mitarbeiter, in den Veränderungsprozess einzutreten" (S. 45f.). Sie fordern die Führungskräfte stärker in den Fokus der Untersuchung zu rücken und stellen dabei fest: „Führungskräfte beurteilen die grundsätzliche Funktionalität einer Mitarbeiterbefragung heterogen und entwickeln unterschiedliche

© Springer Fachmedien Wiesbaden GmbH, ein Teil von Springer Nature 2018
H. Traut, *Die Bedeutung prozessbegleitender Maßnahmen bei Mitarbeiterbefragungen für die Teilnahmemotivation*, AutoUni – Schriftenreihe 120,
https://doi.org/10.1007/978-3-658-22042-6_5

Ergebniserwartungen und Ziele in Abhängigkeit von dieser Einordnung. Diese Ergebniserwartungen werden durch die individuelle Betroffenheit von Führungskräften nach der Ergebnispräsentation nachhaltig beeinflusst" (ebenda, S. 46).

Durch die Vielschichtigkeit der Aussagen im Rahmen der Interviews ist unbedingt der Hinweis von Hodapp et al. (2007) zu beachten. Sie haben festgestellt, dass generalisierbare Aussagen bei Evaluationen zu MAB vorsichtig zu fassen sind. Den Grund dafür sehen sie in der hohen Unterschiedlichkeit der jeweiligen Settings innerhalb des Unternehmens bzw. Forschungsfelds. In der aufgestellten Rangreihe der Wichtigkeit der Einflussfaktoren beschreiben sie die Rolle des Vorgesetzten nachrangig zur Information und Kommunikation. Die hier vorliegenden Erkenntnisse zeigen andere Tendenzen (bspw. Abb. 60). Demnach ist die Rolle des Vorgesetzten an erster Stelle zu sehen, gefolgt von der Information und Kommunikation. Im besten Fall sollten die Maßnahmen der Information und Kommunikation direkt von der Führungskraft durchgeführt bzw. übermittelt werden. Wichtig ist dabei, dass die verwendeten Informationen zielgerichtet und zielgruppenspezifisch eingesetzt werden. Damit wird sichergestellt, dass sie ihre maximale Wirkung entfalten können. Wird dies vernachlässigt, läuft man Gefahr, eine Demotivation zu bewirken. Die so eingesetzten Maßnahmen werden dann als Druckmittel verstanden. Die Empfehlung lautet hier, die Maßnahmen der Informationskampagne auf die einzelnen Phasen der MAB anzupassen und diese an den jeweiligen Zielgruppen auszurichten. Dabei muss vor allem die Rolle der Vorgesetzten gestärkt werden. Eine weitere Einflussgröße auf die Wahrnehmung können andere Instrumente des Veränderungsmanagements darstellen[36]. Ist die MAB in einem wiederkehrenden Zyklus angelegt, gibt es m.E. kein „vor" oder „nach" der Befragung. In diesem Fall muss das Verständnis bei allen beteiligten Akteuren erzeugt werden, dass man sich in unterschiedlichen Prozessphasen befindet. In hierarchisch geprägten Organisationen, kann dies gelingen, in dem die einzelnen Prozessphasen mit einer entsprechenden Kommunikation seitens der Geschäftsleitung begleitet werden. Trost (2009) fasst es wie folgt zusammen: „Wichtig ist am Ende nicht, ob Broschüren, Poster, Videos oder andere Medien gut oder aufwendig gemacht sind. Entscheid ist, wie eine MAB positioniert wird"(S. 11).

Zur qualitativen Steigerung der prozessbegleitenden Maßnahmen ist deren Ausrichtung am jeweiligen Prozessschritt sowie an den jeweiligen Unternehmensbereich anzupassen. Durch diese Kombination wird die Identifikation des eigenen

---

36   In dem hier vorliegenden Setting dreht es sich dabei um den kontinuierlichen Verbesserungsprozess und das Ideenmanagement. Beide Instrumente werden stark kommunikativ unterstützt. Dies kann dazu führen, dass das Stiba in der Wahrnehmung der Mitarbeiter in den Hintergrund rückt. Während der kontinuierliche Verbesserungsprozess und das Ideenmanagement das ganze Jahr in den Kommunikationsmedien auftauchen, wird das Stiba nur einmal im Jahr durchgeführt.

Bereichs mit der MAB erhöht. Aufgrund der unterschiedlichen Ansprüche, Voraussetzungen und Gegebenheiten einzelner Fachbereiche, kann diese Auswahl nur durch die Führungskraft erfolgen. Die Empfehlung ist also den Führungskräften verschiedene Maßnahmen anzubieten und sie ggf. durch Anwendungsschulungen zu unterstützen.

Hodapp et al. (2007) beschreiben die Fokussierung auf den Follow-up-Prozess als größte Einflussmöglichkeit auf die Effektivität von MAB. Die Datenauswertung dieser Arbeit lässt den Schluss zu, dass die Identifikation und die Rollenannahme der Führungskraft bezogen auf die MAB die zentralen Einflussfaktoren darstellen. Dabei zeichnet sich ab: Je höher die Identifikation des Vorgesetzten mit der MAB, umso weniger begleitende Maßnahmen sind nötig. Identifiziert sich die Führungskraft mit der Befragung, nehmen dies die Mitarbeiter wahr und es kommt zu einer Übertragung der positiven Einstellung vom Vorgesetzten auf seine Mitarbeiter. Daraus resultiert ein ernsthafter Umgang mit dem Folgeprozess und damit auch mit den Anliegen der Mitarbeiter. Diese fühlen sich ernst genommen und in der Folge dessen nehmen sie dann auch die MAB ernst. Ist dieser Umstand gegeben, können die begleitenden Maßnahmen auf ein notwendiges Minimum reduziert werden. Bungard (2007b) kritisiert die Provinzialität im Umgang mit Feedback (siehe Kap. 2.1.2). Im Kern bezieht er den problematischen Umgang mit Feedback auf die ambivalente Rolle der Führungskraft (Betroffener des Feedbacks und gleichzeitig Umsetzungsverantwortlicher für die Maßnahmen). Als Ursache beschreibt er, dass in deutschen Unternehmen Führungskräfte in erster Linie nach ihre Fachkompetenz ausgewählt werden. Befördert werden in erster Linie Mitarbeiter die sich durch ihre hohe Fachlichkeit ausgezeichnet haben. Dabei werden die sozialen Kompetenzen meist vernachlässigt. Das beschreibt aus meiner Sicht nur einen Teil des Problems. Als grundlegende Voraussetzung muss in diesem Zusammenhang die Feedbackkompetenz aller am prozessbeteiligten Akteure vorhanden sein (siehe dazu auch die Diskussion in Kap. 4.5.2). Mit Feedbackkompetenz ist hierbei die Fähigkeit der Akteure einer Organisation zur Selbst-und Fremdreflexion gemeint und darüber hinaus wie Feedback mit konkreten Veränderungsprozessen in Verbindung gebracht wird. Dabei muss unbedingt beachtet werden, dass die Feedbackkompetenz unabhängig von hierarchischen Strukturen sein muss. Jeder Akteur einer Organisation muss gleichermaßen in der Lage sein Feedback geben und Feedback annehmen zu können. Die Besonderheit bei der Rolle der Vorgesetzten ist es dabei das Feedback in Veränderungsmaßnahmen bzw.-prozesse zu transformieren. Bezogen auf die Konzeption von prozessbegleitenden Maßnahmen muss zunächst geklärt werden, wie der Umgang mit dem Thema Feedback in der Praxis gelebt wird und welche Rolle die hierarchischen Strukturen in diesem Zusammenhang spielen. Aus den bisherigen Erkenntnissen der Datenauswertung und der Ergebnisdiskussion lässt sich die Vermutung ableiten: Je höher die Feedbackfähigkeit einer Organisation ausgeprägt ist, umso weniger prozessbegleitende Maßnahmen sind zur Unterstützung der MAB notwendig. In Kap. 2.1.2 wurde die Vermutung angestellt, der Follow-up-Prozess sei ggf. die größte Schwachstelle im Gesamtprozess der MAB. Der falsche Umgang mit dem Follow-up-Prozess ist m.E. die Folge einer unzureichenden Feedbackkultur. Diese ist wiederum abhängig vom Umgang der Führungskraft. In Abb. 60 wurde gezeigt, dass die Führungskraft aus Sicht der Mitarbeiter den größten Einfluss auf die Teilnahmemotivation hat. Die Mitarbeiterinterviews (Anhang 10 bis 14) zeigen, dass die Mitarbeiter sehr genau darauf achten, wie ihre Vorgesetzten ganzjährig mit ihrem Feedback umgehen. Aufgrund der geringen Stichprobengröße und des spezifischen Settings müssten diese Aussagen allerdings in weiteren Untersuchungen überprüft werden.

In der Abgrenzung zu Hodapp et al. (2007) sehe ich die Sicherstellung der Feedbackfähigkeit aller beteiligten Akteure in einer Organisation, als zentrales Kriterium für das Gelingen einer MAB und von allen Veränderungsprozessen darüber hinaus. Dazu ist es notwendig das Mitarbeiter und Führungskräfte in der Lage sein müssen, Feedback geben und auch annehmen zu können. Dazu bedarf es der Vermittlung von methodischem Wissen, aber auch der notwendigen Sozialkompetenz und speziell dabei die Fähigkeit für emphatisches Verhalten. Werther (2015a) ergänzt in diesem Zusammenhang die Forderung nach einer „...kontinuierliche[n; H.T.] Integration der Feedbackinstrumente in den Arbeitsalltag aller Mitarbeiter" (S. 17). Sandau und Jöns (2001, S. 23) haben in ihrer Untersuchung zur „Auswirkungen der Veränderungsbereitschaft des Managements auf das Veränderungserleben der Mitarbeiter" festgestellt, dass die Mitarbeiter die Verantwortung von sich und dem Management abgrenzen. „Neben der erwarteten Unterstützung [durch das Management; H.T.] zeigt sich dies in dem Wunsch [der Mitarbeiter; H.T.], informiert zu werden und wo möglich – vorzugsweise passiv – zu partizipieren. Starke eigene Aktivität oder autonomes Handeln werden wenig gewünscht". Partizipation wird gemeinhin als einer der Erfolgsfaktoren für Veränderungsmanagement beschrieben (bspw. Lauer 2010, S. 125). Dieser Punkt ist zumindest anzuzweifeln. Zeigen doch die Ergebnisse von Sandau und Jöns (2001) das es hier eine Abstufung hinsichtlich der Partizipationsintensität geben muss. Man muss sich also die Frage stellen wieviel Partizipation den nun letztendlich von den Mitarbeitern (und auch Führungskräften) tatsächlich erwünscht ist? Die Ergebnisse von Sandau und Jöns (2001) unterstreichen die Erkenntnisse der hier vorgestellten Studie. Beide an der MAB beteiligten Akteure, Führungskräfte und Mitarbeiter, müssen einen aktiven Gestaltungswillen aufbringen, damit eine Verbesserung erreicht werden kann. Borg (2015) sieht die meisten etablierten MAB in Unternehmen als „Routine-Anwendungen" mit dem immer gleichen Ergebnis,

an dem immer die Führungskräfte schuldig sein sollen (vgl. S. 12). Diese einge-
fahrenen Denkmuster gilt es aufzubrechen, was einen konkreten Ansatzpunkt für
prozessbegleitende Maßnahmen darstellt.

Schwierig ist es dabei m.E. wenn MAB eingesetzt werden, um die Kommunikation zwischen Führungskräften und Mitarbeitern zu verbessern und dabei ein An-
lass für gemeinsam getragene Veränderungsprozesse zu sein. Gleichzeitig besteht
die Forderung nach anonymer Meinungsabgabe. Anonymität ist aus meiner Sicht
dann wichtig, wenn misstrauen bzgl. etwaiger Folgen besteht. Dies ergibt sich im
Besonderen aus der Angst vor Hierarchien und möglichen, negativen Folgen. So
verwendete Befragungen zeigen bestenfalls die Symptome auf, ohne die wirkli-
chen Ursachen zu ergründen. Die Führungskraft die eine MAB als Hilfsmittel zur
Schaffung einer Feedbackkultur braucht, kann m.E. nicht gleichzeitig deren wichtigster Promoter sein.

In diesem beschriebenen Anwendungsfall ergeben sich daraus bestimmte Anforderungen an die prozessbegleitenden Maßnahmen. Diese fokussieren hauptsächlich die Führungskräfte einer Organisation. Zwei Alternativen sind vorstellbar.
Die erste Möglichkeit besteht darin den Fokus der prozessbegleitenden Maßnahmen auf die Mitarbeiter auszurichten. Dazu ist es nötig die Führungskraft weniger
als hierarchische Position, sondern mehr als notwendige Rolle innerhalb eines
Teams zu verstehen. Diese Herangehensweise wäre ein großer Schritt in Richtung
Rollenegalisierung und ein möglicher erster Schritt in Richtung abflachender Hierarchien. Dazu ist es notwendig ein anderes Verständnis von Teamarbeit zu entwickeln, als es in klassisch hierarchischen Organisationen aktuell vorherrscht.

Die zweite Möglichkeit besteht darin den Fokus gleichermaßen auf Führungskräfte und Mitarbeiter auszurichten. Beide sollten ein Interesse daran haben, positive Veränderungsprozesse für sich und ihr Arbeitsumfeld zu initiieren. Das führt
im Idealfall zu Selbstverwirklichung bei gleichzeitiger Steigerung des Unterneh-
menserfolges. Bedingt aber auch die Bereitschaft zur Verantwortungsübernahme
bei allen Beteiligten, die Fähigkeit zur Selbst- und Fremdreflexion sowie kommu-
nikativer Empathie.

Für welche Vorgehensweise man sich auch entscheidet, die Begleitung des MAB-
Prozesses durch Maßnahmen kann eine sinnvolle Unterstützung sein. Allerdings
gibt es dabei eine Einschränkung: Diese Maßnahmen können nicht aus sich selbst
heraus eine Feedbackkultur erzeugen. Sie können nur bestehende Unternehmens-
werte fokussieren und herausheben bzw. unterstützen. Interessant wäre es in diesem Zusammenhang zu untersuchen, ob die abnehmende Anzahl an prozessbegleitenden Maßnahmen ein Indiz für eine qualitative hochwertige Feedbackkultur
darstellt.

Kommen prozessbegleitende Maßnahmen im Rahmen einer MAB zum Einsatz ist wichtig, deren Funktion klar zu definieren. Daraus ergibt sich eine reelle Erwartungshaltung des Anwenders über den möglichen Nutzen. Die Anwendung sollte zielgruppenspezifisch ausrichtbar und freiwillig sein. Denkbar wäre es diese Maßnahmen in Form einer „Toolbox" anzubieten, die es jedem Beteiligten ermöglicht, in Abhängigkeit seiner individuellen Situation sich das passende Werkzeug auszuwählen. Dieses Angebot sollte aus meiner Sicht bspw. allgemeingültige und individualisierbare Kommunikationsmaterialen enthalten. Außerdem sind Qualifizierungsmaßnahmen (Selbststudium oder externe Anbieter) denkbar. Im Rückblick auf die vorangegangenen Ausführungen, sollte die Anwendung dieser „Toolbox" nicht auf die Führungskräfte beschränkt werden.

Daraus ergibt sich jedoch die Gefahr eine weitere Quelle für die Informationsüberflutung zu erzeugen. Damit dies nicht passiert müssen die Mitglieder einer Organisation in der Lage sein oder in die Lage versetzt werden, mit der etwaigen Informationsflut umgehen zu können.

In Kap. 2.2 wurde die Frage aufgeworfen ob und inwieweit eine Trennung von Arbeitssituation und persönlicher Situation erfolgen kann. Im Rahmen dieser Untersuchung muss die Frage verneint werden. Es lassen sich keine Hinweise darauf finden, dass die Befragten die hier angesprochenen Themen ausschließlich aus der Rolle des Mitarbeiters oder des Individuums heraus beantwortet haben. Vielmehr sind die Antworten geprägt von individuellen Erlebnissen und persönlichen Einschätzungen. Bei der Beurteilung der prozessbegleitenden Maßnahmen und der MAB steht bei den Befragten der eigene Nutzen im Vordergrund. Ist dieser zu wenig erkennbar, wird die MAB nicht als Verbesserungsmöglichkeit der eigenen Arbeitssituation und der persönlichen Situation verstanden.

Die zentralen Bestandteile hinsichtlich der Bedeutung der hier beschriebenen Ergebnisse für die Praxis ergeben aus dem Vergleich der Daten. Der theoretische Rahmen wurde dabei aus der Aktionsforschung als Forschungsmethode, der Evaluationsforschung sowie den theoretischen Konstrukten der Motivationsforschung gebildet. Die so gewonnenen empirischen Erkenntnisse wurden in eine strukturierte Systematik überführt und in Cluster aufgeteilt. Dies soll dabei helfen, die Problemstellung nachzuvollziehen und die Inhalte auf eigene Forschungsfelder übertragen zu können.

Einen weiteren praktischen Nutzen stellt die Entwicklung von Kriterien zur Beurteilung von prozessbegleitenden Maßnahmen einer MAB dar. Durch die Verwendung eines einheitlichen Bewertungsschemas wird ein gewisses Maß an Transparenz geschaffen und es wird möglich die Maßnahmen untereinander zu vergleichen. Dabei wirken sich die individuellen Settings einschränkend auf die Übertragbarkeit der so gewonnenen Ergebnisse aus.

Aus der Anwendung der VIE-Theorie nach Vroom auf die begleitenden Prozesse von MAB lässt sich ableiten, dass eine Verknüpfung zwischen handelnder Organisation und Mitarbeiter/Führungskraft möglich ist. Mit handelnder Organisation ist in diesem Zusammenhang die Organisation gemeint, in deren Rahmen die MAB durchgeführt wird. Die Organisation handelt in diesem Kontext, indem die begleitenden Maßnahmen zur MAB initiiert und ausgeführt werden. Diese Maßnahmen stehen bezogen auf ihre Wirkung miteinander in Verbindung. Sie können sich in ihrer Wirkung ergänzen, behindern oder gar nicht beeinflussen. In Abhängigkeit dieser Zusammenhänge kommt es zu einer unterschiedlich großen Beeinflussung der Teilnahmemotivation der Mitarbeiter. Hierbei ist es sinnvoll, das Handlungsergebnis auf zwei Ebenen zu unterteilen. Die bloße Teilnahme an einer MAB führt nicht automatisch zu einer Rückmeldung bzgl. der abgefragten Themenfelder. Bei der Betrachtung der Handlungsfolgen erscheint es als angebracht, diese in eine Rangreihe zu bringen, da sie aufeinander aufbauen und sich gegenseitig beeinflussen können. Werden nun die Themenfelder „Anwendung der VIE-Theorie nach Vroom auf die begleitenden Prozesse von MAB" und „Feedbackkompetenz" zusammengeführt, wird deutlich dass die Feedbackkompetenz einerseits die notwendige Bedingung für diesen Anwendungsfall darstellt. Gleichzeitig ist das Vorhandensein von prozessbegleitenden Maßnahmen ein Indiz (kein Beweis!) dafür, dass die Feedbackkompetenz zu gering ausgeprägt sein könnte. Daraus lässt sich die Frage ableiten, inwiefern prozessbegleitende Maßnahmen einen Einfluss auf die Feedbackkompetenz haben können. Umgekehrt betrachtet muss analysiert werden, welchen qualitativen und quantitativen Einfluss die Feedbackkompetenz auf die prozessbegleitenden Maßnahmen hat.

Sichler (2012) unterscheidet in Motiv, Motivation und Motivieren (Kap. 2.2). Wie ist nun der Einfluss der prozessbegleitenden Maßnahmen einer MAB auf das Motiv, nämlich die Teilnahme bzw. Nicht-Teilnahme zu bewerten? Die prozessbegleitenden Maßnahmen können die MAB unterstützen und somit positiv auf das Teilnahmeverhalten einwirken. Das bedeutet es können bestehende unternehmenskulturelle Werte in den Fokus gerückt und verstärkt werden. Es können aber keine neuen Werte dadurch erzeugt werden. Wird das versucht ist die Gefahr groß, dass dies zu einer Vermeidungshaltung und damit zur Nicht-Teilnahme führt. Betrachtet man nun den Motivationsbegriff von Sichler (2012) in diesem Kontext, muss diskutiert werden welche Auswirkungen die Maßnahmen der einzelnen Prozessphasen auf das „Motiv" haben. Prägend ist dabei die Erkenntnis, dass bei den befragten Mitarbeitern der hier vorgestellten Studie, weniger die prozessbegleitenden Maßnahmen eine

Rolle gespielt haben, als der ganzjährige Umgang mit Feedback. Nach Schäfer (2011) wird eine hohe Wirksamkeit bei Veränderungsprozessen erreicht, wenn es sich dabei nicht um einen einmaligen, sondern um einen regelmäßigen und wiederkehrenden Vorgang handelt (vgl. 171). Gibt es eine funktionierende Feedbackkultur, ist die MAB lediglich deren Visualisierung. Prozessbegleitenden Maßnahmen sind in diesem Fall von geringer Bedeutung. Gibt es diese Feedbackkultur nicht, sollten eben diese Maßnahmen auf die Schaffung der Feedbackfähigkeit der Organisation ausgerichtet sein. Indem die Mitglieder einer Organisation den Wert von Feedback erkennen, wird das von Sichler (2012) beschriebene „Motivieren" im Rahmen der MAB möglich und die Mitarbeiter nehmen teil.

Bezüglich der Einschätzung des Einflusses der prozessbegleitenden Maßnahmen einer MAB fallen bei den Führungskräften zwei Gruppen auf. Einmal die Befürworter: sie finden den Großteil der Maßnahmen und die MAB selbst als wichtig und hilfreich. Die Verweigerer beurteilen die Maßnahmen eher als störend. Daraus ergibt sich die paradoxe Situation, dass die Führungskräfte die den Sinn der MAB verstehen und das Thema Feedback in ihr tägliches Handeln integriert haben, keine zusätzliche Unterstützung durch prozessbegleitende Maßnahmen bräuchten. Im Gegensatz zu den Verweigerern die ebenen jenen Sinn nicht verstanden haben und dringend an diesem Thema arbeiten müssten. In diesem Zusammenhang kann die MAB als Messinstrument eingesetzt werden, um die Bereiche aufzudecken, in denen das Thema Feedback nicht funktioniert. Das kann auf der einen Seite über gezielte Fragen im Rahmen der MAB erhoben werden. Auf der anderen Seite kann die Projektleitung die Organisationsbereiche mit einer geringen Beteiligung auswerten und dann die Ursachen analysieren. Hieraus ergeben sich dann wiederum Ansatzpunkte für den Einsatz von spezifischen prozessbegleitenden Maßnahmen, wie bspw. Schulungen zum wertschätzenden Umgang, zum Umgang mit Feedback etc.

Vor dem Hintergrund der bisher aufgezeigten Chancen und Schwierigkeiten im Umgang mit MAB, drängt sich die Frage auf, ob der Einsatz von MAB als sinnvoll zu bezeichnen ist.

Die Antwort auf diese Frage lautet: ja, wenn die Wirkungsmöglichkeiten und die Grenzen klar sind. Der Einsatz ist sinnvoll, wenn die MAB als Standortbestimmung verstanden wird. Man bekommt eine Rückspiegelung über die gewünschten Themenschwerpunkte. Damit das funktionieren kann, muss ein hinreichendes Maß an Feedbackfähigkeit aller Akteure einer Organisation vorhanden sein. Übersteigt der Aufwand an prozessbegleitenden Maßnahmen die eigentliche Befragung und die Ergebnisumsetzung, ist die MAB nicht das geeignete Mittel.

Wie bereits in Kap. 4.5.2 diskutiert ist es darum zu empfehlen, die Feedbackkompetenz (oder –fähigkeit) als Nachhaltigkeitsmerkmal einer MAB zu ergänzen.

Aus den hier dargestellten Sachverhalten ergeben sich die folgenden Anknüpfungs-punkte für weitere Forschungen:

Die Erkenntnisse zur Wirkung von Maßnahmen auf die Teilnahmemotivation sind aus einem Datensatz abgeleitet, der zu einem bestimmten Zeitpunkt erhoben wurde und auf einer kleinen Stichprobe basiert. Es liegt also keine Längsschnittbetrachtung vor. Hier ist es denkbar, aus dem vorliegenden Forschungsdesign weitere Ableitung vorzunehmen und größere Stichproben und Zeitreihenvergleiche in die Betrachtung miteinzubeziehen. Denkbar ist es bspw. die Stichprobe auf alle Mitarbeiter der VW AG zu beziehen und die Befragung über mehrere Jahre zu wiederholen um Entwick-lungstendenzen zu erfassen.

Darüber hinaus ist es denkbar, die hier entwickelten Erhebungsinstrumente für eine Ausweitung der Betrachtungen auf andere Werke/Gesellschaften innerhalb der Volkswagen AG anzuwenden. Auch eine Übertragung auf andere Unternehmen und Kontexte, in denen MAB stattfinden, können weiterführende interessante Ergeb-nisse liefern.

Ein weiterer Aspekt ist aus jetziger Sicht die Untersuchung, wie sich der Einfluss auf die Teilnahmemotivation von begleitenden Maßnahmen einer MAB im berufli-chen Kontext im Vergleich zur Teilnahme an Befragungen im privaten Kontext un-terscheidet.

Außerdem muss die Überlegung angestellt werden, ob sich von der Anzahl der ver-wendeten prozessbegleitenden Maßnahmen Rückschlüsse auf die Qualität der Feed-backkultur einer Organisation ziehen lassen. Darüber hinaus stellt sich die Frage, welches Mindestmaß an Feedbackkompetenz in einer Organisation vorhanden sein muss, um eine MAB erfolgreich umsetzen zu können?

Unter besonderer Betrachtung der aktuellen Diskussionen, um das Themenfeld der Start-up Unternehmen, sollte untersucht werden welche Feedbackstrategien hierzu Anwendung kommen. Im Abgleich mit klassischen Organisationsformen, wird es zu diskutieren sein welche Rolle Mitarbeiterbefragungen zukünftig spielen werden.

Ein weiterer Aspekt ist die Einbettung des Themenfeldes der MAB und der prozess-begleitenden Maßnahmen in einen internationalen Kontext. Welche besonderen Herausforderungen ergeben sich daraus? Welche Auswirkungen ergeben sich auf die Teilnahmemotivation und wie ist die Feedbackkompetenz zu beschreiben?

Stockmann (2004) sieht als zentrales Kriterium neben der Wissenschaftlichkeit nach wie vor die Nützlichkeit der Ergebnisse, die als Grundlage dazu dienen und konkre-ten Einfluss auf die Praxis ausüben können (vgl. S. 22). Schließlich können aufgrund der aus diesen Erkenntnissen formulierten Anforderungen adäquate Optimierungsprozesse bzgl. der begleitenden Maßnahmen abgeleitet beziehungsweise bestehende Instrumente entsprechend ergänzt oder angepasst werden.

Generell ist festzuhalten, dass die prozessbegleitenden Maßnahmen einer MAB eine unterstützende Funktion aufweisen können. Dies hängt aber stark von der Positionierung der Befragung im organisationalen Kontext ab. Betrachtet man den Einfluss dieser Maßnahmen auf die Teilnahmemotivation, erhöht sich deren Wirkungsgrad mit zunehmender Spezifizierung vor dem Hintergrund der Funktion der MAB. Eine weitere Verstärkung kann erreicht werden, wenn diese Maßnahmen auch die individuellen Faktoren der Organisation aufgreifen, in der sie zur Anwendung kommen. Die maximale Wirkung wird entfaltet, wenn dabei die speziellen Anforderungen der Abteilung oder sogar des Teams Berücksichtigung finden.

Begrenzt werden die prozessbegleitenden Maßnahmen durch unternehmenskulturelle Aspekte. Insbesondere die praktische Ausgestaltung der Feedbackkultur entscheidet über Erfolg oder Misserfolg der MAB.

6 Schlussbetrachtung

6.1 Kritische Würdigung der Dissertation

In diesem Abschnitt erfolgt die kritische Auseinandersetzung mit der vorliegenden Arbeit. Ziel ist es dabei, die Faktoren herauszuarbeiten, welche die Interpretationsfähigkeit und Generalisierbarkeit der Analysen einschränken.

Einen wesentlichen Faktor stellt das Setting dar, in welches die Untersuchung eingebettet ist. Die Erhebung der Daten erfolgte ausschließlich im Volkswagen Werk in Salzgitter. Die Übertragbarkeit der Erkenntnisse auf andere Werke oder Gesellschaften der Volkswagen AG oder sogar auf andere Unternehmen kann nicht erfolgen. Die Übertragbarkeit müsste vielmehr in weiteren Untersuchungen analysiert werden.

Auch die Zusammensetzung der Rückläufer aus der Fragebogenbefragung entspricht nicht vollständig den Merkmalsverteilungen des Werks (siehe Kap. 3.3.1). Damit bleibt unklar, wie sich die Ergebnisse darstellen, wenn die Mitarbeiterstruktur des Werks sich auch in den Fragebogenrückläufern widerspiegelt. Zur Erhöhung der Rücklaufquote bei der Befragung der Mitarbeiter wäre die Verwendung eines Erinnerungsschreibens durchaus sinnvoll gewesen. Dieses wurde jedoch durch die Arbeitnehmervertretung abgelehnt, da direkt im Anschluss eine weitere konzernweite Erhebung geplant war.

Nicht auszuschließen sind ferner bewusste oder unbewusste Falschangaben, wie bspw. in der Abbildung 33 ersichtlich wird. Im Bereich Produktionssystem wurden 7 Mitarbeiter angeschrieben, wobei in den Rückläufern aus den Fragebögen insgesamt 13-mal diese organisatorische Einheit genannt wurde.

Weitere mögliche Verzerrungseffekte können bei den Vorgesetzten-Interviews und -Fragebögen aufgetreten sein, da nicht geklärt werden kann, ob die Vorgesetzten in ihrer Rolle als Führungskraft oder in ihrer Rolle als Mitarbeiter auf die Fragen geantwortet haben. Auch ein Rollen- bzw. Perspektivwechsel während der Beantwortung der Fragen ist denkbar.

Bei der Beurteilung der prozessbegleitenden Maßnahmen im Rahmen der Fragebogenbefragung, müssen die Erkenntnisse von Trost (1997) beachtet werden:

© Springer Fachmedien Wiesbaden GmbH, ein Teil von Springer Nature 2018
H. Traut, *Die Bedeutung prozessbegleitender Maßnahmen bei Mitarbeiterbefragungen für die Teilnahmemotivation*, AutoUni – Schriftenreihe 120,
https://doi.org/10.1007/978-3-658-22042-6_6

„Werden Mitarbeiter im Rahmen von MAB z.B. zu bestimmten Maßnahmen befragt, die sie nicht kennen, dann ergeben sich die oben aufgezeigten Probleme. Die befragten Mitarbeiter beantworten Fragen hierzu auch, wenn sie die jeweilige Maßnahme nicht kennen. Sie beantworten diese tendenziell schlechter, als jene Mitarbeiter, die mit der entsprechenden Maßnahme vertraut sind" (S. 53).

Eine weitere Unschärfe ergibt sich aus dem Begriffsverständnis zum Thema „Veränderungsprozess". Hier gibt es Unterscheidungsmöglichkeiten auf der Mikro- und Makroebene. Es ist nicht klar, welche Auffassung der jeweils Befragte zugrunde legt. In Anlehnung an Bowers und Hauser (1977) hätten im Rahmen der Datenerhebung noch weitere Aspekte genauer hinterfragt werden müssen, nämlich inwiefern fühlen sich die Mitarbeiter und Vorgesetzten der MAB verpflichtet? Und inwiefern sind die Mitarbeiter und Vorgesetzten bereit für Veränderungen? Diese Fragen schaffen Interpretationsmöglichkeiten zur grundlegenden Einstellung bzgl. des untersuchten Themas.

Nicht ausgeschlossen werden kann der sogenannte Rosenthal-Pygmalioneffekt. Dieser Effekt beschreibt die Einflussnahme auf die Validität durch systematische äußere Einflüsse. Dabei geht es bspw. um die Aussendung von subtilen Signalen durch den Projektverantwortlichen an die Probanden, da er ein bestimmtes Ergebnis bei der Untersuchung erwartet. So können z. B. im Rahmen von Interviews durch das Kopfnicken des Interviewers bestimmte Aussagen bestätigt und damit auch verstärkt werden. Dies führt dann dazu, dass der Proband genau die Antworten gibt, die der Interviewer vermeintlich hören will (Gollwitzer und Jäger 2009, S. 147 ff.).

Aus gestalterischer Sicht kann die Darstellungsform der Fragebögen (siehe Anhang 1 und Anhang 2) als zu komplex bezeichnet werden. Die Verwendung von zu vielen Fragendimensionen kann unzuverlässige Daten hervorbringen. Eine Fokussierung auf die zentralen Aspekte ist angeraten. In dieser Erhebung wurde sich bewusst für die Darstellungsform (siehe Anhang 1 und Anhang 2) entschieden, da aus praxisrelevanten Hintergründen Aussagen über alle begleitenden Maßnahmen abgeleitet werden sollten. Des Weiteren ist festzustellen, dass durch die Anordnung der Fragen in Form einer Matrix ggf. bestimmte Antworttendenzen erzeugt wurden.

Methoden-bedingt ergibt sich die Einschränkung, dass die Befragung nicht auf objektiven Kriterien, sondern auf der persönlichen Einschätzung der jeweils Befragten basieren. Hier ist mit Verzerrungseffekten aufgrund der Antworttendenzen zur sozialen Erwünschtheit oder ggf. durch die Faktoren der Selbstdarstellung zu

rechnen. Moser (1975) hat in diesem Zusammenhang bereits auf die Gefahr verwiesen, dass durch die Wiedergabe von subjektivem Wissen eine gewisse Verzerrung der Informationen nicht auszuschließen ist (vgl. S. 135).

6.2 Zusammenfassung der Kernpunkte

In dem nachfolgenden Kap. werden die Untersuchungsergebnisse dieser Arbeit
auf die wesentlichen Kernpunkte verdichtet und zusammengefasst. Das Ziel dabei
ist die Implikationen aus dem Kap. 5 auf höherer Ebene zu abstrahieren.

Ausgangspunkt dieser Untersuchung war die Frage nach der Wirkung von prozessbegleitenden Maßnahmen von MAB auf die Teilnahmemotivation. Im Rahmen der Ergebnisdiskussion sind dabei zwei wesentliche Themencluster herausgearbeitet worden:

1. Praktische Implikationen
2. Theoretische und methodische Implikationen

Die Kernpunkte der jeweiligen Cluster werden nun im Folgenden als Zusammenfassung dargestellt.

6.2.1 Praktische Implikationen

Nach den Erkenntnissen der hier durchgeführten Untersuchung ist die Führungskraft der zentrale Punkt im Kontext von Mitarbeiterbefragungen hinsichtlich der
Wirkung auf die Teilnahmemotivation (Abb. 60). Bezogen auf die qualitative Dimension von prozessbegleitenden Maßnahmen ist die Führungskraft erster Adres-
sat und Anwendungsverantwortlicher. Bezogen auf die quantitative Dimension ist
das Bild nach den vorliegenden Daten heterogen. Daraus folgt, dass offensichtlich
nicht alle prozessbegleitenden Maßnahmen für alle Führungskräfte gleichermaßen
von Bedeutung sind. Werden diese allerdings im „Gießkannen-Prinzip" angewendet, ist eher ein gegenteiliger Effekt zu vermuten.

Die grundlegende Erkenntnis liegt darin, dass bei entsprechendem Führungsverhal-
ten keine begleitenden Maßnahmen notwendig sind. Bei der idealen Führungskraft
hat das Thema Feedback einen hohen Stellenwert und ist im Arbeitsalltag ständig
präsent. In diesem Kontext ist die MAB lediglich die Visualisierung der Stimmungslage und muss nicht durch gesonderte Maßnahmen unterstützt werden.

In diesem Zusammenhang spielen Feedbackkompetenz und Kommunikationsfä-
higkeit eine tragende Rolle.

Grundsätzlich stellen Müller et al. (2007a, S. 11) fest, dass die MAB eine Kommunikationsfunktion besitzt, indem durch die Fragen das Interesse der Unternehmensleitung deutlich wird. Betrachtet man die prozessbegleitenden Maßnahmen
des hier gewählten Anwendungsbeispiels, wird deutlich das alle Maßnahmen einen stark kommunikativen Charakter haben.

Vor diesem Hintergrund fällt der Widerspruch auf, wie wichtig die Anonymität
bei der Anwendung der MAB ist. Das zeigen zum einen die Beiträge aus der Literatur (Kap. 2.1) aber auch die Auswertung der Interviews und Fragebögen (Kap.
4.1 und 4.2). Dadurch entsteht ein automatischer Spannungsbogen. Ergebnisse die
nicht ehrlich besprochen werden, aus dem Vorbehalt heraus die eigene Anonymität dabei aufzugeben, werden nicht zu dem erwünschten Erfolg führen.

Zum Gelingen einer MAB ist darum das Vorhandensein von Feedbackkompetenz
bei allen Akteuren der Organisation notwendig.

6.2.2   Theoretische und methodische Implikationen

Die hiervorliegende Arbeit ist ein Anwendungsbeispiel für die Aktionsforschung im
Kontext von MAB. Es wurden dabei Verfahren der Evaluationsforschung und der
Motivationsanalyse aus dem theoretischen Kontext hergeleitet und für die Anwendung auf den Untersuchungsgegenstand modifiziert. Methodisch gesehen liegt somit
also ein Evaluationsschema für MAB vor, dass Aussagen über die Wirkungsweise
von prozessbegleitenden Maßnahmen erlaubt. Durch die Anwendung der VIE-Theorie ist die Überlegung für ein Wirkmodell entstanden, dass in weiterer Forschung
noch zu verifizieren ist. Für den theoretischen Rahmen von MAB wurden der Stellenwert der Führungskraft und der Feedbackkompetenz von Organisationen diskutiert und daraus weitere Forschungsfragen bzw. –ansätze entwickelt. Die Feedbackkompetenz (oder auch –fähigkeit) ist die notwendige Bedingung zur erfolgreichen
Durchführung von MAB. Sie ist gleichzeitig den Nachhaltigkeitsmerkmalen von
MAB nach Niethammer und Müller (2007) hinzuzufügen. Wichtig ist dabei, dass
sich diese Fähigkeit auf alle Akteure der Organisation bezieht.

Nach der Auswertung der vorliegenden Daten lässt sich die folgende Vermutung
formulieren:

Je höher die Feedbackfähigkeit einer Organisation ausgeprägt ist, umso weniger
prozessbegleitende Maßnahmen sind zur Unterstützung notwendig. Die konkrete
Überprüfung bedarf weiterer Forschung.

Literaturverzeichnis

Ackermann, K. F. (2012). *Die Mitarbeiterbefragung als Instrument des Internationalen Vergleichenden Personalcontrolling*. In: Armutat,S.; Seisreiner, A. (Hrsg.): *Differentielles Management: Individualisierung Und Organisation in Systemischer Kongruenz*. Wiesbaden. Springer Gabler (S. 131 – 150)

Ahlemeyer, H. et al. (2005): *Online oder offline? Klassische und internetbasierte Formen der Mitarbeiterbefragung in der Praxis*. In: Jöns, I.; Bungard, W. (Hrsg.): *Feedbackinstrumente im Unternehmen. Grundlagen, Gestaltungshinweise, Erfahrungsberichte*. Wiesenbaden. Betriebswirtschaftlicher Verlag Dr. Th. Gabler/GWV Fachverlage GmbH (S. 467 - 481)

Altrichter, H. (2008): *Komplexe praktische Tätigkeit braucht Forschung. Aktionsforschung und Weiterentwicklung beruflichen Handelns*. In: Krall, H. et al. (Hrsg.): *Supervision und Coaching. Praxisforschung und Beratung im Sozial- und Bildungsbereich*. Wiesbaden. VS Verlag für Sozialwissenschaften (S. 269 – 284)

Arens-Fischer, W. et al. (2010a): *Aktionsforschung – Zeit für eine Neuentdeckung?* In: Jacobsen, H., Schallock, B. (Hrsg.): *Innovationsstrategien jenseits traditionellen Managements. Beiträge zur Ersten Tagung des Förderschwerpunkts des BMBF, 8.-9. Oktober 2009*. Berlin. Stuttgart. Frauenhofer Verlag (S. 130 - 150)

Arens-Fischer, W. et al. (2010b): *Szenische Aktionsforschung*. In: Jacobsen, H., Schallock, B. (Hrsg.): *Innovationsstrategien jenseits traditionellen Managements. Beiträge zur Ersten Tagung des Förderschwerpunkts des BMBF, 8.-9. Oktober 2009*. Berlin. Stuttgart. Frauenhofer Verlag (S. 190 - 199)

Atria, M et al. (2006): *Qualitätssicherung durch Evaluation. Die Bedeutung von Zielexplikation und evaluativer Haltung*. In: Steinebach, Ch. (Hrsg.): *Handbuch Psychologischer Beratung*. Stuttgart: Klett-Cotta, 574-586.

Atteslander, P. et al. (2010): *Methoden der empirischen Sozialforschung*. Berlin. Erich Schmidt Verlag (13. neu bearbeitete und erweiterte Auflage)

Becker, H.; Langosch, I. (2002): Produktivität und Menschlichkeit. Organisationsentwicklung und ihre Anwendung in der Praxis. 5. neu bearbeitete und erweiterte Auflage. Stuttgart. Lucius & Lucius Verlangsgesellschaft

Bladowski, B. (2007): *Handlungsimplikatives Reporting*. In: Bungard, W. et al. (Hrsg.): *Mitarbeiterbefragung – was dann...? MAB und Folgeprozesse erfolgreich gestalten*. Heidelberg. Springer Medizin Verlag (S. 132 – 139)

Borg, I. (2000): *Früh-versus Spätantworter*. Zuma-Nachrichten Nr. 47-Jg.24 (S. 7-19)

Borg, I. (2002): *Mitarbeiterbefragungen-kompakt*. Göttingen. Bern. Toronto. Seattle. Hogrefe Verlag

Borg, I. (2003): *Führungsinstrument Mitarbeiterbefragung*. Göttingen. Bern. Toronto. Seattle. Hogrefe-Verlag (3. überarbeitete und erweiterte Auflage)

© Springer Fachmedien Wiesbaden GmbH, ein Teil von Springer Nature 2018
H. Traut, *Die Bedeutung prozessbegleitender Maßnahmen bei Mitarbeiterbefragungen für die Teilnahmemotivation*, AutoUni – Schriftenreihe 120, https://doi.org/10.1007/978-3-658-22042-6

Borg, I.; Treder, C. (2003): Item-Nonresponse in Mitarbeiterbefragungen. ZUMA-Nachrichten, Mannheim. 53(27), (S. 77-95.)

Borg, I. (2015): *Mitarbeiterbefragungen in der Praxis.* Göttingen. Hogrefe Verlag.

Bornewasser, M. (2009): *Organisationsdiagnostik und Organisationsentwicklung.* Stuttgart. Verlag W. Kohlhammer

Bortz, J.; Döring, N.(2006): *Forschungsmethoden und Evaluation für Human- und Sozialwissenschaftler.* 4., überarbeitete Auflage. Heidelberg. Springer Medizin Verlag

Bösch, W. (2011): Praxishandbuch Mitarbeiterbefragungen. Praxium-Verlag, Zürich.

Brandt, T. (2009): *Evaluation in Deutschland. Professionalisierungsstand und –perspektiven.* Münster. Waxmann Verlag GmbH

Brüsemeister, T.; Eubel, K. D. (2008): *Evaluationsbasierte Steuerung, Wissen und Nichtwissen – Einführung in die Thematik.* In: Brüsemeister, T.; Eubel, K. D. (Hrsg.): *Evaluation, Wissen und nicht Nichtwissen.* Heidelberg. VS Verlag für Sozialwissenschaften (S. 7-16)

Bungard, W. et al. (1997): *Sünden bei Mitarbeiterbefragungen - Zusammenfassung der wichtigsten Fehler und Fallgruben.* In: Bungard, W., (Hrsg.): *Mannheimer Beiträge zur Wirtschafts- und Organisationspsychologie. Themenschwerpunkt: Mitarbeiterbefragungen.* Heft 1/97 (S. 89 – 103)

Bungard, W. (2007a): *Einführung.* In: Bungard, W. et al. (Hrsg.): *Mitarbeiterbefragung – was dann...? MAB und Folgeprozesse erfolgreich gestalten.* Heidelberg. Springer Medizin Verlag (S. 2 – 4)

Bungard, W. (2007b): *Mitarbeiterbefragungen – und was passiert dann?* In: Bungard, W. et al. (Hrsg.): *Mitarbeiterbefragung – was dann...? MAB und Folgeprozesse erfolgreich gestalten.* Heidelberg. Springer Medizin Verlag (S. 70 – 77)

Bülow, M.; Ottersbach, H.-G. (1977): *Aktionsforschung. Hochschuldidaktische Stichworte.* Hamburg. Interdisziplinäres Zentrum für Hochschuldidaktik der Universität Hamburg

Chein, I. et al (1948): *The field of action research.* American Psychologist Vol. 3. Boston

Deitering, F. G. (2003): *Zehn Erfolgsfaktoren für die Gestaltung von effektiven Folgeprozessen in Mitarbeiterbefragungen.* In: Hamborg, K.-C.; Holling, H. (Hrsg.): *Innovative Personal-und Organisationsentwicklung.* Göttingen. Bern. Toronto. Seattle. Hogrefe Verlag für Psychologie (S. 424-446)

Deutsche Gesellschaft für Evaluation e.V. (2011): *Standards für Evaluationen.* [online] URL: www.degeval.de/degeval-standards/standards (Stand: 20.05.2013)

Dittmar, N. (2002): *Transkription. Ein Leitfaden mit Aufgaben für Studenten, Forscher und Laien.* Leske + Budrich, Opladen

Domsch, M.; Ladwig, D. H. (1999). Mitarbeiterbefragungen als marktorientiertes Instrument einer professionellen Personalarbeit. In Internes Marketing (pp. 601-618). Gabler Verlag.

Domsch, M.; Ladwig, D. (2006): *Mitarbeiterbefragungen – Stand und Entwicklungen.* In: Domsch, M.; Ladwig, D. (Hrsg.): *Handbuch Mitarbeiterbefragung.* Berlin. Heidelberg. New York. Springer Verlag (S. 3 – 26) (2. vollständig überarbeitete Auflage)

Domsch, M.; Ladwig, D. (2013): *Mitarbeiterbefragungen – Stand und Entwicklungen.* In: Domsch, M.; Ladwig, D. (Hrsg.): *Handbuch Mitarbeiterbefragung.* Berlin. Heidelberg. New York. Springer Verlag (S. 3 – 26) (3. vollständig überarbeitete Auflage)

Döring, N. (2009): *Phasen der Evaluationsforschung.* In: Holling, H. et al. (Hrsg.): *Enzyklopädie der Psychologie. Grundlagen und statistische Methoden der Evaluationsforschung.* Göttingen. Bern. Toronto. Seattle. Hogrefe Verlag für Psychologie (S. 99 – 134)

Döring, N. (2014): *Evaluationsforschung.* In:Baur, N.; Blasius, J. (Hrsg.): *Handbuch Methoden der empirischen Sozialforschung.* Wiesbaden. Springer VS (S. 167 – 182)

Döring, N.; Bortz, J. (2016): *Evaluationsforschung.* In: Döring, N.; Bortz, J. (Hrsg.): *Forschungsmethoden und Evaluation in den Sozial- und Humanwissenschaften.* Berlin. Heidelberg Springer Verlag (S. 975 – 1036)

Dresing, T.; Pehl, T. (2010): *Transkription.* In: Mey, G.; Mruck, K. (Hrsg.): *Handbuch Qualitative Forschung in der Psychologie.* Wiesbaden. VS Verlag (S. 723 – 733) (1. Auflage)

Feinstein, I. (2007): *Feedbackkultur und Innovationsklima.* In: Bungard, W. et al. (Hrsg.): *Mitarbeiterbefragung – was dann ...? MAB und Folgeprozesse erfolgreich gestalten.* Heidelberg. Springer Medizin Verlag (S. 85 – 97)

Fettel, A. (1997): *Mitarbeiterbefragungen - Anforderungen und Erwartungen aus Sicht von Mitarbeitern.* In: Bungard, W., (Hrsg.): *Mannheimer Beiträge zur Wirtschafts- und Organisationspsychologie. Themenschwerpunkt: Mitarbeiterbefragungen.* Heft 1/97 (S. 21 – 31)

Fies, N.; Schmitt, V. (1997): *Mitarbeiterbefragungen - Ausgangsbasis für Benchmarking ?.* In: Bungard, W., (Hrsg.): *Mannheimer Beiträge zur Wirtschafts- und Organisationspsychologie. Themenschwerpunkt: Mitarbeiterbefragungen.* Heft 1/97 (S. 60 – 78)

Fitzek, H. (2011): Kurt Lewin und die Aktionsforschung—Die Selbstentdeckung des Forschers im Forschungsfeld. Gestalt Theory. [online] URL: http://gth.krammerbuch.at/sites/default/files/articles/Create%20Article/Fitzek_KORR.pdf   (Stand: 12.01.2017)

Flick, U. (2006): *Qualitative Evaluationsforschung zwischen Methodik und Pragmatik — Einleitung und Überblick.* In: Flick, U. (Hrsg.): *Qualitative Evaluationsforschung.* Reinbek bei Hamburg. Rowohlt Verlag GmbH (S. 9 – 20).

Frank, U. et al (1999): *Aktionsforschung in der WI – Einsatzpotentiale und Einsatzprobleme.* In: Schütte, R. et al. (Hrsg.): *Wirtschaftsinformatik und Wissenschaftstheorie. Grundpositionen und Theoriekern.* Arbeitsbericht Nr. 4. Essen. Institut für Produktion und Informationsmanagement (S. 71 – 90)

French, W.; Bell, C. (1994): *Organisationsentwicklung. Sozialwissenschaftliche Strategien zur Organisationsveränderung.* Bern. Stuttgart. Wien. UTB für Wissenschaft: Uni-Taschenbücher 486. 4. Auflage

Fricke, W. (1998): *Sozialwissenschaften und gesellschaftliche Praxis: Was bei der industriesoziologischen Organisationsberatung leicht zu kurz kommt.* In: Minssen, H. (Hrsg.): *Organisationsberatung Industriesoziologie als Gestaltungswissenschaft? Beiträge zur Frühjahrstagung 1998 der DGS-Sektion "Industrie- und Betriebssoziologie"* [online] URL: http://www4.rz.rub.de:8503/mam/content/fakultaet/diskuss/dp98-13.pdf#page=6 (Stand: 13.01.2017)

Fricke, W. (2011): Aktionsforschung – Wissenschaft und Praxis im Dialog. In: Meyn, C. et al. (Hrsg.): Arbeitssituationsanalyse. Bd. 2: Praxisbeispiele und Methoden. Wiesbaden. VS Verlag (S. 406 – 421)

Fricke, W. (2014): *Aktionsforschung in schwierigen Zeiten.* In: Jostmeier, M. et al. (Hrsg.): *Sozialen Wandel gestalten. Zum gesellschaftlichen Innovationspotential von Arbeits- und Organisationsforschung.* Wiesbaden. Springer VS (S. 213 – 236)

Friedrichs, J. (1990): *Methoden der empirischen Sozialforschung.* Braunschweig. Opladen. Westdeutscher Verlag GmbH. 14. Auflage

Gollwitzer, M., Jäger, R. (2009): *Evaluation kompakt.* Weinheim. Basel. Beltz Verlag

Grassl. R. (2014): *Aktionsforschung: Der praktischen Theorie auf die Spur kommen.* In: Hanft, A. et al. (Hrsg.): *Lernwege gestalten: Studienformate an der Schnittstelle von Theorie und Praxis.* (S. 21 – 31) [online] URL: http://www.offene-hochschulen.uni-oldenburg.de/download/TAGUNGSBAND_Lernwege%20gestalten_final.pdf#page=21 (Stand: 12.01.2017)

Grossmann, R., et al. (2002). Die Evaluation von Prozessen der Organisationsentwicklung. In: Grossmann, R. et al. (Hrsg.): Intelligentes Krankenhaus. Vienna. Springer (S. 156-178)

Hacker, W. (1973): *Allgemeine Arbeits- und Ingenieurspsychologie.* Berlin: VEB Deutscher Verlag der Wissenschaften

Häring, K. (2003): *Evaluation der Weiterbildung von Führungskräften. Anspruch und Realität des Effektivitätscontrolling in deutschen Unternehmen.* Wiesbaden. Deutscher Universitäts-Verlag. GWV Fachverlage GmbH (Dissertation)

Heckhausen, J.; Heckhausen, H. (2006): *Motivation und Handeln: Einführung und Überblick* In: Heckhausen, J.; Heckhausen, H. (Hrsg.): *Motivation und Handeln.* Heidelberg. Springer Medizin Verlag (S. 1 – 10)

Heckhausen, H. (2006): *Entwicklungslinien der Motivationsforschung* In: Heckhausen, J.; Heckhausen, H. (Hrsg.): *Motivation und Handeln.* Heidelberg. Springer Medizin Verlag (S. 11 – 43)

Heimerl, P. (2008): *Ausgangspunkt Organisationsentwicklung.* In: Ebner, G. et al. (Hrsg.): *Fehler. Lernen. Unternehmen. Wie Sie die Fehlerkultur und Lernreife Ihrer Organisation wahrnehmen und gestalten.* Frankfurt am Main. Peter Lang GmbH Internationaler Verlag der Wissenschaften (S. 11 – 42)

Heimerl, P. (2009): *Zur expeditionalen Organisationsentwicklung.* Bern. Stuttgart. Wien. Haupt Verlag

Heinze, T. (1997): *Organisationsentwicklung als Aktionsforschung.* In: Heinze, T. (Hrsg.): *Kulturmanagement II. Konzepte und Strategien.* Opladen. Westdeutscher Verlag (S. 198 – 210).

Helm, A. (2009): *Mitarbeiterbefragungen (MAB) und Wandel.* In: *Mitarbeiterführung und Kommunikation.* Gabler (S. 31-90)

Hermann, M. A.; Pifko, C. (2009): *Personalmanagement. Theorie und zahlreiche Beispiele aus der Praxis.* 2. Aktualisierte Auflage. Zürich. Compendio Bildungsmedien AG

Hirschauer, S. (2004): *Peer Review Verfahren auf dem Prüfstand: Zum Soziologiedefizit der Wissenschaftsevaluation/Peer Review Research—Reviewed: Sociological Shortcomings of Academic Evaluation.* Zeitschrift für Soziologie, (S. 62-83)

Hochschule Harz Wernigerode. (S. 32 – 41) [online] URL: https://www.hs-harz.de/dokumente/extern/Presse/Publikationen/Harzer_Hochschultexte_5.pdf#page=32 (Stand: 05.01.2017)

Hodapp, M. (2007): *Maßnahmen-Monitoring und Controlling.* In: Bungard, W. et al. (Hrsg.): *Mitarbeiterbefragung – was dann...? MAB und Folgeprozesse erfolgreich gestalten.* Heidelberg. Springer Medizin Verlag (S. 170 – 178)

Hodapp, M. et al. (2007): *Empirische Befunde zur Wirkung und Ausgestaltung des Follow-up-Prozesses?.* In: Bungard, W. et al. (Hrsg.): *Mitarbeiterbefragung – was dann...? MAB und Folgeprozesse erfolgreich gestalten.* Heidelberg. Springer Medizin Verlag (S. 104 – 108)

Holling, H. (2009): *Grundlagen der Evaluationsforschung.* In: Holling, H. et al. (Hrsg.): *Enzyklopädie der Psychologie. Grundlagen und statistische Methoden der Evaluationsforschung.* Göttingen. Bern. Toronto. Seattle. Hogrefe Verlag für Psychologie (S. 1 – 34)

Hossiep, R.; Frieg, P. (2013): *Mitarbeiterbefragungen in den 2000er Jahren: Eine Bestandsaufnahme.* In: Domsch, M.; Ladwig, D. (Hrsg.): *Handbuch Mitarbeiterbefragung* Springer Berlin Heidelberg. (S. 57-75).

Höhne, T. (2005): Evaluation als Wissens-und Machtform. Universitätsbibliothek Giessen. [online] URL: http://d-nb.info/105780388X/34 (Stand: 11.01.2017)

Höhne, T. (2006): *Evaluation als Medium der Exklusion.* In: Weber, S.; Maurer, S. (Hrsg.): *Gouvernementalität und Erziehungswissenschaft. Wissen – Macht – Transformation.* Wiesbaden. VS Verlag für Sozialwissenschaften. (S. 197-218)

Hussy, W. et al. (2013): *Forschungsmethoden in Psychologie und Sozialwissenschaften für Bachelor. 2. überarbeitete Auflage.* Berlin. Heidelberg. Springer Medizin Verlag

Jonas-Klemm, S. (2007): *Unterstützung des Follow-ups durch qualitative Verfahren und Daten.* In: Bungard, W. et al. (Hrsg.): *Mitarbeiterbefragung – was dann...? MAB und Folgeprozesse erfolgreich gestalten.* Heidelberg. Springer Medizin Verlag (S. 165 – 170)

Jost, P.-J. (2000): *Organisation und Motivation. Eine ökonomisch-psychologische Einführung.* Wiesbaden. Gabler Verlag

Jöns, I. (1997): *Formen und Funktionen von Mitarbeiterbefragungen.* In: Bungard, W., Jöns, I. (Hrsg.): *Mitarbeiterbefragungen. Ein Instrument des Innovations- und Qualitätsmanagements.* Weinheim. Beltz Verlag (S. 15 – 31)

Jöns, I. (2003): *Effizienz von Feedbackinstrumenten - am Beispiel von Mitarbeiterbefragungen.* In: Stäudel, T. (Hrsg.): *Wirtschaftspsychologie: Ein Fach etabliert sich. Bericht über die 9. Tagung der Gesellschaft für angewandte Wirtschaftspsychologie 2003*

Jöns, I. (2007): *Rolle der Führungskräfte.* In: Bungard, W. et al. (Hrsg.): *Mitarbeiterbefragung – was dann...? MAB und Folgeprozesse erfolgreich gestalten.* Heidelberg. Springer Medizin Verlag (S. 97 – 103)

Jöns, I.; Müller, K. (2007a): *Vorbereitung, Planung und Organisation von Mitarbeiterbefragungen.* In: Bungard, W. et al. (Hrsg.): *Mitarbeiterbefragung – was dann...? MAB und Folgeprozesse erfolgreich gestalten.* Heidelberg. Springer Medizin Verlag (S. 13 – 25)

Jöns, I.; Müller, K. (2007b): *Ergebnisrückmeldung und Maßnahmenableitung.* In: Bungard, W. et al. (Hrsg.): *Mitarbeiterbefragung – was dann...? MAB und Folgeprozesse erfolgreich gestalten.* Heidelberg. Springer Medizin Verlag (S. 54 – 68)

Jost, P. (2013): *Organisation und Motivation: eine ökonomisch-psychologische Einführung.* Wiesbaden. Springer-Verlag.

Kauffeld, S.; Schneider, H. (2014): *Organisationsentwicklung und Beratung.* In Kauffeld, S. (Hrsg.): *Arbeits-, Organisations- und Personalpsychologie für Bachelor. 2., überarbeitete Auflage.* Berlin. Heidelberg. Springer Verlag (S. 53 – 70)

Kirchler, E.; Rodler, C. (2001): *Motivation in Organisationen.* Wien. facultas. wuv/maudrich.

Klarner, P.; Raisch, S. (2007): *Organisationalen Wandel messen.* Organisationsentwicklung, 4, 2007. [online] URL: http://www.nextpractice.de/files/PDF/OrganisationsEntwicklung_4_07_Klarner_Raisch.pdf (Stand: 08.01.2017)

Klüver, J.; Krüger, H. (1972): *Aktionsforschung und soziologische Theorien. Wissenschaftstheoretische Überlegungen zum Erkenntnisinteresse in der Aktionsforschung.* In: Haag, F. et al. (Hrsg.): *Aktionsforschung. Forschungsstrategien, Forschungsfelder und Forschungspläne.* Augsburg. Juventa Verlag (S. 76 – 99)

Konzernteam Mitarbeiterbefragungen (2014): *Manual Stimmungsbarometer 2014.* Interne Unterlage (Stand: 12.02.2014)

König, E. (1983): *Methodenprobleme der Handlungsforschung. Zur Diskussion um die Handlungsforschung.* In: Zedler, P., Moser, H. (Hrsg.): *Aspekte qualitativer Sozialforschung. Studien zu Aktionsforschung, empirischer Hermeneutik und reflexiver Sozialtechnologie.* Meisenheim. Opladen: Leske + Budrich (S. 79 – 94)

Krainer, K. (1997): *Aktionsforschung: Grundlage professioneller Praxis.* In: Grossmann, R.; Krause, M. (Hrsg.): *Wie wird Wissen wirksam?* Vienna. Springer Verlag (S. 91 – 96)

Krall, H. (2008): *Psychodrama und Soziometrie in Supervision und Coaching – Anknüpfungspunkte in der qualitativen Sozialforschung.* In: Krall, H. et al. (Hrsg.): *Supervision und Coaching. Praxisforschung und Beratung im Sozial- und Bildungsbereich.* Wiesbaden. VS Verlag für Sozialwissenschaften (S. 251 – 268)

Kromrey, H. (2001): Evaluation - ein vielschichtiges Konzept: Begriff und Methodik von Evaluierung und Evaluationsforschung ; Empfehlungen für die Praxis. [online] URL: http://www.ssoar.info/ssoar/bitstream/handle/document/3764/ssoar-sub-2001-2-kromrey-evaluation_-_ein_vielschichtiges_konzept.pdf?sequence=1 (Stand: 10.01.2017)

Kromrey, H. (2002): *Empirische Sozialforschung. Modelle und Methoden der standardisierten Datenerhebung und Datenauswertung. 10., vollständig überarbeitete Auflage.* Opladen. Leske + Budrich

Kromrey, H. (2003): *Qualität und Evaluation im System Hochschule.* In: Stockmann, R. (Hrsg.): *Evaluationsforschung.* Opladen. Leske + Budrich (2. Aufl. 2003, S. 233-258)

Kuckartz, U. et al. (2008): *Qualitative Evaluation. Der Einstieg in die Praxis. 2., aktualisierte Auflage.* Wiesbaden. VS Verlag für Sozialwissenschaften

Kuckartz, U. et al. (2009): *Evaluation online. Internetgestützte Befragung in der Praxis.* Wiesbaden. VS Verlag für Sozialwissenschaften

Lauer, T. (2010): *Erfolgsfaktor Partizipation–Betroffene beteiligen.* In: *Change Management.* Springer Berlin Heidelberg. (S. 125-140)

Lange, E. (1983): *Entwicklung und Methodik der Evaluationsforschung in der Bundesrepublik Deutschland.* ZfS, Zeitschrift für Soziologie, Jg. 12, Heft 3, (S. 253 – 270)

Leiner, D. J. (2014). SoSci Survey (Version 2.4.00-i) [Computer Software]. Verfügbar unter https://www.soscisurvey.de

Lewin, K. (1953): *Die Lösung sozialer Konflikte.* Bad Nauheim. Christian-Verlag

Liebig, Ch. (2006): *Mitarbeiterbefragung als Interventionsinstrument. Untersuchung ihrer Effektivität anhand des Kriteriums Arbeitszufriedenheit.* Wiesbaden. Deutscher Universitäts-Verlag. GWV Fachverlage GmbH (Dissertation)

Liebig, Ch; Müller, K. (2005): *Mitarbeiterbefragung online oder offline? Chancen und Risiken von papierbasierten versus internetgestützten Befragungen.* In: *Feedbackinstrumente im Unternehmen.* Wiesbaden. (S. 209-219)

Martin, A.; Bartscher-Finzer, S. (2010): *Motivation.* In: Mayrhofer, W. et al. (Hrsg.): *Praxis der Organisationsanalyse. Anwendungsfelder und Methoden* Wien. Facultas Verlags- und Buchhandels AG, 1. Auflage (S. 256 – 278)

Mayer, H. O. (2013): *Interview und schriftliche Befragung. Grundlagen und Methoden empirischer Sozialforschung.* München. Oldenbourg Wissenschaftsverlag GmbH (6. überarbeitete Auflage)

Moser, H. (1975): *Aktionsforschung als kritische Theorie der Sozialwissenschaften..* München. Kösel-Verlag GmbH & Co

Moser, H. (1977a): *Praxis der Aktionsforschung. Ein Arbeitsbuch.* München. Kösel-Verlag GmbH & Co

Moser, H. (1977b): *Methoden der Aktionsforschung. Eine Einführung.* München. Kösel-Verlag GmbH & Co

Moser, H. (1983): *Zur methodologischen Problematik der Aktionsforschung.* In: Zedler, P., Moser, H. (Hrsg.): *Aspekte qualitativer Sozialforschung. Studien zu Aktionsforschung, empirischer Hermeneutik und reflexiver Sozialtechnologie.* Meisenheim. Opladen: Leske + Budrich (S. 51 – 78)

Müller, K. (2007): *Durchführung der Befragung.* In: Bungard, W. et al. (Hrsg.): *Mitarbeiterbefragung – was dann...? MAB und Folgeprozesse erfolgreich gestalten.* Heidelberg. Springer Medizin Verlag (S. 27 – 53)

Müller, K.; Straatmann, T. (2007): *Mitarbeiterbefragungs-Marketing.* In: Bungard, W. et al. (Hrsg.): *Mitarbeiterbefragung – was dann...? MAB und Folgeprozesse erfolgreich gestalten.* Heidelberg. Springer Medizin Verlag (S. 111 – 120)

Müller, K. et al. (2007a): *Mitarbeiterbefragung – Begriff, Funktion, Form.* In: Bungard, W. et al. (Hrsg.): *Mitarbeiterbefragung – was dann...? MAB und Folgeprozesse erfolgreich gestalten.* Heidelberg. Springer Medizin Verlag (S. 6 – 12)

Müller, K. et al. (2007b): *Einsatz von Change Surveys zur nachhaltigen Steuerung von Veränderungsprozessen im öffentlichen Sektor.* In: Rosenstiel, L. von et al. (Hrsg.): *Change Management Praxisfälle: Veränderungsschwerpunkte Organisation, Team, Individuum,.* Heidelberg. Springer Medizin Verlag (S. 339 – 360)

Nerdinger, F. W. (1995): *Motivation und Handeln in Organisationen. Eine Einführung.* Stuttgart. Berlin. Köln. Verlag W. Kohlhammer

Nerdinger, F. W. (2008): *Grundlagen des Verhaltens in Organisationen. 2., aktualisierte Auflage.* Stuttgart. Verlag W. Kohlhammer

Nerdinger, F.W. et al. (2014): *Arbeits- und Organisationspsychologie. 3., vollständig überarbeitete Auflage.* Heidelberg. Springer

Niethammer, C.; Müller, K. (2007): *Sicherung der Nachhaltigkeit von Mitarbeiterbefragungen.* In: Bungard, W. et al. (Hrsg.): *Mitarbeiterbefragung – was dann...? MAB und Folgeprozesse erfolgreich gestalten.* Heidelberg. Springer Medizin Verlag (S. 78 – 84)

Nonne, F.-W. (1989): *Antiautoritärer Denkstil, kritische Wissenschaft und Aktionsforschung: wissenschaftshistorische Untersuchung.* Bielefeld. (Dissertation)

Oquist, P. (1978): *Erkenntnistheoretische Grundlagen der Aktionsforschung.* In: Moser, H., Ornauer, H. (Hrsg.): *Internationale Aspekte der Aktionsforschung.* München. Kösel-Verlag GmbH & Co (S. 25 – 50)

Pekrun, R. (2000): Evaluation in der betrieblichen Weiterbildung. In: Harteis, Ch. et al. (Hrsg.): Kompendium Weiterbildung. Aspekte und Perspektiven betrieblicher Personal- und Organisationsentwicklung. Opladen. Leske + Budrich (S. 269 – 288)

Pfeiffer, S. et al. (2010): *Innovation und Aktionsforschung – neue Herausforderungen?!* In: Jacobsen, H., Schallock, B. (Hrsg.): *Innovationsstrategien jenseits traditionellen Managements. Beiträge zur Ersten Tagung des Förderschwerpunkts des BMBF, 8.-9. Oktober 2009. Berlin.* Stuttgart. Frauenhofer Verlag (S. 172 - 181)

Posch, P. (2010): *Aktionsforschung und Kompetenzentwicklung.* [online] URL: http://www-1v75.rz.uni-mannheim.de/Publikationen/MA%20Beitraege/01-03/beitrag2_veraenderungsbereitschaft_sandaujoens.pdf (Stand: 13.01.2017)

Pruckner, M. (2000): *Weg-Ziel-Theorien: Metaanalytische Betrachtungen* In: Liepmann, D. (Hrsg.): *Motivation, Führung und Erfolg in Organisationen* Frankfurt am Main. Peter Lang Europäischer Verlag der Wissenschaften (S. 51 - 128)

Prüfer, P.; Rexroth, M. (1996): *Verfahren zur Evaluation von Survey - Fragen: Ein Überblick.* ZUMA-Arbeitsbericht Nr. 96/05. Mannheim

Racky, S. (2007): *Training für Führungskräfte.* In: Bungard, W. et al. (Hrsg.): *Mitarbeiterbefragung – was dann...? MAB und Folgeprozesse erfolgreich gestalten.* Heidelberg. Springer Medizin Verlag (S. 120 – 132)

Ridder, H. G.; Bruns, H. J. (2000): *Zur Rolle von Führungskräften bei der Konzeption und Durchführung von Mitarbeiterbefragungen.* German Journal of Human Resource Management: Zeitschrift für Personalforschung, 14(1), (S.28-51)

Rosenkranz, H. (1982): *Einführung.* In: Rosenkranz, H.; Breuel, R.(Hrsg.): *Von der Gruppendynamik zur Organisationsentwicklung – Praxismodelle für Training und Organisationsberatung in der Wirtschaft.* Wiesbaden. Springer Fachmedien (S. 1 – 6)

Rosenstiel, L. von (1975): *Die motivationalen Grundlagen des Verhaltens in Organisationen, Leistung und Zufriedenheit.* Berlin. Duncker & Humblot.

Rosenstiel, L. von; Nerdinger, F. W.. (2011): *Grundlagen der Organisationspsychologie. Basiswissen und Anwendungshinweise.* Stuttgart. Schäffer-Poeschel Verlag (7., überarbeitete Auflage)

Rossi, P.H. et al. (1988): *Programm-Evaluation. Einführung in die Methoden angewandter Sozialforschung.* Stuttgart. Ferdinand Enke Verlag

Sandau, M.; Jöns, I. (2001): Die Auswirkungen der Veränderungsbereitschaft des Managements auf das Veränderungserleben der Mitarbeiter. [online] URL: http://www-1v75.rz.uni-mannheim.de/Publikationen/MA%20Beitraege/01-03/beitrag2_veraenderungsbereitschaft_sandaujoens.pdf (Stand: 05.01.2017)

Schäfer, H. von (2011): *Strategie-und Prozessmanagement.* In: Ellebracht, H. et al. (Hrsg.): *Systemische Organisations-und Unternehmensberatung. Praxishandbuch für Berater und Führungskräfte.* 4. Auflage Wiesbaden. Gabler Verlag. ISO 690 (S. 171-208)

Schirmer, U. et al. (2009): *Mitarbeiterführung.* Heidelberg. Physica-Verlag

Schneider, U. (1980): *Sozialwissenschaftliche Methodenkrise und Handlungsforschung. Methodische Grundlagen der Kritischen Psychologie 2.* Frankfurt/Main. New York. Campus-Verlag

Schnell, R. et al.(2013): *Methoden der empirischen Sozialforschung.* München. Oldenbourg Verlag (10. Auflage)

Schreier et al. (2008): *Sampling in qualitativen Untersuchungen: Entwicklung eines Stichprobenplanes zur Erfassung von Präferenzen unterschiedlicher Stakeholdergruppen zu Fragen der Priorisierung medizinischer Leistungen.* Priorisierung in der Medizin FOR 655 Nr. 12 / 2008 [online] URL: http://www.priorisierung-in-der-medizin.de/documents/FOR655_Nr12_Adele_final.pdf (Stand: 05.11.2014)

Schülein, J. A. (1979): *Alltagshandeln und Reflexion. Voraussetzungen und Probleme alternative Sozialwissenschaft.* In: Horn, K. (Hrsg.): *Aktionsforschung: Balanceakt ohne Netz? Methodische Kommentare.* Frankfurt a. M. Syndikat Autoren- und Verlagsgesellschaft (S. 281 - 378)

Sichler, R. (2012): *Psychologische Aspekte im Personalmanagement: Motivation – Mitarbeiterbindung - Anerkennung.* In: Heimerl, P.; Sichler, R. (Hrsg.): *Strategie. Organisation. Personal. Führung.* Wien. Facultas Verlags- und Buchhandels AG (S. 439 – 494)

Scheffer, D.; Kuhl, J. (2006): *Erfolgreich motivieren: Mitarbeiterpersönlichkeit und Motivationstechniken.* Göttigen. Bern. Wien. Toronto. Seattle. Oxford. Prag. Hogrefe Verlag.

Schmidt, U. et al. (2002): *Ansätze zu Evaluation und Organisationsentwicklung.* Zeitschrift für Evaluation Heft 1/2002, (S. 159 – 170)

Scholz, C. et al. (2012): Mitarbeiterbefragung: aktuelle Trends und hilfreiche Tipps. In: Scholz, C. (Hrsg.): *Strategie- und Informationsmanagement. München u. Meringen.* Rainer Hampp Verlag. Band 29

Schulz, K.-P. (2016): *Partizipative Erhebungsverfahren und deren Anwendung bei der Analyse von Innovationsfähigkeit in Unternehmen.* In: Schulz, K.-P.; Riedel, R. (Hrsg.): *Nachhaltige Innovationsfähigkeit von produzierenden KMU. Inhalte, Methoden, Fallbeispiele.* München und Mering. Rainer Hampp Verlag (S. 123 – 144)

Spiess, E. (1994): Aktionsforschung. In: Rosenstiel, L. von et al. (Hrsg.): Handbuch der Angewandten Psychologie. Grundlagen · Methoden · Praxis. Landsberg/ Lech. Ecomed Verlag

Spiess, E.; Rosenstiel, L. von (2010): *Organisationspsychologie. Basiswissen, Konzepte und Anwendungsfelder.* München. Oldenbourg Verlag

Spöhring, W. (1989): *Qualitative Sozialforschung.* Stuttgart. Teubner

Steinert, E. (2008): *Ansätze qualitativer Sozialforschung.* In: Steinert, E.; Thiele, G. (Hrsg.): *Sozialarbeitsforschung für Studium und Praxis. Einführung in die qualitativen und quantitativen Methoden.* Frankfurt am Main. Peter Lang Verlag (S. 77 – 126)

Stockmann, R. (2002): *Qualitätsmanagement und Evaluation–Konkurrierende oder sich ergänzende Konzepte.* Zeitschrift für Evaluation, 1(2) (S. 209-243)

Stockmann, R. (2004): *Evaluation in Deutschland.* In: Stockmann, R. (Hrsg.): *Evaluationsforschung. Grundlagen und ausgewählte Forschungsfelder. 2., überarbeitete und aktualisierte Auflage.* Hemsbach. Opladen. Leske + Budrich (S. 13 – 44)

Stockmann, R. (2010): Rolle der Evaluation in der Gesellschaft. [online] URL: http://scidok.sulb.uni-saarland.de/volltexte/2010/3101/pdf/Rolle_der_Eva_in_der_Gesellschaft.pdf (Stand: 11.01.2017)

Sturm, A et al.(2011): *Organisationspsychologie.* Wiesbaden. VS Verlag für Sozialwissenschaften (1. Auflage)

Thielsch, M. T., Weltzin, S. (2009): *Online-Befragungen in der Praxis.* In: Brandenburg, T. und Thielsch, M. T. (Hrsg.): *Praxis der Wirtschaftspsychologie. Themen und Fallbeispiele für Studium und Anwendung.* Münster. MV-Verlag (S. 69 – 86)

Thomae, M. (1999): Die Managementlehre auf dem Irrweg der Aktionsforschung. Ein wissenschaftstheoretischer Zwischenruf. In: Klimecki, R. G. (Hrsg.): Management Forschung und Praxis [online] URL: http://d-nb.info/981145353/34/ (Stand: 12.01.2017)

Trost, A. (1997): *Das Antwortverhalten befragter Mitarbeiter - eine kognitionspsychologische Perspektive.* In: Bungard, W., (Hrsg.): *Mannheimer Beiträge zur Wirtschafts- und Organisationspsychologie. Themenschwerpunkt: Mitarbeiterbefragungen.* Heft 1/97 (S. 39 – 59)

Trost, A. (2009): *Kommunikation bei Mitarbeiterbefragungen.* In: Böcker, M.; Schelenz, B. (Hrsg.): *Personalentwicklung als Kommunikationsaufgabe. Herausforderungen, Lösungsansätze und Praxisbeispiele.* Erlangen. Publics.(S. 10-22)

Wehling, P. (2008): *Wissen und seine Schattenseite: Die wachsende Bedeutung des Nichtwissens in (vermeintlichen) Wissensgesellschaften.* In: Brüsemeister, T.; Eubel, K. D. (Hrsg.): *Evaluation, Wissen und nicht Nichtwissen.* Heidelberg. VS Verlag für Sozialwissenschaften (S. 7-16)

Weinert, A (2004): *Organisations- und Personalpsychologie.* Weinheim. Basel. Beltz Verlag (5. vollständig überarbeitete Auflage)

Weiss, C. H. (1974): *Evaluationsforschung. Methoden zur Einschätzung von sozialen Reformprogrammen.* Studienbücher zur Sozialwissenschaft 10. Opladen. Westdeutscher Verlag GmbH

Werther, S. (2015a): *Feedbackinstrumente in Unternehmen.* In: Werther, S. (Hrsg.): *Einführung in Feedbackinstrumente in Organisationen.* Springer Fachmedien Wiesbaden. (S. 17-32)

Werther, S. (2015b): *Einsatz von Feedbackinstrumenten.* In: Werther, S. (Hrsg.): *Einführung in Feedbackinstrumente in Organisationen.* Springer Fachmedien Wiesbaden. (S. 39-50)

Wesseler, M. (1999): *Evaluation und Evaluationsforschung.* In: Tippelt, R. (Hrsg.): *Handbuch Erwachsenenbildung/Weiterbildung. 2., überarbeitete und aktualisierte Auflage.* VS Verlag für Sozialwissenschaften. (S. 736-752)

Wesseler, M. (2010): *Evaluation und Evaluationsforschung.* In: Tippelt, R.; Hippel, A. von (Hrsg.): *Handbuch Erwachsenenbildung/Weiterbildung. 4., durchgesehene Auflage.* VS Verlag für Sozialwissenschaften. (S. 1031-1048)

Wesseler, M. (2011): *Evaluation und Evaluationsforschung als innovatives Potenzial in der Weiterbildung.* In: Tippelt, R.; Hippel, A. von (Hrsg.): *Handbuch Erwachsenenbildung/Weiterbildung. 5. Auflage* VS Verlag für Sozialwissenschaften. (S. 1-21)

Widmer, T. (2004): *Qualität der Evaluation – Wenn Wissenschaft zur praktischen Kunst wird.* In: Stockmann, R. (Hrsg.): *Evaluationsforschung. Grundlagen und ausgewählte Forschungsfelder. 2., überarbeitete und aktualisierte Auflage.* Hemsbach. Opladen: Leske + Budrich (S. 83 – 109)

Wimmer, R. (1991): *Organisationsberatung eine Wachstumsbranche Ohne Professionelles Selbstverständnis Überlegungen zur Weiterführung des OE-Ansatzes in Richtung systemischer Organisationsberatung.* In: Hofmann, M. (Hrsg.): *Theorie und Praxis der Unternehmensberatung. Bestandsaufnahme und Entwicklungsperspektiven.* Heidelberg. Physica-Verlag (S. 45 – 136)

Wimmer, R. (2004): OE am Scheideweg. Hat die Organisationsentwicklung ihre Zukunft bereits hinter sich? [online] URL: http://www.osb-i.com/sites/default/files/user_upload/ Publikationen/Wimmer_OE_am_Scheideweg_OE_1_04.pdf (Stand: 12.01.2017)

Wittmann, W. W. (2009): *Evaluationsmodelle.* In: Holling, H. et al. (Hrsg.): *Enzyklopädie der Psychologie. Grundlagen und statistische Methoden der Evaluationsforschung.* Göttingen. Bern. Toronto. Seattle. Hogrefe Verlag für Psychologie (S. 59 – 98)

Wolf, J. (2013): *Organisation, Management, Unternehmensführung. Theorien, Praxisbeispiele und Kritik* Wiesbaden. Springer Gabler (5., überarbeitete und aktualisierte Auflage)

Anhang

Anhang 1: Fragenbogen für die Befragung der betrieblichen Vorgesetzten

Anschreiben

Sehr geehrte Damen und Herren,

im vierten Jahr des Stimmungsbarometers am Standort Salzgitter, möchte Ihnen die Personalabteilung die Möglichkeit geben, die begleitenden Maßnahmen zum Stimmungsbarometer zu beurteilen.

Ziel ist es dabei, herauszufinden welche Maßnahmen aus Ihrer Sicht hilfreich sind und welche Unterstützung darüber hinaus von Ihnen gewünscht wird. Durch die Teilnahme an dieser Befragung haben Sie die Möglichkeit aktiv an der Gestaltung der Rahmenbedingungen des Stimmungsbarometers mitzuwirken.

Zu den Fragebögen gelangen Sie über folgenden Link: https://www.soscisurvey.de/BefraStiba/?q=BefraFK

Die Bearbeitungsdauer beträgt max. 10 Minuten.

Selbstverständlich ist Ihre Teilnahme freiwillig und anonym. Das heißt die Beantwortung des Fragebogens lässt keine Rückschlüsse auf eine konkrete Person zu. Sollten Sie Fragen zum Datenschutz haben, kontaktieren Sie bitte Martin Thomke, Tel. - 3820)

Bitte füllen Sie die Fragebögen **bis zum 23.09.2011** aus. Die Daten aus Ihren ausgefüllten Fragebögen können ausschließlich von mir eingesehen werden.

Für Fragen stehe ich Ihnen gerne zur Verfügung!

Für Ihre Unterstützung bedanke ich mich im Voraus und verbleibe

Mit freundlichen Grüßen

Hannes Traut
M.A.

Personalbetreuung Werk Salzgitter
HMS-S1

Volkswagen Aktiengesellschaft
Brieffach 7861
D-38231 Salzgitter

Bik +49 5341 23-18682
Fax +49 5341 23-3921

0% ausgefüllt

1. Frageblock zum Ansprechpartner in Sachen Stimmungsbarometer

Bitte kreuzen Sie an!

Das finde ich wichtig!

Es ist mir aufgefallen, dass	ja	nein	trifft voll und ganz zu	trifft zu	teils, teils	trifft nicht zu	trifft überhaupt nicht zu
es einen Ansprechpartner in Sachen Stimmungsbarometer in meinem Bereich gibt.	○	○	○	○	○	○	○
der Ansprechpartner Informationen zum Stimmungsbarometer an meine Mitarbeiter und mich weitergibt.	○	○	○	○	○	○	○
der Ansprechpartner die Anmeldung zu den Vorgesetzten-Seminaren unterstützt.	○	○	○	○	○	○	○
der Ansprechpartner das Feedback meiner Mitarbeiter und von mir an die Projektleitung weitergibt.	○	○	○	○	○	○	○
der Ansprechpartner bei der Einrichtung des Gruppenaccounts in meinem Bereich unterstützt.	○	○	○	○	○	○	○

Falls Sie Veränderungswünsche
bezogen auf den
Ansprechpartner in Sachen
Stimmungsbarometer Ihres
Bereiches haben, können Sie
hier eintragen was aus Ihrer
Sicht verbessert werden kann

Weiter

Hannes Traut, Tel.+49 5341 23-18682, Personalbetreuung Werk Salzgitter, HMS-S1

2. Frageblock Qualifizierungsmaßnahmen zum Stimmungsbarometer

Bitte kreuzen Sie an!

Das finde ich wichtig!

Es ist mir aufgefallen, dass...

	ja	nein	trifft voll und ganz zu	trifft zu	teils, teils	trifft nicht zu	trifft überhaupt nicht zu
mir die Personalabteilung während der Durchführung Unterstützung anbietet.	○	○	○	○	○	○	○
mir Informationsmaterialen für die Ergebnisdurchsprache zur Verfügung gestellt werden.	○	○	○	○	○	○	○
es eine Schulung für die Ergebnisdurchsprache gibt.	○	○	○	○	○	○	○

Wie beurteilen Sie die folgenden Aussagen?

	trifft voll und ganz zu	trifft zu	teils, teils	trifft nicht zu	trifft überhaupt nicht zu
Die selbstständige Vorbereitung auf die Ergebnisdurchsprache finde ich wichtig.	○	○	○	○	○
Die Anliegen meiner Mitarbeiter bei der Ergebnisdurchsprache in den Mittelpunkt zu stellen, finde ich wichtig.	○	○	○	○	○
Einen Einblick in die Stärken und Schwächen meiner Organisationseinheit durch die Ergebnisdurchsprache zu bekommen, finde ich wichtig.	○	○	○	○	○
Dass ich das Stimmungsbarometer zur Verbesserung meiner Organisationseinheit einsetzen kann, finde ich wichtig.	○	○	○	○	○
Die Möglichkeit gemeinsam mit meinen Mitarbeitern Verbesserungen zu erarbeiten, finde ich wichtig.	○	○	○	○	○

Falls Sie Veränderungswünsche bezogen auf die Qualifizierungsmaßnahmen haben, können Sie hier eintragen was aus Ihrer Sicht verbessert werden kann:

Weiter

28% ausgefüllt

3. Frageblock Informationskampagne zum Stimmungsbarometer
Bitte kreuzen Sie an!

	ja	nein	Das finde ich wichtig!				
			trifft voll und ganz zu	trifft zu	teils, teils	trifft nicht zu	trifft überhaupt nicht zu
Ich informiere meine Mitarbeiter im Vorfeld zum Thema Stimmungsbarometer.	○	○	○	○	○	○	○
Ich führe einen Vorjahresrückblick des Stimmungsbarometers in meinem Bereich durch	○	○	○	○	○	○	○

Es ist mir aufgefallen, dass...	ja	nein	Das finde ich wichtig!				
			trifft voll und ganz zu	trifft zu	teils, teils	trifft nicht zu	trifft überhaupt nicht zu
SZ-Beschäftigte auf Großplakatwänden zum Stimmungsbarometer abgebildet sind.	○	○	○	○	○	○	○
das der Ansprechpartner in Sachen Stimmungsbarometer aus unserem Bereich auf einem Plakat an der Abteilungsinfotafel dargestellt wird.	○	○	○	○	○	○	○
es einen standortbezogenen Film zum Stimmungsbarometer gibt.	○	○	○	○	○	○	○
besonders positive Maßnahmen aus dem Stimmungsbarometer in der Mitarbeiterzeitung „MEMO" veröffentlicht werden.	○	○	○	○	○	○	○
der Werkleiter im Vorfeld das Stimmungsbarometer anspricht.	○	○	○	○	○	○	○
der Betriebsrat im Vorfeld das Stimmungsbarometer anspricht.	○	○	○	○	○	○	○
mich unser Werkleiter, Personalleiter und Betriebsratsvorsitzender persönlich in der **Entgeltabrechnung** auf das Stimmungsbarometer anschreiben.	○	○	○	○	○	○	○
mich unsere Werkleiter, Personalleiter und Betriebsratsvorsitzender mich persönlich in der **Mitarbeiterzeitung** auf das Stimmungsbarometer anschreiben.	○	○	○	○	○	○	○
regelmäßig zum Zwischenstand- und zum Abschluss des Stimmungsbarometers berichtet wird.	○	○	○	○	○	○	○

Falls Sie Veränderungswünsche bezogen auf die Informationskampagne haben, können Sie hier eintragen was aus Ihrer Sicht verbessert werden kann:

[Weiter]

4. Frageblock Prozessbetreuung Stimmungsbarometer

Bitte kreuzen Sie an!

Es ist mir aufgefallen, dass...	ja	nein	Das finde ich wichtig!				
			trifft voll und ganz zu	trifft zu	teils, teils	trifft nicht zu	trifft überhaupt nicht zu
ich direkt von der Personalabteilung auf das Stimmungsbarometer angesprochen werde.	○	○	○	○	○	○	○
ich wöchentlich über die Beteiligungsquote in meinem Bereich informiert werde.	○	○	○	○	○	○	○
drei Tage vor Ende via Erinnerungsbildschirm am PC auf das Stimmungsbarometer hingewiesen wird.	○	○	○	○	○	○	○

Falls Sie Veränderungswünsche bezogen auf die Prozessbetreuung haben, können Sie hier eintragen was aus Ihrer Sicht verbessert werden kann:

Weiter

57% ausgefüllt

5. Frageblock Ergebnisanalyse Stimmungsbarometer
Bitte kreuzen Sie an!

Das ist mir wichtig!

Es ist mir aufgefallen, dass...	ja	nein	trifft voll und ganz zu	trifft zu	teils, teils	trifft nicht zu	trifft überhaupt nicht zu
es ein Unterstützungsangebot für die Ergebnisdurchsprache durch einen Moderator gibt, wenn in meinem Bereich bei der Frage 7 mehr als 30% Rot angekreuzt wurde.	○	○	○	○	○	○	○
es einen Abschlussbericht der Moderatoren, die die Ergebnisdurchsprache begleitet haben, gibt.	○	○	○	○	○	○	○

Falls Sie Veränderungswünsche bezogen auf die Ergebnisanalyse haben, können Sie hier eintragen was aus Ihrer Sicht verbessert werden kann:

Weiter

63% ausgefüllt

6. Frageblock Controllingmaßnahmen Stimmungsbarometer

Bitte kreuzen Sie an!

Das finde ich wichtig!

Es ist mir aufgefallen, dass...	ja	nein	trifft voll und ganz zu	trifft zu	teils, teils	trifft nicht zu	trifft überhaupt nicht zu
die Personalbetreuung den Umsetzungsstand der Durchsprachen regelmäßig erfasst.	○	○	○	○	○	○	○
die Personalbetreuung den Umsetzungsstand der Maßnahmen regelmäßig erfasst.	○	○	○	○	○	○	○
monatlichen in verschiedenen Gremien über den Umsetzungsstand der Durchsprachen berichtet wird.	○	○	○	○	○	○	○
monatlichen in verschiedenen Gremien über den Umsetzungsstand der Maßnahmen berichtet wird.	○	○	○	○	○	○	○

Falls Sie Veränderungswünsche bezogen auf Controllingmaßnahmen haben, können Sie hier eintragen was aus Ihrer Sicht verbessert werden kann:

Weiter

Hannes Traut, Tel.+49 5341 23-2840, Personalbetreuung Werk Salzgitter, HMS-S1

75% ausgefüllt

7. Wie beurteilen Sie den Effekt der folgende Maßnahmen auf die Teilnahmemotivation Ihrer Mitarbeiter am Stimmungsbarometer?

Bitte kreuzen Sie an!

	sehr hoch	hoch	teils, teils	gering	keinen
Die Arbeit des Projektteams	○	○	○	○	○
Die Qualifikationsmaßnahmen (bspw. Informationsmaterial, Schulungen etc.)	○	○	○	○	○
Die Informationskampagne	○	○	○	○	○
Das Prozesscoachings (bspw. Info über wöchentliche Beteiligungsquote)	○	○	○	○	○
Die Ergebnisanalyse (bspw. Auswertung der 11 bezogen auf den eigenen Bereich)	○	○	○	○	○
Die Controllingmaßnahmen (bspw. Erfassung des Umsetzungsstandes der Maßnahmen)	○	○	○	○	○

8. Ist es aus ihrer Sicht wünschenswert, dass das Unterstützungsangebot weiter ausgebaut wird?

[Bitte auswählen] ▼

9. Welches Maßnahmenangebot soll weiter ausgebaut werden?

Bitte kreuzen Sie an! (Mehrfach Nennungen sind möglich)

- ☐ Arbeit des Projektteams
- ☐ Informationskampagne
- ☐ Ergebnisanalyse
- ☐ Qualifikationsmaßnahmen
- ☐ Prozesscoaching
- ☐ Controllingmaßnahmen

Welche Unterstützung wünschen Sie sich konkret?

Weiter

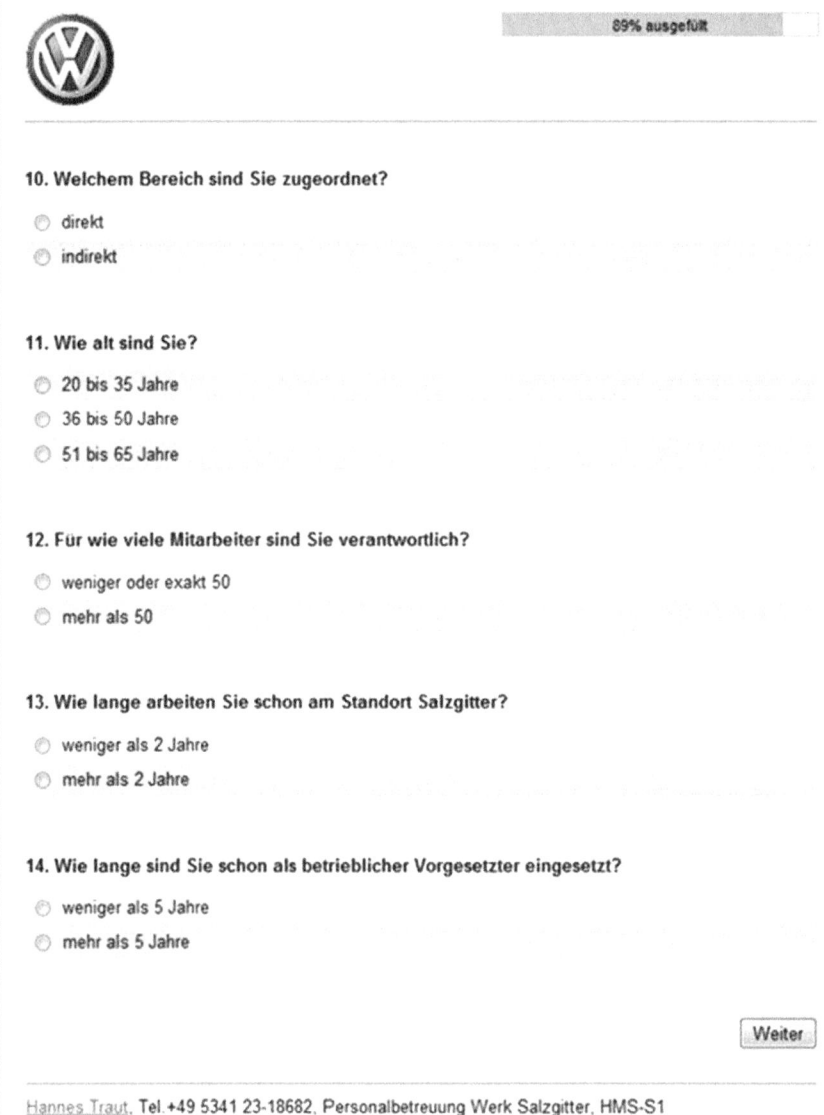

89% ausgefüllt

10. Welchem Bereich sind Sie zugeordnet?

○ direkt
○ indirekt

11. Wie alt sind Sie?

○ 20 bis 35 Jahre
○ 36 bis 50 Jahre
○ 51 bis 65 Jahre

12. Für wie viele Mitarbeiter sind Sie verantwortlich?

○ weniger oder exakt 50
○ mehr als 50

13. Wie lange arbeiten Sie schon am Standort Salzgitter?

○ weniger als 2 Jahre
○ mehr als 2 Jahre

14. Wie lange sind Sie schon als betrieblicher Vorgesetzter eingesetzt?

○ weniger als 5 Jahre
○ mehr als 5 Jahre

Weiter

Hannes Traut, Tel.+49 5341 23-18682, Personalbetreuung Werk Salzgitter, HMS-S1

Vielen Dank für das Ausfüllen des Fragebogens und Ihre Unterstützung!

Einladung zum SoSci Panel

Liebe Teilnehmerin,
lieber Teilnehmer,

das nicht-kommerzielle SoSci Panel würde Sie gerne zu weiteren wissenschaftlichen Befragungen einladen. Das Panel achtet Ihre Privatsphäre, gibt Ihre E-Mail-Adresse nicht an Dritte weiter und wird Ihnen pro Jahr maximal vier Einladungen zu qualitativ hochwertigen Studien zusenden.

E-Mail: [Am Panel teilnehmen]

Sie erhalten eine Bestätigungsmail, bevor Ihre E-Mail-Adresse in das Panel aufgenommen wird. So wird sichergestellt, dass niemand außer Ihnen Ihre E-Mail-Adresse einträgt.

Der Fragebogen, den Sie gerade ausgefüllt haben, wurde gespeichert. Sie können das Browserfenster selbstverständlich auch schließen, ohne am SoSci Panel teilzunehmen.

Hannes Traut, Tel.+49 5341 23-18682, Personalbetreuung Werk Salzgitter, HMS-S1

Anhang 2: Fragenbogen für die Befragung der Mitarbeiter

Befragung zur Untersuchung der begleitenden Maßnahmen des
Stimmungsbarometers am Standort Salzgitter

Liebe Mitarbeiterinnen und Mitarbeiter,
liebe Kolleginnen und Kollegen,

im vierten Jahr des Stimmungsbarometers am Standort Salzgitter, möchte Ihnen die Personalabteilung die Möglichkeit geben, die begleitenden Maßnahmen zum Stimmungsbarometer zu beurteilen.

Ziel ist es, herauszufinden welche Maßnahmen aus Ihrer Sicht hilfreich sind und welche zusätzliche Unterstützung von Ihnen gewünscht wird. Durch die Teilnahme an dieser Befragung haben Sie die Möglichkeit aktiv an der Gestaltung der Rahmenbedingungen des Stimmungsbarometers mitzuwirken.

Die zu befragenden Mitarbeiter wurden nach einem Zufallsprinzip ermittelt. Den Fragebogen erhalten Sie zusammen mit diesem Anschreiben.

Die Bearbeitungsdauer beträgt maximal 10 Minuten.

Selbstverständlich ist Ihre Teilnahme freiwillig und anonym. Das heißt die Beantwortung des Fragebogens lässt keine Rückschlüsse auf eine konkrete Person zu. Sollten Sie Fragen zum Datenschutz haben, kontaktieren Sie bitte Martin Thomke (Tel.: 3820).

Die ausgefüllten Fragebögen werfen Sie bitte bis zum **23.09.2011** in einen der **bereitgestellten Briefkästen an den Waschkauen** oder den **Werktoren**. Diese werden täglich und ausschließlich von mir persönlich geleert.

Für Fragen stehe ich Ihnen gerne zur Verfügung!
Tel.: 18682/ eMail: hannes.traut1@volkswagen.de

Für Ihre Unterstützung bedanke ich mich bereits im Voraus und verbleibe
Mit freundlichen Grüßen

Hannes Traut
Personalabteilung (HMS-S1)

1/5

Frageblock 1

Bitte kreuzen Sie an!

Es ist mir aufgefallen, dass...

	ja	nein	*Bitte kreuzen Sie an!*	trifft voll und ganz zu	trifft zu	teils, teils	trifft nicht zu	trifft überhaupt nicht zu
1. es einen Ansprechpartner in Sachen Stimmungsbarometer in meinem Bereich gibt.	☐	☐	Das finde ich wichtig!	☐	☐	☐	☐	☐
2. dieser Ansprechpartner, die Informationen zum Stimmungsbarometer an mich weitergibt.	☐	☐	Das finde ich wichtig!	☐	☐	☐	☐	☐

Falls Sie Veränderungswünsche haben, können Sie hier eintragen was verbessert werden sollte:

Frageblock 2

Es ist mir aufgefallen, dass...

	ja	nein		trifft voll und ganz zu	trifft zu	teils, teils	trifft nicht zu	trifft überhaupt nicht zu
3. es eine Ergebnisdurchsprache in meinem Bereich gibt.	☐	☐	Das finde ich wichtig!	☐	☐	☐	☐	☐
4. sich mein direkter Vorgesetzter auf die Ergebnisdurchsprache vorbereitet.	☐	☐	Das finde ich wichtig!	☐	☐	☐	☐	☐
5. mein direkter Vorgesetzter meine Anliegen bei der Ergebnisdurchsprache in den Mittelpunkt stellt.	☐	☐	Das finde ich wichtig!	☐	☐	☐	☐	☐
6. mein direkter Vorgesetzter einen Einblick in die Stärken und Schwächen der Organisationseinheit durch die Ergebnisdurchsprache bekommt.	☐	☐	Das finde ich wichtig!	☐	☐	☐	☐	☐
7. mein direkter Vorgesetzter gemeinsam mit uns das Stimmungsbarometer nutzt um Verbesserungen zu erarbeitet.	☐	☐	Das finde ich wichtig!	☐	☐	☐	☐	☐
8. mein Bereich durch die Personalabteilung während des Stimmungsbarometers unterstützt wird.	☐	☐	Das finde ich wichtig!	☐	☐	☐	☐	☐

Falls Sie Veränderungswünsche haben, können Sie hier eintragen was verbessert werden sollte:

2/5

Frageblock 3

Bitte kreuzen Sie an!

Es ist mir aufgefallen, dass...

	ja	nein	*Bitte kreuzen Sie an!*	trifft voll und ganz zu	trifft zu	teils, teils	trifft nicht zu	trifft überhaupt nicht zu
9. mich mein direkter Vorgesetzter im Vorfeld zum Stimmungsbarometer informiert.	☐	☐	Das finde ich wichtig!	☐	☐	☐	☐	☐
10. SZ-Beschäftigte auf Großplakatwänden zum Stimmungsbarometer abgebildet sind.	☐	☐	Das finde ich wichtig!	☐	☐	☐	☐	☐
11. der Verantwortliche aus meinem Bereich auf einem Plakat in meiner Abteilung dargestellt wird.	☐	☐	Das finde ich wichtig!	☐	☐	☐	☐	☐
12. es einen standortbezogenen Film zum Stimmungsbarometer gibt.	☐	☐	Das finde ich wichtig!	☐	☐	☐	☐	☐
13. besonders positive Maßnahmen aus dem Stimmungsbarometer in der Mitarbeiterzeitung „MEMO" veröffentlicht werden.	☐	☐	Das finde ich wichtig!	☐	☐	☐	☐	☐
14. mein direkter Vorgesetzter einen Vorjahresrückblick des Stimmungsbarometers in meinem Bereich durchführt.	☐	☐						
15. der Werkleiter im Vorfeld das Stimmungsbarometer anspricht.	☐	☐	Das finde ich wichtig!	☐	☐	☐	☐	☐
16. der Betriebsrat im Vorfeld das Stimmungsbarometer anspricht.	☐	☐	Das finde ich wichtig!	☐	☐	☐	☐	☐
17. mich unser Werkleiter, Personalleiter und Betriebsratsvorsitzender persönlich in der Entgeltabrechnung auf das Stimmungsbarometer anschreiben.	☐	☐	Das finde ich wichtig!	☐	☐	☐	☐	☐
18. mich unser Werkleiter, Personalleiter und Betriebsratsvorsitzender persönlich in der Mitarbeiterzeitung auf das Stimmungsbarometer anschreiben.	☐	☐	Das finde ich wichtig!	☐	☐	☐	☐	☐

Falls Sie Veränderungswünsche haben, können Sie hier eintragen was verbessert werden sollte:

3/5

Bitte kreuzen Sie an! (1x Kreuz pro Reihe)

	sehr hoch	hoch	teils, teils	gering	gar nicht
19. Wie hoch ist Ihre Motivation am Stimmungsbarometer teilzunehmen?	☐	☐	☐	☐	☐

	sehr stark	stark	teils, teils	gering	gar nicht
20. Wie stark haben die folgenden Punkte Ihre Teilnahme am Stimmungsbarometer positiv beeinflusst?					
a. Die Arbeit des Ansprechpartners in Sachen Stimmungsbarometer in meinem Bereich	☐	☐	☐	☐	☐
b. Ihr direkter Vorgesetzter	☐	☐	☐	☐	☐
c. Die Informationskampagne(z.B.: Plakate, MEMO Artikel,...)	☐	☐	☐	☐	☐

Bitte kreuzen Sie an! (Mehrfachnennungen möglich)

21. Was soll verbessert werden?   ☐ Die Arbeit des Ansprechpartners in Sachen   ☐ Der Umgang des direkten Vorgesetzten mit dem
                                        Stimmungsbarometer in meinem Bereich   Thema Stimmungsbarometer

                                  ☐ Informationskampagne(z.B.: Plakate, MEMO Artikel,...)   ☐ Sonstiges _____

                                  ☐ Nichts

22. Welche Verbesserungen wünschen Sie sich?

_____
_____
_____
_____
_____
_____
_____
_____
_____
_____
_____
_____
_____

4/5

23. *Welchem Bereich sind Sie zugeordnet?*

Bitte kreuzen Sie an!

☐ Coaching	☐ PC 1	☐ BHKW	☐ Arbeitssicherheit	☐ Geschäftsstelle	☐ Projektagentur
☐ Controlling	☐ PC 2	☐ Service Unit	☐ Qualitätssicherung	☐ Standortmanagement	☐ WIS
☐ Komponentenentwicklung	☐ PC 3	☐ Personalwesen	☐ Betriebsrat	☐ Technik Teams	☐ CKD
☐ Planung Komponente	☐ PC 4	☐ Produktionssysteme	☐ Gesundheitswesen	☐ Logistik	
	☐ PC 5				

24. *Welchem Mitarbeiterkreis sind Sie zugeordnet?*   ☐ Zeitlohn   ☐ Leistungslohn   ☐ Angestellter

Vielen Dank für das Ausfüllen des Fragebogens und Ihre Unterstützung!

Bitte werfen Sie den Fragebogen an einem der bereitgestellten Briefkästen an den Waschkauen oder den Werktoren ein.

5/5

Anhang 3: Interviewleitfaden für die Befragung der Mitarbeiter

Interview Mitarbeiter
Leitfaden

I. Einstieg:

Begleitend zum Stimmungsbarometer am Standort Salzgitter gibt es eine Vielzahl von Maßnahmen, die den Prozess des Stimmungsbarometers unterstützen sollen. In meiner Untersuchung geht es darum zu erfassen, welche dieser Maßnahmen Ihnen helfen und welche Unterstützung Sie sich ggf. darüber hinaus wünschen. Ich habe dazu einige Fragen vorbereitet, möchte dieses Interview aber möglichst offen gestalten und Ihren Erzählungen folgen. D.h. ich werde Ihnen einige Erzählanstöße geben und nachfragen, wenn mich etwas näher interessiert. Ablauf des Interviews erläutern, Hinweis auf Anonymität + Freiwilligkeit

II. Themenbereich: Stimmungsbarometer allgemein

1. Wie konnten Sie Veränderungsprozesse bei VW anstoßen als es noch kein Stiba gab?
2. Welche weiteren Möglichkeiten gibt es neben dem Stiba, Veränderungsprozesse anzustossen? *(falls mehrere genannt werden – welches sind die wichtigsten / erfolgreichsten, um etwas in Gang zu setzten?)*
3. Welche Meinung haben Sie zum Stimmungsbarometer? → WARUM?
4. Wie sehen Ihre Kollegen das Stimmungsbarometer? → WARUM?
5. Wie läuft das Stimmungsbarometer in Ihrem Bereich ab?
   → Wer informiert Sie/ wie informieren Sie sich?
   → Wie erleben Sie Ihren Vorgesetzten dabei?
6. Was hat sich aus Ihrer Sicht durch das Stimmungsbarometer verbessert?

III. Themenbereich: Teilnahmemotivation

1. Warum nehmen Sie am Stiba teil / nicht teil?
2. Können Sie mir bitte die wichtigsten Motivationsgründe für Sie nennen am Stiba teilzunehmen? → WARUM?

IV. Themenbereich: begeleitende Maßnahmen

1. Welche Aktivitäten nehmen Sie durch das Umsetzungsteammitglied in Ihrem Bereich wahr?
   → Welche Auswirkungen haben diese Aktivitäten auf Sie? → WARUM?
   → Was stört Sie daran? Was finden Sie gut? → WARUM?

Interview Mitarbeiter
Leitfaden

IV. Themenbereich: begeleitende Maßnahmen

2. Welche Maßnahmen sind Ihnen bzgl. der Informationskampagne am Standort aufgefallen? → WARUM?
   → haben sie bisher am Stiba teilgenommen? Wenn ja/nein, warum?
   →Welche dieser Maßnahmen motivieren Sie am Stiba teilzunehmen? → WARUM?
   → Was würden Sie sich wünschen? → WARUM?
3. Welche Aktivitäten der Personalabteilung nehmen Sie zum Stimmungsbarometerprozess wahr?
   → Was stört Sie daran? Was finden Sie gut? → WARUM?
   → Was würden Sie sich wünschen? → WARUM?
4. Welche Aufgabe hat Ihr Vorgesetzter aus Ihrer Sicht im Stimmungsbarometerprozess?
   → Was stört Sie daran? Was finden Sie gut? → WARUM?
   → Was würden Sie sich wünschen? → WARUM?

Gesprächsabschluss: Was möchten Sie noch ergänzen? Wie ging es Ihnen in diesem Gespräch?

Anhang 4: Interviewleitfaden für die Befragung der Führungskräfte

Interview Vorgesetzte

I. Einstieg: **Leitfaden**

Gesprächseinführung: Begleitend zum Stimmungsbarometer am Standort Salzgitter gibt es eine Vielzahl von Maßnahmen, die den Prozess des Stimmungsbarometers unterstützen sollen. In meiner Untersuchung geht es darum zu erfassen, welche dieser Maßnahmen Ihnen helfen und welche Unterstützung Sie sich ggf. darüber hinaus wünschen. Ich habe dazu einige Fragen vorbereitet, möchte dieses Interview aber möglichst offen gestalten und Ihren Erzählungen folgen. D.h. ich werde Ihnen einige Erzählanstöße geben und nachfragen, wenn mich etwas näher interessiert. Ablauf des Interviews erläutern, Hinweis auf Anonymität + Freiwilligkeit

II. Themenbereich: Stimmungsbarometer allgemein

1. Wie konnten die Mitarbeiter Veränderungsprozesse bei VW anstoßen als es noch kein Stiba gab?
2. Welche weiteren Möglichkeiten gibt es neben dem Stiba, Veränderungsprozesse anzustossen? *(falls mehrere genannt werden – welches sind die wichtigsten / erfolgreichsten, um etwas in Gang zu setzten?)*
3. Wie haben Sie das Stiba bisher erlebt?
4. Wie sehen Ihre Führungskräftekollegen das Stimmungsbarometer?
5. Wie sehen Ihre Mitarbeiter das Stimmungsbarometer?
6. Wie wird das Stiba in Ihrem Verantowrtungsbereich durchgeführt?
   → Was ist Ihnen dabei aufgefallen (pos./neg.)?
   → Wo bekommen Sie Unterstützung?
   → Was hilft Ihnen bei der Durchführung?
   → Was wünschen Sie sich?
7. Welche Veränderungen (pos./neg.) hat es aus Ihr Sicht gegeben seit das Stiba durchgeführt wird??
8. Welche Veränderungen würden Sie vornehmen und warum?

III. Themenbereich: Teilnahmemotivation

1. Was motiviert Sie persönlich am Stiba teilzunehmen? → WARUM?
2. Was motiviert aus Ihrer Sicht die Mitarbeiter am Stiba teilzunehmen? → WARUM?
3. Welchen Einfluss haben Sie als Vorgesetzter auf die Teilnahmemotivation Ihrer MA am Stiba? → WARUM?

Interview Vorgesetzte
Leitfaden

IV. Themenbereich: begleitende Maßnahmen

1. Welche Unterstützung nehmen Sie durch das Umsetzungsteammitglied in Ihrem Bereich wahr?
   - → Wie wirkt sich das auf die Motivation der Mitarbeiter aus am Stiba teilzunehmen? → WARUM?
   - → Was ist Ihnen dabei aufgefallen (pos./neg.)?
   - → Was wünschen Sie sich? → WARUM?

2. Wie fühlen Sie sich auf das Stiba vorbereitet?
   - → Welche Qualifizierungsmaßnahmen kennen Sie?
   - → Wo holen Sie sich bei Bedarf Unterstützung?
   - → Was wünschen Sie sich? → WARUM?

3. Welche Maßnahmen der Informationskampagne am Standort kennen Sie?
   - → Wie wirkt sich das auf die Motivation der Mitarbeiter aus am Stiba teilzunehmen? → WARUM?
   - → Was ist Ihnen dabei aufgefallen (pos./neg.)?
   - → Was wünschen Sie sich? → WARUM?

4. Welche Aufgabe hat die Personalabteilung aus Ihrer Sicht im Stimmungsbarometerprozess?
   - → Wie wirkt sich das auf die Motivation der Mitarbeiter aus am Stiba teilzunehmen? → WARUM?
   - → Was ist Ihnen dabei aufgefallen (pos./neg.)?
   - → Was wünschen Sie sich? → WARUM?

5. Welche Aufgabe haben Sie als Vorgesetzter aus Ihrer Sicht im Stimmungsbarometerprozess?
   - → Wie wirkt sich das auf die Motivation der Mitarbeiter aus am Stiba teilzunehmen? → WARUM?
   - → Was ist Ihnen dabei aufgefallen (pos./neg.)?
   - → Was wünschen Sie sich? → WARUM?

Gesprächsabschluss: Was möchten Sie noch ergänzen? Wie ging es Ihnen in diesem Gespräch

Anhang 5: Auswertung 1. Interview Vorgesetzter (eigene Darstellung)

Themenblock	Interview 1
Stimmungsbarometer allgemein	
Anstoß von Veränderungsprozessen vor dem Stimmungsbarometer	- Festlegung von Veränderungen durch das Management (Top - Down)
Anstoß von Veränderungsmöglichkeiten parallel zum Stimmungsbarometer	- Ideenmanagement - KVP (Kontinuierlicher Verbesserungsprozess)
Meinung über das Stimmungsbarometer	- Stiba = Reflektionsmöglichkeit über das eigene Führungsverhalten durch die Mitarbeiter - Misstrauen bzgl. der Anonymität bei den Mitarbeitern -> Vertrauen durch Statement des Werkmanagements geschaffen - Möglichkeit Positives und Negatives anzusprechen - gutes Instruement
Sicht der Führungskräftekollegen auf das Stimmungsbarometer	- Frage 7 (Zusammenarbeit mir dem direkten Vorgesetzten) wird kritisch gesehen - Unterabteilungsleiter sehen das Stiba positiver als die Meister (Druck ist auf die Meister höher)
Durchführung des Stimmungsbarometers im eigenen Bereich	- Zeit für eine qualitativ gute Durchführung fehlt, aufgrund der hohen Taktbindung und dem Personalmangel - das Stimmungsbarometer ist nachrangig priorisiert - Stiba ist ein ganzjähriger Prozess (regelmäßiger Zwischenstandsbericht zu den Maßnahmen finden in den Teamrunden statt)
Erreichte Verbesserungen durch das Stimmungsbarometer	- Stiba ist die Möglichkeit sich die Zeit für die Belange der Mitarbeiter zunehmen, was im Arbeitsalltag oftmals so zu kurz kommt
Veränderungswünsche bzgl. des Stimmungsbarometers	- Priorisierung des Stiba erfolgt ausschließlich über den Personalbereich - Berücksichtigung der Personalsituation in der Fertigung bzgl. der Durchführung - Erreichbarkeit von kranken Mitarbeitern ist schwierig, trotzdem zählen sie in die Teilnahmequote
Teilnahmemotivation	
Gründe für die eigene Teilnahme am Stimmungsbarometer	- die Meinung äußern, damit der eigene Vorgesetzte ein Rückmeldung zu positiven und negativen Aspekten bekommt
Teilnahmemotivation der Mitarbeiter aus Sicht der Führungskräfte	- Veröffentlichung von Best Practice Maßnahmen in der Mitarbeiterzeitung wurde als Wertschätzung empfunden - Anerkennung durch den übernächsthöheren Vorgesetzten aufgrund der Best Practice Maßnahmen
Einfluss als Vorgesetzter auf die Teilnahmemotivation der Mitarbeiter	- Bei Verweigerungshaltung kann ein persönliches Gespräch mit dem Mitarbeiter helfen (Hintergründe erklären, dem Mitarbeiter zuhören) - nimmt sich der Vorgesetzte Zeit, dann fühlt sich der Mitarbeiter ernst- und wahrgenommen - persönliches Interesse an der Meinung der Mitarbeiter klar kommunizieren - Weitergabe von allen relevanten Informationen - Hilfestellung bzgl. IT - bei Bedarf Unterstützung durch die nächst höhere Hierarchiestufe anfordern
Begleitende Maßnahmen	
Beurteilung des Ansprechpartners aus dem eigenen Bereich	- ist selber Ansprechpartner gewesen - findet den regelmäßigen Austausch mit den anderen Ansprechpartnern sehr hilfreich
Einschätzung der eigenen Vorbereitung auf das Stimmungsbarometer	
Beurteilung der Informationskampagne	- Vielfältige Kommunikationsformen sind gut, da so wirklich jeder erreicht wird
Beurteilung der Aktivitäten seitens des Personalwesens	- Unterstützung durch Organisation der regelm. Treffen der Ansprechpartner aus den Bereichen zum Meinungsaustausch - wenig Berührungspunkte mit den operativen Personalern zum Thema Stiba - Unterstützung während des Prozesses sollte mit Vorsicht erfolgen -> Form der Ansprache ist wichtig, um dem Thema nicht zu schaden
Beurteilung der Aufgaben des Vorgesetzten im Rahmen des Stimmungsbarometers	- Durchführung im eigenen Bereich - Information der Mitarbeiter - Unterstützung bei der Durchführung - Durchführung der Durchsprachen - Feedback geben und annehmen
Sonstige Anmerkungen	

Anhang 6: Auswertung 2. Interview Vorgesetzter (eigene Darstellung)

	Interview 2
Stimmungsbarometer allgemein	
Anstoß von Veränderungsprozessen vor dem Stimmungsbarometer	- es gab kaum Möglichkeiten Themen gezielt anzusprechen - angesprochene Themen wurden meist unter den Tisch gekehrt
Anstoß von Veränderungsmöglichkeiten parallel zum Stimmungsbarometer	- Gruppengespräche (wird teilweise durch das Stiba unterstützt)
Meinung über das Stimmungsbarometer	- zu Beginn wurde das Stiba eher positiv gesehen, mit zunehmender Zeit wird es immer schwieriger den MA den Sinn zu erklären - Umsetzbarkeit der Maßnahmen wird kritisch gesehen -> es machen nur Maßnahmen Sinn die im eigenen Bereich umgesetzt werden können, alles was darüberhinaus geht ist schwierig - gute Möglichkeit die Stimmung im Betrieb sichtbar zu machen
Sicht der Führungskräftekollegen auf das Stimmungsbarometer	- positive Sicht auf das Stiba - es gibt Absprachen mit anderen Führungskräften um ggf. Maßnahmensynergien zu heben
Durchführung des Stimmungsbarometers im eigenen Bereich	- bei der Druchführung der Durchsprache sollte auf die Gruppengröße geachtet werden (max. 12 bis 15 MA) - Anwendung der Kartenabfrage als Methode um Themen die den MA wichtig sind, sichtbar zu machen
Erreichte Verbesserungen durch das Stimmungsbarometer	- man nimmt sich die Zeit um bestimmte Dinge zu besprechen -> erzeugt gegenseitig besseres Verständnis (Vorgesetzter <-> MA)
Veränderungswünsche bzgl. des Stimmungsbarometers	- Verwendung von standortbezogenen Fragen
Teilnahmemotivation	
Gründe für die eigene Teilnahme am Stimmungsbarometer	- Chance Veränderungsprozess zu starten
Teilnahmemotivation der Mitarbeiter aus Sicht der Führungskräfte	- Verhinderung der Teilnahmemotivation wenn Durchsprache nicht ernstgenommen wird - Stiba ist die Chance auch älteren MA zu zeigen, dass noch etwas verändert werden kann - MA fühlen sich mitgenommen und können selbst beim Anstoß und der Umsetzung von Veränderungsprozessen mitwirken
Einfluss als Vorgesetzter auf die Teilnahmemotivation der Mitarbeiter	- Bei Verweigerungshaltung kann ein persönliches Gespräch mit dem Mitarbeiter helfen - Meinung des Vorgesetzten zum Stiba wichtig -> strahlt auf die MA ab - als neuer Vorgesetzter im Bereich hat man die Chance das Thema neu zu beleben - persönliches Interesse an der Meinung der Mitarbeiter klar kommunizieren
Begleitende Maßnahmen	
Beurteilung des Ansprechpartners aus dem eigenen Bereich	- Ansprechpartner nehmen die Aufgabe nur teilweise ernst - Forderung: die Aktivitäten müssten über das einfache Verteilen von Info-Mails hinausgehen; aktiv nachfragen, nicht nur in den Meisterrunden, sondern auch direkt auf die MA zugehen - Austausch mit anderen Anspechpartnern ist wichtig - Ansprechpartner sollte nich willkürlich, sondern bewusst ausgewählt werden
Einschätzung der eigenen Vorbereitung auf das Stimmungsbarometer	- halbtägige Schulung ist hilfreich (Austausch mit anderen Führungskräften, Darstellung des Stiba-Prozesses, Vermittlung von Argumentationshilfen bspw. zum Umgang mit Bedenken)
Beurteilung der Informationskampagne	- Fokus sollte sein, dass durch das Stiba auch im Kleinen etwas verändert werden kann - Umfang kann eingedampft werden, die Aushänge sind ausreichend, Plakate an den Werkstoren sind ein guter Hinweis das Stiba wieder ansteht
Beurteilung der Aktivitäten seitens des Personalwesens	- Rolle der PA im Stiba-Prozess muss klarer kommuniziert werden (Vorbehalte abbauen, Meistern die Scheu vor eventuellen Konsequenzen nehmen) - PA als Unterstützer in Brennpunkten - Teilnahme an den Durchsprachen wird als Zeichen der Wichtigkeit des Themas für die MA verstanden - Unterstützung und Information waren jederzeit vorhanden
Beurteilung der Aufgaben des Vorgesetzten im Rahmen des Stimmungsbarometers	- Aufklärung - Motivation - regelmäßige Rückmeldung zum Stand der Maßnahmen
Sonstige Anmerkungen	

Anhang 7: Auswertung 3. Interview Vorgesetzter (eigene Darstellung)

Themenblock	
	Interview 3
Stimmungsbarometer allgemein	
Anstoß von Veränderungsprozessen vor dem Stimmungsbarometer	- MA sprechen ihren Vorgesetzten direkt an (wenn sie sich trauen, wahrscheinlich eher die kommunikationsstarken MA)
Anstoß von Veränderungsmöglichkeiten parallel zum Stimmungsbarometer	- Teamrunden -> Vorteil: tagesaktuell - Ideenmanagement -> Vorteil: tagesaktuell - Stimmungsbarometer -> Nachteil: nur einmal im Jahr
Meinung über das Stimmungsbarometer	- im Stiba befasst man sich eher mit Langzeitthemen - bietet die Möglichkeit über konkrete Problemfelder zu diskutieren - Relevanz? Da ganzjährig im Rahmen der Teamgespräche an den tagesaktuellen Problemen gearbeitet wird - Stiba bietet den ruhigeren MA eine Plattform sich zu äußern, besonders in Kombination mit den Teamgesprächen man erfährt viel über den eigenen Bereich
Sicht der Führungskräftekollegen auf das Stimmungsbarometer	- Unterschied im Umgang: Führungskräfte die erst seit 5 bis 10 Jahren führen, sehen das Stiba eher positiv ältere Führungskräfte eher negativ
Durchführung des Stimmungsbarometers im eigenen Bereich	- drei MA-Typen: 1. wollen sofort abstimmen, 2. haben Bedenken, 3. verweigern sich (1/3 - 1/3 - 1/3) - Schwerpunkt der MA-Info durch den Vorgesetzten 2 bis 3 Wochen vor Befragungsstart - nicht alle Maßnahmen werden über das IT System transparent gemacht
Erreichte Verbesserungen durch das Stimmungsbarometer	
Veränderungswünsche bzgl. des Stimmungsbarometers	- Vorschlag: Teilnahme nicht mehr freiwillig sondern verpflichtend
Teilnahmemotivation	
Gründe für die eigene Teilnahme am Stimmungsbarometer	- Verschwendung minimieren - Mitarbeiterzufriedenheit erzeugen - Kundenzufriedenheit erzeugen
Teilnahmemotivation der Mitarbeiter aus Sicht der Führungskräfte	- wichtig ist das die MA sehen, dass Teamsprecher und Meister gut zusammenarbeiten - Fokus des Managements auf die Beteiligungsquote macht es den Meistern schwer zu motivieren - Teilnahmehemmnis: hohes Alter der Belegschaft-> Schwierigkeiten beim Umgang mit der IT - Aufmerksamkeit des Managements viel größer wenn man geschlossen nicht abstimmt, als wenn man rot ankreuzt - Chance auf Missstände hinweisen zu können
Einfluss als Vorgesetzter auf die Teilnahmemotivation der Mitarbeiter	- Hinweise der Mitarbeiter ernstnehmen - Maßnahmen gemeinsam erarbeiten - deutlich machen, dass an den Themen das ganze Jahr gearbeitet wird und das sich darum gekümmert wird - treibt man das Thema das ganze Jahr und nicht nur innerhalb des Quartals zur Befragung -> Akzeptanz - Transparenz ist wichtig bzgl. des Status der Maßnahmen (auch wenn etwas mal nicht umgesetzt werden kann)
Begleitende Maßnahmen	
Beurteilung des Ansprechpartners aus dem eigenen Bereich	- war der eigene direkte Vorgesetzte -> Unterstützung nicht nötig, da es lief - Fragenklärung erfolgte zur Zufriedenheit
Einschätzung der eigenen Vorbereitung auf das Stimmungsbarometer	- Interviewter führt das Stiba seit 4 Jahren als Vorgesetzter durch, darum ist mittlerweile wenig Vorbereitung nötig
Beurteilung der Informationskampagne	- Umfang der Info-Kampagne wird als zu groß beschrieben, besser: am Anfang intensiv bewerben, dann reduzieren und dosiert einsetzen - Sonderaktionen werden eher negativ gesehen-> falsche Botschaft: MA die nicht mitmachen wollen werden hofiert, die Themen der MA die sich beteiligen nimmt keiner ernst
Beurteilung der Aktivitäten seitens des Personalwesens	- PA steht als Moderator zur Verfügung und geht in Schwerpunktbereiche zur Ursachenanalyse bei bestimmten Ergebnissen - Maßnahmeneingaben werden controlled
Beurteilung der Aufgaben des Vorgesetzten im Rahmen des Stimmungsbarometers	- Informationen transportieren und zusammenführen
Sonstige Anmerkungen	

Anhang 8: Auswertung 4. Interview Vorgesetzter (eigene Darstellung)

Themenblock	Interview 4
Stimmungsbarometer allgemein	
Anstoß von Veränderungsprozessen vor dem Stimmungsbarometer	- in Gruppengesprächen wurden Themen benannt und vom Gruppenkoodi an den Meister weitergeleitet
Anstoß von Veränderungsmöglichkeiten parallel zum Stimmungsbarometer	- Verbesserungsideen -> für fachliche Themen, wird am intensivsten genutzt da monetäre Beteiligung - Teamgespräche
Meinung über das Stimmungsbarometer	- Stiba eher das Instrument für überfachliche Themen - gute Resonanz und Deckungsgleichheit der Ergebnisse bei unterschiedlichen unterstellten Gruppen - gute Möglichkeit um sich außerhalb des Produktionsalltags über bestimmte Themen auszutauschen
Sicht der Führungskräftekollegen auf das Stimmungsbarometer	- grundlegend positiv
Durchführung des Stimmungsbarometers im eigenen Bereich	- Vorab-Info vor dem Befragungszeitraum (vom Meister an die Teamsprecher und damit in die Teamgespräche) - Abstimmung mit anderen Meistern zur gemeinsamen Vorgehensweise - Passwortbriefe wurden als Gesprächsgrundlage verwendet, besonders bei den MA mit Abneigung - MA sprechen den Vorgesetzten auch direkt zum Maßnahmenstatus an - Zeit der Durchführung: 30 min
Erreichte Verbesserungen durch das Stimmungsbarometer	- Stiba schafft den Raum um zwischenmenschliche Themen ansprechen und diskutieren zu können gibt dabei gleichzeitig eine Gesprächsstruktur
Veränderungswünsche bzgl. des Stimmungsbarometers	- Crashkurs für die Mitarbeiter bzgl. des IT-Systems
Teilnahmemotivation	
Gründe für die eigene Teilnahme am Stimmungsbarometer	- nicht alltägliche Themen werden abgefragt, - gute Möglichkeit zwischenmenschliche Themen zu diskutieren - Möglichkeit anonym seine Meinung abzugeben-> ehrliches Feedback - wichtig den eigenen Vorgesetzten bewerten zu können
Teilnahmemotivation der Mitarbeiter aus Sicht der Führungskräfte	- Schwierigkeiten bei älteren MA aufgrund Probleme bei der IT Nutzung - jüngere MA sind dem Stiba eher postiv eingestellt, ältere MA eher negativ aufgrund der Technik - ältere MA trotzdem sehr aktiv bei der Durchsprache - immer noch Bedenken bzgl. der Anonymität - gleichzeitig: Chance anonym Kritik äußern zu können - Problemfelder werden allgemein benannt und alle haben die Möglichkeit sich dazu zu äußern
Einfluss als Vorgesetzter auf die Teilnahmemotivation der Mitarbeiter	- persönliche Ansprache der MA - Hilfestellung bei Schwierigkeiten - Hinweis das hohe Beteiligungsquote = breites Feedback - Hinweis auf persönlichem Interesse an der Meinung der MA
Begleitende Maßnahmen	
Beurteilung des Ansprechpartners aus dem eigenen Bereich	- es ist unklar welche Vorteile der Ansprechpartner bringt bzw. welche Unterstützungsangebot es gibt
Einschätzung der eigenen Vorbereitung auf das Stimmungsbarometer	- Arbeitshilfe inkl. Gesprächsleitfaden sehr hilfreich
Beurteilung der Informationskampagne	- Info hat großen Einfluss auf die Teilnahmemotivation -> MA sind dann motiviert wenn sie eingebunden werden
Beurteilung der Aktivitäten seitens des Personalwesens	- PA könnte durch Info direkt im Bereich die Wichtigkeit des Themas unterstreichen - Unterstützung der Vorgesetzten während der Vorbereitung (-> Informationsmultiplikator)
Beurteilung der Aufgaben des Vorgesetzten im Rahmen des Stimmungsbarometers	- Vorgesetzte sind Prozesstreiber und hauptverantwortlich für die Teilnahmemotivation der MA - Umsetzungsverantwortlich für die festgelegten Maßnahmen
Sonstige Anmerkungen	

Anhang 9: Auswertung 5. Interview Vorgesetzter (eigene Darstellung)

Themenblock	Interview 5
Stimmungsbarometer allgemein	
Anstoß von Veränderungsprozessen vor dem Stimmungsbarometer	- KVP - VW Zirkel - direktes Gespräch mit dem Vorgesetzten - Diskussion im Rahmen der MA-Runden
Anstoß von Veränderungsmöglichkeiten parallel zum Stimmungsbarometer	- regelm. Diskussion in den MA-Runden mit dem Vorgesetzten - Ideenmanagement -> richtet sich ehr an Verbesserungen für Arbeitsprozesse und Prozessoptimierung
Meinung über das Stimmungsbarometer	- eignet sich für die Diskussion von zwischenmenschlichen Themen - positiv: immer die gleichen Fragen -> Vergleichbarkeit über die Jahre (Entwicklung wird gezeigt) - unterschiedliches Fragenverständnis bei den MA -> darum Diskussion im Vorfeld notwendig - Akzeptanz ist in den letzten Jahren gestiegen - negativ: Teilnahme wird als Pflicht empfunden, Fokus nur auf der Beteiligunsquote - Sicherstellung der Anonymität wird angezweifelt - es geht nicht um die Meinung der Mitarbeiter, sondern um die Boni der Chefs - jüngere MA sehen das Stiba eher positiv
Sicht der Führungskräftekollegen auf das Stimmungsbarometer	- wird unterschiedlich gesehen -> 50% positiv und 50% negativ - Druck auf die Beteiligungsquote -> dann passiert 9 Monate nichts mehr
Durchführung des Stimmungsbarometers im eigenen Bereich	- Rückblick auf die Maßnahmen des letzten Jahres - Erklärung des Zwecks - gemeinsame Diskussion der Fragen für ein gemeinsames Fragenverständnis - unterstützende Unterlagen waren gut
Erreichte Verbesserungen durch das Stimmungsbarometer	- positiv: Anstoß bei den MA zur Reflektion was läuft bei uns gut und was nicht
Veränderungswünsche bzgl. des Stimmungsbarometers	- Akzeptanz des Instruments muss bei den Vorgesetzten erhöht werden - Halbjährlicher Zwischenbericht zum Stand der Maßnahmen - Kommunikation von Best Practice Maßnahmen in der Mitarbeiterzeitung - ganzjährige Präsenz des Themas (im Gespräch halten ohne Druck auszuüben)-> Konzeptvorschlag? - langzeiterkrankte MA sollen aus der Beteiligungsquote herausgerechnet werden - Kopplung mit MAG und Bonuszeitraum wird als unglücklich erachtet - Vertrauensleute als Stiba Ansprechpartner? (hohe Überzeugungskraft) - schwierig: wie soll Bereichsleiter ehrliches Interese zeigen, ohne das es von den MA mit dem Bonus verknüpft wird? - Zeitraum der Erstellung der Ergebnisberichte wird als zu lang empfunden
Teilnahmemotivation	
Gründe für die eigene Teilnahme am Stimmungsbarometer	- am wichtigsten ist der Langzeitvergleich um Entwicklungen deutlich zu machen - Relevanz? Die Themen die mir wichtig sind, spreche ich bei meinen Vorgesetzten an
Teilnahmemotivation der Mitarbeiter aus Sicht der Führungskräfte	- Transparenz und Nachvollziehbarkeit ist wichtig (regelm. Kommunikation des Maßnahmenstatus) - es wurde nur eine überschaube Anzahl von Maßnahmen definiert, die auch innerhalb eines Jahres umsetzbar sind - dosierte und zielgerichtete Ansprache der MA (eher Freiraum lassen) - drei Arten von MA: 1. nehmen gleich teil, 2. wollen sich bitten lassen, 3. wollen gar nicht - lebt im Schwerpunkt durch die Gestaltung der Ergebnisdurchsprache, wollen die MA nicht reden muss die Methode gewechselt werden: 1. Gruppendiskussion, 2. Kartenabfrage, 3. Einsatz eines Moderators
Einfluss als Vorgesetzter auf die Teilnahmemotivation der Mitarbeiter	- als neuer Vorgesetzter ist der Einfluss im ersten Jahr gering, nach 2 bis 3 Jahren Einflussmöglichkeiten größer da die MA sehen wie der Vorgesetzte mit dem Thema umgeht
Begleitende Maßnahmen	
Beurteilung des Ansprechpartners aus dem eigenen Bereich	- ist bekannt - soll als Ansprechpartner für die Fragen der Vorgesetzten dienen und nicht selbst durch die Bereiche laufen
Einschätzung der eigenen Vorbereitung auf das Stimmungsbarometer	- je länger der Vorgesetzte in dieser Funktion ist, umso weniger Unterstützungsbedarf besteht
Beurteilung der Informationskampagne	- zu viel Infos -> sollte eher punktuell und zielgerichteter erfolgen (Auftakt, Zwischenstand, Ende)
Beurteilung der Aktivitäten seitens des Personalwesens	- PA = Dienstleister für Schulungen, Infomaterial sowie Zwischenbericht bezgl. der Beteiligung und der Maßnahmen
Beurteilung der Aufgaben des Vorgesetzten im Rahmen des Stimmungsbarometers	- Durchführung des Stiba - Info der MA - Motivation der MA
Sonstige Anmerkungen	- eigenes Bild hat sich zum postiven gewandelt

Anhang 10: Auswertung 1. Interview Mitarbeiter (eigene Darstellung)

Themenblock	Interview 1
Stimmungsbarometer allgemein	
Anstoß von Veränderungsprozessen vor dem Stimmungsbarometer	- KVP - Verbesserungsideen
Anstoß von Veränderungsmöglichkeiten parallel zum Stimmungsbarometer	
Meinung über das Stimmungsbarometer	- Fragestellung nicht immer klar - Umsetzung der Maßnahmen dauert meist lange (liegt nicht immer am Vorgesetzten) - Abstimmverhalten ist Tagesform abhängig - wer sich bei der Durchsprache zu Wort meldet wird so gesehen das er rot angekreuzt hat - Skala sollte vereinfacht werden - Stiba Ergebnisse werden auch im Rahmen der Vertrauensleutesitzungen diskutiert
Sicht der Kollegen auf das Stimmungsbarometer	- Anonymität wird kritisch gesehen - es werden keine Verbesserungen/Veränderungen wahrgenommen
Ablauf des Stimmungsbarometers im eigenen Bereich	- erste Informationen kommen über die Meister in den Gruppengesprächen
Erreichte Verbesserungen durch das Stimmungsbarometer	- es hat sich kaum was verbessert
Teilnahmemotivation	
Gründe für die Teilnahme	- findet es gut, dass was für die Belegschaft gemacht wird - keine Angst vor einer etwaigen Nachvollziehbarkeit der abgegeben Stimmen
Begleitende Maßnahmen	
Beurteilung des Ansprechpartners aus dem eigenen Bereich	- ist bekannt - verteilt Informationen (geht nicht direkt auf die Mitarbeiter zu) - ist bei Fragen ansprechbar - Kollegen gehen eher zum Vertrauensmann bei Fragen, als zum Stiba Ansprechpartner - spricht die Meister auf die Beteiligungsquote an
Beurteilung der Informationskampagne	- Plakate an den Werkstoren fallen nicht mehr auf
Beurteilung der Aktivitäten seitens des Personalwesens	- PA nicht persönlich vor Ort - die Vorgesetzten berichten von einer Abfragen durch die PA
Beurteilung der Aufgaben des Vorgesetzten im Rahmen des Stimmungsbarometers	- Vorgesetzt wirkt gut vorbereitet und kann auf Nachfragen auch antworten - informiert über das Stiba - kümmert sich um die Teilnahme, aber übertreibt es nicht (wichtig ist wie man es sagt)
Sonstige Anmerkungen	- es müssten persönliche Anmerkungen zu den Fragen möglich sein - technische Probleme haben die Abstimmung erschwert

Anhang 11: Auswertung 2. Interview Mitarbeiter (eigene Darstellung)

Themenblock	Interview 2
Stimmungsbarometer allgemein	
Anstoß von Veränderungsprozessen vor dem Stimmungsbarometer	- bei zwischenmenschlichen Problemen gehe ich zu meinem Vertrauensmann
Anstoß von Veränderungsmöglichkeiten parallel zum Stimmungsbarometer	- nichts weiter bekannt
Meinung über das Stimmungsbarometer	- finde ich eine gute Sache - betrifft das komplette Werk - im Vergleich Vertrauensmann <-> Stiba hilft der Vertrauensmann eher, Gespräche sind persönlicher, Stiba wird in der ganzen Gruppe ausgewertet - Stiba ist sehr gering von der Priorisierung und im Arbeitsalltag
Sicht der Kollegen auf das Stimmungsbarometer	- es gibt Kollegen die haben nicht teilgenommen, weil sich eh nichts ändert - Vorgesetzte hakt das Thema nur schnell ab und tut nichts - wird wenig bis gar nicht thematisiert und wenn wird es eher negativ gesehen
Ablauf des Stimmungsbarometers im eigenen Bereich	- Informationen fließen hauptsächlich über den Meister
Erreichte Verbesserungen durch das Stimmungsbarometer	-
Teilnahmemotivation	
Gründe für die Teilnahme	- mir ist es wichtig, dass andere sehen können wie ich bestimmte Themen sehe (ich weiß ja nicht wer das alles sehn kann)
Begleitende Maßnahmen	
Beurteilung des Ansprechpartners aus dem eigenen Bereich	- nicht bekannt
Beurteilung der Informationskampagne	- Plakate sind im Gedächtnis, (Entgeltabrechnung und Flyer nur auf Nachfrage) - Meinung zu Flyern ist zweigeteilt
Beurteilung der Aktivitäten seitens des Personalwesens	-
Beurteilung der Aufgaben des Vorgesetzten im Rahmen des Stimmungsbarometers	- Schwerpunkt liegt auf der Beteiligung der Folgeprozess spielt keine Rolle
Sonstige Anmerkungen	

Anhang 12: Auswertung 3. Interview Mitarbeiter (eigene Darstellung)

Themenblock	Interview 3
Stimmungsbarometer allgemein	
Anstoß von Veränderungsprozessen vor dem Stimmungsbarometer	- Vorgesetzten direkt ansprechen (funktioniert nur bei kommunikationsstarken MA)
Anstoß von Veränderungsmöglichkeiten parallel zum Stimmungsbarometer	- Veränderungsprozesse werden entlang der Hierarchie durch Kommunikation angestoßen (immer unter Einbeziehung von allen Beteiligten)
Meinung über das Stimmungsbarometer	- Chance für MA die sich nicht trauen ihre Meinung zu sagen, anonym abstimmen können - positiv, aber beim ersten Stiba war unklar was mit den Fragen gemeint ist - problematisch: manche MA reflektieren bei der Abstimmung nicht das ganze Jahr, sondern geben ihre tagesaktuelle Stimmung wieder - bei der Durchsprache sollte noch mal diskutiert werden, ob das Meinungsbild so noch passt oder ob es sich verschoben hat - Fragestellung finde ich eher nicht so gut - Möglichkeit die nächsthöhere Hierarchieebene beurteilen zu können fehlt
Sicht der Kollegen auf das Stimmungsbarometer	- die meisten sehen es eher positiv - Vorbehalte sind: es ändert sich eh nichts
Ablauf des Stimmungsbarometers im eigenen Bereich	- erste Informationen via eMail - Stiba war immer präsent - Vorjahresreview wurde durchgeführt
Erreichte Verbesserungen durch das Stimmungsbarometer	- das Hauptproblem bei uns ist die Personalsituation, da hat sich noch nichts geändert aber das Thema ist auch noch nicht abgehakt, wir sind da auf einem guten Weg, der Vorgesetzte hat alles getan was er kann - Möglichkeit die eigene Meinung anonym nach außen zu tragen und zu zeigen es ist ein gemeinsames Anliegen von allen und nicht nur von Einzelnen - Themen die sonst nur intern diskutiert wurden, wurden öffentlich gemacht
Teilnahmemotivation	
Gründe für die Teilnahme	- bei kleinen Abteilungen ist schnell klar, wer was angekreuzt hat -> das führt teilweise zur Verweigerung der Teilnahme siehe Verbesserungen durch das Stiba
Begleitende Maßnahmen	
Beurteilung der Ansprechpartners aus dem eigenen Bereich	- nicht bekannt
Beurteilung der Informationskampagne	- Maßnahmen eher unrelevant, da dass Stiba so wichtig ist, dass er auf jeden Fall teilnimmt - gemeinsame Kommunikation ist wichtig
Beurteilung der Aktivitäten seitens des Personalwesens	-
Beurteilung der Aufgaben des Vorgesetzten im Rahmen des Stimmungsbarometers	- hat in normalem Maß auf das Stiba hingewiesen - findet das Feedback gut (sieht das Stiba insgesamt eher positiv) - positiv ist er versucht die Leute zu motivieren (wenn ihr was habt, dann sagt es über das Stiba)
Sonstige Anmerkungen	- halbjährliches Resümee wäre wünschenswert

Anhang 13: Auswertung 4. Interview Mitarbeiter (eigene Darstellung)

Themenblock	Interview 4
Stimmungsbarometer allgemein	
Anstoß von Veränderungsprozessen vor dem Stimmungsbarometer	- früher wurden Probleme direkt im 4 Augengespräch oder in der Gruppe angesprochen - mehr Verantwortung bei der Mannschaft bei Umgang mit Missständen
Anstoß von Veränderungsmöglichkeiten parallel zum Stimmungsbarometer	- am wichtigsten ist die Kommunikation untereinander, Stiba ist nur einmal im Jahr - Verbesserungsideen
Meinung über das Stimmungsbarometer	- Unterteilung der Maßnahmen in "Kleinigkeiten" und "Komplex" - Stiba ist die Chance die Kleinigkeiten umzusetzen, Grenze: wenn es zu Komplex wird müsste ein kontinuierliches Prozess sein, mehr mals im Jahr - gute Möglichkeit die Stimmung im Bereichen nach den einzelnen Fragen zu sehen - Stiba als Frustabbau aufgrund einer tagesaktuellen Laune
Sicht der Kollegen auf das Stimmungsbarometer	- bei einigen Fragen ist nicht klar, wie diese durch die Mitarbeiter beeinflusst werden können (bspw. Frage 1) - ich mache mit, will aber hinter nicht sagen was abgestellt werden soll
Ablauf des Stimmungsbarometers im eigenen Bereich	- erste Info über den Vorgesetzten - regelm. Review über das ganze Jahr - Vorgesetzter formuliert die Teilnahme als Chance nicht als Pflicht - Auswertung erfolgt nach dem Standardprozess - Schwierigkeiten gibt es beim Umgang mit fachbereichsübergreifenden Themen/Maßnahmen - Maßnahmenreview erfolgt zunächst 2 wöchentlich, mit zunehmendem Abarbeitungsstand monatlich
Erreichte Verbesserungen durch das Stimmungsbarometer	- Stiba hat die Verbesserung des internen Arbeitsklimas gebracht
Teilnahmemotivation	
Gründe für die Teilnahme	- NOCH sieht er die Chance für Veränderungen, weil noch nicht alle Kleinigkeiten abgestellt sind. - wenn nur noch die komplexen Themen übrig bleiben stößt das Stiba an seine Grenzen
Begleitende Maßnahmen	
Beurteilung des Ansprechpartners aus dem eigenen Bereich	- nicht bekannt, Information über den direkten Vorgesetzten reicht aus
Beurteilung der Informationskampagne	- Emailhäufigkeit wirkt eher demotivierend, besser weniger dafür zielgerichteter-> Vorgesetzte informiert eh - Plakat an den Werktoren überflüssig, genauso wie Entgeltbeilger - in den Bereichen ohne Mailzugang kann die persönliche Kommunikation (bspw. gestützt durch die PA sinnvoll sein)
Beurteilung der Aktivitäten seitens des Personalwesens	- im Bereich mit Mail zugang: kontraproduktiv weil noch eine Erinnerung mehr - im Bereich ohne Mail: ggf. hilfreich -> Wertschätzung und Wichtigkeit des Themas
Beurteilung der Aufgaben des Vorgesetzten im Rahmen des Stimmungsbarometers	- informiert, organisiert die Durchsprache und führt diese durch - vermittelt den Mitarbeitern, dass ihm das Thema wichtig ist, da ein Regeltermin stattfindet wo es nur um das Stiba geht - Umsetzungsgeschwindigkeit bei den Maßnahmen wird kritisiert - Maßnahmentransparenz ist vorhanden
Sonstige Anmerkungen	

Anhang 14: Auswertung 5. Interview Mitarbeiter (eigene Darstellung)

Themenblock	Interview 5
Stimmungsbarometer allgemein	
Anstoß von Veränderungsprozessen vor dem Stimmungsbarometer	- Top-Down als Managemententscheidung (von oben nach unten runterdelegieren)
Anstoß von Veränderungsmöglichkeiten parallel zum Stimmungsbarometer	- Vorschlag wird von einer kleinen ideengebenden Gruppe erarbeitet und dann mit allen Beteiligten besprochen bzw. diskutiert, die Entscheidung über die Umsetzung trifft letztendlich der Vorgesetzte
Meinung über das Stimmungsbarometer	- wichtig, um die Stimmung in der Mannschaft aufzunehmen, - wichtig das Vorgesetzte wissen was in ihrer Mannschaft vorgeht, um so einen Ansatzpunkt für den Anstoß von Verbesserungsprozessen zu haben (je nach Themen Feld: bspw. Umgang mit dem Vorgesetzten, Qualität),.... - Interesse seitens des Vorgesetzten aber auch der Mitarbeiter muss bestehen, damit das Stiba sinnvoll genutzt werden kann
Sicht der Kollegen auf das Stimmungsbarometer	- geteilte Meinung, in unserem Bereich realtiv angesehen, unsere tägliche Arbeit ist damit eng verknüpft aufgrund der Umsetzung des Volkswagen Weges, ich hab bisher nichts negatives von Kollegen gehört, - wir hatten im letzten Jahr ein paar Probleme damit, aufgrund eines Vorgesetztenwechsels, wir konnten die Maßnahmen die festgelegt waren und sich an den Vorgesetzten gerichtet haben, nicht umsetzen und da hat sich bei uns in der Gruppe Unmut darüber geäußert
Ablauf des Stimmungsbarometers im eigenen Bereich	- erster Hinweis via Intranet - Ansprechpartner kommt in den Bereich und informiert über den Start sowie die Neuerungen
Erreichte Verbesserungen durch das Stimmungsbarometer	- gut finde ich, das auch sensible Fragen wie Umgang mit dem Vorgesetzten diskret angesprochen werden können, stößt eventuell schwierige Diskussion an - regt dazu an über Themen zu sprechen, auf die man im Alltäglichen gar nicht zu sprechen kommt, befasst sich mit Randthemen das nichts mit der Kernarbeit zu tun haben, aber für die tägliche Arbeit extrem wichtig sein können
Teilnahmemotivation	
Gründe für die Teilnahme	- in unserem Bereich gibt es von unserem obersten Chef die Ansage: bitte teilnehmen, das ist nicht für mich der primäre Grund, - ich möchte die Chance nutzen die mir das Unternehmen gibt um mein Umfeld aktiv mitgestalten zu können
Begleitende Maßnahmen	
Beurteilung des Ansprechpartners aus dem eigenen Bereich	- direkte Info im Bereich kurz vor dem Start über Zeitraum und Neuerungen - bei konkreten Fragen an den Ansprechpartner oder den Experten wenden
Beurteilung der Informationskampagne	- Große Plakate an den Werkstoren werden wahrgenommen - Intranet, Brief in der Entgeltabrechnung, Plakat an den Werkstoren, Stimmungsbarometer Button - mich persönlich muss man nicht gesondert zur teilnahme motivieren, - könnte mir vorstellen das die Plakate Aufmerksamkeit erzeugen, - für mich ist die Teilnahme selbstverständlich - Kritik an der Informationsflut und der Zwang der damit ausgeübt wird, ist für mich nicht der richtige Weg, man versucht eine hohe Beteiligung darüber zu erzielen, ist nicht so positiv - besser fände ich; bittere Pille schlucken, und die realen Beteiligungsquoten zu akzeptieren, meistens sind es unzufriedene Mitarbeiter die nicht mitmachen, und wenn die noch getriezt werden machen sie erst recht nicht mehr mit - Ehrlichkeit beim Umgang mit den Maßnahmen, irgendwann fällt es hintenrunter, es werden Pseudomaßnahmen generiert, das ändert auch die Infoflut nicht
Beurteilung der Aktivitäten seitens des Personalwesens	- Brief in der Entgeltabrechnung von Personalleiter, Motivationsschreiben per Mail-> da wurde die Kritik der letzten Jahre aufgenommen und die Mailflut reduziert - Personalreferent wurde gar nicht erlebt, wird aber bestimmt gebraucht, wir brauchen keine externen Stellen die uns auch noch bedrängen, für Bereiche wo es Knitasch gibt kann ich mir vorstellen das es hilft, für unseren Bereich ist das Personalwesen da jetzt nicht entscheidend
Beurteilung der Aufgaben des Vorgesetzten im Rahmen des Stimmungsbarometers	- Vor dem offiziellen Startschuss: Info sollte erfolgen, wann das Stiba stattfindet, er sollte motivierend sein, muss es vorleben, - während der Durchsprache die Beine still halten, Zwischenstände finde ich verweslich-> Freiwilligkeit wird daraufhin in Frage gestellt - nach dem Stiba die Durchsprache organisieren und durchführen möglichst zeitnah an der Befragung, damit tagesaktuelle meinungsbeeinflussende Ereignisse berücksichtigt werden können, definierte Maßnahmen müssen von allen getragen und vom Vorgesetzten vorangetrieben werden-> er ist der Maßnahmenverantwortliche - bis die Maßnahmen abgearbeitet sind, ist das Stiba noch präsent - es stört: der alte Chef: Wechsel nach WOB hat man gemerkt...das er geht...war alles larifari - Wunsch: offenheit, Ehrlichkeit, das auch sensible Themen angesprochen werden können-> ist immer die Frage ob das in der Gruppe angesprochen werden muss, Fairness: keine Themen sollen geblockt werden, Offenheit für neue Ansätze und Ideen -> bisher war die Atmosphäre unkompliziert, trotz kritischer Argumente - im Nachgang: Maßnahmenumsetzung soll vorangetrieben werden und die Themen nicht im Sande verlaufen
Sonstige Anmerkungen	- begleitende Maßnahmen: unterstützen vs. bedrängen, anfangs der Start ist ne wichtige Information, Prozedere während der Befragung eher Bedrängen-> verliert den freiwilligen Charakter - Intensität kommt mir zu kurz: manche Sachen müssen erst gelebt werden, jährliche Befragung ist mir zu schnell hintereinander, Turnus von 2 bis 3 Jahren fände ich sinnvoller da viele Themen mehr Zeit brauchen, würde die Akzeptanz erhöhen - wir müssen Maßnahmen finden-> Stiba Verdrossenheit, es entstehen nicht ständig neue Themen, die besprochen werden müssen

The manufacturer's authorised representative in the EU is Springer
Nature Customer Service Centre GmbH, Europaplatz 3, 69115 Heidelberg,
Germany. If you have any concerns regarding our products, please
contact ProductSafety@springernature.com

Printed and bound by CPI Group (UK) Ltd, Croydon, CR0 4YY
23/04/2026
02095588-0006